अष्टावक्र महागीता भाग 5

सन्नाटे की साधना

अष्टावक्र महागीता भाग 5

सन्नाटे की साधना

ओशो द्वारा अष्टावक्र-संहिता के 298 सूत्रों में से
133 से 163 सूत्रों पर प्रश्नोत्तर सहित दिए गए
दस प्रवचनों का संकलन

फ्यूजन बुक्स

प्रकाशक

फ्यूजन बुक्स

X-30, ओखला इंडस्ट्रियल एरिया, फेज-II
नई दिल्ली-110020
फोन : 011-40712200
ई-मेल : sales@dpb.in
वेबसाइट : www.diamondbook.in

Sannate Ki Sadhana
Originally published in Hindi "Ashtavakra Mahageeta, Vol. 1, Chapter 41-50

For more information: www.osho.com
A comprehensive multilingual web site featuring Osho's meditations, books and tapes and an online tour of the meditation resort at Osho Commune International.
"For sale in India, Sri Lanka, Nepal, Bangladesh, Bhutan and Maldives only"

Sannate Ki Sadhana

अनुक्रम

प्रवचन : 41

सहज है सत्य की उपलब्धि

अष्टावक्र उवाच।

श्रद्धत्स्व तात श्रद्धत्स्व नात्र मोहं कुरुत्स्व भोः।
ज्ञानस्वरूपो भगवानात्मा त्वं प्रकृतेः परः।।133।।
गुणैः संवेष्टितो देहस्तिष्ठत्यायाति याति च।
आत्मा न गंता नागंता किमेनमनुशोचति।।134।।
देहस्तिष्ठतु कल्पांतः गच्छत्वद्यैव वा पुनः।
क्व वृद्धिः क्व च वा हानिस्तव चिन्मात्ररूपिणः।।135।।
त्वय्यनन्तमहाम्भोधौ विश्ववीचिः स्वभावतः।
उदेतु वास्तुमायातु न ते वृद्धिर्न वा क्षतिः।।136।।
तात चिन्मात्ररूपोऽसि न ते भिन्नमिदं जगत्।
अथः कस्य कथं कुत्र हेयोपादेय कल्पना।।137।।
एकस्मिन्नव्यये शांते चिदाकाशेऽमले त्वयि।
कुतो जन्म कुतः कर्म कुतोऽहंकार एव च।।138।।

अलबर्ट आइंस्टीन के पूर्व अस्तित्व को दो भागों में बांट कर देखने की परंपरा थी : काल और आकाश; टाइम और स्पेस। अलबर्ट आइंस्टीन ने एक महाक्रांति की। उसने कहा, काल और आकाश भिन्न-भिन्न नहीं, एक ही सत्य के दो पहलू हैं।

एक नया शब्द गढ़ा दोनों से मिला कर : 'स्पेसियोटाइम'; कालाकाश।

इस संबंध में थोड़ी बात समझ लेनी जरूरी है तो ये सूत्र समझने आसान हो जाएंगे। बहुत कठिन है यह बात खयाल में ले लेनी कि समय और आकाश एक ही हैं। आइंस्टीन ने कहा कि समय आकाश का ही एक आयाम, एक दिशा है, एक डायमेंशन है। समय की तरफ से जो जगत देखेंगे उनकी दृष्टि अलग होगी और जो आकाश की तरफ से जगत को देखेंगे उनकी दृष्टि अलग होगी। समय की तरफ से जो जगत को देखेगा उसके लिए कर्म महत्वपूर्ण मालूम होगा, क्योंकि समय है गति, क्रिया है महत्वपूर्ण। जो आकाश की तरफ से जगत को देखेगा, उसके लिए कर्म इत्यादि व्यर्थ हैं। आकाश है शून्य : वहां कोई गति नहीं। जो समय की तरफ से जगत को देखेगा उसके लिए जगत द्वैत, वस्तुतः अनेक मालूम होगा।

मैं हूं, कल नहीं था, कल फिर नहीं हो जाऊंगा। मेरे मरने से तुम न मरोगे; न मेरे जन्म से तुम्हारा जन्म हुआ। निश्चित ही मैं अलग, तुम अलग। वृक्ष अलग, पहाड़-पर्वत अलग, सब अलग-अलग। समय में प्रत्येक चीज परिभाषित है, भिन्न-भिन्न है। आकाश में सभी चीजें एक हैं। आकाश एक है।

समय की धारा चीजों को खंडों में बांट देती है। समय विभाजन का स्रोत है। इसलिए जिसने समय की तरफ से अस्तित्व को देखा, वह देखेगा अनेक; जिसने आकाश की तरफ से देखा, वह देखेगा एक। जिसने समय की तरफ से देखा वह सोचेगा भाषा मेंह्नसाधना की, सिद्धि की। चलना है, पहुंचना है, गंतव्य है कहीं; श्रम करना है, संकल्प करना है, चेष्टा करनी है, प्रयास करना हैह्नतब कहीं पहुंच पाएंगे। जो आकाश की तरफ से देखेगा, उसके लिए कहीं कोई गंतव्य नहीं।

सिद्धि मनुष्य का स्वभाव है। आकाश तो यहां है, कहीं और नहीं। जाने को कहां है! तुम जहां हो वहीं आकाश है। आकाश तो बाहर-भीतर सबमें व्याप्त है! आकाश तो सदा से है; एक क्षण को भी खोया नहीं। समय में चलना हो सकता है, आकाश में कैसा चलना! कहीं भी रहो, उसी आकाश में हो। तो आकाश में यात्रा का कोई उपाय नहीं; समय में यात्रा हो सकती है। इस बात को खयाल में लेना।

महावीर की परंपरा कहलाती है श्रमण। ङ्मश्रमणङ्ख का अर्थ होता है : श्रम। श्रम करोगे तो पा सकोगे। बिना श्रम के परमात्मा नहीं पाया जा सकता, न सत्य पाया जा सकता है। हिंदू परंपरा कहलाती है ब्राह्मण। उसका अर्थ है कि ब्रह्म तुम हो; पाने की कोई बात नहीं। जागना है, जानना है। हो तो तुम हो ही, स्वभाव से हो। ब्रह्म तो तुम्हारे भीतर बैठा ही हुआ है। यह आकाश की तरफ से देखना है। तुम चकित होओगे, महावीर ने तो आत्मा को भी जो नाम दिया है वह है समय। इसलिए महावीर की समाधि का नाम है सामायिक।

मैं तो एक जैन घर में पैदा हुआ। उस संप्रदाय का नाम है 'समैया'। वह समय से बना शब्द है। महावीर तो कहते हैं: समय में लीन हो जाओ तो ध्यान लग गया, सामायिक हो गई, समय में ठहर जाओ तो पहुंच गए। हिंदू परंपरा समय को मूल्य नहीं देती, इसलिए श्रम को भी मूल्य नहीं देती। आकाश का मूल्य है।

ये सारे अष्टावक्र के सूत्र आकाश के सूत्र हैं। और जैसा अलबर्ट आइंस्टीन कहता है, आकाश और समय एक ही अस्तित्व के दो पहलू हैं, दोनों तरफ से पहुंचना हो सकता है। जो समय को मान कर चलेगा, उसके लिए समर्पण संभव नहींह्लसंघर्ष, संकल्प। जो आकाश को मान कर चलेगा, वह अभी झुक जाए, यहीं झुक जाएह्लसमर्पण संभव है। श्रद्धा! श्रम की कोई बात नहीं। बोध मात्र काफी है। कुछ करना नहीं है। जो समय को मान कर चलेगा, उसे शुभ और अशुभ में संघर्ष है। अशुभ को हटाना है, शुभ को लाना है। बुरे को मिटाना है, भले को लाना है। इसलिए जैन विचार बहुत नैतिक हो गयाह्लहोना ही पड़ेगा। अंधेरे को काटना है, प्रकाश को लाना है तो योद्धा बनना होगा। इसलिए तो वर्द्धमान का नाम महावीर हो गया। वे योद्धा थे। उन्होंने जीता, विजय की। 'जैन' शब्द का अर्थ होता है: जिसने जीता। अगर भक्त से पूछो तो वह कहेगा, यह बात ही गलत; जीतने से कहीं परमात्मा मिलता है, हारने से मिलता है! हारो! उसके सामने समर्पित हो जाओ! छोड़ो संघर्ष! हारते ही मिल जाता है।

ये दो अलग भाषायें हैं। दोनों सही हैं, याद रखना। दोनों तरफ से लोग पहुंच गए हैं। तुम्हें जो रुच जाए, बस वही तुम्हारे लिए सही है। हालांकि यह मन में वृत्ति होती है कि जो एक धारणा को मानता है, दूसरे को गलत कहने की वृत्ति स्वाभाविक है। जो मानता है संकल्प से मिलेगा, वह कैसे मान सकता है कि समर्पण से मिल सकता है! अगर वह मान ले कि समर्पण से मिल सकता है तो फिर संकल्प की जरूरत क्या रही? और जो मानता है समर्पण से ही मिलता है, वह अगर मान ले कि संकल्प से भी मिल सकता है तो फिर समर्पण का क्या मूल्य रह गया? इसलिए दोनों एक दूसरे का खंडन करते रहेंगे, एक-दूसरे का विरोध करते रहेंगे।

तुम चकित होओगे यह बात जान कर: हिंदू और मुसलमान में उतना विरोध नहीं है, उनकी पद्धति तो एक ही है; जैन और हिंदू में बहुत विरोध है, उनकी पद्धति मौलिक रूप से भिन्न है। मुसलमान भी, ईसाई भी, हिंदू भीह्लवे सब, अगर गौर से समझो, तो आकाश की धारणा को मान कर चलते हैं। थोड़े-बहुत भाषा के भेद होंगे, लेकिन मौलिक अंतर नहीं है। लेकिन बुद्ध-महावीर आकाश की भाषा को मान कर नहीं चलते, समय की भाषा को मान कर चलते हैं।

सारे जगत के धर्मों को श्रमण और ब्राह्मण में बांटा जा सकता है। और इस बात को मैं फिर से दोहरा दूं कि दोनों तरफ से लोग पहुंच गए हैं। इसलिए तुम इस चिंता में मत पड़ना कि दूसरा गलत है; तुम तो इतना ही देख लेना, तुम्हारा किससे संबंध बैठ जाता है। तुम्हारे भीतर का 'स्व' किसके साथ छंदोबद्ध हो जाता है, बस इतना काफी है; इससे ज्यादा विचारणीय नहीं है।

हिंदू परंपरा की आत्यंतिक पराकाष्ठा पहुंची अद्वैत पर; लेकिन महावीर अद्वैत पर नहीं जा सकते, क्योंकि अद्वैत का तो मतलब हो जाएगा, फिर पाने को कुछ नहीं बचता। दूसरा तो चाहिए ही। संघर्ष करने को भी कुछ नहीं बचता, अगर दूसरा न हो। हराने को भी कुछ नहीं बचता, अगर दूसरा न हो। योद्धा के लिए अकेले होने में क्या प्रयोजन रह जाएगा! लिए तलवार कमरे में नाच रहे, कूद रहेह्लयुद्ध नहीं रह जाएगा, नाच हो जाएगा। योद्धा को तो दूसरा चाहिए। जिसकी चुनौती में जूझ सके। तो महावीर कहते हैं : संसार अलग, परमात्मा अलग; और दोनों में संघर्ष है; चेतना और पदार्थ में संघर्ष है। इसलिए महावीर अद्वैतवादी नहीं हैं, द्वैतवादी हैं। जीवन और चेतना एक लोक; पदार्थ, जड़ अलग दूसरा लोक। और दोनों में कभी कोई मिलना नहीं होता। दोनों भिन्न हैं।

महावीर की ये धारणाएं तुम्हें अष्टावक्र को समझने में सहयोगी हो सकती हैं। उनकी पृष्ठभूमि में अष्टावक्र साफ हो सकेंगे।

अष्टावक्र की धारणा है अद्वैत की; एक ही है, आकाश जैसा! उसी का सब खेल है। वही एक अनेक-अनेक रूपों में प्रकट हो रहा है। वही तुम्हारे भीतर सदा से मौजूद है; तुम झपकी ले रहे हो, सो रहे होह्लएक बात। आंख खोलते ही तुम उसे पा लोगे। उसके पाने में और तुम्हारी स्थिति में इंच भर का फासला नहीं है, जिसे यात्रा करनी हो। ऐसा ही समझो कि सूरज निकला है तुम आंख बंद किए बैठे हो। रोशनी चारों तरफ झर रही है, लेकिन तुम अंधेरे में हो। तुमने पलक खोली, रोशनी से भर गए। कहीं जाना न था। रोशनी पलक पर ही विराजी थी; तुम्हारी पलक पर ही दस्तक दे रही थी। पलक खुली कि सब खुल गया। प्रकाश ही प्रकाश हो गया। सहज है सत्य की उपलब्धि। और समाधि श्रम-साध्य नहीं है; समाधि समर्पण-साध्य है, श्रद्धा से है।

महावीर और बुद्ध में तुम्हें बहुत तर्क मिलेगा, बारीक तर्क मिलेगा। महावीर में ऐसी कोई धारणा नहीं है जो तर्क से सिद्ध न होती हो। महावीर कोई ऐसी बात नहीं कहते जिसे तार्किक रूप से प्रमाणित न किया जा सके। इसलिए महावीर परमात्मा की बात ही नहीं करते, न बुद्ध करते हैं। बुद्ध तो और एक कदम आगे गएह्लवे आत्मा की बात भी नहीं करते, क्योंकि उसे भी तर्क से सिद्ध करने का कोई उपाय नहीं।

पश्चिम के एक बहुत बड़े विचारक लुडविग विडगिंस्टीन ने इस सदी की एक बहुत महत्वपूर्ण किताब लिखी है। उस किताब का एक सूत्र है : 'जो कहा न जा सके उसे भूल कर कहना नहीं है। जो वाणी में न आ सके, उसे लाने की कोशिश भी मत करना। अन्यथा अन्याय होता है, अत्याचार होता है।'

विडगिंस्टीन ठीक महावीर और बुद्ध की परंपरा में पड़ता हैह्नवही तर्क-दृष्टि। महावीर ऐसी कोई बात नहीं कहते जिसको तर्क से सिद्ध न किया जा सके।

इसलिए महावीर में काव्य बिलकुल नहीं है, क्योंकि कविता को कैसे सिद्ध करोगे! कविता सिद्ध थोड़े ही होती है। कोई उसकी मस्ती में आ जाए, आ जाए; न आए तो सिद्ध करने का कोई उपाय नहीं है। और सिद्ध करने कविता को चलो तो मर जाती है कविता। अगर कोई तुमसे पूछ ले इस कविता का अर्थ क्या, तो भूल कर अर्थ मत बताना। क्योंकि अर्थ अगर बताने में लगे और विश्लेषण किया, उसी में तो कविता मर जाती है। पकड़ में आ जाए, झलक में आ जाए, तो ठीक; न आए तो बात गई। फिर उसे पकड़ में लाने का उपाय नहीं।

महावीर साफ-सुथरे हैं, तर्कयुक्त हैं; बुद्ध भी। श्रद्धा की कोई बात नहीं है। मानने का कोई सवाल नहीं है। जो भी है, वह जाना जा सकता है। इसलिए बुद्धि की, मेधा की पूरी चेष्टा आवश्यक है। ब्राह्मण-विचार में बुद्धि की चेष्टा ही बाधा है। तुम जब तक बुद्धि से चेष्टा करते रहोगे तब तक तुम्हारी चेष्टा ही तुम्हारा कारागृह बनी रहेगी। क्योंकि कुछ है जो बुद्धि से जाना जा सकता है, कुछ है जो बुद्धि से जाना नहीं जा सकता; क्योंकि कुछ बुद्धि के आगे है और कुछ बुद्धि के पीछे है। एक बात तो तय है कि तुम बुद्धि के पीछे हो। तुम बुद्धि के आगे नहीं हो। तुम्हारे ही पीछे खड़े होने के कारण तो बुद्धि चलती है। तो तुम्हें तो बुद्धि नहीं समझ सकती; पीछे लौट कर तुम्हें कैसे समझेगी? तुम्हारे सहारे ही समझती है, तो तुम्हारे बिना तो चल ही नहीं सकती।

जैसे कि मैं हाथ में एक चमीटा ले लूं तो चमीटे से मैं कोई भी चीज पकड़ सकता हूं; लेकिन उसी चमीटे से, जिस हाथ ने चमीटे को पकड़ा है, उसे थोड़े ही पकड़ सकूंगा। उसको पकड़ने की कोशिश में तो चमीटा भी गिर जाएगा, और मेरे हाथ में न रहा तो चमीटा तो कुछ भी नहीं पकड़ सकता।

बुद्धि भी तुम्हारी है, तुम्हारे चैतन्य का हिस्सा हैह्नचैतन्य के हाथ में चमीटा है। उससे तुम सब पकड़ लो, चैतन्य छूट जाएगा। चैतन्य को पकड़ना हो तो चमीटा छोड़ देना पड़े। चमीटे का अगर ज्यादा मोह रखा तो मुश्किल में पड़ोगे। फिर तुम सब समझ लोगे, अपने को नहीं समझ पाओगे।

इसलिए विज्ञान सब समझे ले रहा है, सिर्फ स्वयं, मनुष्य की स्वयंता को भूले जा रहा है। मनुष्य की अंतस चेतना भर पकड़ में नहीं आ रही; और सब पकड़ में आया जा रहा है।

विज्ञान महावीर और बुद्ध से बहुत राजी है। इस बात की बहुत संभावना है कि अगर वैज्ञानिक महावीर को पढ़ेंगे तो बड़े चकित होंगे, क्योंकि जो वे आज कह रहे हैं वह महावीर ने ढाई हजार साल पहले कहा है। महावीर की पकड़ तर्क की बड़ी साफ और पैनी है; लेकिन जो भूल वैज्ञानिक कर रहा है वह भूल महावीर ने नहीं की। इतना तो कहा कि जो जाना जा सकता है, तर्क से जाना जा सकता है और जो अतर्क्य है उसकी कोई बात नहीं की। लेकिन अपने साधकों को धीरे-धीरे अतर्क्य की तरफ चुपचाप ले गए, उसकी कोई चर्चा नहीं चलाई, उसका कोई सिद्धांत नहीं बनाया। लेकिन वह जाना भी तर्क की गहन संघर्षणा के द्वारा। जब तर्क उस जगह पहुंच जाएह्नकिनारे पर, जहां आगे पंख न उड़ा सके, जब आगे कोई गति न रह जाए और तर्क अपने आप से गिर जाए, पंख कट जाएं तर्क केह्नतब जिसका तुम साक्षात करोगे...।

ब्राह्मण कहते हैं: तो यह तर्क की इतनी दूर की यात्रा भी व्यर्थ है। अगर तर्क यहीं गिर जाए पहले कदम पर तो मंजिल यहीं आ जाती है। ब्राह्मण-शास्त्र कहता है कि जब तर्क गिरता है तभी मंजिल आ जाती है। तुम कहते हो, आखिर में गिराएंगे, तुम्हारी मर्जी। अभी गिरा दो तो अभी मंजिल आ जाती है। यह तुम्हारी मौज। अगर तुम कुछ दिन तक इसको ढोना चाहते हो तो ढोते रहो। ऐसा नहीं है कि किसी खास जगह गिराने से मंजिल आती है; जहां तुम गिरा देते हो वहीं मंजिल आ जाती है। गिराने से मंजिल आती है। उस तर्क के गिराने का नाम श्रद्धा है।

आज के सूत्र बड़े अनूठे हैं। बहुत खयाल से समझने की बात है।

पहला सूत्र: 'हे सौम्य, हे प्रिय! श्रद्धा कर, श्रद्धा कर! इसमें मोह मत कर। तू ज्ञानरूप है, भगवान है, परमात्मा है, प्रकृति से परे है।'

'हे सौम्य!'

'सौम्य' का अर्थ होता है: समत्व को उपलब्ध, सौंदर्य को उपलब्ध; समता को उपलब्ध; प्रसाद को उपलब्ध; समाधि के बहुत करीब है जो। 'सौम्य' शब्द बड़ा प्यारा है! संतुलन को उपलब्ध! जो भीतर ठहरा-ठहरा हो रहा है, ठहरा जा रहा है, आखिरी तरंग भी खोई जा रही है, जल्दी ही कोई तरंग न रह जाएगी झील पर। समाधि बस करीब है। जैसे क्षण भर की देर है पलक खुलने को। बस इतना ही फासला है।

अब तक अष्टावक्र ने जनक के लिए इस शब्द का उपयोग न किया था, अब वे उपयोग करते हैं। वे कहते हैं: 'हे सौम्य! हे समाधि के निकट पहुंच गए जनक! हे समता में ठहरने वाले जनक!' और जब कोई समता को उपलब्ध होता है तो सुंदर हो जाता है। सौंदर्य समता की ही छाया है। अगर कभी शरीर भी किसी का सुंदर मालूम होता है तो इसीलिए मालूम होता है कि शरीर में एक अनुपात है, एक समत्व है; शरीर

में एक सिमिट्री है। कोई अंग बहुत बड़ा, कोई अंग बहुत छोटाह्नऐसा नहीं; सब समतुल है; जैसा होना चाहिए वैसा है।

सौंदर्य का यही अर्थ है कि सब चीजें ठीक-ठीक अनुपात में हैं और एक-दूसरे के साथ समस्वरता है। ऐसा मत सोचना तुम कि किसी सुंदर नाक को ले लो, किसी सुंदर आंख को ले लो, किसी सुंदर बालों को ले लो, सुंदर हाथों को ले लो और सबके जोड़ से तुम सुंदर स्त्री या सुंदर आदमी बना सकोगे! ऐसा मत सोचना। शायद उससे ज्यादा कुरूप कोई और चीज ही न होगी। क्योंकि सौंदर्य न तो नाक में है, न आंख में है, न बाल में है; सौंदर्य तो समत्व में है। सौंदर्य तो समग्र की एक अनुपात व्यवस्था में, छंद्बोबद्धता में है। तुम बहुत सी सुंदर चीजों को इकट्ठा करके सौंदर्य को जन्मा न सकोगे। सौंदर्य को स्मरण रखोह्नएक छंद है, लयबद्धता है, मात्रा-मात्रा तुली है।

तो शरीर का सौंदर्य होता है; और फिर मन का भी सौंदर्य होता है; और फिर आत्मा का सौंदर्य भी होता है। मन का सौंदर्य तब होता है जब किसी व्यक्ति में गुणों में एक समस्वरता होती है, विरोधाभास नहीं होता। एक चीज दूसरी चीज की विपरीत नहीं होती। सब चीजें एक ही धारा में बहती हैं। एक गहरी संगति और संगीत होता है।

मन का सौंदर्य होता है जब मन एक ही दिशा में गतिमान होता है। ऐसा नहीं कि आधा हिस्सा पूरब जा रहा है, आधा पश्चिम जा रहा; आधा यहीं पड़ा; कुछ कहीं जा रहा, कुछ कहीं जा रहा; कई घोड़ों पर सवार, ऐसा नहीं; अनेक नावों पर सवार, ऐसा नहींह्नएक ही यात्रा है, एक ही गंतव्य है; और सारा चित्त एकजुट है। जब भी कभी तुम ऐसा व्यक्ति पाओगे जिसका चित्त एक धारा में बह रहा है, छिन्न-भिन्न नहीं है, तब तुम पाओगे एक मन का सौंदर्य। एक प्रसाद उस व्यक्ति के पास मिलेगा।

फिर आत्मा का सौंदर्य है। आत्मा का सौंदर्य तब है जब आत्मा जागती है और समाधि के करीब आने लगती है।

जनक को अष्टावक्र कहते हैं: 'हे सौम्य!' यह वैसी दशा है जैसी कभी-कभी सुबह तुम्हें होती है; अभी जाग भी नहीं गए हो और सोए भी नहीं हो। थोड़े-थोड़े जाग भी गए हो, थोड़े-थोड़े सोए भी होह्नअलसाए हो। आवाजें भी सुनाई पड़ने लगीं बाहर की। दूध वाला दस्तक दे रहा है द्वार पर, वह भी पता चल रहा है। बच्चे स्कूल जाने की तैयारी करने लगे, दौड़-धूप कर रहे हैं, वह भी स्मरण में आ रहा है। पत्नी चाय बनाने लगी, केतली की आवाज भी धीमी-धीमी कान में पड़ने लगी, गंध भी नाकों में आने लगी। शायद खिड़की से सूरज की किरण भी आ रही है, वह भी चेहरे पर पड़ रही है और ताप मालूम होने लगा है। फिर भी अभी अलसाए हो। अभी पूरे जाग नहीं गए। नींद सरकती-सरकती विदा हो रही है। ऐसी अवस्था जब आदमी के आत्यंतिक

जगत में, आंतरिक जगत में घटती है, तब आदमी सौम्य होता है। अभी आत्मा पूरी जाग नहीं गई है, बस जागने के करीब है। लगने तो लगा है कुछ-कुछ, स्वाद थोड़ा-थोड़ा आने लगा है, खबर मिलने लगी है अपने स्वभाव की; लेकिन अभी पूरा पर्दा नहीं उठा। एक झलक मिली, एक खिड़की खुली है; छलांग नहीं लगी।

'है सौम्य! हे प्रिय...।'

और गुरु के लिए शिष्य तभी प्यारा होता है जब वह सौम्य हो जाता है, जब वह समाधि के करीब आने लगता है।

यही तो गुरु की सारी चेष्टा है कि सोए को जगा दे; कि खोए को उसका स्मरण दिला दे; कि भटके को राह पर ला दे। और जब देखता है कि कोई आने लगा मंजिल के करीब...और जनक ने जैसी अभिव्यक्ति दी है, जैसे उत्तर दिए हैं अष्टावक्र को...किताब में तो सिर्फ उत्तर हैं। उत्तर से भी बहुत खबर मिलती है, लेकिन अष्टावक्र के सामने तो जनक स्वयं मौजूद थेह्लआंख से, मुख-मुद्रा से, हावभाव से, उठने-बैठने से, हर चीज से खबर मिल रही होगी : समता आ रही; समाधि करीब आ रही।

जैसे तुम किसी बगीचे के करीब जाते हो, अभी दूर से दिखाई नहीं पड़ता बगीचा, फिर भी हवाएं ठंडी हो जाती हैं। हवाओं में थोड़ी फूलों की गंध आ जाती है। इत्र तैरने लगता है। तुम्हें अभी बगीचा दिखाई भी नहीं पड़ता, लेकिन तुम कह सकते हो कि ठीक दिशा में हो। ठंडक बढ़ती जाती है, शीतलता बढ़ती जाती है, गंध प्रखर और तीव्र होती जाती है। तुम जानते हो कि बगीचा ठीक करीब है और तुम ठीक दिशा में हो। ऐसी ही दशा होगी। मस्ती छाई जाती होगी, आंखों में खुमार आने लगा होगा। यह परमात्मा की शराब बूंद-बूंद गिरने लगी जनक के हृदय में। यह घड़ी आ गई जब गुरु शिष्य को प्रिय कहे। यह करीब आ गई घड़ी जब गुरु शिष्य को अपने पास बिठाने के योग्य मानेगा। यह घड़ी आने लगी करीब, जब गुरु और शिष्य में फर्क न रह जाएगा। ज्ञप्रियङ्ख उसका सूचक है। 'प्रिय' का मतलब होता है : अब मैं तुम्हें अपने हृदय के करीब लेता हूं; अब मैं तुम्हें अपने समान स्वीकार करता हूं; अब तुम मेरे ही तुल्य हो गए, होने लगे; अब मुझमें और तुझमें कोई भेद नहीं। जल्दी ही कौन गुरु, कौन शिष्यह्लपता लगाना संभव न रह जाएगा।

प्रेम जिससे भी तुम्हें होता है, तुम उसे अपने समान स्वीकार कर लेते हो। यही फर्क है। प्रेम की अनेक कोटियां हैं। बाप का अपने बेटे पर प्रेम होता है, उसे हम कहते हैं वात्सल्य; प्रेम नहीं कहते। वात्सल्य का अर्थ है : बाप बहुत ऊपर, बेटा बहुत नीचे; वहां से उंडेल रहा। बेटा पात्र की तरह हैह्लबहुत नीचे रखा; बाप के प्रेम की धारा पड़ रही है। गुरु के प्रति प्रेम होता हैह्लउसे हम श्रद्धा कहते हैं, आदर कहते हैं, सम्मान

कहते हैं, उसे भी हम प्रेम नहीं कहते हैं। क्योंकि गुरु ऊपर बैठा है। और हमारा प्रेम और श्रद्धा जैसे किसी ने धूप बाली हो और धूप का धुआं चढ़ने लगे ऊपर की तरफ, ऐसा ऊपर की यात्रा पर जा रहा है। लेकिन जब तुम किसी के प्रेम में पड़ जाते हो तो प्रेम कहते हो। प्रेम का अर्थ होता है : तुम जिसके प्रेम में हो वह ठीक तुम्हारे ही साथ खड़ा है।

इसीलिए तो ऐसा अक्सर होता है। मेरे पास कोई पति आकर संन्यासी हो जाता है तो वह कहता है : मैं चाहता हूं मेरी पत्नी भी आ जाए; लेकिन मैं लाख उपाय करूं कि वह सुनती नहीं है। मैं उससे कहता हूं : तू भूल कर मत करना उपाय, ऐसा कभी हुआ ही नहीं। तू न ला सकेगा; क्योंकि जिसके साथ प्रेम किया उसके साथ सम-भाव स्वीकार कर लिया। अब वह तुझे गुरु नहीं मान सकती।

ऐसे ही पत्नी भी आ जाती है कभी मेरे पास और संन्यस्त हो जाती है, दीक्षित हो जाती हैह्नचाहती है पति को भी ले आए। वह चाह भी स्वाभाविक हैह्नजो हमें मिला, वह उनको भी मिल जाए जिन्हें हम प्रेम करते हैं। लेकिन यह हो नहीं पाता। पति और अकड़ने लगता है। पत्नी को गुरु माने, यह जरा कठिन है।

इसलिए पति और पत्नी एक-दूसरे को कभी भी राजी नहीं कर पाते, बहुत मुश्किल मामला है। जितना राजी करने की कोशिश करेंगे उतनी दूरी बढ़ती जाती है; उतनी नाराजगी बढ़ती जाती है; राजी कोई नहीं होता। तो मैं उनसे कहता हूं : इस झंझट में पड़ना ही मत। जिसको एक बार स्वीकार कर लिया अपने समान, जिसको प्रेम दिया, अब उसके तुम गुरु बनना चाहो...और यह गुरु बनना है। तुम मार्ग दिखाते हो। तुम कहते हो, चलो; कहीं मुझे मिला वहां तुम भी चलो। वह यह मान ही नहीं सकती कि तुम उससे आगे हो सकते हो।

लेकिन एक ऐसी घड़ी आती है, जब गुरु शिष्य से कहता है, ङ्गहे प्रियङ्ख, जब गुरु का प्यार शिष्य पर बरसता है। वात्सल्य के दिन गए, प्रेम के दिन आ गए। अब गुरु अनुभव कर रहा है कि शिष्य उसी अवस्था में आया जाता है जिसके लिए चेष्टा चलती थी; गुरु की ही अवस्था को उपलब्ध हुआ जाता है। गुरु तभी तृप्त होता है जब शिष्य भी गुरु हो जाता है।

'हे प्रिय! श्रद्धा कर, श्रद्धा कर!'

श्रद्धा का अर्थ समझ लेना। श्रद्धा का अर्थ विश्वास नहीं है, बिलीफ नहीं है। क्योंकि जिस श्रद्धा का अर्थ विश्वास होता है वह तो श्रद्धा ही नहीं है। विश्वास का अर्थ होता है : किसी धारणा में, किसी सिद्धांत में, किसी शास्त्र में भरोसा। श्रद्धा का अर्थ होता है : स्वभाव में, सत्य में; सिद्धांत में नहीं, जीवन में, अस्तित्व में। और यह घड़ी है जब जनक जागने के करीब हो रहे हैं; अगर जरा भी संदेह पैदा हो जाए तो नींद फिर लग जाएगी। अगर जरा भी डर पकड़ जाए कि यह क्या हो रहा है, मैं तो सदा

सोया रहा, सब ठीक चल रहा था, अब यह जागना और एक नया काम शुरू हो रहा है और पता नहीं जागने से सुख मिलेगा कि नहीं मिलेगा; जागना उचित है या नहीं; यह जो घट रहा है, यह इतना बड़ा है, इसके साथ जाऊं या लौट पड़ूं; वह अपना पुराना, पहचाना, परिचित लोक ठीक था, यह तो अनजान अपरिचित रास्ता आ गया, कोई नक्शा हाथ नहीं...!

श्रद्धा का अर्थ होता है : जब अज्ञात तुम्हारे द्वार खटखटाए तो साथ चल पड़ना। विश्वास तो अज्ञात होता ही नहीं; विश्वास तो ज्ञात है। तुम हिंदू होह्नयह विश्वास है। तुम मुसलमान होह्नयह विश्वास है। तुम धार्मिक बनोगे तो श्रद्धा।

विश्वास का अर्थ है : कुरान में विश्वास है, इसलिए तुम मुसलमान हो। महावीर में विश्वास है, इसलिए जैन हो। अभी जीवन में विश्वास नहीं आया, क्योंकि जीवन का विश्वास तो न महावीर से संबंधित है, न कुरान से, न बुद्ध से, न कृष्ण से। जीवन तो यहां घेरे हुए है तुम्हें बाहर-भीतर, सब तरफ। और जीवन के पास कोई सिद्धांत नहीं है, कोई शास्त्र नहीं है। जीवन तो स्वयं ही अपना सिद्धांत है।

ऐसा समझो कि एक आदमी यहां आकर चिल्ला दे : ङ्कआग! आग लग गई, आग!ङ्ख अनेक लोग भाग खड़े होंगे, चाहे आग लगी हो चाहे न लगी हो। उन्होंने शब्द पर भरोसा कर लिया। अब ङ्कआगङ्ख शब्द जला नहीं सकता। मैं लाख चिल्लाऊं आग आग आग, उससे तुम जलोगे नहीं; लेकिन अंगारा तुम्हारे हाथ पर रख दूं तो जलोगे। तो शब्द ङ्कआगङ्ख आग नहीं है। और परमात्मा का कोई सिद्धांत परमात्मा नहीं है, कोई शब्द परमात्मा नहीं है।

जीवन के संबंध में जितनी धारणाएं हैं, वे सब मनुष्य की भाषाएं हैंह्नअज्ञात को ज्ञात बनाने की चेष्टा है; किसी तरह अपरिभाषित को परिभाषा देने का उपाय है। नाम लगा दिया तो थोड़ी राहत मिलती है कि चलो हमने जान लिया। अब परमात्मा इतनी बड़ी घटना है, किसने कब जाना! कौन जान सकता है! जानने का तो मतलब होगा परमात्मा को आर-पार देख लिया। आर-पार देखने का तो मतलब होगा उसकी सीमा है। जिसकी सीमा है, वह परमात्मा नहीं। जो असीम है, जिसका पारावार नहीं है, न प्रारंभ है न अंत हैह्नतुम उसको पूरा-पूरा कैसे जानोगे? कभी नहीं जानोगे! उसका रहस्य तो रहस्य ही रहेगा।

विज्ञान कहता है : हम दो शब्द मानते हैंह्नज्ञात और अज्ञात; नोन और अननोन। विज्ञान कहता है : ज्ञान वह है जो हमने जान लिया और अज्ञात वह है जो हम जान लेंगे। धर्म कहता है : हम तीन शब्द मानते हैंह्नज्ञात, अज्ञात और अज्ञेय। ज्ञात वह है जो हमने जान लिया। अज्ञात वह है जो हम जान लेंगे। अज्ञेय, वह जो हम कभी नहीं जान पाएंगे।

परमात्मा अज्ञेय है। उस अज्ञेय में श्रद्धा...। सभी जानने पर समाप्त नहीं हो जाता, इस भाव का नाम श्रद्धा है। जो जान लिया वह तो क्षुद्र हो गया। जो अनजाना रह गया है, वही विराट है। इस बात का नाम श्रद्धा है। अब तक श्रद्धा की बात नहीं उठाई थी अष्टावक्र ने; आज अचानक श्रद्धा की बात आ गई। और एक बार नहीं, दो बार दोहराते हैं, कहते हैं: 'श्रद्धा कर, श्रद्धा कर!'

जब कोई छलांग लगाने को हो रहा है तो अतीत पकड़ता है पूरा, रोकता है। अतीत का बड़ा बल है! जन्मों-जन्मों तक तुम जिसके साथ जीए हो, उस आदत का बड़ा बल है। वह आदत खींचती है जंजीर की तरह। वह कहती है: 'कहां जाते? किस अनजान रास्ते पर जाते? भटक जाओगे। जाने, परिचित में चलो। ऐसे रास्ते से मत उतरो। यह जो राजमार्ग है, इस पर ही चलो। सभी इस पर चलते रहे हैं। हिंदू हो तो हिंदू रहो। मुसलमान हो तो मुसलमान रहो। कुरान पढ़ते रहे तो कुरान पढ़ते रहो, गीता दोहराते रहे तो गीता दोहराते रहो। यह परिचित है। यह तुम कहां उतरे जाते हो? जीवन! जीवन बहुत बड़ा है। अस्तित्व! अस्तित्व विराट है। तुम बहुत छोटे हो। बूंद की तरह खो जाओगे सागर में; पता भी न चलेगा; लौट भी न सकोगे फिर। सम्हल जाओ!' अतीत पूरे जोर से खींचता है।

इस घड़ी को सामने खड़ा देख कर अष्टावक्र कहने लगे: 'श्रद्धत्स्व! श्रद्धा कर, श्रद्धा कर।'

श्रद्धत्स्व तात श्रद्धत्स्व नात्र मोहं कुरुत्स्व भोः।

'हे प्रिय, हे सौम्य! श्रद्धा की घड़ी आ गई, श्रद्धा कर। और मोह मत कर।'

मोह होता है अतीत का और श्रद्धा होती है भविष्य की। मोह होता है उससे जिसके साथ हम रहे हैं। श्रद्धा होती है उसकी जिसके साथ हम कभी नहीं रहे। मोह तो कायर को भी होता है; श्रद्धा केवल साहसी को होती है। मोह तो अज्ञानी को भी होता है; श्रद्धा तो सिर्फ ज्ञान के खोजी को होती है।

तुम कहते हो, मैं हिंदू हूंह्लयह तुम्हारा मोह है या तुम्हारी श्रद्धा? फर्क करना। समझने की कोशिश करना। अगर तुम हिंदू घर में पैदा न हुए होते, बचपन से ही तुम्हें मुसलमान घर में रखा गया होता तो, तो तुम मुसलमान होते। और मुसलमान होने में तुम्हारा इतना ही मोह होता जितना अभी हिंदू होने में है। अगर हिंदू-मुस्लिम दंगा होता तो तुम मुसलमान की तरफ से लड़ते, हिंदू की तरफ से नहीं। अभी तुम हिंदू की तरफ से लड़ोगे; लेकिन क्या तुमको पक्का है कि तुम हिंदू घर में पैदा हुए थे? मुसलमान घर में पैदा हुए और हिंदू घर में रख दिए गए हो, कौन जाने? यह विश्वास है।

मोह विश्वास है। मोह के कोई आधार नहीं हैं। मोह का तो सिर्फ संस्कार है। बार-बार दोहराया गया तो मोह बन गया। तुम्हें पक्का पता नहीं है। इस मोह में आदत

तो है, लेकिन इस मोह में कोई बोध नहीं है। श्रद्धा बड़ी बोधपूर्वक होती है। श्रद्धा का अर्थ है : जो हो चुका हो चुका; जो जा चुका जा चुका। मैं तैयार हूं उसके लिए जो होना चाहिए। संभव के लिए मेरे द्वार खुले हैं और मैं संभावना का सूत्र पकड़ कर बढूंगाह्नजहां ले जाए परमात्मा, जो दिखाए, जो कराए, खोना हो तो खो जाऊंगा! वह खोना भला श्रद्धा के साथ। मोह के साथ बने रहने में कुछ सार नहीं। रह कर तो देख लिया मोह के साथ बहुतह्नक्या मिला? कभी हिसाब भी तो लगाओ! कितने विश्वासों से भरे होह्नक्या मिला? बस विश्वास ऐसे हैं जैसे 'आग' शब्द जलाता नहीं। विश्वास ऐसे हैं जैसे 'अमृत' शब्द। अब 'अमृत' शब्द को लिखते रहो, घोंट-घोंट कर लिखते रहो, पी जाओ घोंट-घोंट कर, तो भी कुछ अमृत को उपलब्ध नहीं हो जाओगे।

श्रद्धा उसकी तलाश हैह्नजो है। श्रद्धा सत्य की खोज है। श्रद्धा का विश्वास से दूर का भी नाता नहीं है। और विश्वासी अपने को समझ लेता है मैं श्रद्धालु हूं तो बड़ी भ्रांति में पड़ जाता है। विश्वास तो झूठा सिक्का है। यह तो कमजोर की आकांक्षा है। श्रद्धा असली सिक्का है; हिम्मतवर की खोज है।

'हे सौम्य, हे प्रिय! श्रद्धा कर, श्रद्धा कर! इसमें मोह मत कर। तू ज्ञानरूप है, भगवान है, परमात्मा है, प्रकृति से परे है।'

डर मत, सीमा में उलझ मत। जो बीत गया उस सीमा को अपनी सीमा मत मान।

समझें। तुमने अब तक जाना तो अपने को मनुष्य है। मनुष्य भी पूरा कहां! कोई हिंदू है, कोई ईसाई है, कोई जैन हैह्नउसमें भी खंड हैं। फिर हिंदू भी पूरा कहां! उसमें भी कोई ब्राह्मण है, कोई शूद्र है, कोई क्षत्रिय है, कोई वैश्य है। फिर ब्राह्मण भी पूरा कहां! कोई देशस्थ, कोई कोकणस्थ फिर ऐसा कटता जाता, कटता जाता। फिर उसमें भी स्त्री-पुरुष। फिर उसमें भी गरीब-अमीर। फिर उसमें भी सुंदर-कुरूप। फिर उसमें भी जवान-बूढ़ा। कितने खंड होते चले जाते हैं! आखिर में बचते हो तुमह्नबड़े क्षुद्र, बड़ी सीमा में बंधे, हजार-हजार सीमाओं में बंधे! यह तुमने जाना है। आज अचानक मैं तुमसे कहता हूं, ह्नतुम भगवान होह्न, श्रद्धा नहीं होती। तुम कहते हो : 'भगवान और मैं! कहां की बात कर रहे आप! मैं तो जैसा अपने को जानता हूं, महापापी हूं। हजार पाप करता हूं, चोरी करता हूं, जुआ खेलता हूं, शराब पीता हूं।' फिर भी मैं कहता हूं : तुम भगवान हो! ये तुमने जो सीमाएं अपनी मान रखी हैं, ये तुम्हारी मान्यता में हैं। और जिस दिन तुम हिम्मत करके इन सीमाओं के ऊपर सिर उठाओगे, अचानक तुम पाओगे कि सब सीमाएं गिर गईं। तुम्हारा वास्तविक स्वरूप असीम है।

जब जागने की घड़ी आती है, तब गुरु को बड़े जोर से यह तुमसे कहना पड़ता है कि तुम भगवान हो। क्योंकि सीमाएं पुरानी हैं, उनके संस्कार लंबे हैं, अति प्राचीन

हैंह्लऔर यह जो नई किरण उतर रही, बड़ी नई और बड़ी कोमल है! अगर अतीत से मोह पकड़ लिया और कहा कि मैं तो पापी हूं, मैंने तो कैसे-कैसे पाप किए हैं...!

मेरे पास कोई आता है। वह कहता है : 'मैं संन्यास के योग्य नहीं।' मैं कहता हूं : 'तुम फिकर छोड़ो! मैं तुम्हें योग्य मानता हूं। तुम मेरी सुनो।' वह कहता है कि नहीं, आप कुछ भी कहें, मैं संन्यास के योग्य नहीं। मैं तो सिगरेट पीता हूं। तो मैं कहता हूं : पीयो भी। अगर संन्यास ऐसा छोटा-मोटा हो कि सिगरेट पीने से खराब हो जाए तो दो कौड़ी का है। उसका कोई मूल्य ही नहीं। यह भी कोई संन्यास हुआ कि सिगरेट पी ली तो खत्म हो गया! अगर संन्यास में कुछ बल है तो सिगरेट जाएगी, सिगरेट के बल से संन्यास रोकोगे?

कोई आ जाता है। वह कहता है : 'मैं शराब पीता हूं।' मैं कहता हूं : तू फिकर छोड़, पी। हम कुछ बड़ी शराब तुझे देते हैं, अब देखें कौन जीतता है।

जब भी अतीत और भविष्य में संघर्ष हो, भविष्य की सुनना। क्योंकि भविष्य हैह्लजो होना है। अतीत तो वह है जो हो चुका। अतीत तो वह है जो मर चुका, राख है। अब अंगार वहां नहीं रहा; अब वहां से तो सब जीवन हट गया। अब तो पिटी-पिटाई लकीर रह गई है, जिस पर तुम चले थे कभी। उड़ती धूल रह गई, कारवां तो निकल गया। अतीत की मत सुनना। अतीत की सुनने की वृत्ति होती है, क्योंकि उसे हम जानते हैं।

हमारी हालत करीब-करीब ऐसी है जैसे कोई आदमी कार चलाता हो और आगे देखता ही न हो। वह जो रीयर-व्यू मिरर लगा होता है बगल में, बस उसी में देख कर कार चलाता हो; पीछे की तरफ देखता हो और आगे देखता ही न हो। उसके जीवन में दुर्घटना न होगी तो क्या होगा! हम जीवन को ऐसे ही चला रहे हैंह्लपीछे की तरफ देखते हैं और आगे की तरफ जा रहे हैं। देख सकते हो पीछे की तरफ, जाना तो आगे की तरफ ही पड़ेगा। तो अगर आंखें पीछे लगी रहीं और जाना आगे हुआ, दुर्घटना न होगी तो क्या होगा! यह तो अंधी हो गई यात्रा।

जहां जा रहे हो, वहीं देखो भीह्लइसका नाम श्रद्धा है। भविष्य में जा रहे हो। भविष्य है अनजाना, अपरिचित। उस पर श्रद्धा रखो। अगर डांवाडोल हुए, घबड़ाए, तो तुम मोह से भर जाओगे।

जेलखाने से बीस वर्ष के बाद अगर कोई कैदी छूटता है तो अपनी हथकड़ियों की तरफ भी मोह से देखने लगता है। बीस साल कोई छोटा वक्त नहीं होता।

फ्रांस में क्रांति हुई तो फ्रांस का जो सबसे बड़ा किला था बेस्तिले का, वह तोड़ दिया क्रांतिकारियों ने। वहां आजन्म कैदी ही रहते थे। कोई पचास साल से कैद था।

एक तो ऐसा कैदी था जो सत्तर साल से कैद था। सत्तर साल तक हथकड़ियां-बेड़ियां! और बेस्तिले में जो कैदी भरती होते थे, उनकी हथकड़ियों में ताला नहीं होता था, क्योंकि वे तो आजन्म कैदी थे; वह तो हथकड़ी बंद कर दी जाती थी, बेड़ी जोड़ दी जाती थी। वे तो मरेंगे तभी पैर काट कर निकलते थे, हाथ काट कर निकलते थे। जिंदा में तो उनको छूटना नहीं है। सत्तर साल तक जो आदमी बेड़ी-हथकड़ियों में बंधा हुआ एक काली कोठरी में पड़ा रहा है, जहां सूरज की रोशनी नहीं आई, उसको तुम सोचो, अचानक तुम छोड़ दो...!

क्रांतिकारियों ने तो सोचा कि हम बड़ी कृपा कर रहे हैं। उन्होंने बेस्तिले का किला तोड़ दिया और सारे कैदियों कोह्नकोई तीन-चार हजार कैदी थेह्नसबको मुक्त कर दिया। वे तो समझे कि हम बड़े मुक्तिवाहक होकर आए हैं, कल्याण करने आए हैं, कैदी हमसे प्रसन्न होंगे। लेकिन कैदी प्रसन्न न हुए और कैदियों ने कहा: हमें यह पसंद नहीं है, हम बिलकुल ठीक हैं, हम जैसे हैं ठीक हैं। लेकिन क्रांतिकारी तो जिद्दी होते हैं। वे तो यह सुनते ही नहीं कि तुम्हें क्रांति करवानी है कि नहीं करवानी। उन्होंने तो जबरदस्ती हथकड़ियां तुड़वा कर बाहर निकाल दिया।

रात चकित हुए, आधी रात होते-होते आधे कैदी वापस लौट आए और उन्होंने कहा: हमें नींद भी नहीं आ सकती बिना हमारी हथकड़ियों के। पचास साल, साठ साल, सत्तर साल हथकड़ियां हाथ में रहीं, बेड़ियां पैर में रहीं तो ही हम सो पाए, अब तो हमें नींद भी नहीं आ सकती। वह वजन चाहिए, उस वजन के बिना नींद नहीं आती। उस वजन के बिना हम नंगे-नंगे मालूम होते हैं, कुछ खाली-खाली मालूम होते हैं। और अब जाएं कहां? बाहर बहुत डर लगता है। आंखें अंधेरे की आदी हो गई हैं। रोशनी घबड़ाती है।

बेस्तिले की कथा बड़ी महत्वपूर्ण है। यह वास्तविक घटना है और बेस्तिले के कैदी तो सत्तर साल, पचास साल ही रहे थे; मनुष्य की कैद तो बड़ी प्राचीन है, सनातन है। जन्मों-जन्मों से हम सीमा में रहे हैं। कभी वृक्ष की सीमा थी, कभी जानवर की सीमा थी; कभी पक्षी की सीमा थी। अब आदमी की सीमा है। हम सीमा में ही रहे हैं अनंत-अनंत काल से। हम बेस्तिले में कैद हैं अनंत-अनंत काल से, आज अचानक जब घड़ी आएगी मुक्ति की और कोई अष्टावक्र हमें मुक्त करने आ जाएगा तो स्वाभाविक है कि हमारा मोह प्रबल हो उठे, हमारी पुरानी आदत कहे: 'यह क्या करते हो? नहीं, रुक जाओ। अज्ञात में मत रखो चरण। अंधेरे में मत जाओ। अतीत की रोशनी जरूरी है। परंपरा में जीयो।'

ध्यान रखना, श्रद्धा बड़ी क्रांतिकारी घटना है। आमतौर से लोग उल्टा समझते हैं। आमतौर से लोग समझते हैं जो श्रद्धालु है, वह परंपरागत, ट्रेडिशनल है। इससे

ज्यादा मूढ़तापूर्ण कोई बात नहीं हो सकती। श्रद्धावान व्यक्ति बिलकुल ही नॉन-ट्रेडिशनल होता है; उसकी कोई परंपरा हो ही नहीं सकती। श्रद्धा कीह्नऔर परंपरा! परंपरा तो होती है अतीत की। अतीत का होता है विश्वास। श्रद्धा तो होती है भविष्य की, उसकी परंपरा कहां! परंपरा तो होती है भीड़ की, समाज की। श्रद्धा तो होती है व्यक्ति की, अकेले की।

'हे सौम्य, हे प्रिय! श्रद्धा कर, श्रद्धा कर! इसमें मोह मत कर। तू ज्ञानरूप है, भगवान है, परमात्मा है, प्रकृति से परे है।'

ये उदघोषणाएं बड़ी घबड़ाती हैं। ये हमें बड़ा बेचैन कर देती हैं। किसी को कहो कि तुम भगवान हो तो वह सोचता है शायद मजाक तो नहीं कर रहे, कोई व्यंग्य तो नहीं किया जा रहा है। तुम्हारे धर्मगुरुओं ने तो तुम्हें सिखाया है कि तुम पापी हो। तुम्हारे धर्मगुरुओं ने तो सिखाया है कि तुम नारकीय हो। तुम्हारे धर्मगुरुओं ने तो तुम्हें सिखाया कि तुम मनुष्य होने के भी काबिल नहीं हो; तुम तो पशुओं से गए-बीते हो! लेकिन जिसने तुम्हें ऐसा सिखाया, धर्मगुरु तो दूर, उसे धर्म का कोई भी पता नहीं है। वह तुम्हारी सीमाओं को मजबूत कर रहा है। वह तुम्हारी जंजीरों को मजबूत कर रहा है। वह तुम्हारे कारागृह को मजबूत कर रहा है। वह तुम्हें मुक्त न होने देगा। वास्तविक धर्मगुरु तुमसे कहता है कि तुम मुक्त हो! मुक्ति तुम्हारा स्वभाव है।

'तात, हे सौम्य! भो! हे प्रिय! श्रद्धा कर! श्रद्धा कर!'

अत्र मोहं न कुरुत्स्व।

जरा भी मोह में मत पड़ना अब। पड़ने का भाव उठेगा, पड़ना मत, सजग रहना।

'भगवान' शब्द बड़ा महत्वपूर्ण है। इसका अर्थ होता है : भाग्यवान। इसका अर्थ होता है : भाग्यशाली। तुम भगवान हो, इसका अर्थ तुम भाग्यशाली हो। भाग्य का अर्थ होता है : तुम्हारा भविष्य है। भाग्य का अर्थ होता है : तुम वहीं समाप्त नहीं जहां तुम हो; तुम्हारा भविष्य है।

एक पत्थर है, एक कंकड़ हैह्नउसका कोई भविष्य नहीं। कंकड़ भगवान नहीं। वह कंकड़ ही रहेगा। उसी के पास एक बीज पड़ा है, बीज भगवान है; उसका भविष्य है। कंकड़ को, बीज को, दोनों को मिट्टी में डाल दो, थोड़े दिन बाद कंकड़ तो कंकड़ ही रहेगा, बीज उमग आएगा, पौधा बन जाएगा। बीज का भविष्य है। जहां भविष्य है, वहीं भगवान छिपा है।

भाग्य का अर्थ होता है : तुम भविष्य के मालिक हो। अतीत पर तुम समाप्त नहीं हो गए हो। जो हुआ है, उस पर तुम चुक नहीं गए हो। अभी बहुत कुछ होने को है। यह मतलब होता है भगवान का। भगवान का अर्थ होता है : समाप्त मत समझ लेना;

पूर्ण विराम नहीं आ गया है। अभी कथा आगे जारी रहेगी। सच तो यह है कि कथा कभी समाप्त नहीं होगी। भगवान का अर्थ है : तुम कुछ भी हो जाओ, सदा होने को शेष रहेगा। संभावना बनी ही रहेगी। बीज फूटता ही रहेगा। वृक्ष बड़ा होता ही रहेगा। फूल लगते ही रहेंगे। फूल पर फूल, फूल पर फूल लगते रहेंगे। कमल पर कमल खिलते चले जाएंगेह्लजनका कोई अंत नहीं! अंतहीन है तुम्हारी संभावना। तुम्हारा भविष्य विस्तीर्ण है।

'भगवान' शब्द का अर्थ समझो। ईसाइयों और मुसलमानों के कारण भगवान शब्द का अर्थ बड़ा ओछा हो गया; उसका अर्थ हो गया : जिसने दुनिया को बनाया। निश्चित ही जनक ने दुनिया को नहीं बनाया है। तो अष्टावक्र का भगवान का यह अर्थ तो हो ही नहीं सकता है कि जिसने दुनिया को बनाया। भारत में भगवान के बड़े अनूठे अर्थ थे। उस शब्द की महिमा को समझो। उसका अर्थ होता है : जिसे चुकाया न जा सके; जिसकी संभावना को परिपूर्ण रूप से कभी वास्तविक न बनाया जा सके। क्योंकि जिस दिन संभावना पूरी की पूरी चुक गई। उस दिन बीज कंकड़ हो गया, फिर इसके बाद कुछ नहीं हो सकता है। जिसमें विकास और विकास सदा संभव है, वही भगवान है।

'तू भाग्यवान है।'

भविष्य है तेरा। विकास है तेरा। संभावना है तुझमें छिपी। तू बीज है, कंकड़ नहीं।

एक और शब्द है 'ईश्वर'। वह शब्द भी बड़ा अदभुत है। अंग्रेजी के शब्द गॉड में वह मजा नहीं है, वह खूबी नहीं है जो ईश्वर में या भगवान में है। अंग्रेजी का शब्द गॉड बहुत गरीब है। ईश्वर का अर्थ होता है : ऐश्वर्य है जिसका; आनंद है जिसका; सच्चिदानंद की संपदा है जिसकी। ऐश्वर्य से बनता है ईश्वर। जो महा ऐश्वर्य को लिए छिपा बैठा है तुम्हारे भीतर, कि प्रगट होगा तो उसके साम्राज्य की कोई सीमा न होगी, उसका साम्राज्य विराट हैह्लऐसे तुम ईश्वर हो! ऐश्वर्य तुम्हारा स्वभाव है। भिखारी तुम बन गएह्लयह तुम्हारी भूल है। ऐश्वर्य तुम्हारा स्वभाव है। भिखमंगे तुम बन गए हो, क्योंकि अतीत से तुमने संबंध जोड़ लिया है; भगवान तुम हो जाओगे अगर भविष्य से संबंध जोड़ लो। सतत गतिमान, सतत प्रवाहमान जो है, वही भगवान है। अगर तुम बढ़ रहे हो तो भगवान है, अगर रुक गए तो तुम पत्थर हो गए।

लेकिन तुमने भगवान की पत्थर की मूर्तियां बना रखी हैं। पत्थर की भूल कर भगवान की मूर्ति मत बनाना, क्योंकि पत्थर में बहाव तो बिलकुल नहीं है। हिंदू बेहतर थे; नदी को पूज लेते थे, सूरज को पूज लेते थेह्लउसमें कहीं ज्यादा भगवत्ता है। झाड़ को पूज लेते थे, उसमें कहीं ज्यादा भगवत्ता है। तुम जरा फर्क समझना। झाड़ कम से

कम बढ़ता तो है, गतिमान तो है। नदी बहती तो है, प्रवाहमान तो है। सूरज निकलता तो है, उगता तो है, बढ़ता तो है, वृद्धिमान तो है। तुमने बना ली संगमर्मर की मूर्ति; वह मुर्दा है, उसमें कहीं कोई गति नहीं है। तुमने कंकड़ों की मूर्तियां बना लीं; बीज की मूर्ति बनानी थी।

जब पश्चिम से पहली दफा लोग आए और उन्होंने हिंदुओं को देखा कि वृक्षों की पूजा कर रहे हैं, उन्होंने कहा कि अरे, बड़े अविकसित असभ्य! उन्हें समझ में नहीं आ सका। हिंदुओं को समझने के लिए बड़ी गहराई चाहिए, क्योंकि हिंदू हजारों साल से जीवन की आत्यंतिक गहराई में डुबकी लगाते रहे हैं।

मैं एक ट्रेन में सवार था। प्रयाग के पास से जब ट्रेन गंगा के ऊपर से गुजरने लगी तो ग्रामीण जो डब्बे में बैठे थे, पैसे फेंकने लगे। एक पढ़े-लिखे सज्जन बैठे थे। पीछे पता चला कि बनारस हिंदू विश्वविद्यालय में प्रोफेसर हैं। मुझसे बोले कि क्या गंवारपन है! ये मूढ़ गंगा में पैसे फेंक रहे हैं, इससे क्या सार है! मैंने उनसे कहा, ऊपर से तो दिखता है कि ये मूढ़ हैं और ये शायद मूढ़ हैं भी और इनको कुछ पता भी नहीं है गंगा में पैसा फेंकना...। लेकिन थोड़ा गहरे झांकने की, थोड़ी सहानुभूति से झांकने की कोशिश करो।

गंगा प्रवाहमान है। बहती है हिमालय से महासागर तक। कहीं रुकती नहीं, कहीं ठहरती नहीं। हिंदुओं ने अपने सारे तीर्थ गंगा के किनारे बनाए हैंह्नया नदियों के किनारे बनाए हैं। वे प्रवाह के प्रतीक हैं। वे जीवंतता के प्रतीक हैं। ये जो गंगा में पैसा फेंक रहे हैं, फेंकने वाला ठीक कर रहा है, यह मैं नहीं कह रहा; लेकिन इसमें भीतर कहीं कुछ राज तो छिपा है। वह इसे चाहे भूल भी गया है; लेकिन जिसने पहली दफा गंगा में पैसा फेंका होगा, वह यह कह रहा है कि मेरा सब धन तुच्छ है तेरे प्रवाह के सामने। इसका मूल्य तो समझो! मेरा धन तो मुर्दा है, तेरा धन ज्यादा बड़ा है। मैं अपने धन को तेरे धन के सामने झुकाता हूं। मैं अपने धन को तेरे चरणों में रखता हूं।

वृक्ष की पूजा में कहीं ज्यादा भगवत्ता का लक्षण है। ईसाई पूजते हैं क्रॉस कोह्नमरी हुई चीज को! वह बढ़ती नहीं। इससे तो बेहतर वृक्ष है; कम से कम बढ़ता तो है; नये पात तो लगेंगे; नये फूल तो खिलेंगे! वृक्ष का कोई भविष्य तो है! और वृक्ष का कुछ ऐश्वर्य भी है। जब फूल खिलते हैं वृक्ष में तो देखा...।

जीसस ने अपने शिष्यों से कहा कि देखो खेत में खिले लिली के फूलों को! सोलोमन, सम्राट सोलोमन अपनी परिपूर्ण गरिमा में भी इतना सुंदर न था। और ये फूल लिली के न तो श्रम करते, न मेहनत करते, इनकी महिमा कहां से आती है! कौन इन्हें इतना सौंदर्य दे जाता है! कहां से बरसता है यह प्रसाद!

ऐश्वर्य तुम्हारा स्वभाव है। भगवान होना तुम्हारी नियति है। तुम अपने ऐश्वर्य को प्रगट करो। तुम अपनी भगवत्ता की घोषणा करो। और ध्यान रखना, तुम्हारी भगवत्ता की घोषणा में सारे अस्तित्व की भगवत्ता की घोषणा छिपी है। कहीं तुमने अपने भगवान होने की घोषणा की और सोचा कि और कोई भगवान नहीं है, मैं भगवान हूंह्नतो तुम भूल में पड़ गए, तो यह अहंकार की घोषणा हो गई। तो यह भगवान से तो तुम बहुत दूर चले गए; बिलकुल विपरीत छोर पर पहुंच गए। क्योंकि भगवान होने की घोषणा में तो अहंकार बिलकुल नहीं है। ऐश्वर्य वहीं है जहां तुम नहीं हो। और भगवान वहीं है जहां 'मैं' का सारा भाव खो गया। तब तुम भी भगवान जैसे विराट, असीम अनंत!

'गुणों से लिपटा हुआ शरीर आता है और जाता है। आत्मा न जाने वाली है और न आने वाली है। इसके निमित्त तू किसलिए सोच करता है?'

गुणैः संवेष्टितो देहस्तिष्ठत्यायाति याति च।
आत्मा न गंता नागंता किमेनमनुशोचति।।

'गुणों से लिपटा हुआ शरीर आता और जाता है।'

ऐसा समझो कि तुम एक घड़ा बाजार से खरीद कर लाए तो घड़े के भीतर आकाश हैह्नघटाकाश। थोड़ा सा आकाश घड़े के भीतर है। जब तुम घर की तरफ चल पड़े तो घड़ा तो तुम्हारे साथ आता है, क्या तुम सोचते हो घड़े के भीतर का आकाश वही रहता है? आकाश बदलता रहता है। आकाश तो अपनी जगह है, कहीं आता-जाता नहीं। तुम्हारा घड़ा तुम खींच कर घर ले आते हो। वही आकाश नहीं आता घड़े में जो तुमने बाजार में खरीदा था, तब था! वह आकाश तो वहीं रह गया। आकाश तो अपनी जगह है। तुम घड़े को ले आए घर। भीतर की खाली जगह तो न आती न जाती कहीं।

आत्मा आकाश जैसी है। शरीर का गुणधर्म है। शरीर तो घड़ा हैह्नमिट्टी का घड़ा है। तुम गए, तुम चलेह्नशरीर चलता है; तुम्हारी आत्मा नहीं चलती है।

ऐसा ही समझो, मुल्ला नसरुद्दीन एक ट्रेन में सवार था और तेजी से डब्बे में चल रहा था। किसी ने पूछा कि नसरुद्दीन मामला क्या है? उसने कहा, मुझे जल्दी पहुंचना है। पसीने से लथपथ हो रहा था। अब ट्रेन का डब्बा भागा जा रहा है; तुम उसमें चलो या बैठो, कोई फर्क नहीं पड़ता। और जब ट्रेन चलती है तो तुम्हारे चलने का कोई प्रयोजन ही नहीं है। तुम थोड़े ही चलते हो! ट्रेन चलती है, तुम बैठे रहते हो। तुम तो वही के वही होते हो।

तुम्हारा शरीर जब चलता है, तब भी तुम वही के वही होते हो। भीतर कुछ भी नहीं चलता; भीतर का शून्य आकाश वैसा का वैसा, वही का वही है। तुम यहां से

उठे, वहां बैठ गए, वहां से उठे, कहीं और बैठ गए; गरीब थे, अमीर हो गए; कुछ न थे, राष्ट्रपति हो गए; जमीन पर बैठे थे, सिंहासन पर बैठ गएह्वलेकिन तुम्हारे भीतर जो छिपा है वह तो कहीं आता-जाता नहीं। उसे पहचानो! वह न भोजन करते, भोजन करता; न राह चलते, चलता; न रात सोते, सोता-सदा वैसा का वैसा है! एकरस!

'गुणों से लिपटा हुआ शरीर आता और जाता; आत्मा न जाने वाली है और न आने वाली है।'

इसके लिए सोच का कोई कारण ही नहीं, क्योंकि सोच का कोई अर्थ ही नहीं। यह तो मुल्ला नसरुद्दीन जैसे ट्रेन में चल रहा, ऐसे तुम सोच कर रहे हो। व्यर्थ ही सोच रहे हो। इसका कोई प्रयोजन नहीं है। जैसे ही यह बात समझ में आ जाती है, सोच छोड़ना नहीं पड़ता, सोच छूट जाता है। अगर मुल्ला को यह बात समझ में आ जाए कि तेरे चलने से कुछ अर्थ नहीं होता, ट्रेन चल रही है, उतना ही चलना हो रहा है, तू नाहक अलग से चलने की कोशिश कर रहा है, इससे कुछ जल्दी नहीं पहुंच जाएगाह्वतो मुल्ला बैठ जाएगा। समझ में आ जाए। बस बात समझ की है; कृत्य की नहीं है, सिर्फ बोध की है।

गुणः संवेष्ठितः देहः तिष्ठति...।

गुणों से लिपटा हुआ शरीर निश्चित आता-जाता, जन्मता, बचपन, जवानी, बुढ़ापा, बीमारी, स्वास्थ्य, हजार घटनाएं घटतींह्वलेकिन भीतर जो छिपा है घड़े के, वह तो वैसा का वैसा है।

तुमने देखा, मिट्टी का घड़ा खरीद लाओ, उस पर सोने की पर्त चढ़ा दो, हीरे-जवाहरात लगा दो; मगर भीतर का खालीपन तो वैसा का वैसा है। सोने के घड़े के भीतर तुम सोचते हो किसी और तरह का आकाश होता है? मिट्टी के घड़े से भिन्न होता है? भीतर का सूनापन, भीतर का खालीपन सोने के घड़े में हो कि मिट्टी के घड़े में, एक जैसा है। तो कुरूप देह हो कि सुंदर, क्या फर्क पड़ता है! देह ही ऊपर कुरूप और सुंदर होती है। खूब आवेष्ठित गहनों से हो कि नग्न खड़ी हो, कोई फर्क नहीं पड़ता।

आत्मा न गंता न आगंता किं एनं अनुशोचति।

फिर सोच क्या! जब कुछ होता ही नहीं अंतर के जगत में, कुछ कभी हुआ ही नहीं; जैसा है वैसा ही है सब वहां; अंतस्तम पर, आखिरी केंद्र पर न कोई गति है, न कोई खोना, न कोई बढ़ना, न कुछ होना...। आकाश जैसा हैह्वकभी बादल घिरते, वर्षा होती; फिर बादल चले जाते, कभी खुला आकाश होता, कभी मेघाच्छादित होता। रात आती, अंधेरा हो जाता; दिन आता, प्रकाश फैल जाता। लेकिन आकाश वैसा का वैसा है! यह आकाश की दृष्टि है। इसे तुम समय की दृष्टि से मत मेल बिठाना। अन्यथा मुश्किल पड़ेगी।

समय की दृष्टि कहती है : तुमने बुरे कर्म किए, उनको ठीक करो; पाप किए उनको सुधारो; तुमने चोरी की, दान करो; तुमने किसी को दुख दिया, सेवा करो।

समय की दृष्टि कहती है : कर्म को बदलो। आकाश की दृष्टि कहती है : साक्षी को पहचानो। कर्म का कुछ लेना-देना नहीं; कर्म तो स्वप्नवत है।

'देह चाहे कल्प के अंत तक रहे, चाहे वह अभी चली जाए, तुम चैतन्यरूप वाले की कहां वृद्धि है, कहां नाश है!'

क्व वृद्धिः क्व च वा हानिस्तव चिन्मात्ररूपिणः।

तुम तो चैतन्यमात्र हो। तुम्हारी कोई वृद्धि नहीं, कोई घास नहीं!

'तुम अनंत महासमुद्र में विश्वरूप तरंग अपने स्वभाव से उदय और अस्त को प्राप्त होती है; परंतु तेरी न वृद्धि है और न नाश है।'

जो हो रहा है, वह प्रकृति के स्वभाव से हो रहा है। भूख लगती, तृप्ति होती; जवानी आती, वासना जगती; बुढ़ापा आता, वासना तिरोहित हो जातीह्न तो तुम्हारी वासना है और न तुम्हारा ब्रह्मचर्य है। यह आकाश की दृष्टि है। कभी तुम चोर बनते, कभी साधु बन जाते। यह सब प्रकृति से हो रहा है। इसमें कुछ करने जैसा नहीं है, कुछ छोड़ने जैसा नहीं है। कुछ चुनाव नहीं करना है। कृष्णमूर्ति जिसे च्वॉइसलेस अवेयरनेस कहते हैं। चुनाव-रहित। निर्विकल्प बोधमात्र।

त्वय्यनंतमहाम्भोधौ विश्ववीचिः स्वभावतः।

'इस संसार-सागर में जो लहरें उठ रही हैं, वह संसार का स्वभाव है।'

उदेतु वास्तुमायातु न ते वृद्धिर्न वा क्षतिः।

'न तो तेरी क्षति है न तेरी वृद्धि है।'

यह अपने से हो रहा है, इसे होने दे। यह नाच चल रहा है, इसे चलने दे। तू देखता रह।

'हे तात, तू चैतन्यरूप है। तेरा यह जगत तुझसे भिन्न नहीं है। इसलिए हेय और उपादेय की कल्पना किसकी और क्यों कर और कहां हो सकती है?'

तात चिन्मात्र रूपोऽसि न ते भिन्नमिदं जगत्।
अथः कस्य कथं कुत्र हेयोपादेय कल्पना।।

'तू चैतन्यरूप है। तेरा यह जगत तुझसे भिन्न नहीं है।'

और यहां हम जो भिन्नताएं देख रहे हैं, वे सब भिन्नताएं ऊपर-ऊपर हैं, भीतर हम अभिन्न हैं। देखा बैलगाड़ी का चाक, आरे लगे होते; परिधि पर तो आरे सब अलग होते, लेकिन केंद्र पर जा कर सब जुड़ गए होते हैं। और एक मजा देखा कि चाक घूमता है, कील नहीं घूमती! कील वैसी ही खड़ी रहती है। जिस पर घूमता है, वह नहीं घूमती। अगर कील घूम जाए तो चाक गिर जाए। कील को नहीं घूमना है।

यह जो सारा जगत गतिमान हैह्नपरमात्मा के शून्य, ठहरे होने पर है। यह तुम्हारा जो शरीर चल रहा हैह्नतुम्हारी आत्मा की कील पर, जो ठहरी हुई है। यह जो शरीर का चाक चलता हैह्नबचपन, जवानी, बुढ़ापा, सुख-दुख, हार-जीत, सफलता-असफलता, मान-अपमानह्नयह चाक घूमता रहता है। इसके आरे घूमते रहते हैं। लेकिन तुम्हारी कील खड़ी है। उस कील को पहचान लेना समाधिस्थ हो जाना है। और यहां कोई भी भिन्न नहीं है।

फर्क देखना।

महावीर कहते हैं: स्वयं के और जगत के भेद को जान लेना ज्ञान है। इसलिए महावीर का शास्त्र कहलाता है: भेद-विज्ञान। ठीक-ठीक जान लेना कि पदार्थ मैं नहीं हूं; वह जो बाहर है, वह मैं नहीं हूं; वह जो जगत है, वह मैं नहीं हूं। अलग हो जाना भेद-विज्ञान है।

तुम चकित होओगे यह जान कर कि महावीर की भाषा में योग का अर्थ ही अलग है। महावीर कहते हैं: अयोग को उपलब्ध होना है, योग को नहीं। इसलिए जो परम अवस्था है, उसको कहते हैं: अयोग केवली। निश्चित ही महावीर किसी और ही भाषा का उपयोग कर रहे हैं। पतंजलि कहते हैं: योग को उपलब्ध होना है। योग यानी दो मिल जाएं। और महावीर कहते हैं: अयोग को उपलब्ध होना है कि दो अलग हो जाएं। पतंजलि विवाह के लिए चेष्टा कर रहे हैं; महावीर तलाक के लिए। दो टूट जाएं। अलग-अलग हो जाएं। जहां दो टूट गए, जहां जान लियाह्न'शरीर और मैं अलग, संसार और मैं अलग'ह्नवहीं ज्ञान है। आकाश की दृष्टि मेंह्नजहां जान लिया सब एक, अभिन्नह्नवहीं ज्ञान है।

इसलिए बड़ी कठिनाई होती है, जो लोग जैन शास्त्र के आदी हैं, उनको अष्टावक्र समझना मुश्किल हो जाता है, क्योंकि बड़ी उल्टी बातें हैं। जो लोग अष्टावक्र के आदी हैं, उनको जैन शास्त्र समझना मुश्किल हो जाता है। पारिभाषिक शब्दावली है। अब हिंदुओं के लिए योग से बड़ा कोई शब्द नहीं है। योग बड़ा मूल्यवान शब्द है, महिमावान शब्द है। महावीर के लिए योग ही पाप है। भोग तो पाप है ही। महावीर तो कहते हैं, भोग ही इसलिए चल रहा है कि योग है; तुम जुड़े हो, इसलिए भोग चल रहा है। जोड़ को तोड़ दो। वह जो आइडेंटिटी है, जोड़ है, उसको तोड़ दो, उखाड़ दो, अलग हो जाओ, बिलकुल अलग हो जाओ!

हिंदू कहते हैं: तुम अलग हो, यही तुम्हारा अहंकार है। तुम जुड़ जाओ, तुम इस विराट के साथ एक हो जाओ। जरा भी भेद न रह जाए। भेद मात्र खो जाए। अभेद हो जाए।

'हे तात, तू चैतन्यरूप है। तेरा यह जगत तुझसे भिन्न नहीं। इसलिए हेय और उपादेय की कल्पना किसकी, क्यों कर और कहां?'

सुनना इस क्रांतिकारी वचन को। अष्टावक्र कहते हैं: फिर क्या बुरा और क्या भला! हेय क्या, उपादेय क्या! अच्छा क्या! शुभ क्या, अशुभ क्याह्नजो हो रहा है, हो रहा है। जो हो रहा है, जैसा हो रहा है, वैसा ही होगा। होने दो। न कुछ अच्छा है न कुछ बुरा है। जो हो रहा है, स्वाभाविक है।

अगर ऐसी बात खयाल में आ जाए तो परम शांति उदय हो जाएगी। नहीं तो दो तरह की अशांतियां हैं। एक असाधु की अशांति है; वह सोचता है, साधु कैसे बनें? वह चेष्टा में लगा है। हार-हार जाता है। बार-बार आत्मविश्वास खो देता है। बार-बार फिर डुबकी लग जाती है अंधेरे में। फिर तड़पता है, पछताता है, सोचता है: कैसे साधु बनूं? एक साधु है; वह साधु बन गया है, लेकिन भीतर भाव चलता रहता है कि पता नहीं असाधु मजा लूट रहे हों!

मैंने न मालूम कितने साधुओं से मुलाकात की होगी, न मालूम कितने साधुओं को मिला हूं। सदा यह पाया है कि उनके भीतर कहीं न कहीं भीतर यह भाव बना है: 'कहीं ऐसा तो नहीं है कि हम मूर्ख बन गए हों! अपने हाथ से छोड़ बैठे, दूसरे मजा कर रहे हों!'

एक जैन साधु हैं: कनक विजय। एक बार मेरे घर मेहमान हुए। दो-चार दिन जब उन्होंने मुझे समझ लिया और लगा कि मेरे मन में कोई हेय-उपादेय नहीं है, तो उन्होंने कहा: ङ्गअब आपसे एक बात कह दूं। किसी और से तो कह ही नहीं सकता। क्योंकि और तो दूसरे तत्क्षण पकड़ लेंगे कि यह साधु और ऐसी बात! आपसे कह दूं कि मैं नौ साल का था, तब मैं साधु हुआ। मेरे पिता साधु हुए, मां मर गई।ङ्घ

अक्सर तो ऐसे ही साधु होते हैं लोग। पत्नी मर गई तो पिता संन्यासी हो गए। अब एक ही बेटा था घर में। अब वह क्या करे! नौ साल का बच्चा। तो उसका भी सिर मूड़ लिया, उसको भी संन्यासी कर दिया। अब नौ वर्ष का बच्चा संन्यासी हो जाए तो अड़चन तो आने वाली हैह्नऔर वह भी जैन संन्यासी! तो वे हो तो गए हैं साठ साल के, लेकिन उनकी बुद्धि नौ साल पर अटकी है। अटकी ही रहेगी, क्योंकि जीवन का मौका नहीं मिला। जीवन को जानने का अवसर नहीं मिला। भोग की पीड़ा झेलने की सुविधा नहीं मिली। वह झेलना जरूरी है। बुरा करने का अवसर नहीं मिला तो बुरा अटका रह गया है। वह चुभता है। पता नहीं दूसरे लोग मजा लूट रहे हों! नौ साल का बच्चा!

तुम थोड़ा सोचो, दूसरे बच्चे आइसक्रीम खा रहे हैं, नौ साल का संन्यासी चला जा रहा है, वह आइसक्रीम नहीं खा सकता। जरा दया करो नौ साल के बच्चे पर! सब

सिनेमा के बाहर लाइन लगाए खड़े हैं, बड़े-बड़े दिग्गज टिकिट खरीदने खड़े हैं; नौ साल का संन्यासी चला जा रहा है, वह टिकिट नहीं खरीद सकता सिनेमा की!

उन्होंने मुझसे कहा कि अब आपसे मैं कह दूं; किसी और से मैं कह ही नहीं सकता, क्योंकि आपको मैं अनुभव करता हूं कि आप मेरी निंदा न करेंगे। मैंने कहा: तुम कहो, क्या?

उन्होंने कहा कि मुझे सिनेमा देखना है।

'पागल हो गए हो? अब साठ साल की उम्र में सिनेमा!'

कहने लगे कि बस मेरे मन में यह रहता है कि पता नहीं भीतर क्या होता है! इतने लोग जब देखते हैं और लाइनें लगी हैं और लोग लड़ाई-झगड़ा करते हैं, मार-पीट हो जाती है टिकिट के लिए, तो भीतर क्या है!

कभी सिनेमा देखा नहीं। स्वाभाविक जिज्ञासा है। तुम्हें हंसी आती है! क्योंकि तुमने देखा है, इसलिए तुम्हें कुछ अड़चन नहीं मालूम होती कि इसमें मामला क्या है! लेकिन तुम जरा उस आदमी की सोचो, उसकी तरफ से सोचो।

मुझे बात समझ में आई। मैंने कहा कि ठीक है। मेरे पास एक जैन श्रावक आते थे, मैंने उनसे कहा कि देखें, इनको सिनेमा दिखा दें। बेचारे बुढ़ापे में यही भाव लेकर मरे तो अगले जन्म में सिनेमा में चौकीदारी करेंगे! इनको बचा लें! इनको उबार लें!

वे तो जैन थे। वे तो घबड़ा गए। उन्होंने कहा कि आप मुझे फंसाएंगे। अगर समाज को पता चल गया कि मैं इनको ले गया हूं सिनेमा तो मैं तक झंझट में पडूंगा। आप कहते हैं, मेरी बात समझ में आ गई। मैं आपको सुनता हूं, इसलिए समझ में भी आता है; मगर मैं नहीं ले जा सकता।

मैंने कहा, कोई तो ले जाए इनको। किसी तरह तो इनको दिखा ही दो। इनको समझो।

उन्होंने कहा, मेरी समझ में आती है। फिर मैंने कहा, कुछ उपाय करो। उन्होंने कहा, फिर एक ही उपाय कर सकते हैं। तो जो कैनटोनमेंट एरिया है, वहां अंग्रेजी फिल्में चलती हैं, वहां कोई जैन वगैरह रहते नहीं और जाते भी नहीं, वहां इनको दिखा सकता हूं। मगर अंग्रेजी इनकी समझ में नहीं आती।

मैंने उनसे पूछा कि कनक विजय जी, क्या विचार है? उन्होंने कहा कि कुछ भी हो, अंग्रेजी हो कि चीनी हो कि जापानी हो, मुझे दिखा दो!

कनक विजय अभी जिंदा हैं, उनसे आप पूछ ले सकते हैं। उनको ले गए वे, दिखा लाए वे। दिखा कर आए, बहुत हलके होकर आए। वे कहने लगे कि एक बोझ उतर गया, अब कुछ भी नहीं है वहां। लेकिन अभी तक मैं एक बोझ से दबा था।

जीवन अनभोगा बीत जाए तो बहुत सा कचरा-कूड़ा इकट्ठा हो जाता है। मैं यह नहीं कह रहा हूं कि भोग से ही तुम मुक्त हो जाओगे। अगर भोगे भी सोए-सोए तो कभी मुक्त न होओगे। ऐसे लोग हैं जो साठ साल से निरंतर सिनेमा देख रहे हैं, फिर भी जा रहे हैं। तो यह नहीं कह रहा हूं कि जिन्होंने देख लिया, वे मुक्त हो गए हैं। जिन्होंने देख लिया, वे मुक्त हो सकते हैं अगर थोड़ी भी समझ हो। जिन्होंने नहीं देखा, उनकी तो बड़ी अड़चन है। समझ भी हो तो भी मुक्त होना कठिन है। क्योंकि जो जाना ही नहीं, उससे मुक्त कैसे होएं? उससे उठें कैसे? उसका अतिक्रमण कैसे हो?

अष्टावक्र कहते हैं : न कुछ बुरा है न कुछ भला है। जो होता हो, उसे हो जाने देना। इसके लिए बड़ी हिम्मत चाहिए! इसके लिए अपूर्व साहस चाहिए! जो होता हो, हो जाने देना। मत रोकना। मत जीवन की धारा के विपरीत लड़ना। बह जाना धारा में। जो होता हो, हो जाने देना। क्या है खोने को यहां? क्या है पाने को यहां? और एक बार तुम अगर हिम्मत से, साहस से बह गए और जागे रहे, देखते रहे जो हो रहा हैह्लएक दिन पाओगे कि तुम साक्षी हो गए। जो हो रहा है वह प्रकृति की लीला है : वह सब स्वभाव है। तरंगें उठ रही हैं!

'हे तात, तू चैतन्यरूप है। तेरा यह जगत तुझसे भिन्न नहीं। इसलिए हेय और उपादेय की कल्पना किसकी, क्यों कर और कहां?'

'तुझ एक निर्मल अविनाशी शांत और चैतन्यरूप आकाश में कहां जन्म है, कहां कर्म है, कहां अहंकार है!'

सुनो इस वचन को!

एकस्मिन्नव्यये शांते चिदाकाशेऽमले त्वयि।
कुतो जन्म कुतः कर्म कुतोऽहंकार एव च।।

एकस्मिनह्लतू एक! क्योंकि एक ही है। कोई द्वैत नहीं। तेरे एक में ही सब समाया हुआ है। और तू सब में समाया हुआ है। अमलेह्लऔर तू कभी भी मल को उपलब्ध नहीं हुआ। कभी तू दोषी नहीं हुआ। कभी तुझसे कुछ पाप नहीं हुआ। क्योंकि पाप हो नहीं सकता। क्योंकि तू कर्ता नहीं है; तू केवल साक्षी है। तू तो दर्पण की तरह है। इसके सामने किसी ने किसी की हत्या कर दी तो दर्पण थोड़े ही पापी होता है; दर्पण को थोड़े ही अदालत में ले जाओगे कि इसके सामने हत्या हुई, कि यह दर्पण भी पापी हो गया, कि यह दर्पण भी दूषित हो गया। जो हुआ है, वह प्रकृति में हुआ है। हत्या हुई, साधु बने, असाधु बनेह्लवह सब शरीर की प्रकृति है। और तुम्हारे भीतर जो चैतन्य का दर्पण हैह्लअमलेयंह्लउसका कोई मल नहीं है। निर्मल है। अव्ययेह्लअविनाशी है। शांतेह्लशांत है। चिदाकाशेह्लचैतन्यरूप आकाश है। चिदाकाशे!

यह पूरी की पूरी ब्राह्मणधारा का सार-भाव हैह्नचिदाकाशे।

जन्म कुतः।

कहां तो तेरा जन्म? हो ही नहीं सकता। शरीर ही जन्मता है और शरीर ही मरता है; तू तो न जन्मता है और न मरता है।

कर्म कुतः।

और कर्म भी तुझसे नहीं हो सकता, तो कैसा अच्छा कर्म, कैसा बुरा कर्म? कैसा दुष्कर्म? कर्म तुझसे हो नहीं सकता।

च एव अहंकार कुतः।

और अहंकार भी कैसा? मैं हूं, यह भाव भी तभी हो सकता है जब ङ्कतूङ्ख हो। जब दो नहीं हैं तो कैसा अहंकार?

'तू एक निर्मल अविनाशी शांत चैतन्यरूप आकाश है। कहां जन्म, कहां कर्म, कहां अहंकार?'

ऐसा जान कर, ऐसा बोध को जगा कर, ऐसी श्रद्धा में डूब करह्नसमाधि उपलब्ध होती है। समाधि का अर्थ है : समाधान। समाधि का अर्थ है : गईं समस्याएं, खुल गया रहस्य। समाधि का अर्थ है : नहीं रहे प्रश्न, नहीं मिला उत्तर; खो गए प्रश्न। मिलन हो गया अस्तित्व से। क्योंकि उत्तर अगर न मिलें तो फिर नये प्रश्न खड़े हो जाएंगे। हर उत्तर से नये प्रश्नों के पत्ते लगते हैं। समाधि का अर्थ उत्तर नहीं है कि मिल गया तुम्हें उत्तर। समाधि का इतना ही अर्थ है कि सब प्रश्न गिर गए; प्रश्नों के साथ स्वभावतः सब उत्तर भी गिर गए। तुम निर्विकार हुए, निर्विचार हुए! न कोई प्रश्न है न कोई उत्तर है। ऐसा जीवन है। और ऐसे जीवन की सहज स्वीकृति है और साक्षी-भाव है।

जो हो रहा है बाहर, होने दो। चुनो मत। निर्णय मत लो। बुरा-भला विभाजन मत करो। जो हो रहा है, तुम होने दो। तुम सिर्फ देखते रहो।

खयाल में आती है बात? तुम सिर्फ देखते रहो। हमारी सारी शिक्षा इसके विपरीत है। हमारी सारी शिक्षा कहती है : क्रोध हो तो दबाओ, रोको, क्रोध मत करो; क्रोध बुरा है। प्रेम हो तो प्रकट करो, बताओ; प्रेम अच्छा है। हमारी सारी शिक्षा विकल्प में, चुनने की है, चुनाव करने की है।

इसलिए मेरे देखे, दुनिया में ब्राह्मण परंपरा की कोई बहुत गहरी छाप नहीं पड़ी, श्रमण परंपरा की गहरी छाप पड़ी। तुम चकित होओगे, क्योंकि श्रमण परंपरा को मानने वाले बहुत लोग नहीं हैं और ब्राह्मण परंपरा को मानने वाले बहुत लोग हैंह्नईसाई हैं, हिंदू हैं, मुसलमान हैं, बड़ी संख्या है! लेकिन फिर भी श्रमण परंपरा की संख्या ज्यादा नहीं है तो भी उसकी छाप बहुत गहरी पड़ी, क्योंकि श्रमण परंपरा का तर्क मनुष्य की बुद्धि में जल्दी समझ में आता है।

भारत में जैनों की कोई संख्या नहीं है; लेकिन फिर भी तुम चकित होओगे कि जैनों का संस्कार भारत पर जितना गहरा है उतना हिंदुओं का नहीं है। महात्मा गांधी बात गीता की करते हैं, लेकिन व्याख्या पूरी जैन की है। बात गीता की है, लेकिन व्याख्या पूरे जैन की है, बात गीता की नहीं है। महात्मा गांधी नब्बे प्रतिशत जैन हैं, दस प्रतिशत हिंदू होंगे। कुछ आश्चर्य की बात है। क्यों ऐसा हुआ है? इसके पीछे कारण साफ है। जैन परंपरा या श्रमण परंपरा का तर्क बहुत स्पष्ट है, गणित बहुत साफ है। और यह जगत गणित का है और तर्क का है। और यह बात समझ में आती है, सभी को समझ में आती है। राजनीतिक को भी समझ में आती है, धर्मगुरु को भी समझ में आती है, पुरोहित-पंडित को भी समझ में आती है कि बुरा छोड़ो, अच्छा करो। फिर भी बुरा छोड़ो, अच्छा करोह्लयह समझाते-समझाते हजारों सदियां बीत गईं, बुरा हो रहा है और अच्छा नहीं हो रहा है। यह बड़ी हैरानी की बात है। कोई धारणा इस बुरी तरह पराजित नहीं होती, लेकिन फिर भी हावी रहती है, बुरी तरह हार गई है!

तुम अपने जीवन में देखो, तुमने लाख उपाय किए कि बुरा छोड़ें और अच्छा करें, फिर भी करते तुम बुरा हो।

संत अगस्तीन ने कहा है कि हे प्रभु, जो मुझे करना चाहिए वह मैं कर नहीं पाता और जो मुझे नहीं करना चाहिए वही मैं करता हूं। और मैं जानता हूं भलीभांति कि क्या नहीं करना चाहिए, फिर भी वही करता हूं। ऐसा भी नहीं कि मुझे पता नहीं है; मुझे सब मालूम है कि ठीक क्या है, वही नहीं होता। और जो ठीक नहीं है, वही होता है।

हजारों साल के इस शिक्षण के बावजूद भी आदमी वैसा का वैसा है। थोड़ा सोचो। शायद अष्टावक्र के वचन में कोई मूल्य हो।

अष्टावक्र कहते हैं: क्रांति घटित होती हैह्लअच्छे-बुरे में चुनाव करके नहीं, अच्छे-बुरे दोनों के साक्षी हो जाने से। तुम्हें क्रोध आए तो क्रोध के साक्षी हो जाओ। एक प्रयोग करके देख लो। एक साल भर के लिए हिम्मत करके देख लो, श्रद्धा करके देख लो। एक साल भर के लिए क्रोध आए, साक्षी हो जाओ, रोको मत, दबाओ मत, होने दो। और चोरी हो तो चोरी होने दो और साधुता हो तो साधुता होने दो। जो हो होने दो। और जो परिणाम हों, वे होने दो। और तुम शांत भाव से सब स्वीकार किए चले जाओ। साल भर में ही जैसे एक झरोखा खुल जाएगा। तुम अचानक पाओगे: बुरा होना अपने आप धीरे-धीरे क्षीण हो गया और भला होना अपने आप थिर हो गया। जैसे-जैसे तुम साक्षी हो जाते हो वैसे-वैसे बुरा अपने आप विदा हो जाता है; क्योंकि बुरा होने के लिए साक्षी की मौजूदगी बाधा है; भला होने के लिए साक्षी की मौजूदगी खाद है, पोषण है।

तो यह मैं तुमसे आखिरी विरोधाभास कहूं: तुम अच्छा करना चाहते हो, नहीं हो पाता; तुम बुरे से छूटना चाहते हो, नहीं छूट पाते। क्योंकि तुम्हारी धारणा यह है कि तुम कर्ता हो; वहीं धारणा में भूल हो रही है। साक्षी की धारणा कहती है: न तो तुम छोड़ो न तुम पकड़ो; तुम सिर्फ जागे हुए देखते रहो। और एक अदभुत अनुभव आता है कि जागते-जागते बुरा छूटने लगता है और भला होने लगता है।

मेरी तो परिभाषा यही है: साक्षी-भाव से जो हो वही शुभ और साक्षी-भाव में जो न हो, वही अशुभ। ऐसा ही समझो कि अगर तुम मुझसे पूछो कि अंधेरा क्या है तो मैं कहूंगा: दीया जलाने पर जो न बचे वह अंधेरा; और दीया न जलाने पर जो बचे, वह अंधेरा। दीये के जलते ही अंधेरा खो जाता है। कर्ता के मिटते ही बुरापन अपने आप खो जाता है। तुम्हारे हटाए न हटेगा, तुम्हारे हटाने में तो मौलिक भूल मौजूद बनी है। आकाशवत हो जाओ!

एकस्मिन्नव्यये शांते चिदाकाशेऽमले त्वयि।
कुतो जन्म कुतः कर्म कुतोऽहंकार एव च।।

हरि ॐ तत्सत्!

* * *

प्रवचन : 42

श्रद्धा का क्षितिज : साक्षी का सूरज

पहला प्रश्न : श्रद्धा और साक्षित्व में कोई आंतरिक संबंध है क्या? साक्षित्व तो आत्मा का स्वभाव है, क्या श्रद्धा भी? और क्या एक को उपलब्ध होने के लिए दूसरे का सहयोग जरूरी है?

श्रद्धा का अर्थ है मन का गिर जाना। मन के बिना गिरे साक्षी न बन सकोगे। श्रद्धा का अर्थ है संदेह का गिर जाना। संदेह गिरा तो विचार के चलने का कोई उपाय न रहा। विचार चलता तभी तक है जब तक संदेह है। संदेह प्राण है विचार की प्रक्रिया का।

लोग विचार को तो हटाना चाहते हैं, संदेह को नहीं। तो वे ऐसे ही लोग हैं जो एक हाथ से तो पानी डालते रहते हैं वृक्ष पर और दूसरे हाथ से वृक्ष की शाखाओं को उखाड़ते रहते हैं, पत्तों को तोड़ते रहते हैं। वे स्व-विरोधाभासी क्रिया में संलग्न हैं।

जहां संदेह है वहां विचार है। संदेह विचार को उठाता है। संदेह भीतर के जगत में तरंगें उठाता है। इसलिए तो विज्ञान संदेह को आधार मानता है, क्योंकि विचार के बिना खोज कैसे होगी? तो विज्ञान का आधार है संदेह। संदेह करो, जितना कर सको उतना संदेह करो, ताकि तीव्र विचारणा का जन्म हो। उसी विचारणा से खोज हो।

धर्म कहता है : श्रद्धा करो। श्रद्धा का अर्थ हैह्नसंदेह नहीं। संदेह गया कि विचार अपने से ही शांत होने लगते हैं। संदेह के बिना विचार करने को कुछ बचता ही नहीं। प्रश्न ही नहीं बचता तो विचार कैसे बचेगा?

जो लोग सोचते हैं विचार को शांत कर लें और श्रद्धा करने को राजी नहीं, वे कभी सफल न होंगे। वे जड़ों को तो बचाए रखना चाहते हैं, पत्तों को तोड़ना चाहते हैं।

जड़ें नये पत्ते भेज देंगी। जड़ें यही काम कर रही हैंह्ननये पत्तों को जन्माने का काम कर रही हैं। जड़ें तो गर्भ हैं, जहां से नये पत्तों का आगमन होता रहेगा।

श्रद्धा का अर्थ है : मेरा कोई प्रश्न नहीं। और प्रश्न नहीं तो विचार की तरंग नहीं उठती। जैसे झील के किनारे तुम बैठे, एक पत्थर उठा कर शांत झील में फेंक दो। फेंकते तो एक पत्थर हो, लेकिन अनंत लहरें उठ आती हैं, लहर पर लहर उठती चली जाती है। एक संदेह अनंत विचारों का जन्मदाता हो जाता है। प्रश्न उठा कि यात्रा शुरू हुई।

श्रद्धा का अर्थ है : प्रश्न को गिरा दो, प्रश्न मत उठाओ। जो है, है; जो नहीं है, नहीं हैह्नइस भाव में राजी हो जाओ। इस राजीपन में ही साक्षी का जन्म होगा। इस परम स्वीकार-भाव में ही साक्षी के भाव का उदय होता है। तो श्रद्धा के क्षितिज पर ही साक्षी का सूरज निकलता है, साक्षी की सुबह होती है। श्रद्धा के बिना तो साक्षी जन्म ही नहीं सकता।

ऐसा समझो : संदेहह्नतो तुम विचारक हो जाओगे; साक्षीह्नतो तुम मनीषी हो जाओगे। संदेहह्नतो तुम तर्कयुक्त हो जाओगे। श्रद्धाह्नतो तुम तर्कशून्य हो जाओगे। विचार उपयोगी है अगर दूसरे के संबंध में कुछ खोज करनी है। जाना पड़ेगा, यात्रा करनी पड़ेगी, तरंगों पर सवार होना होगा। दूसरा तो दूर है, अपने और उसके बीच सेतु बनाने होंगे। तो विचार के सेतु फैलाने होंगे। लेकिन स्वयं पर आने के लिए तो कोई सेतु बनाने की जरूरत नहीं। स्वयं पर आने के लिए तो कोई मार्ग भी नहीं चाहिए। वहां तो तुम हो ही।

साक्षी का इतना ही अर्थ है : उसे जानने की चेष्टा, जो हम हैं। उसे जानने की चेष्टा में किसी विचार की कोई तरंगों का उपयोग नहीं है। पर ध्यान रखना, जब मैंने श्रद्धा के संबंध में तुम्हें समझाया तो बार-बार कहा कि श्रद्धा विश्वास का नाम नहीं है। विश्वास तो फिर संदेह ही है।

एक आदमी कहता है : मैं ईश्वर में विश्वास करता हूं। अगर इसके भीतर ठीक से छानबीन करोगे तो तुम पाओगे इसका ईश्वर में संदेह है। नहीं तो विश्वास की क्या जरूरत? विश्वास तो संदेह को दबाने का नाम है, छिपाने का नाम है। विश्वास तो ऐसा है जैसे कपड़े। तुम नग्न हो, कपड़ों में ढांक लियाह्नऐसा लगने लगता है कि नंगे नहीं रहे। कपड़ों के भीतर नंगे ही हो। कपड़े पहनने से नग्नता थोड़े ही मिटती है; दूसरों को दिखाई नहीं पड़ती। ऐसे ही विश्वास के वस्त्र हैं। इससे संदेह नहीं मिटता। इससे तर्क भी नहीं मिटता। इससे विचार भी नहीं मिटता।

तो तुम अधार्मिक को, नास्तिक को भी विचार करते पाओगे, धार्मिक को भी विचार करते पाओगे। एक ईश्वर के विपरीत विचार करता है, एक ईश्वर के पक्ष में विचार करता है, लेकिन विचार से दोनों का कोई छुटकारा नहीं। एक प्रमाण जुटाता है

कि ईश्वर नहीं है, एक प्रमाण जुटाता है कि ईश्वर है। ईश्वर के लिए प्रमाण की जरूरत है? जिसके लिए प्रमाण की जरूरत है वह तो ईश्वर नहीं। और जो मनुष्य के प्रमाणों पर निर्भर है वह तो ईश्वर नहीं। जिसका सिद्ध-असिद्ध होना मेरे ऊपर निर्भर है, वह दो कौड़ी का हो गया। ईश्वर तो है; तुम चाहे प्रमाण पक्ष में जुटाओ, चाहे विपक्ष में जुटाओ, इससे कुछ भेद नहीं पड़ता। ईश्वर के होने में भेद नहीं पड़ता। ईश्वर यानी अस्तित्व। ईश्वर यानी होने की यह जो घटना है; बाहर-भीतर जो मौजूद है यह मौजूदगी, यह उपस्थिति चैतन्य कीह्नयही ईश्वर है। इसके लिए प्रमाण की कोई जरूरत नहीं है।

श्रद्धा विश्वास नहीं है। विश्वास तो प्रमाण जुटाता है; श्रद्धा तो आंख खोल कर देख लेने का नाम है। श्रद्धा दर्शन है। इसलिए जैन परिभाषा में तो दर्शन और श्रद्धा एक ही अर्थ रखते हैं। दर्शन को ही श्रद्धान कहा है महावीर ने और श्रद्धा को ही दर्शन कहा है। श्रद्धा तो आंख खोल कर देख लेना है।

ऐसा समझो कि एक अंधा आदमी है। वह टटोल-टटोल कर रास्ता खोजता है, पूछ-पूछ कर चलता है, हाथ में लकड़ी लिए रहता है। फिर उसकी आंखें ठीक हो गईं। अब वह लकड़ी फेंक देता है। वह लकड़ी विश्वास जैसी थी। उसके सहारे टटोल-टटोल कर चल लेता था। अब तो आंख हो गई; अब लकड़ी की कोई जरूरत नहीं है।

श्रद्धा को उपलब्ध व्यक्ति विश्वास को फेंक देता है। वह न हिंदू रह जाता, न मुसलमान, न ईसाई। अब तो आंख मिल गई। अब तो प्रमाण की कोई जरूरत न रही। आंख काफी प्रमाण है। तुम, सूरज है, इसके लिए तो प्रमाण नहीं देते फिरते। न कोई खंडन करता है, न कोई मंडन करता है। न तो कोई कहता है कि मैं सूरज में मानता हूं, न कोई कहता है कि मैं सूरज में नहीं मानता हूं। सूरज है, मानने न मानने की क्या बात? आंखें खुली हैं, तो सूरज दिखाई पड़ रहा है।

ऐसे ही जब भीतर की आंख खुलती है तो उसका नाम श्रद्धा है। श्रद्धा अंतस-चक्षु है। उस अंतस-चक्षु से जो दिखाई पड़ता है, वही परमात्मा है। तो श्रद्धा विश्वास नहीं है। श्रद्धा तो एक आत्मक्रांति है; विचार से मुक्ति; प्रश्न से मुक्ति; संदेह से मुक्तिह्नजो है, उसके साथ राजी हो जाना, लयबद्ध हो जाना। और इसी अवस्था में साक्षी का बोध होगा।

अगर कर्ता बनना हो तो विचार की जरूरत है। विचारक बनना हो तो विचार की जरूरत है, क्योंकि विचार भी सूक्ष्म कृत्य है। साक्षी में कर्ता तो बनना नहीं, कुछ करना तो है नहीं। जो है, सिर्फ उसके साथ तरंगित होना है। जो है, उससे भिन्न नहीं; उसके साथ अभिन्न भाव से एक होना है। करने को तो कुछ है नहीं साक्षी मेंह्नसिर्फ जागने को है, देखने को है।

पूछा है, 'श्रद्धा और साक्षित्व में कोई आंतरिक संबंध है?'

निश्चित ही। श्रद्धा द्वार है; साक्षी-मंदिर में विराजमान प्रतिमा। श्रद्धा के बिना कोई कभी साक्षी तक नहीं पहुंचा, न सत्य तक पहुंचा है। श्रद्धा के बिना तुम पंडित हो सकते हो, ज्ञानी नहीं। श्रद्धा के बिना तुम विश्वासी हो सकते हो, अनुभवी नहीं।

तो दुनिया में दो तरह के भटकते हुए लोग हैं। एक, जिनको हम नास्तिक कहते हैं; एक, जिनको हम आस्तिक कहते हैं। दोनों भटकते हैं। दोनों विश्वास से भरे हैंह्नएक पक्ष में, एक विपक्ष में। न नास्तिक को पता है कि ईश्वर है, न आस्तिक को पता है कि ईश्वर है।

इसलिए मैं धार्मिक को दोनों से अलग रखता हूं; वह तो न नास्तिक है, न आस्तिक है। उसने तो धीरे-धीरे देखने की चेष्टा की। तुम्हारी धारणाओं की कोई जरूरत ही नहीं है देखने में। तुम्हारी धारणाएं बाधा बनती हैं, तुम्हारे पक्षपात अड़चन लाते हैं। तुम कुछ मान कर चल पड़ते हो, उसके कारण ही देखना शुद्ध नहीं रह जाता।

तुमने अगर पहले से ही मान लिया है तो तुम वैसा ही देख लोगे जैसा मान लिया है। बिना माने, बिना भरोसा किए, बिना विश्वास किए, बिना किसी धारणा में रस लगाए, जो खाली, शांत मौन देखता रह जाता है...। जो है, उसे जानना है। अभी हमें उसका पता नहीं है तो मानें कैसे?

मेरे पास लोग आते हैं, वे कहते हैं: ईश्वर को कैसे मानें? मैं उनसे कहता हूं: तुमसे मैं कहता नहीं कि तुम मानो। इतना तो मानते हो कि तुम हो? इसे कोई मानने की जरूरत ही नहीं है।

वे कहते हैं: यह तो हमें पता है कि हम हैं।

तुमने ऐसा आदमी देखा जो मानता हो कि मैं नहीं हूं? ऐसा आदमी तुम कैसे पाओगे? क्योंकि यह मानने के लिए भी कि मैं नहीं हूं, मेरा होना जरूरी है।

मुल्ला नसरुद्दीन अपने घर में छिपा बैठा है। किसी आदमी ने द्वार पर दस्तक दी। उसने संध से देखा कि आ गया वही दुकानदार जिसको पैसे चुकाने हैं। उसने जोर से चिल्ला कर भीतर से कहा: 'मैं घर में नहीं हूं।' वह दुकानदार हंसा। उसने कहा: 'हद हो गई! फिर यह कौन कह रहा है कि मैं घर में नहीं हूं?' मुल्ला ने कहा: 'मैं कह रहा हूं कि मैं घर में नहीं हूं, सुनते हो कि नहीं?'

लेकिन यह तो प्रमाण है घर में होने का। मैं घर में नहीं हूं, ऐसा कहा नहीं जा सकता। कौन कहेगा? आज तक दुनिया में किसी ने नहीं कहा कि मैं नहीं हूं। क्यों? क्योंकि 'मैं' का तो प्रत्यक्ष अनुभव हो रहा है; इसे इनकारो कैसे, इसे झुठलाओ कैसे! सारी दुनिया भी तुमसे कहे कि तुम नहीं हो, तो भी संदेह पैदा नहीं होगा।

तुम कहोगे : पता नहीं, दुनिया कहती है ऐसा! मुझे तो भीतर से स्पर्श हो रहा है, अनुभव हो रहा है, प्रतीति हो रही है कि मैं हूं। और अगर मैं नहीं हूं तो तुम किसको समझा रहे हो? कम से कम समझाने के लिए तो इतना मानते हो कि मैं हूं।

यह जो भीतर 'मैं' का बोध है, अभी धुंधला-धुंधला है। जब प्रगाढ़ होकर प्रकट हो जाएगा तो यही 'मैं' का बोध परमात्म-बोध बन जाता है। इसी धुंधले से बोध को, धुएं में घिरे बोध को प्रगाढ़ करने के लिए श्रद्धा में जाना जरूरी है।

श्रद्धा का अर्थ फिर दोहरा दूंह्नविश्वास नहीं; जो है, उसको भरी आंख से देखना, खुली आंख से देखना। तुम हो! परमात्मा तुम्हारे भीतर तुम्हारी तरह मौजूद है। कहां भटकते हो? कहां खोजते हो? कहीं खोजना नहीं है। कहीं जाना नहीं है। सिर्फ भरी आंख, भीतर जो मौजूद ही है, उसे देखना है। देखते ही द्वार खुल जाते हैं मंदिर के। साक्षी अनुभव में आता हैह्नश्रद्धा के भाव से।

साक्षी का अर्थ है : मन को लुटाने की कला; मन को मिटाने की कला।

कलियां मधुवन में गंध गमक मुसकाती हैं,
मुझ पर जैसे जादू सा छाया जाता है।
मैं तो केवल इतना ही सिखला सकता हूंह्न
अपने मन को किस भांति लुटाया जाता है!

तुमने कभी देखा, बाहर भी जब सौंदर्य की प्रतीति होती है तो तभी, जब थोड़ी देर को मन विश्राम में होता है! आकाश में निकला है पूर्णिमा का चांद, शरद की पूनो, और तुमने देखा और क्षण भर को उस सौंदर्य के आघात में, उस सौंदर्य के प्रभाव में, उस सौंदर्य की तरंगों में तुम शांत हो गए! एक क्षण को सही, मन न रहा। उसी क्षण एक अपूर्व सौंदर्य का, आनंद का उल्लास-भाव पैदा होता है। फूल को देखा, संगीत को सुना, या मित्र के पास हाथ में हाथ डाल कर बैठ गएह्नजहां भी तुम्हें सुख की थोड़ी झलक मिली हो, तुम पक्का जान लेना, वह सुख की झलक इसीलिए मिलती है कि कहीं भी मन अगर ठिठक कर खड़ा हो गया, तो उसी क्षण साक्षी-भाव छा जाता है। वह इतना क्षणभंगुर होता है कि तुम उसे पकड़ नहीं पातेह्नआया और गया।

ध्यान में हम उसी को गहराई से पकड़ने की चेष्टा करते हैं। वह जो सौंदर्य दे जाता है, प्रेम दे जाता है, सत्य की थोड़ी प्रतीतियां दे जाती हैं, जहां से थोड़े से झरोखे खुलते हैं अनंत के प्रतिह्नउसे हम ध्यान में और प्रगाढ़ होकर पकड़ने की कोशिश करते हैं।

और यही इस जगत में बड़े से बड़ा कृत्य है। ध्यान रखना मैं कहता हूं, कृत्य। कृत्य यह है नहीं। क्योंकि कर्ता इसमें नहीं है। लेकिन भाषा का उपयोग करना

पड़ता है। यह जगत में सबसे बड़ा कृत्य है जो कि बिलकुल ही करने से नहीं होताह्नहोने से होता है।

माना कि बाग जो भी चाहे लगा सकता है
लेकिन वह फूल किसके उपवन में खिलता है?
ह्नजिसके रंग तीनों लोकों की याद दिलाते हैं
और जिसकी गंध पाने को देवता भी ललचाते हैं।

वह है साक्षी का फूल। बगिया तो सभी लगा लेते हैंह्नकोई धन की, कोई पद की। बगिया तो सभी लगा लेते हैं। लेकिन वह फूल किसके बगीचे में खिलता है, जिसके लिए देवता भी ललचाते हैं? वह तो खिलता है, जब तुम खिलते हो। वह तो तुम्हारा ही फूल हैह्नतुम्हारा ही सहस्त्र-दल कमल, तुम्हारा ही सहस्त्रार; तुम्हारे ही भीतर छिपी हुई संभावना जब पूरी खिलती है। साक्षी में खिलती है। क्योंकि कोई बाधा नहीं रह जाती।

जब तक तुम कर्ता हो, तुम्हारी शक्ति बाहर नियोजित रहती है। विचारक हो तो शक्ति मन में नियोजित रहती है। कर्ता हो तो शरीर से बहती रहती है, विचारक हो तो मन से बहती रहती है। ऐसे तुम बूंद-बूंद झरते रहते हो। तुम कभी संग्रह नहीं हो पाते ऊर्जा के। तुम्हारी बाल्टी में छेद हैंह्नसब बह जाता है।

साक्षी का इतना ही अर्थ है कि न तो कर्ता रहे, न चिंतक रहे; थोड़ी देर को कर्ता, चिंता दोनों छोड़ दीं। कर्ता न रहे तो शरीर से अलग हो गए; चिंतक न रहे तो मन से अलग हो गए। इस शरीर और मन से अलग होते ही तुम्हारी जीवन-ऊर्जा संगृहीत होने लगती है। गहन गहराई आती है। उस गहराई में जो जाना जाता, उसे ज्ञानी साक्षी कहते; भक्त परमात्मा कहते। वह शब्द का भेद है।

दूसरा प्रश्न: आप अष्टावक्र के बहाने इतने ऊंचे आकाश की चर्चा कर रहे हैं कि सब सिर के ऊपर से बहा जा रहा है। आप जरा हमारी ओर तो निहारिए! हम त्रिशंकु की भांति हैं। न धरती पर हमारे पैर जमे हैं, न आकाश में उड़ने की सामर्थ्य है। कृपया हमें देख कर कुछ कहिए!

प्रश्न महत्वपूर्ण है। तुम्हें देख कर ही कह रहा हूं। लेकिन अगर तुमसे पार की कोई बात न कहूं तो कहने में कुछ अर्थ ही नहीं है। अगर उतना ही कहूं जितना तुम समझ सकते हो तो व्यर्थ है। उतना तो तुम समझते ही हो। तुम्हें ही देख कर कह रहा हूं, इसलिए आकाश की बात कर रहा हूं। आकाश की बात करूंगा, तो ही शायद तुम

आंखें उठा कर आकाश की तरफ देखो। आकाश तुम्हारा है। तुम मालिक हो। और तुम जमीन पर आंखें गड़ाए चल रहे हो। जमीन पर आंखें गड़ी होने के कारण जगह-जगह टकराते हो, जगह-जगह गिरते हो। जमीन तुम्हारी है, यह भी सच है। आकाश भी तुम्हारा है। तुम्हारी आंख जमीन में ही घिर कर समाप्त न हो जाए, इसलिए आकाश की बात करनी जरूरी है। तुम्हें ही देख कर आकाश की बात कर रहा हूं।

निश्चित ही बहुत कुछ तुम्हारे सिर के ऊपर से बह जाएगा। जब सिर के ऊपर से कुछ बहता हो तभी कुछ संभावना है। अगर तुम्हें जो मैं कहूं पूरा-पूरा समझ में आ जाए तो व्यर्थ हो गया। उतना तो तुम समझते ही थे; मैंने तुम्हें कुछ बढ़ाया नहीं, कुछ जोड़ा नहीं। तुम्हारी समझ में बिलकुल न आए तो भी मेरा बोलना व्यर्थ गया; तुम्हारी समझ में पूरा आ जाए तो भी व्यर्थ गया। अगर बिलकुल समझ में न आए तो बोला न बोला बराबर हो गया। बिलकुल समझ में आ जाए तो बोलना व्यर्थ ही था, बोलने की कोई जरूरत ही न थी; उतनी तुम्हारी समझ पहले से ही थी।

तो मुझे कुछ इस ढंग से बोलना होगा कि कुछ-कुछ तुम्हारी समझ में आए और कुछ-कुछ तुम्हारी समझ में न आए। जो समझ में आ जाए उसके सहारे उसकी तरफ बढ़ने की कोशिश करना जो समझ में न आए। तो विकास होगा, अन्यथा विकास नहीं होगा।

तुम तो चाहोगे कि मैं वही बोलूं जो तुम्हारी समझ में आ जाए। तो फिर तुम आगे कैसे बढ़ोगे? थोड़ा-थोड़ा तुम्हें आगे सरकाना है। इंच-इंच तुम्हें आगे बढ़ाना है। यह भी मैं ध्यान रखता हूं कि तुम्हें बिलकुल भूल ही न जाऊं। ऐसा न हो कि मैं इतने आगे की बात कहने लगूं कि तुमसे उसका संबंध ही न जुड़ सके। तुमसे संबंध भी जुड़े और तुमसे पार भी जाती हो बातह्नइस ढंग से ही बोलना होगा।

सदगुरु का यही अर्थ है: तुमसे कहता है, लेकिन तुम्हारी नहीं कहता। तुमसे कहता है और परमात्मा की कहता है। तो सदगुरु के पास थोड़ी अड़चन तो रहेगी। सदगुरु कोई तुम्हारा मनोरंजन नहीं कर रहा है, कि तुमसे कुछ बातें कह दीं, तुम्हें मजा आया, तुम्हें आनंद आया, तुम्हें रस मिला, तुम चले गए। तुमने कहा: 'समय ठीक से कटा। और वही कहा जो मैं पहले से समझता हूं।' तुम्हारी अकड़ और गहरी हो गई। तुम्हारा अहंकार और मजबूत हुआ कि यह तो मैं पहले से ही समझता था।

सदगुरु न तो तुम्हारा मनोरंजन करता है; क्योंकि मनोरंजन क्या करना है? मनोभंजन करना है। मनोरंजन तो बहुत हो चुका। मनोरंजन कर-कर के ही तो तुम ने गंवाए न मालूम कितने जन्म, न मालूम कितने जीवन! मनोरंजन कर-करके ही तो तुम भटके हो सपने में। अब तो सपना तोड़ना है। लेकिन इतने झटके से भी नहीं तोड़ना है कि तुम दुश्मन हो जाओ; आहिस्ता-आहिस्ता तोड़ना है; धीरे-धीरे तोड़ना है।

तुम्हें जगाना है। तुम्हें जगाना है, तो यह बात ध्यान रखनी होगी, तुम्हारा ध्यान रखना होगा और जहां तुम्हें जगाना है, जिस परमलोक में तुम्हें उठाना है, उसका भी ध्यान रखना होगा।

जब मैं तुमसे बोल रहा हूं तो तुमसे भी बोल रहा हूं और तुम्हारे पार भी बोल रहा हूं। जब मैं देखता हूं बात बहुत पार जाने लगी तो मुल्ला नसरुद्दीन को निमंत्रण कर लेता हूं। वह तुम्हारे जगत में तुम्हें खींच लाता है। तुम थोड़ा हंस लेते हो, तुम थोड़ा मनोरंजित हो जाते हो। जैसे ही मैंने देखा कि तुम हंस लिए, फिर आश्वस्त हो गए; फिर तुम्हें हिलाने लगता हूं। फिर तुम्हें ऊपर की तरफ ले जाने लगता हूं।

मैं जानता हूं जो तुम्हारे हित में है, वह रुचिकर नहीं; और जो तुम्हें रुचिकर है, वह तुम्हारे हित में नहीं। तुम्हें जहर खाने की आदत पड़ गई है। तुम्हें गलत के साथ जीने की...वही तुम्हारी जीवन-शैली हो गई है। उससे तुम्हें हटाने के लिए बड़ी कुशलता चाहिए। और कुशलता का जो महत्वपूर्ण हिस्सा है, वह यही है कि तुमसे बात ऐसी भी न कही जाए कि तुम भाग ही खड़े होओ; और तुमसे बात ऐसी भी न कही जाए कि तुम बिलकुल ही समझ लो। तुम्हें धक्का देना है। तुम्हें आकाश की तरफ ले चलना है।

और मैं पृथ्वी-विरोधी नहीं हूं, ध्यान रखना। पृथ्वी भी आकाश का ही हिस्सा है। पृथ्वी आकाश के अंगों में एक अंग है। तो मैं पृथ्वी विरोधी नहीं हूं। मैं तुम्हें पृथ्वी से उखाड़ नहीं लेना चाहता। मैं तो चाहता हूं, पृथ्वी में भी तुम्हारी जड़ें गहरी जायें, तभी तो तुम्हारा वृक्ष बादलों से बातें कर सकेगा, ऊंचा उठेगा, आकाश की तरफ चलेगा।

इसलिए मैंने संन्यास को संसार के विरोध में नहीं माना है। तुम बाजार में रहो। तुम जहां हो, जैसे हो, जो तुम्हारी पृथ्वी बन गई है, वहीं रहो। इतना ही ध्यान रखो कि पृथ्वी में जड़ें फैलाने का एक ही प्रयोजन है कि आकाश में पंख फैल जायें। पृथ्वी से रस लो आकाश में उड़ने का। पृथ्वी का सहारा लो। पृथ्वी के सहारे अडिग खड़े हो जाओ, अचल खड़े हो जाओ। लेकिन सिर तो आकाश में उठना चाहिए। जब तक बादल सिर के पास न घूमने लगें, तब तक समझना कि जीवन अकारथ गया; तुम कृतार्थ न हुए।

मैं तुम्हारी अड़चन समझता हूं, तुम्हारी कठिनाई समझता हूं। लेकिन तुम्हें धीरे-धीरे इस नये रस के लिए राजी करना है। अभी जो तुम्हारे सिर पर से बहा जाता है, एक दिन तुम पाओगे तुम्हारे हृदय से बहने लगा।

छोटा बच्चा स्कूल जाता है, तो उससे हम कोई विश्वविद्यालय की बातें नहीं करते। पहली कक्षा के विद्यार्थी से पहली कक्षा की ही बात करते हैं। लेकिन जैसे-जैसे

दूसरी कक्षा में जाने का समय करीब आने लगता है वैसे-वैसे उससे हम थोड़ी सी दूसरी कक्षा की भी बात करते हैं। वह उसकी समझ में नहीं आती। आती भी है, नहीं भी आती। धुंधली-धुंधली आती है। लेकिन उसकी बात करनी पड़ती है। अब दूसरी कक्षा में जाने का समय आ गया। जो विद्यार्थी उस दूसरी कक्षा में जाने की बात न समझ पायेंगे, उन्हें फिर पहली कक्षा में अगले वर्ष लौट आना पड़ेगा। जो थोड़ा सा रस दूसरी कक्षा में जाने का उठा लेंगे, वे दूसरी कक्षा में प्रविष्ट हो जाएंगे! ऐसे धीरे-धीरे फिर तीसरी कक्षा है, और कक्षाएं हैं, और कक्षाएं हैं।

तुम्हारे सिर पर से बात निकल जाती है, उसका क्या अर्थ? उसका इतना अर्थ है कि तुमने अब तक उतनी ऊंचाई तक अपने सिर को उठाने की कोशिश नहीं की। अब दो उपाय हैं : या तो मैं अपनी बात को नीचे ले आऊं ताकि तुम्हारे हृदय से निकल जाए...।

तुम्हारे हृदय से फिल्म निकल जाती है, नाटक निकल जाता है; अष्टावक्र नहीं निकलते। फिल्म में बुद्धू से बुद्धू आदमी भी रस-विमुग्ध होकर बैठ जाता है। तीन घंटे भूल ही जाता है। सब निकल जाता है। देखते हो तुम, फिल्म भी ऊपर नहीं उठ पाती!

'विजयानंद' मेरे पास आते हैं। तो उनको मैंने कहा : कुछ थोड़ा ऊपर इसे खींचो। उन्होंने कहा : ऊपर खींचो तो चलती नहीं। लोग नीची से नीची बात चाहते हैं। फिर भी मैंने उनसे कहा : थोड़ी हिम्मत करो। उन्होंने हिम्मत की, तो दिवाला...डांवाडोल हो गया। दो-तीन फिल्में बनाईं कि जरा ऊंचा ले जाएं, लेकिन वे चलती नहीं। कोई देखने नहीं आता। तुम वही देखना चाहते हो जो तुम हो। तुम अपनी ही प्रतिछवि देखना चाहते हो।

मुल्ला नसरुद्दीन एक फिल्म देखने गया। उसमें एक दृश्य आता है कि एक स्त्री अपने वस्त्र उतार रही है तालाब के किनारे। मुल्ला बड़ी उत्सुकता से देख रहा है। रीढ़ सीधी कर ली। बिलकुल ध्यानस्थ हो गयाह्नजैसा बुद्ध वगैरह बैठते हैं, जब वे परमात्मा के निकट पहुंचते हैं, तब रीढ़ सीधी हो जाती है, श्वास ठहर जाती है, अपलक आंखें नहीं झुकतीं, नहीं हिलतीं। वह बिलकुल अपलक हो गया। वही नहीं हो गया, पूरा सिनेमा-हॉल हो गया। सब अपनी सीटों पर सध कर बैठ गए, हठयोगी हो गए एक क्षण को। वह आखिरी वस्त्र उतारने जा रही थी, बस आखिरी वस्त्र रह गया था, तभी एक ट्रेन धड़धड़ाती हुई निकल गई। वह स्त्री उस तरफ पड़ गई, तालाब उस तरफ पड़ गया। सब बड़े उदास और थके मन से वापस अपनी कुर्सियों से टिक कर बैठ गए। लेकिन मुल्ला ने जाने का नाम न लिया। यह पहला शो था। वह दूसरे में भी बैठा रहा। वह तीसरे में भी बैठा रहा। आखिर मैनेजर आया। उसने कहा :

'क्या विचार है? क्या यहीं रहने का तय कर लिया?' उसने कहा : कभी तो ट्रेन लेट होगी। मैं जाऊंगा नहीं! कभी... भारतीय ट्रेनें हैं, इनका क्या भरोसा! कभी आधा घड़ी भी लेट हो गई, क्षण भर की बात है!

वह नग्न स्त्री को देखने का... । ट्रेन तो निकल जाती है, तब तक वह स्त्री तालाब में तैर रही है। तब उसका सिर ही दिखाई पड़ता है, कुछ और दिखाई पड़ता नहीं।

फिल्म तुम्हारे हृदय से निकल जाती है। फिल्मी गाना तुम्हारे हृदय से निकल जाता है। अगर धर्म की बात भी कभी तुम्हारे हृदय से निकलती है तो वह भी जब तक नीचे तल पर न आ जाए तब तक नहीं निकलती है।

इसलिए तो लोग रामायण पढ़ते हैं, अष्टावक्र की गीता नहीं पढ़ते। रामायण पुराने ढंग की फिल्मी बात है। वह पुरानी कथा है। वही ट्राइएंगल सभी फिल्मों में हैह्लदो प्रेमी और एक प्रेयसी।

तुम जरा रामायण की कथा का गणित तो समझोह्लवही का वही है, जो हर फिल्म का गणित है। दो प्रेमी एक प्रेयसी के लिए लड़ रहे हैं। सारा संघर्ष है, ट्राइएंगल, त्रिकोण चल रहा है। वह जरा पुराने ढंग की शैली है। पुराने दिन में लिखी गई है। लेकिन मामला तो वही है।

राम, रावण, सीता की कथा खूब लोग देखते रहे सदियों से। राम-कथा चलती ही रहती है। रामलीला चलती रहती है गांव-गांव, अष्टावक्र की गीता कौन पढ़ता है! वहां कोई त्रिकोण नहीं है। कृष्ण की गीता में भी थोड़ा रस मालूम होता है, क्योंकि युद्ध है, हिंसा है और सनसनी है। सनसनीखेज है! महाभारत का पूरा दृश्य बड़ा सनसनीखेज है।

तुमने देखा, जब युद्ध होने लगता है तो तुम ब्रह्ममुहूर्त में उठ कर ही एकदम अखबार पूछने लगते हो, 'अखबार कहां? क्या हुआ? भारत-पाकिस्तान के बीच क्या हो रहा है? इजिप्त-इजरायल के बीच क्या हो रहा है?' कहीं युद्ध चल पड़े तो लोगों की आंखों में चमक आ जाती है। कहीं किसी की छाती में छुरा भुंकने लगे तो बस, तुम तल्लीन होकर रुक जाते हो। राह पर देखाह्लमां की दवा लेने जाते थे साइकिल पर भागेह्लदो आदमी लड़ रहे थे। भूल गए मां और सब, टिका दी साइकिल और खड़े हो गए देखने के लिए कि क्या हो रहा है। बड़ा रस आता है!

जहां युद्ध है, हिंसा है, कामवासना है, वहां तुम्हारा रस है। लेकिन इससे जागरण तो नहीं होगा! इससे तुम ऊपर तो नहीं उठोगे। इसी से तो तुम जमीन के कीड़े बन गए और जमीन पर घिसट रहे हो। तुम्हारी रीढ़ ही टूट गई है।

तो मुझे तुमसे कुछ बात कहनी हो तो दो उपाय हैं : या तो मैं सारी बात को उस तल पर ले आऊं जहां तुम समझ सकते हो। लेकिन तब मुझे कहने में रस नहीं है,

क्योंकि क्या प्रयोजन है? वह तो फिल्में तुमसे कह रही हैं; नाटककार तुमसे कह रहे हैं; रामलीलाएं तुमसे कह रही हैं। वह तो कोई भी कह देगा। सारी दुनिया उसे कह रही है। उसके लिए कहीं तुम्हें जाने की जरूरत नहीं है। सारी दुनिया तुम्हें खींच कर बुला रही है कि आओ, यहां कह देंगे। दूसरा उपाय यह है कि तुम्हें मैं समझाऊं कि तुम्हारा सिर इतना नीचा नहीं है जितना तुमने मान रखा है। जरा सीधे खड़े होओ, झुकना छोड़ो। जो अभी सिर के ऊपर से निकला जा रहा है, जरा सिर को ऊंचा करो तो सिर के भीतर से निकलने लगेगा। और एक बार सिर के भीतर से निकलने लगे तो थोड़े और ऊंचे उठो। तुम्हारी ऊंचाई का कोई अंत है! तुम्हारे भीतर भगवान छिपा बैठा है। आखिरी ऊंचाई तुम्हारी मालकियत हैह्नतुम्हारी नियति है, तुम्हारा भाग्य है। तुम इतने ऊंचे हो सकते हो जितनी ऊंचाई हो सकती हैह्नगौरीशंकर पीछे छूट जायें, हिमालय छोटे पड़ जाएं! जब बुद्धों के सिर ने आकाश की अंतिम ऊंचाई को छुआ है, तो सब हिमालय छोटे पड़ गए। और हिमालय की शीतलता साधारण हो गई। तुम इतने ही ऊंचे होने की संभावना लिए बैठे हो। अभी दिखाई नहीं पड़ती, मानता हूं। तुम्हें भी समझ में नहीं आती। कितना ही कहूं, तब भी समझ में नहीं आती।

किसी बीज से कहो कि ङ्मघबरा मत, तू छोटा नहीं है, महावृक्ष हो जाएगा; तेरे नीचे हजार बैलगाड़ियां ठहर सकेंगी, ऐसा वट-वृक्ष हो जाएगा। घबड़ा मत! हजारों पक्षी तुझ पर विश्राम करेंगे। और थके-मांदे यात्री तेरे नीचे छाया में ठहरेंगे, राहत लेंगे, धन्यवाद देंगे।ङ्ख वह बीज कसमसाएगा। वह कहेगा : छोड़ो भी, किसकी बातें कर रहे हो? मुझे देखो तो, इतना छोटा, जरा सा कंकड़ जैसाह्नक्या होने वाला है?

तुम अभी बीज हो। तुम्हें अपनी ऊंचाई का पता नहीं। तुम वट-वृक्ष हो सकते हो। तो सारी चेष्टा यह है कि तुम वट-वृक्ष होने में लगो। निश्चित ही इतनी दूर की बात भी नहीं करता कि तुम्हें सुनाई ही न पड़े। तुम्हें सुनाई पड़ जाए, इतने करीब लाता हूं; लेकिन बिलकुल समझ में आ जाए, इतने नीचे नहीं लाता। तो बस तुम्हारे सिर के ऊपर से निकालता हूं। इतने करीब है कि तुम्हारा मन होगा कि जरा झपट कर ले ही लें हाथ में। कोई ज्यादा दूर भी नहीं मालूम पड़ती, हाथ बढ़ाया कि मिल जाएगी।

वह देखो, आदमी हाथ बढ़ाता है तो सब मिल जाता है! चांद पर हाथ बढ़ाया तो चांद मिल गया। सपने सच हो जाते हैं। तो मैं तो जो कह रहा हूं उसके लिए किसी उपकरण की जरूरत नहीं है; कोई बड़ी टेक्नालॉजी की जरूरत नहीं है। अष्टावक्र जो कह रहे हैं, उसका पूरा उपकरण ले कर तुम पैदा हुए हो। जरा सी आंख को ऊपर उठाओ।

मंसूर को सूली लगाई गई, तो जब उसे सूली के तख्ते पर लटकाया गया तो वह हंसने लगा। तो भीड़ में से किसी ने पूछा : 'मंसूर, हम समझते नहीं, तुम हंस क्यों रहे हो? यह कोई हंसने का वक्त है? लोग पत्थर फेंक रहे हैं, जूते फेंक रहे हैं, सड़े टमाटर

फेंक रहे हैं; गालियां दे रहे हैं। और हाथ-पैर तुम्हारे काटे जा रहे हैं और तुम मरने के करीब हो। गर्दन उतार ली जाएगी जल्दी। तुम हंस रहे हो?'

उसने कहा : मैं इसलिए हंस रहा हूं कि मैंने प्रभु से कहा है कि हे प्रभु, ये बेचारेह्लकोई लाख आदमी इकट्ठे हो गए थेह्लइन्होंने कभी आकाश की तरफ नहीं देखा। चलो मेरे बहाने, मुझे सूली पर लटका देखने के लिए ये ऊपर तो देख रहे हैं! चलो मेरे बहाने इन्होंने जरा ऊपर तो देखा!

अगर तुमने ईसा को सूली पर लटकते समय जरा ऊपर देखा, तो भी तुम पाओगे कि ऊपर तुम देख सकते हो। तुम्हारी गर्दन में लकवा नहीं लगा हुआ है, सिर्फ आदत खराब है।

तो जो तुम्हारी समझ में आ जाए, उसकी तो फिकर मत करना। जो तुम्हारी समझ में न आए, उससे चुनौती लेना। उसे समझने की कोशिश करनाह्लआएगा! आकर रहेगा! आना ही चाहिए! क्योंकि जब अष्टावक्र को आ सकता है तो तुम्हें क्यों नहीं? आठों अंग टेढ़े थे, उनकी अक्ल में आ गया। तुम्हारे तो आठों अंग टेढ़े नहीं हैं। सब तरफ से झुके होंगे, आठ अंग टेढ़े थे, उनको आकाश दिखाई पड़ गया, तो तुम तो सीधे खड़े हो, भले-चंगे, तुम्हें आकाश दिखाई न पड़ेगा? जनक को समझ में आ गया सारे राग-रंग के बीच, सारे वैभव, उपद्रव के बीच, बाजार के बीचह्लतो तुम्हें समझ में न आएगा? तुम पर तो प्रभु की बड़ी कृपा है : उतना राग-रंग भी नहीं दिया, उतना बाजार भी नहीं दिया, जितना जनक को था। जनक को भी समझ में आ गया, तुम्हें भी आ सकता है।

जो एक आदमी को हुआ वह सभी को हो सकता है। जो एक आदमी की क्षमता है, वह सभी आदमियों की क्षमता है। आदमी-आदमी एक सा स्वभाव ले कर आए हैं; एक सी संभावना ले कर आए हैं।

तो मैं तुम्हारे ऊपर की थोड़ी बात कहूं तो तुम नाराज मत होना। हालांकि यह मैं खयाल रखता हूं कि बात बहुत ऊपर न चली जाए; बिलकुल ही, तुम्हारी समझ के बिलकुल बाहर न हो जाए। थोड़ा तुम्हारी समझ को खनकाती रहे। दूर की ध्वनि की तरह तुम्हें सुनाई पड़ती रहे। पुकार आती रहे। तो तुम धीरे-धीरे इस रस्सी में बंधे...। माना कि यह धागा बड़ा पतला है, मगर इस धागे में अगर तुम बंध गए तो खींच लिए जाओगे।

तुम जहां हो अभी, चाहता हूं कि तुम्हें समझ में आ जाए कि तुम कारागृह में हो।

राजमहल का पाहुन जैसा
तृण-कुटिया वह भूल न पाए
जिसमें उसने हों बचपन के
नैसर्गिक निशि-दिवस बिताए

मैं घर की ले याद कड़कती
भड़कीले साजों में बंदी
तन के सौ सुख सौ सुविधा में
मेरा मन बनवास दिया-सा।
सुभग तरंगें उमग दूर की
चट्टानों को नहला आतीं
तीर-नीर की सरस कहानी
फेन लहर फिर-फिर दोहरातीं
औङ्क जल का उच्छवास बदल
बादल में कहां-कहां जाता है!
लाज मरा जाता हूं कहते
मैं सागर के बीच प्यासा
तन के सौ सुख सौ सुविधा में
मेरा मन बनवास दिया-सा!

तुम्हें इतनी भर याद आ जाएह्नतुम्हारे निसर्ग की, तुम्हारे स्वभाव की, तुम्हारे असली घर की! यह जो तुमसे कहे चला जाता हूं, तुम्हारे असली घर की प्रशंसा में है। यह जो तुम्हें आज सपना सा लगता है, सपना ही सही, लेकिन तुम्हें पकड़ ले; तुम्हें झकझोर दे। इसकी पुकार तुम्हारे प्राणों में यात्रा का एक आवाहन बन जाएह्नएक उदघोष, एक अभियान! तुम्हें इतनी ही याद आ जाए कि निसर्ग से तुम आनंद को ही उपलब्ध हो; वही तुम्हारा असली घर है। और जहां तुमने घर बना लिया वह परदेश है। धर्मशाला को घर समझ लिया है। सराय को घर समझ लिया है। सराय छोड़ने को भी नहीं कह रहा हूं कि तुम सराय को छोड़ दो। कहता हूं: इतना ही जान लो कि सराय है। इतना जानते ही सब रूपांतरण हो जाएगा।

निश्चित ही अड़चन भी होगी। क्योंकि जब भी कोई जीवन को बदलने की कोशिश करता है तो अड़चन भी होती है। यह सब सुविधा-सुविधा से नहीं भी हो सकता है। रास्ते पर फूल ही फूल नहीं, कांटे भी हैं। और तुम नहीं समझ पाते बहुत सी बातेंह्नसिर्फ इसीलिए कि तुम नहीं समझना चाहते; नहीं कि तुम्हारी समझ अधूरी है। तुम डरते हो कि अगर समझ लिया तो फिर चलना पड़े।

मैं एक गांव में था। जिनके घर मैं मेहमान था, उनका मुझमें बड़ा रस था। लेकिन मैं चकित हुआ कि उनकी पत्नी कभी आकर बैठी नहीं। उसने, जब मैं आया द्वार पर तो फूलमाला से मेरा स्वागत किया, दीये से आरती उतारी; लेकिन फिर जो गुमी तो पता नहीं चला। तीन दिन वहां था। किसी सभा में नहीं आई, किसी बैठक में

नहीं आई। घर पर न मालूम कितने लोग आए-गए, लेकिन पत्नी का पता नहीं। चलते वक्त वह फिर फूलमाला लेकर आ गई, तब मुझे खयाल आया। मैंने पूछा कि आते वक्त तेरा दर्शन हुआ था, अब जाते वक्त हो रहा है; बीच में तू दिखाई नहीं पड़ी। उसने कहा : अब आपसे क्या कहूं, मैं डरती हूं। आपकी बात सुन ली तो फिर करनी पड़ेगी। मैं डरती हूं। अभी मेरे छोटे-छोटे बच्चे हैं। और मैं तो बड़ी भयभीत रहती हूं। मैं तो अपने पति को भी समझाती हूं कि तुम भी सुनो मत। नहीं कि बात गलत है, बात ठीक ही होगी। बात में आकर्षण है, बुलावा हैह्नठीक ही होगी। मगर मैं अपने पति को भी कहती हूं, तुम सुनो मत! लेकिन पति मानते नहीं।

मैंने कहा : तू उनकी फिकर मत कर। वे तो मुझे कई साल से सुनते हैं, कुछ हुआ नहीं। वे तो चिकने घड़े हैं, खतरा तेरा है। चिकने घड़े हैं! वे तो आदी हो गए सुनने के। या उलटे रखे हैं; वर्षा होती रहती है, वे खाली के खाली रह जाते हैं।

मैंने कहा : कारण भी है। वे मुझे सुनते हैं, उस सुनने में धर्म की जिज्ञासा नहीं है। साहित्यकार हैं वे। और जो मैं कहता हूं, उसमें साहित्यिक रस है उन्हें।

अब यह बिलकुल अलग बात हो गई। यह तो ऐसा ही हुआ कि मिठाई रखी है और कारपोरेशन का इंस्पेक्टर आया। उसे मिठाई में रस नहीं है। वह मिठाई के आस-पास देख रहा है कि कोई मक्खी-मच्छर तो नहीं चल रहे? ढांक कर रखी गई है कि नहीं? बिक सकती है कि नहीं? उसका अलग रस है।

एक वनस्पतिशास्त्री बगीचे में आ जाए तो वह ये फूल नहीं देखता जो सुंदर होकर खिले हैं; कलियां नहीं देखता जो तैयार हो रही हैं, जल्दी ही गंध बिखरेगी। वह यह कुछ नहीं देखता। उसे दिखाई पड़ता है वनस्पति कौन सी जाति की है? नाम क्या? पता क्या?

अलग-अलग लोगों की अलग-अलग पकड़ है।

एक चमार बैठा रहता है रास्ते पर। वह तुम्हें नहीं देखता, तुम्हारा चेहरा नहीं, वह जूते देखता रहता है, वह जूतों से पहचानता रहता है, कैसा आदमी है। अगर जूते की हालत अच्छी है तो आदमी की आर्थिक हालत अच्छी है। दर्जी कपड़े देखता है, तुम्हें थोड़े ही देखता है! कपड़े देख कर पहचान लेता है।

हर आदमी के अपने देखने के ढंग हैं।

मैंने कहा : वे मुझे सुनते हैं, लेकिन उनके सुनने में कोई धार्मिक अभिरुचि नहीं है। वे किसी जीवन-क्रांति के लिए उत्सुक नहीं हैं। उन्हें सुनने में अच्छा लगता है। सुनने में उन्हें रस है; जो मैं कह रहा हूं, उसमें रस नहीं है। वे कहते हैं कि आपके कहने की शैली मधुर है। शैली में रस है। शैली का क्या खाक करोगे? चाटोगे? ओढ़ोगे, बिछाओगे, खाओगेह्नक्या करोगे शैली का? थोड़ी देर मंत्र-मुग्ध कर जावेगी, फिर

तुम खाली के खाली रह जाओगे। उन्हें सत्य में रस नहीं है, सत्य की अभिव्यक्ति में रस है। इसलिए तू उनके लिए तो घबड़ा मत, लेकिन तू सावधान रहना।

और यही हुआ। जब दोबारा मैं गया तो उनकी पत्नी ने संन्यास लिया। पति तो बोले कि बड़ी हैरानी की बात है, तू तो कभी सुनती नहीं! उसने कहा: मैं चोरी-छिपे पढ़ती हूं। जब कोई नहीं देख रहा होता, तब मैं पढ़ती हूं। मैं डरी-डरी पढ़ती हूं कि ये बातें तो ठीक हैं। लेकिन पिछली बार जब उन्होंने कहा कि तेरे लिए खतरा है, तब से बात चोट कर गई। पति अभी भी संन्यासी नहीं हैं, पत्नी संन्यासी हो गई। कभी सुना नहीं, कभी ज्यादा करीब आई नहीं।

ध्यान रखना, अड़चन है। तुम कई बातें सुनना नहीं चाहते। इसीलिए तुम सिर को झुका लेते हो और ऊपर से निकल जाने देते हो। अगर तुम सुनना चाहो तो तुम सिर को ऊंचा उठा लोगे और सिर में से निकलने दोगे। अगर तुम वस्तुतः सुनना चाहो तो तुम इतने ऊंचे खड़े हो जाओ कि वे ही बातें हृदय से निकलने लगेंगी। और जब तक बातें हृदय से न निकल जाएं तब तक क्रांति नहीं आती; यद्यपि हृदय से निकलें तो बड़ा उपद्रव मचता है, अराजकता फैलती है।

ठीक है, मैंने ही तेरा नाम ले कर पुकारा था
पर मैंने यह कब कहा था कि यूं आकर मेरे दिल में जल?
मेरे हर उद्यम में उघाड़ दे मेरा छल
मेरे हर समाधान में उछाला कर सौ-सौ सवाल अनुपल
नाम? नाम का एक तरह का सहारा था
मैं थका-हारा था, पर नहीं था किसी का गुलाम
पर तूने तो आते ही फूंक दिया घर-बार
हिया के भीतर भी जगा दिया नया हाहाकार
ठीक है, मैंने ही तेरा नाम ले कर पुकारा था
पर मैंने यह कब कहा था कि यूं आकर मेरे दिल में जल?

जब तुम सुन लोगे तो जलोगे। जब सुन लोगे तो एक ज्योति उठेगी। जो रोशनी तो बनेगी बहुत बाद में, पहले तो जलन बनेगी।

खयाल किया तुमने, प्रकाश के दो अंग हैं: एक तो है जलाना और एक है रोशन करना। पहले तो जब रोशनी तुम्हारे जीवन में आएगी तो तुम जलोगे, क्योंकि तुम उससे बिलकुल अपरिचित हो। पहले तो वह सिर्फ गरमी देगी; उबालेगी तुम्हें; वाष्पीभूत करेगी। फिर बाद में जब तुम उससे राजी होने लगोगे तो धीरे-धीरे रोशनी बनेगी। पहले तो किरण अंगार की तरह आती है, दीया तो बहुत बाद में बनती है। तो तुम डरते हो।

तुममें से कई को मैं देखता हूं सिर झुकाए सुन रहे हो। ऊपर से निकल जाने देते हो कि जाने दो, अभी अपना समय नहीं आया है। और सबके अपने-अपने बहाने हैं बचने के। तुम अगर कभी प्रभु का नाम भी पुकारते हो...।

नाम? नाम का एक तरह का सहारा था
मैं थका-हारा था, पर नहीं था किसी का गुलाम
पर तूने तो आते ही फूंक दिया घर-बार
हिया के भीतर भी जगा दिया नया हाहाकार।

कबीर ने कहा है : जो घर बारे आपना चले हमारे संग। घर जलाने की हिम्मत हो तो ये बातें समझ में आयेंगी। जहां तुम बस गए हो वहां से उखड़ने का साहस हो तो ये बातें समझ में आयेंगी; तो तुम सुनोगे; तो तुम गुनोगे। और गुनते ही तुम्हारे जीवन में क्रांति शुरू हो जाएगी।

ये बातें सिर्फ बातें नहीं हैं; ये क्रांति के सूत्र हैं। लेकिन मैं जानता हूं, बड़ी अड़चन है। अड़चन तुम्हारी तरफ से है। ऊंचे से ऊंचा तुम्हारी पकड़ के भीतर है। पहुंच के भीतर भला न हो, मगर पकड़ के भीतर है। बात को खयाल में ले लेना। जब मैं कहता हूं पहुंच के भीतर नहीं है, तो उसका अर्थ इतना है कि तुमने अब तक प्रयास नहीं किया है। तुम वहां तक अपना पहुंचा नहीं ले गए, नहीं तो पहुंच के भीतर हो जाते। तुम पहुंचा नीचे डाले हो, इसलिए पहुंच के भीतर नहीं है। लेकिन पकड़ के भीतर तो है ही। जब भी तुम पकड़ना चाहोगे, पकड़ लोगे।

इस जगत में ऐसा कोई सत्य कभी नहीं कहा गया है और कहा नहीं जा सकता जो मनुष्य-मात्र की पकड़ के भीतर न हो।

लेकिन बड़ी घबराहटें हैं। बुद्धों की बातें सुननी, समझनी-दांव लगाना है, जुआरी का दांव।

एक व्यक्ति पातक इसलिए करता है
कि सबके भीतर पाप के भाव भरे हैं
जहां भी पुण्य की वेदी है, मैं अगरू का धुआं हूं
मंडप से झूलता फूलों का बंदनवार हूं
और जो पाप करके लौटा है उसके पातक का
मैं बराबर का हिस्सेदार हूं
एक उपकारी सबके गले का हार है
और जिसने मारा या जो मारा गया है
उनमें से हरेक हत्यारा है
और हरेक हत्या का शिकार है

मैं दानव से छोटा नहीं, न वामन से बड़ा हूं
सभी मनुष्य एक ही मनुष्य हैं
सबके साथ मैं आलिंगन में खड़ा हूं
वह जो हार कर बैठ गया,
उसके भीतर मेरी ही हार है
वह जो जीत कर आ रहा है,
उसकी जय में मेरी ही जयजयकार है।

जब बुद्ध कहते हैं, तुम बुद्ध होह्नतो यह बात प्रीतिकर लगती है, लेकिन इसका एक दूसरा हिस्सा भी है जो अप्रीतिकर है। वह अप्रीतिकर यह है कि जब बुद्ध कहते हैं तुम बुद्ध हो, तो वे यह भी कह रहे हैं कि तुम महापापी भी हो। क्योंकि हम सब संयुक्त हैं, जुड़े हैं।

कहते हैं, बुद्ध को जब ज्ञान हुआ और जब ब्रह्मा ने उनसे पहली बार पूछा कि आप ज्ञान को उपलब्ध हो गए? तो बुद्ध ने कहा : मैं! मैं ही नहीं, मेरे साथ सारा जगत ज्ञान को उपलब्ध हो गया। वृक्षों के पत्ते और पहाड़ों के पत्थर और नदी-झरने और मनुष्य और पशु-पक्षी सब मेरे साथ मुक्त हो गए, क्योंकि मैं जुड़ा हूं।

ब्रह्मा को बात समझ में न आई। फिर अंतिम कहानी है। यह तो प्रथम कहानी हुई; बुद्ध को ज्ञान हुआ, तब घटी। फिर अंतिम कहानी है कि बुद्ध जब स्वर्ग के द्वार पर गए, द्वार खोला, ब्रह्मा स्वागत को आया, तो वे वहीं अड़े रह गए। ब्रह्मा ने कहा : भीतर आयें। हम प्रतीक्षा कर रहे हैं।

बुद्ध ने कहा : मैं कैसे भीतर आऊं? जब तक एक भी बाहर है, मेरा भीतर आना कैसे हो सकता है? हम सब साथ हैं। जब सारा जगत भीतर आएगा तभी मैं भीतर आऊंगा।

ये दो कहानियां दो कहानियां नहीं, एक ही सिक्के के दो पहलू हैं।

तो जब कोई तुमसे कहता है तुम्हारे भीतर भगवान है, तो तुम्हारा अहंकार इसको तो स्वीकार भी कर ले कि ठीक, यह कुछ विपरीत बात नहीं; लेकिन जब कोई कहेगा, तुम्हारे भीतर महापापी से महापापी भी है, तब बेचैनी होती है। जब यह कहा जाता है कि एक ही है, तब तुम बार-बार सोचने लगते हो, राम से अपना संबंध जुड़ गया। रावण से भी जुड़ गयाह्नजब एक ही है! तो तुम रावण भी हो और राम भी हो। जब कहा जाता है कि तुम्हारा जीवन एक सीढ़ी है, तो यह तो सोच लेते हो कि सीढ़ी स्वर्ग पर लगी है। लेकिन एक पाया नीचे नरक में टिका है और एक पाया स्वर्ग में टिका है। ये दोनों द्वार खुलते हैं।

मनुष्य नीचे भी जा सकता है, ऊपर भी जा सकता है। ऊपर जाने की संभावना इसीलिए है कि नीचे गिर जाने की भी संभावना है। और सीढ़ी तो निरपेक्ष है, निष्पक्ष है। सीढ़ी यह न कहेगी कि नीचे न जाओ; सीढ़ी यह न कहेगी कि ऊपर न जाओ। यह फैलाव बहुत बड़ा है। नीचे-ऊपर दोनों तरफ अतल दिखाई पड़ता है। तुम घबड़ा जाते हो। तुम कहते हो : अपने पायदान पर, अपने सोपान पर बैठे रहो आंख बंद किए, यहीं भले हो। यह तो बड़ा लंबा मामला दिखता है। कहां जाओगे? यहां तो पत्नी है, बच्चे हैं, घर-द्वार है; बैंक में बैलेंस भी है छोटा-मोटा। सब काम ठीक चल रहा है। कहां जाते हो नीचे!

नीचे दिखता है महा अंधकार। वह भी घबड़ाता है। ऊपर...ऊपर दिखता है महा प्रकाश। वह भी आंखों को चौंधियाता है। तुम दोनों से घबड़ा कर अपने ही पायदान को जोर से पकड़ लेते हो। तो तुम सुनना नहीं चाहते। सुनना चाहो तो सिर ऊपर उठने लगेगा। सुनना चाहो...।

इसलिए इस ढंग से कहता हूं कि कुछ-कुछ तुम्हारा मन भी तृप्त होता रहे कि तुम भाग ही न जाओ। लेकिन अगर तुम्हारा मन ही तृप्त करता रहूं तो फिर मैं सदगुरु नहीं। फिर तो एक मनोरंजन हुआ। वही मनोरंजन चल रहा है दुनिया में। लोग कथा सुनने जाते हैं, क्योंकि कथा में रस आता है। यह भी कोई बात हुई? यह तो ऐसा हुआ कि हीरे-जवाहरात ले गए और बाजार में बेच कर कुछ सड़ी मछलियां खरीद लाए, क्योंकि मछलियों में रस आता है। रस-रस की बात है।

मैंने सुना, एक स्त्री गांव से लौटती थी बेचकर अपनी मछलियां; धूप तेज थी, थकी-मांदी थी, गिर गई, बेहोश हो गई। भीड़ लग गई। जहां वह गिर कर बेहोश हुई, वह गंधियों का बाजार था; सुगंध बिकती थी। एक गंधी भागा हुआ आया और उसने कहा कि यह इत्र इसे सुंघा दो, इससे ठीक हो जाएगी। उसने इत्र सुंघाया। बड़ा कीमती इत्र था, राजा-महाराजाओं को मुश्किल से मिलता था। लेकिन गरीब औरत के लिए दया करके वह ले आया। वह तो तड़पने लगी। वह तो हाथ-पैर फेंकने लगी। पास ही भीड़ में कोई एक मछुआ खड़ा था, तो उसने कहा : 'महाराज, आप मार डालेंगे। हटाओ इसको! मैं मछुआ हूं, मैं जानता हूं, कौन सी गंध उसके पहचान की है।'

उसने जल्दी से अपनी टोकरी...वह भी मछलियां बेच कर लौटा था, उसकी टोकरी थी गंदी जिसमें मछलियां लाया था, उसमें उसने थोड़ा सा पानी छिड़का और उस स्त्री के सिर पर रख दिया, मुंह पर रख दिया। उसने गहरी सांस ली, वह तत्क्षण होश में आ गई। उसने कहा कि बड़ी कृपा की। किसने यह कृपा की? यह कोई मुझे मारे डालता था! ऐसी दुर्गंध मेरे नाक में डाली...।

सुगंध दुर्गंध हो जाती है अगर आदी न होओ। दुर्गंध सुगंध मालूम होने लगती है अगर आदी होओ।

तो एकदम तुम्हारी नाक के सामने परमात्मा का इत्र भी नहीं रख सकता हूं। और तुम लाख चाहो कि तुम्हारी मछलियां और उनकी गंध और टोकरी पर पानी छिड़क कर तुम्हारे सिर पर रखूंह्लवह भी नहीं कर सकता हूं। तो धीरे-धीरे तुम्हें परमात्मा की तरफ ले जाना है मछलियों की गंध से।

तुम जिनके आदी हो, उनका मुझे पता है। वहां मैं भी रहा हूं। इसलिए तुमसे मेरा पूरा परिचय है। तुम जहां हो वहां मैं था। तुम्हारी जैसी आकांक्षा, रस है, वैसा मेरा था। अब मैं जहां हूं वहां से मैं जानता हूं कहां तुम्हें भी होना चाहिए। तुम्हारे होने में और तुम्हारे होने चाहिए में फासला है। उस फासले को धीरे-धीरे तय करना है।

चौथा प्रश्न : आप अक्सर कहते हैं कि प्रत्येक आदमी अनूठा है, मौलिक है और यह कि प्रत्येक की जीवन-यात्रा और नियति अलग-अलग है। शुरू में मैं एक सुखी-संपन्न गृहस्थ होने के सपने देखता था। फिर लेखक, पत्रकार, राजनीतिज्ञ बनने के हौसले सामने आए। सर्वत्र सफलता थोड़ी और विफलता अधिक हाथ आई। और जीवन की संध्या में आकर उस हाथ पर राख ही राख दिखाई देती है। सुखद आश्चर्य है कि देर कर ही सही, भटकते-भटकते आपके पास आ गया हूं और कुछ आश्वस्त मालूम पड़ता हूं। और अब मैं जानना चाहता हूं कि मेरी निजी गति और गंतव्य क्या है?

परमात्मा की बड़ी कृपा है कि तुम्हारे सपने कभी सफल नहीं हो पाते। सफल हो जाएं तो तुम परमात्मा से सदा के लिए वंचित रह जाओगे। परमात्मा की बड़ी अनुकंपा है कि तुम इस जगत में वस्तुतः सफल नहीं हो पाते; सफलता का भ्रम ही होता है, असफलता ही हाथ लगती है! हीरे-जवाहरात दूर से दिखाई पड़ते हैं; हाथ में आते-आते सब राख के ढेर हो जाते हैं। यह अनुकंपा है कि इस जगत में किसी को सफलता नहीं मिलती। इसी विफलता से, इसी पराजय से परमात्मा की खोज शुरू होती है। इसी गहन हार से, इसी पीड़ा से, इसी विकलता से सत्य की दिशा में आदमी कदम उठाता है।

अगर सपने सच हो जाएंतो फिर सत्य को कौन खोजे? सपने सपने ही रहते हैं, सच तो होते ही नहीं; सपने भी नहीं रह जाते, टूट कर बिखर जाते हैं, खंड-खंड हो जाते हैं। चारों तरफ टुकड़े पड़े रह जाते हैं।

यह तो शुभ हुआ कि होना चाहते थे सफल गृहस्थ, न हो पाऐ। कौन हो पाता है? तुमने सफल गृहस्थ देखा? अगर सफल गृहस्थ देखा होता तो बुद्ध घर

छोड़ कर न जाते। तो महावीर घर छोड़कर न जाते। तुमने सफल गृहस्थ देखा कभी? आशाएं हैं। जब किन्हीं दो व्यक्तियों की शादी होती है, स्त्री-पुरुष की, तो पुरोहित कहता है कि सफल होओ! मगर कोई कभी हुआ? यह तो शुभाकांक्षा है। यह तो पुरोहित भी नहीं हुआ सफल! यह बड़े-बूढ़े तुमको देते हैं आशीर्वाद कि सफल होओ बेटा! इनसे तो पूछो कि आप सफल हुए? कोई सफल हुआ संसार में? सिकंदर भी खाली हाथ जाता है!

अच्छा हुआ गृहस्थी में सफल न हो सके, अन्यथा घर मजबूत बन जाता; फिर तुम मंदिर खोजते ही न। अच्छा हुआ कि प्रसिद्धि में सफल न हुए; लेखक-पत्रकार बन जाते तो अहंकार मजबूत हो जाता। अहंकार जितना मजबूत हो जाए उतना ही परमात्मा की तरफ जाना मुश्किल हो जाता है। पापी भी पहुंच जाए, अहंकारी नहीं पहुंचता है। पापी भी थोड़ा विनम्र होता है; कम से कम अपराध के कारण ही विनम्र हो गया होता है कि मैं पापी हूं। लेकिन जिसने दो-चार किताबें लिख लीं, अखबार में नाम छप जाता हैह्नलेखक हो गया, कवि हो गया, चित्रकार, मूर्तिकारह्नवह तो अकड़ कर खड़ा हो जाता है।

तुमने कभी खयाल किया कि अक्सर लेखक, चित्रकार, कवि नास्तिक होते हैंह्नअक्सर! पत्रकार अक्सर क्षुद्र बुद्धि के लोग होते हैं। उनके जीवन में कोई विराट कभी महत्वपूर्ण नहीं हो पाता। बड़ी अकड़...!

अच्छा हुआ, हारे! तुम्हारी हार में परमात्मा की जीत है। तुम्हारे मिटने में ही उसके होने की गुंजाइश है। और फिर राजनीतिज्ञ होना चाहते थेह्नवह तो बड़ी कृपा है उसकी कि न हो पाए। क्योंकि मैंने सुना नहीं कि राजनीतिज्ञ कभी स्वर्ग पहुंचा हो। और राजनीति स्वर्ग की तरफ ले भी नहीं जा सकती। राजनीति का पूरा ढांचा नारकीय है। राजनीति की पूरी दांव-पेंच, चाल-कपटह्नसब नरक का है। नरक का एक बड़े से बड़ा कष्ट यह है कि वहां तुम्हें सब राजनीतिज्ञ इकट्ठे मिल जाएंगे। आग-वाग से मत डरनाह्नवह तो सब पुरानी कहानी है। आग तो ठीक ही है। आग में तो कुछ हर्जा नहीं है बड़ा। लेकिन सब तरह के राजनीतिज्ञ वहां मिल जाएंगे तुम्हें। उनके दांव-पेंच में सताए जाओगे। नरक का सबसे बड़ा खतरा यह है कि सब राजनीतिज्ञ वहां हैं। हालांकि जब भी कोई राजनीतिज्ञ मरता है, हम कहते हैं, स्वर्गीय हो गए। अभी तक सुना नहीं।

एक दफा, कहते हैं, एक राजनीतिज्ञ किसी भूल-चूक से स्वर्ग पहुंच गया। चाल-तिकड़म से पहुंच गया हो। जब वह पहुंचा स्वर्ग पर, उसी वक्त दो साधु भी मर कर पहुंचे थे। साधु बड़े हैरान हुए। उन्हें तो हटा कर खड़ा कर दिया गया। और राजनीतिज्ञ का बड़ा स्वागत हुआ। लाल दरियां बिछाई गयीं। बैंड-बाजे बजे! फूल

बरसाए गए! साधुओं के हृदय में तो बड़ी पीड़ा हुई कि यह तो हद हो गई। यही पापी वहां भी मजा कर रहे थे, जमीन पर भी, यही मजा यहां भी कर रहे हैं। और हम तो कम से कम इस आशा में जीए थे, कम से कम स्वर्ग में तो स्वागत होगा; यहां भी पीछे खड़े कर दिए गए। तो वह जो जीसस ने कहा है कि जो यहां अंतिम हैं प्रथम होंगे, सब बकवास है। जो यहां प्रथम हैं वे वहां भी प्रथम रहते हैंह्नऐसा मालूम होता है। कम से कम यहां तो इसको पीछे कर देना था, हमें आगे ले लेना था।

लेकिन चुप रहे। अभी नये-नये आए थे। एकदम कुछ बात करनी ठीक भी न थी। बड़ी देर लगी। स्वागत-समारोह, सारंगी और तबले और सब वाद्य बजे और अप्सराएं नाचीं। खड़े देखते रहे दरवाजे पर, उनको तो भीतर भी किसी ने नहीं बुलाया। जब राजनीतिज्ञ चला गया सारे शोर सपाटे के बाद और फूल पड़े रह गए रास्तों पर, तब उन्हें भी अंदर ले लिया। सोचते थे कि शायद अब हमारा भी स्वागत होगा, लेकिन कोई स्वागत इत्यादि न हुआ। न बैंड-बाजे, न कोई फूल-माला लाया। आखिर हद हो गई। पूछा द्वारपाल से कि यह मामला क्या है? कहीं कुछ भूल-चूक तो नहीं हुई है, ऐसा तो नहीं है, स्वागत का इंतजाम हमारे लिए किया था और हो गया उसका? और अगर भूल-चूक नहीं हुई है, ऐसा ठीक ही हुआ है तो जरा रहस्य हमें समझा दो, यह मामला क्या है?

उस द्वारपाल ने कहाः परेशान मत हों, साधु तो सदा स्वर्ग आते रहे; यह राजनीतिज्ञ पहली दफा आया है, इसलिए स्वागत...! और फिर कभी आएगा दुबारा, इसकी भी कोई संभावना नहीं है। तो किसी भूल-चूक से हो गई बात, हो गई।

राजनीति से बच गए, यह तो शुभ हुआ, यह तो महाशुभ हुआ। इन सब से बच गए, क्योंकि हार गए। हार सौभाग्य है। उसे वरदान समझना। हारे को हरिनाम! वह जो हारा, उसी के जीवन में हरिनाम का अर्थ प्रकट होता है। जीता, तो अकड़ जाता है। तो यह प्रभु की कृपा, सौभाग्य कि हार गए। और शायद उसी हार के कारण यहां मेरे पास आ गए हो।

अब पूछते हो कि ङ्गआपके पास आ गया, कुछ आश्वस्त हुआ मालूम पड़ता हूं। और अब जानना चाहता हूं कि मेरी निजी गति और गंतव्य क्या है?ङ्ख

अब यहां आ गए तो अब यह निजपन भी छोड़ दो। निजपन के छोड़ते ही तुम्हारे गंतव्य का आविर्भाव हो जाएगा। यह मैं-पन छोड़ दो। इस मैं-पन में अभी भी थोड़ी सी धूमिल रेखा पुराने संस्कारों की रह गई है। वह जो राजनीतिज्ञ होना चाहता था, वह जो लेखक, पत्रकार, प्रसिद्ध होना चाहता था, वह जो सुखी-संपन्न गृहस्थ होना चाहता था, उसकी थोड़ी सी रेखा, थोड़ी सी कालिख रह गई है। इस निजपन को भी छोड़ दो। इसको भी हटा दो।

यह सब हार गया, अब तक जो तुमने किया; लेकिन अभी भीतर थोड़ा सा रस अस्मिता का बचा है, 'मैं' का बचा है। वह भी जाने दो। उसके जाते ही प्रकाश हो जाएगा। और तब पूछने की जरूरत न रहेगी कि गंतव्य क्या है? गंतव्य स्पष्ट होगा। तुम्हारी आंख खुल जाएगी। गंतव्य कहीं बाहर थोड़े ही है! गंतव्य कहीं जाने से थोड़े ही...। कल सुना नहीं, अष्टावक्र कहते हैं: आत्मा न तो जाती, न आती। गंता नहीं है आत्मा। तो गंतव्य कैसा? आत्मा वहीं है जहां होना चाहिए। तुम ठीक उसी जगह बैठे हो जहां तुम्हारा खजाना गड़ा है। तुम्हारे स्वभाव में तुम्हारा साम्राज्य है। बस यह थोड़ी सी जो रेखा रह गई है, वह भी स्वाभाविक है। इतने दिन तक उपद्रव में रहे तो वह उपद्रव थोड़ी-बहुत छाप तो छोड़ ही जाता है। उस छाप को भी पोंछ डालो। अब यहां तो भूल ही जाओ अतीत को। यह अतीत की याददाश्त भी जाने दो। जो नहीं हुआ, नहीं हुआ। अब तो समग्र भाव से यहां हो तो बस यहीं के हो रहो। न आगा न पीछाह्लयही क्षण सब कुछ हो जाए, तो इसी क्षण में परम शांति प्रकट होगी। उस शांति में सब प्रकट हो जाएगा, सब स्पष्ट हो जाएगा।

रस तो अनंत था, अंजुरी भर ही पिया
जी में वसंत था, एक फूल ही दिया
मिटने के दिन आज मुझको यह सोच है
कैसे बड़े युग में कैसा छोटा जीवन जिया!

यहां तो मैं चाहता हूं कि तुम्हारे पूरे जीवन का वसंत खिल उठे। तुम इक्के-दुक्के फूलों की मांग मत करो, नहीं तो पीछे पछताओगे। विराट हो सकता था और तुम छोटे की मांग करते रहे।

तुम्हारी अड़चन भी मैं समझता हूं। मेरे पास लोग आ जाते हैं। एक मित्र आए, संन्यास लिया। संन्यास जब ले रहे थे, तभी मुझे थोड़ा सा बेबूझ मालूम पड़ रहा था; क्योंकि उनके चेहरे पर संन्यास का कोई भाव न था। पैर भी छुए थे; लेकिन पैर छूने में परंपरागत आदत मालूम पड़ी थी, प्रसाद न था। मांगते थे संन्यास तो मैंने दे दिया। संन्यास लेते ही उन्होंने क्या कहाह्लकहा कि मैं बड़ी उलझन में पड़ा हूं, उसी लिए आया हूं। मेरी बदली करवा दें। पठानकोट में पड़ा हूं और रांची जाना है। यही सोचकर भगवान आपके चरणों में आ गया हूं कि अगर, इतना आप न करेंगे, ऐसा कैसे हो सकता है! इतना तो आप करेंगे ही।

मैंने उनसे पूछा: सच-सच कहो, संन्यास इसलिए तो नहीं लिया? रिश्वत की तरह तो नहीं लिया कि चलो संन्यास ले लिया तो यह कहने का हक रहेगा?

कहने लगे: अब आप तो सब जानते ही हैं, झूठ भी कैसे कहूं? संन्यास इसीलिए ले लिया है...कि संन्यास लेने से तो मेरे हो गए, अब तो मैं फिकर करूं!

लेकिन क्या फिकर करवा रहे हो? पठानकोट से रांची! क्या फर्क पड़ जाएगा? क्या मांग रहे हो? इतने स्पष्ट रूप से शायद बहुत लोगों की मांग नहीं भी होती है, लेकिन गहरे में खोजोगे, अचेतन में झांकोगे तो ऐसी ही मांगें छिपी पाओगे।

विद्यार्थी आ जाते हैं, वे कहते हैं कि ध्यान करना है ताकि स्मृति ठीक हो जाए। तुम्हारी स्मृति से करना क्या है? बड़े-बड़े स्मृति वाले क्या कर पाए हैं? परीक्षा पास करनी है, कि प्रथम आना है, कि गोल्ड मेडल लाना हैह्नतो ध्यान कर रहे हैं!

कोई आ जाता है, शरीर रुग्ण है। वह कहता है, शरीर रुग्ण रहता है। डॉक्टर कहता है कि कुछ मानसिक गड़बड़ है, इसलिए रुग्ण है। तो ध्यान कर रहे हैं!

तुम क्षुद्र मांग रहे हो विराट से। तुम्हें क्षुद्र तो मिलेगा ही नहीं, विराट से भी चूक जाओगे।

रस तो अनंत था, अंजुरी भर ही पिया
जी में वसंत था, एक फूल ही दिया
मिटने के दिन आज मुझको यह सोच है
कैसे बड़े युग में कैसा छोटा जीवन जिया!

पीछे पछताओगे! 'मैं' के आस-पास खड़ी हुई कोई भी मांग मत उठाओ। 'मैं' के पार कुछ मांगो।

आज फिर एक बार मैं प्यार को जगाता हूं,
खोल सब मुंदे द्वार
इस अगरू, धूम, गंध
रुंधे सोने के घर के हर कोने को
सुनहली खुली धूप में नहलाता हूं
आज फिर एक बार तुमको बुलाता हूं
और जो मैं हूं
जो जाना-पहचाना, जीया,
अपनाया है, मेरा है,
धन है, संचय है,
उसकी एक-एक कनी को न्योछावर लुटाता हूं।

जो अब तक जीया, जाना, पहचाना सब न्योछावर करो, लुटा दो! भूलो, बिसरो! अतीत को जाने दो। जो नहीं हो गया, नहीं हो गया। राह खाली करो ताकि जो होने को है, वह हो। यह कूड़ा-कर्कट हटाओ।

आज फिर एक बार तुमको बुलाता हूं
और जो मैं हूं

जो जाना-पहचाना, जीया,
अपनाया है, मेरा है,
धन है, संचय है,
उसकी एक-एक कनी को न्योछावर लुटाता हूं।

प्रभु के द्वार पर तो जब तुम नंगे, रिक्त हाथ, इतने रिक्त हाथ कि तुम भी नहीं, केवल एक शून्य की भांति खड़े हो जाते हो—तभी तुम्हारी झोली भर दी जाती है।

मंदिर तुम्हारा है, देवता हैं किसके?
प्रणति तुम्हारी है, फूल झरे किसके?
नहीं-नहीं मैं झरा, मैं झुका
मैं ही तो मंदिर हूं और— देवता तुम्हारा
वहां भीतर पीठिका पर टिके
प्रसाद से भरे तुम्हारे हाथ
और मैं यहां देहरी के बाहर ही सारा रीत गया।

जिस दिन तुम देहरी के बाहर ही सारे रीत जाओगे, उस दिन प्रभु के प्रसाद भरे हाथ बस तुम्हारी झोली में ही उंडल जाते हैं।

वहां भीतर पीठिका पर टिके
प्रसाद से भरे तुम्हारे हाथ
और मैं यहां देहरी के बाहर ही सारा रीत गया!

रीतो, यदि भरना चाहो। मिटो, अगर होना चाहो। शून्य को ही पूर्ण का आतिथ्य मिलता है।

आखिरी प्रश्न: आपकी पुस्तकें पढ़ने से ऊब आती है। ध्यान करने की इच्छा भी नहीं होती। और टेपबद्ध प्रवचन सुनने की इच्छा नहीं के बराबर है। आपके प्रवचन में भी मुझे पता चल जाता है कि आप ऐसा ही कहेंगे। फिर भी रूपांतरण नहीं होता, ऐसा क्यों? और रूपांतरण नहीं हुआ है तो फिर पढ़ने, सुनने और ध्यान करने में ऊब क्यों अनुभव होती है? और प्रभु, रोज-रोज एक ही बात दोहराने में क्या आपको ऊब नहीं आती?

ऊब को समझना चाहिए। ऊब क्या है? ऊब के बहुत कारण हो सकते हैं। पहला कारण: जो तुम्हारी समझ में न आए, और उसे बार-बार सुनना पड़े, तो ऊब स्वाभाविक है। बार-बार सुनने से ऐसा समझ में भी आने लगे कि समझ में आ गया, और समझ में न आए, क्योंकि समझ में आ जाना कि समझ में आ गया—समझ में

आ जाना नहीं है। बार-बार सुनने से ऐसा लगने लगता है, परिचित शब्द हैं, परिचित बात है। मेरी शब्दावली कोई बहुत बड़ी तो नहीं हैह्नमुश्किल से तीन-चार सौ शब्द। मैं कोई पंडित तो हूं नहीं! उन्हीं-उन्हीं शब्दों का बार-बार उपयोग करता हूं।

तो बार-बार सुनने से तुम्हें समझ में आने लगता है कि समझ में आ गया। और समझ में कुछ भी नहीं आया। क्योंकि समझ में आ जाए तो रूपांतरण हो जाए। समझ तो क्रांति है। तो जब तक क्रांति न हो, तब तक समझना अभी समझ में नहीं आया।

और तुम्हें जब तक समझ में न आए, तब तक मुझे दोहराना पड़ेगा। तुम्हें समझ में न आए और मैं आगे का पाठ करने लगूं, तो बात गड़बड़ हो जाएगी। तब तो तुम कभी भी न समझ पाओगे। अभी तो पहला पाठ ही समझ में नहीं आया।

तुमने महाभारत की कथा सुनी होगी। पहला पाठ द्रोण ने पढ़ाया है। अर्जुन पढ़ कर आ गया, दुर्योधन पढ़ कर आ गया, सब विद्यार्थी पढ़ कर आ गए। युधिष्ठिर ने कहा कि अभी मैं नहीं तैयार कर पाया, कल करूंगा। कल भी बीत गया, परसों भी बीत गया, दिन पर दिन बीतने लगे। द्रोण तो बहुत हैरान हुए, क्योंकि सोचा था युधिष्ठिर सबसे प्रतिभाशाली होगा। वह शांत था, सौम्य था, विनम्र था। सब विद्यार्थी आगे बढ़ने लगे। कोई दसवें पाठ पर पहुंच गया, कोई बारहवें पाठ पर पहुंच गयाह्नयह पहले पर अटका है। यह तो बड़ी गड़बड़ हो गई। एक सप्ताह बीतते-बीतते तो गुरु का धैर्य भी टूट गया। और उन्होंने पूछा कि मामला क्या है? पहले पाठ में ऐसी अड़चन क्या है?

युधिष्ठिर ने कहा: जैसा और करके आए हैं, अगर वैसा ही मुझसे भी करने को कहते हों तो कोई अड़चन नहीं है।

पहला पाठ था, उसमें वचन था: सत्य बोलो। सब याद करके आ गए कि पहला पाठ, सत्य बोलो। युधिष्ठिर ने कहा, लेकिन तब से मैं सत्य बोलने की कोशिश कर रहा हूं, अभी तक सध नहीं पाया, अभी झूठ हो जाता है। तो जब तक सत्य बोलना न आ जाए, दूसरे पाठ पर हटना कैसे?

तब शायद द्रोण को लगा होगा कि कैसी भ्रांत बात उन्होंने सोच ली थी इसके लिए! सब बच्चे याद करके आ गए थेह्नसत्य बोलोह्नजैसा तोता याद कर लेता है। तोते को याद करवा दो, सत्य बोलो, सत्य बोलो, तो दोहराने लगेगा। लेकिन सत्य बोलो, यह दोहराने से सत्य बोलना थोड़े ही शुरू होता है! उससे तो मतलब ही न था किसी को। किसी ने पाठ को उस गहराई से तो लिया ही न था। युधिष्ठिर ने कहा कि प्रभु, अगर पूरे जीवन में यह एक पाठ भी आ जाएगा तो धन्य हो गया! अब दूसरे पाठ तक जाने की जरूरत भी क्या है? सत्य बोलोह्नबात हो गई। अब तो मुझे इस पहले पाठ में रम जाने दें; रसमग्न हो जाने दें।

तुम सुनते होह्नवही शब्द, वही सत्य की ओर इशारे। तुम्हें बार-बार सुन कर लगता है समझ में आ गया। युधिष्ठिर बनो। समझ में तभी मानना जब जीवन में आ जाए। और जब तक तुम्हारे जीवन में न आ जाए, अगर मैं दूसरे पाठों पर बढ़ जाऊं, तो तुमसे मेरा संबंध छूट जाएगा।

और फिर एक और अड़चन की बात है। जो मैं तुम्हें सिखा रहा हूं, उसमें दूसरा पाठ ही नहीं है, बस एक ही पाठ है। इस पुस्तक में कुल एक ही पाठ है। तुम मुझसे जिस ढंग से चाहो कहलवा लो। कभी अष्टावक्र के बहाने, कभी महावीर के, कभी बुद्ध के, कभी पतंजलि के, कबीर के, मोहम्मद के, ईसा केह्नतुम जिस ढंग से चाहो मुझसे कहलवा लो। मैं तुमसे वही कहूंगा। पाठ एक है। थोड़े-बहुत यहां-वहां फर्क हो जाएंगे तुम्हें समझाने के, लेकिन जो मैं समझा रहा हूं, वह एक है। तुम चाहो किसी भी अंगुली से कहो, मैं जो बताऊंगा वह चांद एक है। अंगुलियां पांच हैं मेरे पास, दस हैंह्नकभी इस हाथ से बता दूंगा, कभी इस हाथ से बता दूंगा; कभी एक अंगुली से, कभी दूसरी उंगली से; कभी मुट्ठी बांध कर बता दूंगाह्नलेकिन चांद तो एक है। उस चांद की तरफ ले जाने की बात भी अनेक नहीं हो सकती।

तो जो समझ से भरे हैं, जो थोड़े समझपूर्वक जी रहे हैं, वे तो आह्लादित होंगे कि मैं वही-वही बात बहुत-बहुत रूपों में उनसे कहे जा रहा हूं। जगह-जगह से चोट कर रहा हूं। लेकिन कील तो एक ही ठोकनी है। नये-नये बहाने खोज रहा हूं, लेकिन कील तो एक ही ठोकनी है।

लेकिन जो केवल बुद्धि से सुनेंगे और सुन कर समझ लेंगे समझ में आ गयाह्नक्योंकि सुन तो लिए शब्द, जान तो लिए शब्दह्नउनको अड़चन होगी, वे ऊबने लगेंगे। तो एक तो ऊब इसलिए पैदा हो जाती है।

दूसरी ऊब का कारण और भी है। जब तुम मेरे पास पहली दफा सुनने आते हो तो अक्सर जो मैं कह रहा हूं, उसमें तुम्हारी उत्सुकता कम होती है; जिस ढंग से कह रहा हूं, उसमें ज्यादा होती है। लोग बाहर जाकर कहते हैं: खूब कहा! क्या कहा, उससे मतलब नहीं है। कहने के ढंग से मतलब है। अब ढंग तो मेरा, मेरा ही होगा। रोज-रोज तुम सुनोगे, धीरे-धीरे तुम्हें लगने लगेगा कि यह शैली तो पुरानी पड़ गई। यह भी स्वाभाविक है। अगर तुम्हारा शैली में रस था तो आज नहीं कल ऊब पैदा हो जाएगी।

फिर बहुत लोग हैं, जो सिर्फ केवल मैं जो कभी छोटी-मोटी कहानियां बीच में कह देता हूं, उन्हीं को सुनने आते हैं। मेरे पास पत्र तक लिख कर भेज देते हैं कि आपने दो-तीन दिन से मुल्ला नसरुद्दीन को याद नहीं किया? मैं महावीर पर बोल रहा हूं, वे

मुल्ला नसरुद्दीन को सुन रहे हैं। मैं मोहम्मद पर बोल रहा हूं, वे मुल्ला नसरुद्दीन को सुन रहे हैं। मैं मूसा पर बोल रहा हूं, वे मुल्ला नसरुद्दीन को सुन रहे हैं। मैं मनु पर बोल रहा हूं, वे मुल्ला नसरुद्दीन को सुन रहे हैं।

यह तो ऐसे हुआ कि मैंने भोजन तुम्हारे लिए सजाया और तुम चटनी-चटनी खाते रहे। चटनी स्वादिष्ट है, माना; लेकिन चटनी से पुष्टि न मिलेगी। ठीक था, रोटी के साथ लगा कर खा लेते। इसीलिए चटनी रखी थी कि रोटी तुम्हारे गले के नीचे उतर जाए। चटनी तो बहाना थी, रोटी को गले के नीचे ले जाना था। बिना चटनी के चली जाती तो अच्छा, नहीं जाती तो चटनी का उपयोग कर लेते। तुम रोटी भूल ही गए, तुम चटनी ही चटनी मांगने लगे।

तो धीरे-धीरे ऐसा आदमी भी ऊब जाएगा। क्योंकि वह देखेगा यह आदमी तो रोटी खिलाने पर जोर दे रहा है। तुम चटनी के लिए आए, मेरा जोर रोटी पर है। चटनी का उपयोग भी करता हूं तो सिर्फ रोटी कैसे तुम्हारे गले के भीतर उतर जाए। तुम्हारे आने के कारण तुम जानो; मेरा काम मैं जानता हूं, कि तुम्हारे गले के नीचे कोई सत्य उतारना है। बाकी सब आयोजन है सत्य को उतारने का। अगर तुम रूखा-सूखा उतारने को राजी होह्नसुविधा, सरलता से हो जाएगा। अन्यथा पकवान बनाएंगे, बहाना खोजेंगे; लेकिन डालेंगे तो वही जो डालना है। तो उससे भी ऊब पैदा हो जाती है।

फिर जिसने पूछा है...'समाधि' ने पूछा है। एक वक्त था, मैं सारे देश में घूम रहा था। मेरे बोलने का ढंग दूसरा था। भीड़ से बोल रहा था। भीड़ मेरे साथ किसी तरंग में बंधी हुई नहीं थी। हजार तरह के लोग थे। तल लोगों का स्वभावतः लोगों का तल था। भीड़ से बोलना हो तो भीड़ की तरह बोलना होता है। सारे देश में घूम रहा था। एक गांव में कभी फिर आता साल भर बाद, दो साल बाद। उस समय जिन लोगों ने मुझे सुना उनको बातें ज्यादा समझ में आ जाती थींह्नउनके तल की थीं। लेकिन मैं किसी और प्रयोजन से घूम रहा था। उनके मनोरंजन के लिए नहीं घूम रहा था। मैं तो इस प्रयोजन से घूम रहा था कि कुछ लोगों को इनमें से चुन लूंगा, खोज लूंगा; द्वार-द्वार दस्तक दे आऊंगा। फिर जो सच में ही यात्रा पर राजी है, वह मेरे पास आएगा। तब मैं तुम्हारे पास आया था। अब मैं तुम्हारे पास नहीं आता; अब तुम्हें मेरे पास आना है।

'समाधि' उन्हीं दिनों में मुझमें उत्सुक हुई थी। उन दिनों जो लोग मुझमें उत्सुक हुए थे, उनमें से बहुत से लोग चले गए। जायेंगे ही, क्योंकि उनकी उत्सुकता का कारण समाप्त हो गया। तब मैं जो बोल रहा था, वह सनसनीखेज था। अब जो मैं

बोल रहा हूं, वह अति गंभीर है। तब मैं जो बोल रहा था, वह भीड़ के लिए था; अब जो मैं बोल रहा हूं वह क्लास के लिए है, वह एक विशिष्ट वर्ग के लिए हैह्नसंस्कारनिष्ठ। तब जो मैं बोल रहा था, वह कुतूहल जिनको था, उनके लिए भी ठीक था। आज तो उनके लिए बोल रहा हूं जो जिज्ञासा से भरे हैं। और वस्तुतः उनके लिए बोल रहा हूं जो मुमुक्षा से भरे हैं।

तो फर्क पड़ गया है। तो उन दिनों जो लोग मेरे पास आए थे, उनमें से निन्यानबे प्रतिशत लोग चले गए। मैं जानता ही था कि वे चले जायेंगे। उनके लिए मैं बोला भी न था। वह तो एक प्रतिशत जो बच गए, उन्हीं के कारण मुझे निन्यानबे प्रतिशत से भी बोलना पड़ा था। उन एक को मैंने चुन लिया है।

अब, अब यहां भीड़ से बात नहीं हो रही। अब मैं तुम्हारी तरफ बहुत ध्यान देकर नहीं बोलता हूं। अब इसकी फिकर नहीं करता हूं कि तुम्हें रुचेगा, नहीं रुचेगा; तुम्हें जंचेगा, नहीं जंचेगा। अब तुम पर ध्यान रख कर नहीं बोलता। अब तो जो मुझे बोलना है, उस पर ज्यादा ध्यान है।

और मैं धीरे-धीरे चाहूंगा, जिन लोगों को रुचिकर न लगता हो, ऊब आती होह्नवे हटें, वे विदा हो जायें। क्योंकि मैं तो धीरे-धीरे और गहरा होता जाऊंगा। जल्दी ही ऐसी घड़ी आएगी, यहां बहुत थोड़े से पक्षी रह जायेंगे। और जब वे थोड़े से पक्षी रह जाएंगे, तो मुझे जो ठीक-ठीक कहना है, वही उनसे कह सकूंगा।

देखा, प्राइमरी स्कूल में तो हजारों, लाखों विद्यार्थी भरती होते हैं; मिडल स्कूल में छंट जाते हैं, हाई स्कूल में और छंट जाते हैं, कालेज में आकर और छंट जाते हैं; विश्वविद्यालय में और छंट जाते हैंह्नछंटते जाते हैं। आखिर में तो बहुत थोड़े से लोग रह जाते हैं।

मेरे बोलने में यह सब सीढ़ियां पार हुई हैं। इसमें कई तरह की झंझटें भी हो गयीं। कुछ प्राइमरी स्कूल के विद्यार्थी भी अटके रह गए। लगाव बन गया उनका मुझसे; रुक गए, जा न सके। कुछ मिडल स्कूल के विद्यार्थी भी रह गए; उनका लगाव बन गया, वे न जा सके। अब उनकी बड़ी अड़चन है। अब उनकी बड़ी फांसी लगी है। अब वे जा नहीं सकते, क्योंकि मुझसे लगाव बन गया है। और अब उनकी समझ में भी नहीं आता कि क्या हो रहा है। यह क्या कहा जा रहा है? यह उनसे बहुत पार पड़ रहा है।

जिसको भी ऊब आती होह्नया तो अपने को बदलो या मुझे छोड़ो। दो ही उपाय हैं। मैं बदलने को नहीं हूं। अब मैं कुछ ऐसी बात न कहूंगा जिससे तुम्हारी वह ऊब कम हो। सच तो यह है, जो आखिर में बच जायेंगे उनके लिए मैं इस तरह से बोलूंगा कि उसमें ऊब ही ऊब होगी।

तुम शायद जानते न होओ, लेकिन ऊब ध्यान का एक प्रयोग है। बचकानी आदत है कि सदा नया खिलौना चाहिए; नई चीज चाहिए; नई पत्नी चाहिए; नया मकान चाहिए। बचकानी आदत है। यह बचपना है, प्रौढ़ता नहीं है।

सदियों से सदगुरुओं ने प्रयोग किया है ऊब का। झेन आश्रम में जापान में सारी व्यवस्था बोरडम की है, ऊब की है। तीन बजे रात उठ आना पड़ेगा, नियम से, घड़ी के कांटे की तरह। स्नान करना होगा। बंधे हुए मिनिट मिले हुए हैं। चाय मिल जाएगीह्नवही चाय जो तुम बीस वर्ष से पी रहे हो, उसमें रत्ती भर फर्क नहीं होगा। फिर ध्यान के लिए बैठ जाना हैह्नवही ध्यान जो तुम वर्षों से कर रहे हो, वही आसन। साधुओं के सिर घोंट देते हैं ताकि उनके चेहरों में ज्यादा भेद न रह जाए। घुटे सिर करीब-करीब एक से मालूम होने लगते हैंह्नखयाल किया तुमने? अधिकतर चेहरे का फर्क बालों से है। सिर घोंट डालो सबके, तुम्हें अपने मित्र भी पहचानने मुश्किल हो जाएंगे। जैसे मिलिटरी में चले जाओ तो एक सी वर्दीह्नऐसी एक सी वर्दी साधुओं की।

देखते हैं, मैंने गेरुआ पहना दिया है! उससे व्यक्तित्व क्षीण होता है। तो बौद्ध भिक्षु एक सा वस्त्र पहनता है, सिर घुटे होते, एक से कृत्य करता है, एक सी चाल चलता है। वही रोज। फिर ध्यान चल कर करना है, फिर बैठ कर करना है, फिर चल कर करना है। दिन भर ध्यान... ! फिर वही गुरु, फिर वही प्रश्न, फिर वही उत्तर, फिर वही प्रवचन, फिर वही बुद्ध के सूत्र, फिर रात, फिर ठीक समय पर सो जाना है। वही भोजन रोज!

तुम चकित होओगे कि झेन आश्रमों में उन्होंने वृक्ष तक हटा दिए हैं। क्योंकि वृक्षों में रूपांतरण होता रहता है। कभी पत्ते आते, कभी झर जाते; कभी फूल खिलते, कभी नहीं खिलते। मौसम के साथ बदलाहट होती है। तो इतनी बदलाहट भी पसंद नहीं की। झेन आश्रमों में उन्होंने रेत और चट्टान के बगीचे बनाए हैं। उनके ध्यान-मंदिर के पास जो बगीचा होता है, रॉक गार्डन, वह पत्थर और चट्टान का बना होता है, और रेत। उसमें कभी कोई बदलाहट नहीं होती है। वह वैसा का वैसा प्रतिदिन। तुम फिर आए, फिर आएह्नवही का वही, वही का वही! क्या प्रयोजन है यह? इसके पीछे कारण है।

जब तुम वही-वही सुनते, वही-वही करते, वही-वही चारों तरफ बना रहता तो धीरे-धीरे तुम्हारी नये की जो आकांक्षा है बचकानी, वह विदा हो जाती है। तुम राजी हो जाते हो। तो मन का कुतूहल मर जाता है और कुछ उत्तेजना खोजने की आदत खो जाती है।

ऊब से गुजरने के बाद एक ऐसी घड़ी आती है जहां शांति उपलब्ध होती है। नये का खोजी कभी शांत नहीं हो सकता। नये का खोजी तो हमेशा झंझट में रहेगा। क्योंकि हर चीज से ऊब पैदा हो जाएगी।

तुम देखते नहीं, एक मकान में रह लिए, जब तक नया था, दो-चार दिन ठीक, फिर पंचायत शुरू। फिर यह कि कोई दूसरा मकान बना लें, कि दूसरा खरीद लें। एक कपड़ा पहन लिया, अब फिर दूसरा बना लें।

स्त्रियां, देखते हो साड़ियों पर साड़ियां रखे रहती हैं। घंटों लग जाते हैं उन्हें, पति हॉर्न बजा रहा है नीचे। ट्रेन पकड़नी, कि किसी जलसे में जाना, कि शादी हुई जा रही होगी और ये अभी यहीं घर से नहीं निकले हैं और पत्नी अभी यही नहीं तय कर पा रही है...एक साड़ी निकालती, दूसरी निकालती। साड़ी का इतना मोह! नये का, बदलाहट का! जो साड़ी एक दफा पहन ली, फिर रस नहीं आता। वह तो दिखा चुकी उस साड़ी में अपने रूप को, अब दूसरा रूप चाहिए। बाल के ढंग बदलो। बाल की शैली बदलो। नये आभूषण पहनो। कुछ नया करो!

यही तो बचकाना आदमी है। यही आग्रह ले कर अगर तुम यहां भी आ गए कि मैं तुमसे रोज नई बात कहूं, तो तुम गलत जगह आ गए। मैं तो वही कहूंगा। मेरा स्वर तो एक है। सुनते-सुनते धीरे-धीरे तुम्हारे मन की यह चंचलताह्ननया होह्नखो जाएगी। इसके खोने पर ही जो घटता है, वह शांति है। ऊब से गुजर जाने के बाद जो घटता है वह शांति है।

तो यह प्रवचन सिर्फ प्रवचन नहीं है, यह तो ध्यान का एक प्रयोग भी है। इसलिए तो रोज बोले जाता हूं। कहने को इतना क्या हो सकता है? करीब तीन साल से निरंतर रोज बोल रहा हूं। और तीस साल भी ऐसे ही बोलता रहूंगा, अगर बचा रहा। तो कहने को नया क्या हो सकता है? तीन सौ साल भी बोलता रह सकता हूं। इससे कुछ अंतर ही नहीं पड़ता। यह तो ध्यान का एक प्रयोग है। और जो यहां बैठ कर मुझे सच में समझे हैं, वे अब इसकी फिकर नहीं करते कि मेरे शब्द क्या हैं, मैं क्या कह रहा हूंह्नअब तो उनके लिए यहां बैठना एक ध्यान की वर्षा है।

फिर अगर तुम पहले से कुछ सुनने का आग्रह लेकर आए हो तो मुश्किल हो जाती है। तुम अगर मान कर चले हो कि ऐसी बात सुनने को मिलेगी, कि मनोरंजन होगा, कि ऐसा होगा, वैसा होगाह्नतो अड़चन हो जाती है। तुम अगर खाली-खाली आए हो कि जो होगा देखेंगे, तो अड़चन नहीं होती।

एक दिन मुल्ला नसरुद्दीन अपनी पत्नी से झगड़ कर काम पर जा रहा था। गुस्से में था, गुस्से से भरा था कि रास्ते में किसी ने पूछा: बड़े मियां, आपकी घड़ी में समय क्या है? वह बोला: तुमको इससे क्या मतलब?

झगड़े से भरा आदमी! कोई घड़ी में समय भी पूछ ले तो वह कहता है: 'तुमको इससे क्या मतलब?' बजा होगा जो बजा होगा मेरी घड़ी में। घड़ी मेरी है, तुम्हें इससे क्या मतलब? एक धुआं है उसकी आंख परह्नउससे ही चीजों को देखने की वृत्ति होती है।

तो तुम अगर कुछ धुआं लेकर आ गए होह्नकिसी भी तरह का धुआं : लगाव का, विरोध काह्नतो अड़चन होगी। अगर तुम इसलिए भी आ गए हो कि कुछ नया सुनने को मिलेगा तो अड़चन होगी। मैंने कुछ ऐसा आश्वासन दिया नहीं। तुम अगर खाली-खाली आ गए हो कि मेरे पास बैठना मिलेगा। घड़ी भर मेरे पास होने का मौका मिलेगा। बोलना तो बहाना है। सुनना तो बहाना है। थोड़ी देर साथ-साथ हो लेंगे, एक धारा में बह लेंगेह्नतो फिर जो भी तुम सुनोगे वही सार्थक होगा। उसी में रसधार बहेगी। तो तुम्हारे सुनने पर निर्भर करता है।

और यह बात तो ञ्समाधिङ्क को भी समझ में आती है कि रूपांतरण नहीं हुआ है।

'तो फिर पढ़ने, सुनने और ध्यान करने में ऊब क्यों अनुभव होती है?'

शायद रूपांतरण तुमने चाहा भी नहीं है अभी। 'समाधि' को मैं जानता हूं। शायद रूपांतरण की अभी चाह भी नहीं है। चाह शायद कुछ और है। और वह चाह पूरी नहीं हो रही। किसी को धन चाहिए; धन नहीं मिल रहा है, सोचता है चलो धर्म में ध्यान लगा दें। मगर भीतर तो चाह धन की है। किसी को प्रेम चाहिए; प्रेम नहीं मिल रहा है, वह सोचता है चलो, किसी तरह अपने को धर्म में उलझा लें, ध्यान में लगा लेंह्नलेकिन भीतर तो प्रेम की खटक बनी है। तो अपने भीतर खोजो।

रूपांतरण जिसको चाहिए उसका होकर रहेगा। लेकिन तुम्हें चाहिए ही न हो, तुम कुछ और चाहते होओ और यह रूपांतरण की बात केवल ऊपर-ऊपर से लपेट ली हो, यह केवल आभूषण मात्र हो, यह केवल बहाना हो कुछ छिपा लेने काह्नतो अड़चन हो जाएगी। फिर यह न हो सकेगा। फिर तुम वही सुनना चाहोगे जो तुम सुनना चाहते हो।

अभी ऐसा हुआ कि बुद्ध के सूत्रों पर जब मैं बोल रहा था, तो बुद्ध ने तो ऐसी बातें कही हैं जो कि पश्चिम से आने वाले यात्रियों को नहीं जंचती हैं। उसके पहले मैं हसीद फकीरों पर बोल रहा था। तो हसीद फकीर तो ऐसी बात कहते हैं जो पश्चिम के यात्री को जंच सकती हैं। हसीद फकीर तो कहते हैं, परमात्मा का है यह संसार। सब राग-रंग उसका। पत्नी-बच्चे भी ठीक। भोग में ही प्रार्थना को जगाना है। भोग भी प्रार्थना का ही एक ढंग है। तो जम रहा था। फिर बुद्ध के वचन आए। और बुद्ध के

वचनों में बुद्ध ने ऐसी बातें कही हैं कि स्त्री क्या है? हड्डी-मांस-मज्जा का ढेर! चमड़े का एक बैग, थैला, उसमें भरा है कूड़ा-कबाड़, गंदगी!

तो अनेक पश्चिमी मित्रों ने पत्र लिख कर भेजे कि बुद्ध की बात हमें जमती नहीं और बड़ी तिलमिलाती है। एक स्त्री ने तो लिख कर भेजा कि मैं छोड़ कर जा रही हूं। यह भी क्या बात है! मैं तो यहां इसलिए आई थी कि मेरा प्रेम कैसे गहरा हो? और यहां तो विराग की बातें हो रही हैं।

अब अगर तुम प्रेम गहरा करने आए हो तो निश्चित ही बुद्ध की बात बड़ी घबराहट की लगेगी। वह स्त्री तो नाराजगी में छोड़ कर चली भी गई। यह तो पत्र लिख गई कि यह बात मैं सुनने आई नहीं हूं, न मैं सुनना चाहती हूं। शरीर तो सुंदर है और ये कहते हैं, कूड़ा-कर्कट, गंदगी भरी है। बुद्ध के वचन सुनने हों और अगर तुम प्रेम की खोज में आए हो तो बड़ी मुश्किल हो जाएगी।

'समाधि' ने अभी संसार जीया नहींह्नजीने की आकांक्षा है। और जीने की हिम्मत भी नहीं।

मेरे पास युवक आ जाते हैं, जो कहते हैं कामवासना से छुटकारा दिलवाइए। ब्रह्मचर्य की बात जंचती है। अभी युवक हैं। अभी कामवासना का दुख भी नहीं भोगा, तो छुटकारा कैसे होगा? और कामवासना में जाने की हिम्मत भी नहीं है। क्योंकि वे कहते हैं उत्तरदायित्व हो जाएगा; शादी कर ली, बच्चे हो जायेंगे, फिर संन्यास का क्या होगा? फिर निकल पायेंगे कि नहीं निकल पायेंगे? झंझट से डरे भी हैं। और झंझट झंझट है, ऐसा अभी स्वयं का अनुभव भी नहीं है।

तो मैं तो उनसे कहता हूं: झंझट उठा लो। धर्म इतना सस्ता नहीं है। धर्म तो जीवन के अनुभव से ही आता है।

तो तुम अगर कुछ सुनने आए हो, तुम्हारी कुछ मान्यता है, कुछ धारणा है, भीतर कोई रस है, उससे मेल न खाएगी बात, तो तुम ऊबोगे, परेशान होओगे। तुम्हें लगेगा व्यर्थ की बकवास चल रही है। लेकिन अगर तुम खाली आए हो, खोज की घड़ी आ गई है, फल पक गया है, तो हवा का जरा सा झोंका, और फल गिर जाएगा! यह जो मैं तुमसे कह रहा हूं, तूफानी हवा बहा रहा हूं। अगर फल जरा भी पका है तो गिरने ही वाला है। अगर नहीं गिरता है तो कच्चा है और अभी गिरने का समय नहीं आया है।

पको! जल्दी है भी नहीं। मत सुनो मेरी बात। जहां से ऊब आती हो, सुनना ही क्यों? जाना क्यों? छोड़ो! जहां रस आता हो वहां जाओ। अगर जीवन में रस आता हो तो घबराओ मत। ऋषि-मुनियों की मत सुनो! जाओ जीवन में उतरो! नरक को

भोगोगे तो ही नरक से छूटने की आकांक्षा पैदा होगी। दुख को जानोगे तो ही रूपांतरण का भाव उठेगा।

यह क्रांति सस्ती नहीं है। केवल उन्हीं को होती है जिनके स्वानुभव से ऐसी घड़ी आ जाती है, जहां उन्हें लगता है, बदलना है। नहीं कि किसी ने समझाया है, इसलिए बदलना है। जहां खुद ही के प्राण कहते हैं: बदलना है! अब बिना बदले न चलेगा।

मेरी बातें तुम्हें नहीं बदल देंगी। तुम बदलने की स्थिति में आ गए तो मेरी बातें चिनगारी का काम करेंगी; तुम्हारे घर में आग लग जाएगी।

एक आदमी मर गया। स्वर्ग पहुंचा। परमात्मा ने उससे पूछा : नीचे की दुनिया में क्या-क्या किया? उसने कहा : मैं साधु पुरुष था, मैंने कुछ किया नहीं।

परमात्मा ने पूछा : शराब पी?

उसने कहा : आप भी कैसी बातें कर रहे हैं! सदा दूर रहा!

'स्त्रियों से संबंध बनाए?'

उसने कहा: मैं यह सोच भी नहीं सकता कि परमात्मा और ऐसे प्रश्न पूछेगा! अरे रामायण का कोई प्रश्न पूछो कि गीता का, जो मैं कंठस्थ करता रहा। यह भी क्या बात!

परमात्मा ने कहा : अच्छा सिगरेट तो पी ही होगी?

वह आदमी नाराज हो गया। उसने कहा : बंद करो बकवास! मैं साधु-पुरुष...!

तो परमात्मा ने कहा कि भले आदमी! तब तुझे नीचे भेजा ही क्यों था, झख मारने को? तो इतने दिन क्या करता रहा? कहां रहा तू इतने दिन? और करता क्या था? और अगर यह कुछ भी नहीं किया तो तेरी साधुता का कितना मूल्य होगा? तेरी साधुता एक तरह की कायरता है। तू वापस जा।

साधुता तो फल हैह्नबड़े विकास का! जीवन की सारी पीड़ाओं, सारे संकटों, सारे संघर्षों से गुजर कर साधुता का फल लगता है।

तो मैं जो बातें कह रहा हूं, तभी तुम्हारे हृदय में प्रवेश करेंगी, हृदय उनकी मंजूषा बनेगाह्नवह तुमने जीवन को जाग कर देखा, भोगा, तपे, भटके, द्वार-द्वार ठोकरें खाईं। हजार द्वारों पर ठोकरें खाकर ही कोई मंदिर के द्वार तक आ पाता है। और फिर तुम कहीं भी हो, फिर उसकी अहर्निश ध्वनि सुनाई पड़ने लगती है।

तन त्रस्त कहीं मन मस्त वहीं
जिस ठौर की मौजें रागों की
रस के सागर से झूल झपट

जीवन के तट पर टकरातीं।
तन त्रस्त कहीं मन मस्त वहीं
जिस ठौर लहरियां रागों की
रस के मानस की गोदी में
चिर सुषमा का सावन गातीं।

फिर तन कहीं भी हो। फिर तुम्हारा शरीर कहीं भी हो, कैसी ही दशा में हो...।

तन त्रस्त कहीं मन मस्त वहीं
जिस ठौर की मौजें रागों की
रस के सागर से झूल झपट
जीवन के तट पर टकरातीं।
तन त्रस्त कहीं मन मस्त वहीं
जिस ठौर लहरियां रागों की
रस के मानस की गोदी में
चिर सुषमा का सावन गातीं।

लेकिन तन के रास्ते से गुजरना होगा। बिना गुजरे नहीं कुछ मिल सकेगा। क्रांति घटेगी, निश्चित घटेगी; लेकिन सस्ती नहीं घटतीह्नअर्जित करनी है।

यहां दूसरा वर्ग भी है सुनने वालों का, जो पक कर आया है। उसकी बात कुछ और हो जाती है।

एक मित्र ने लिखा है:

तेरे मिलन में एक नशा है गुलाबी
उसी को पी कर के चूर हूं मैं
अब खो गया हूं होश में
बेहोश होने का गरूर है मुझे।

एक दूसरे मित्र ने लिखा है:

हे प्रभु, अहोभाव के आंसुओं में डूबे मेरे प्रणाम स्वीकार करें और पाथेय व आशीष दें कि अचेतन में छिपी वासनाओं के बीज दग्ध हो जाएं।

एक और मित्र ने लिखा है:

मैं अज्ञानी मूढ़ जनम से
इतना भेद न जाना

किसको मैं समझूं अपना
किसको समझूं बेगाना
कितना बेसुर था यह जीवन
ढाल न पाया इसको लय में
इन अधरों पर हंसी नहीं थी
चमक नहीं थी इन आंखों में
लेकिन आज दरस प्रभु का पा
सब कुछ मैंने पाया!

निर्भर करता हैह्नतुम्हारी चित्त-दशा पर निर्भर करता है। कुछ हैं जो ऊब जाएंगे; कुछ हैं जिन्हें प्रभु का दरस मिल जाएगा। कुछ हैं जो ऊब जाएंगे; कुछ हैं जिनके लिए मंदिर के द्वार खुल जाएंगे। सब तुम पर निर्भर है।

हरि ॐ तत्सत्!

* * *

प्रवचन : 43

प्रभु की प्रथम आहटह्निस्तब्धता में

अष्टावक्र उवाच।

यत्त्वं पश्यसि तत्रैकस्त्वमेव प्रतिभाससे।
किं पृथक भासते स्वर्णात्कट कांगदनूपुरम्।।139।।
अयं सोऽहमयं नाहं विभागमिति संत्यज।
सर्वमात्मेति निश्चित्य निःसंकल्पः सुखी भव।।140।।
तवैवाज्ञानतो विश्वं त्वमेकः परमार्थतः।
त्वत्तोऽन्यो नास्ति संसारी नासंसारी च कश्चन।।141।।
भ्रांतिमात्रमिदं विश्वं न किंचिदिति निश्चयी।
निर्वासनः स्फूर्तिमात्रो न किंचिदिवि शाम्यति।।142।।
एक एव भवांभोधावासीदस्ति भविष्यति।
न ते बंधोऽस्ति मोक्षो वा कृतकृत्यः सुखं चर।।143।।
मा संकल्पविकल्पाभ्यां चित्तं क्षोभय चिन्मय।
उपशाम्य सुखं तिष्ठ स्वात्मयानंदविग्रहे।।144।।
त्यजैव ध्यानं सर्वत्र मा किंचिद्धृदि धारय।
आत्मा त्वं मुक्त एवासि किंविमृश्य करिष्यसि।।145।।

पहला सूत्र :

अष्टावक्र ने कहा, 'जिसको तू देखता है उसमें एक तू ही भासता है। क्या कंगना, बाजूबंद और नूपुर सोने से भिन्न भासते हैं?'

यत्त्वं पश्यसि तत्रैकस्त्वमेव प्रतिभाससे।

जगत जैसे दर्पण है; हम अपने को ही बार-बार देख लेते हैं; अपनी ही प्रतिछवि बार-बार खोज लेते हैं। जो हम हैं, वही हमें दिखाई पड़ जाता है। साधारणतः हम सोचते हैं, जो हमें दिखाई पड़ रहा है, बाहर है। फूल में सौंदर्य दिखा तो सोचते हैं, सुंदर होगा फूल। नहीं, सौंदर्य तुम्हारी आंखों में हैं। वही फूल दूसरे को सुंदर न भी हो। किसी तीसरे को उस फूल में न सौंदर्य हो, न असौंदर्य हो; कोई तटस्थ भी हो। किसी चौथे को उपेक्षा हो। जो तुम्हारे भीतर है वही झलक जाता है। किसी बात में तुम्हें रस आ जाता हैह्नरस तुम्हीं उंडेलते हो। किसी दूसरे को जरूरी नहीं कि उसी में रस आ जाए। तुम डोल उठते हो किसी गीत को सुनकर और किसी दूसरे प्राण की वीणा जरा भी नहीं बजती।

मनस्विद, तत्वविद, दार्शनिक सदियों से चेष्टा करते रहे हैं परिभाषा करने कीह्नसौंदर्य की, शिवम् की, सत्यम् की। परिभाषा हो नहीं पाती। पश्चिम के बहुत बड़े विचारक जी. ई. मूर ने एक किताब लिखी है, प्रिंसिपिया इथिका। अनूठी किताब है; बड़े श्रम से लिखी गई है। सदियों में कभी ऐसी कोई एक किताब लिखी जाती है। चेष्टा की है शुभ की परिभाषा करने की कि शुभ क्या है। वॉट इज़ गुड! दो ढाई सौ पृष्ठों में बड़ी तीव्र मेधा का प्रयोग किया है। और आखिरी निष्कर्ष है कि शुभ अपरिभाष्य है। द गुड इज़ इनडिफाइनेबल। यह खूब निष्पत्ति हुई!

सौंदर्यशास्त्री सदियों से सौंदर्य की परिभाषा करने की चेष्टा करते रहे हैं, सौंदर्य क्या है? क्योंकि परिभाषा ही न हो तो शास्त्र कैसे बनें! लेकिन अब तक कोई परिभाषा कर नहीं पाया। पूरब की दृष्टि को समझने की कोशिश करो। पूरब कहता है, परिभाषा हो नहीं सकती। क्योंकि व्यक्ति-व्यक्ति का सौंदर्य अलग है। और व्यक्ति-व्यक्ति का शुभ भी अलग है। व्यक्ति वही देख लेता है जो देखने में समर्थ है। व्यक्ति अपने को ही देख लेता है।

'जिसको तू देखता है उसमें एक तू ही भासता है।'

कृष्णमूर्ति का आधारभूत विचार है: 'दि ऑब्जर्वर इज़ दि ऑब्जर्व्ड।' वह जो दृश्य है, द्रष्टा ही है। पीछे हमने अष्टावक्र के सूत्रों में समझने की कोशिश की कि जो दृश्य है वह द्रष्टा कभी नहीं है। अब एक कदम और आगे है। इसमें विरोधाभास दिखेगा।

किसी ने प्रश्न भी पूछा है कि आप कहते हैं, जो दृश्य है वह द्रष्टा कभी नहीं; और कृष्णमूर्ति कहते हैं, दृश्य द्रष्टा ही है। ये दोनों बातें तो विरोधाभासी हैं, कौन सच है?

ये बातें विरोधाभासी नहीं हैंह्नदो अलग तलों पर हैं। पहला तल है; पहले ज्ञान की किरण जब फूटती है तो वह इसी मार्ग से फूटती है, जान कर कि जो दृश्य है वह

मुझसे अलग है। समझने की कोशिश करें। तुम जो देखते हो, निश्चित ही तुम देखने वाले उससे अलग हो गए। जो भी तुमने देख लिया, तुम उससे पार हो गए। तुम, जो दिखाई पड़ गया, वह तो न रहे। दृश्य तो तुम न रहे। दृश्य तो दूर पड़ा रह गया। तुम तो खड़े होकर देखने वाले हो गए।

तुम यहां मुझे देख रहे हो तो निश्चित ही तुम मुझसे अलग हो गए। तुम मुझे सुन रहे हो, तुम मुझसे अलग हो गए। जो भी तुम देख लेते, छू लेते, सुन लेते, स्पर्श कर लेते, स्वाद ले लेते, जिसका तुम्हें अनुभव होता है, वह तुमसे अलग हो जाता है। यह ज्ञान की पहली सीढ़ी है।

जैसे ही यह सीढ़ी पूरी हो जाती है और तुम दृश्य से अपने द्रष्टा को मुक्त कर लेते हो, तब दूसरी घटना घटती है। पहला तुम्हें करना होता है, दूसरा अपने से होता है। दूसरी घटना बड़ी अपूर्व है। जैसे ही तुमने दृश्य से द्रष्टा को अलग कर लिया, फिर द्रष्टा द्रष्टा भी नहीं रह जाता। क्योंकि द्रष्टा बिना दृश्य के नहीं रह सकता; वह दृश्य के साथ ही जुड़ा है। जब दृश्य खो गया तो द्रष्टा भी खो गया। तुम द्रष्टा की परिभाषा कैसे करोगे? दृश्य के बिना तो कोई परिभाषा नहीं हो सकती। दृश्य को तो लाना पड़ेगा। और जिस द्रष्टा की परिभाषा में दृश्य को लाना पड़ता है वह दृश्य से अलग कहां रहा? वह एक ही हो गया। दृश्य के गिरते ही द्रष्टा भी गिर जाता है। पहले दृश्य को गिरने दो, फिर दूसरी घटना अपने से घटेगी। तुमने दृश्य खींचा, अचानक तुम पाओगे द्रष्टा भी गया। तब तुम्हें कृष्णमूर्ति का दूसरा वचन समझ में आएगा: 'दि आब्जर्वर इज दि आब्जर्व्ड।' वह जो दृश्य है, द्रष्टा ही है।

और आज के सूत्र में अष्टावक्र भी वही कह रहे हैं। यह सूत्र थोड़ा आगे का है, इसलिए अष्टावक्र क्रम से इसकी तरफ बढ़े हैं। पहले उन्होंने कहा, दृश्य से मुक्त कर लो, फिर द्रष्टा से तो तुम मुक्त हो ही जाओगे। दृश्य और द्रष्टा दोनों एक ही सिक्के के दो पहलू हैं।

यत्त्वं पश्यसि तत्र एका त्वं एव प्रतिभाससे।

'जिसको तू देखता है उसमें एक तू ही भासता है।'

फिर देखते हैं, पूर्णिमा की रात चांद निकला! हजार-हजार प्रतिफलन बनते हैं। कहीं झील पर, कहीं सागर के खारे जल में, कहीं सरोवर में, कहीं नदी-नाले में, कहीं पानी-पोखर में, कहीं थाली में पानी भर कर रख दो तो उसमें भी प्रतिबिंब बनता है। पूर्णिमा का चांद एक, और प्रतिबिंब बनते हैं अनेक। लेकिन क्या तुम यह कहोगे, गंदे पानी में बना हुआ चांद का प्रतिबिंब और स्वच्छ पानी में बना चांद का प्रतिबिंब भिन्न-भिन्न हैं? क्या इसीलिए गंदे पानी में बने प्रतिबिंब को गंदा कहोगे क्योंकि पानी गंदा है? क्या पानी की गंदगी से प्रतिबिंब भी गंदा हो सकता है? प्रतिबिंब तो गंदा नहीं हो सकता।

रवींद्रनाथ ने एक स्मरण लिखा है। जब वे पहली-पहली बार पश्चिम से प्रसिद्ध होकर लौटे, नोबल प्राइज लेकर लौटे, तो जगह-जगह उनके स्वागत हुए। लोगों ने बड़ा सम्मान किया। जब वे अपने घर आए तो उनके पड़ोस में एक आदमी था, वह उनको मिलने को आया। उस आदमी से वे पहले से ही कुछ बेचैन थे, कभी मिलने आया भी न था। लेकिन उस आदमी की आंख ही बेचैन करती थी। उस आदमी की आंख में कुछ तलवार जैसी धार थी कि सीधे हृदय में उतर जाए। वह आया और गौर से उनकी आंख में आंख डाल कर देखने लगा। वे तो तिलमिला गए। और उसने उनके कंधे पकड़ लिए और जोर से हिलाकर कहा, तुझे सच में ही ईश्वर का अनुभव हुआ है? क्योंकि गीतांजलि, जिस पर उन्हें नोबल पुरस्कार मिला, प्रभु के गीत हैं, उपनिषद जैसे वचन हैं। उस आदमी ने उनको तिलमिला दिया। कहा, सच में ही तुझे ईश्वर का दर्शन हुआ है? क्रोध भी उन्हें आया। वह अपमानजनक भी लगा। लेकिन उस आदमी की आंखों की धार कुछ ऐसी थी कि झूठ भी न बोल सके और वह आदमी हंसने लगा और उसकी हंसी और भी गहरे तक घाव कर गई। और वह आदमी कहने लगा, तुझे मुझमें ईश्वर दिखाई पड़ता है कि नहीं? यह और मुश्किल बात थी। उसमें तो कतई नहीं दिखाई पड़ता था; और सब में दिखाई पड़ भी जाता। जो फूलमालायें लेकर आए थे, जिन्होंने स्वागत किया था, सम्मान में गीत गाए थे, नाटक खेले थे, नृत्य किए थेह्नउनमें शायद दिख भी जाता। वे बड़े प्रीतिकर दर्पण थे। यह आदमी! वह आदमी खिलखिलाता, उन्हें छोड़ कर लौट भी गया।

रवींद्रनाथ ने लिखा है, उस रात मैं सो न सका। मुझे मेरे ही गाए गए गीत झूठे मालूम पड़ने लगे। रात सपने में भी उसकी आंख मुझे छेदती रही। वह मुझे घेरे रहा। दूसरे दिन सुबह जल्दी ही उठ आया। आकाश में बादल घिरे थे, रात वर्षा भी हुई थी। जगह-जगह सड़क के किनारे डबरे भर गए थे। मैं समुद्र की तरफ गयाह्नमन बहलाने को। लौटता था, तब सूरज उगने लगा। विराट सागर पर उगते सूरज को देखा। फिर राह पर जब घर वापस आने लगा तो राह के किनारे गंदे डबरों में, जिनमें भैंसें लोट रही थीं, लोगों ने जिनके आस-पास मलमूत्र किया था, वहां भी सूरज के प्रतिबिंब को देखा। अचानक आंख खुल गई। मैं ठिठक कर खड़ा हो गया कि क्या इन गंदे डबरों में जो प्रतिबिंब बन रहा है सूरज का, वह गंदा हो गया? विराट सागर में जो बन रहा है, क्या विराट हो गया? क्षुद्र डबरे में जो बन रहा है, क्या क्षुद्र हो गया? प्रतिबिंब तो एक के हैं।

रवींद्रनाथ ने लिखा है, जैसे सोए से कोई जग जाए, जैसे अंधेरे में बिजली कौंध जाए, ऐसा मैं नाचता हुआ उस आदमी के घर पहुंचा। उसे गले लगा लिया। उसमें भी

मुझे प्रभु दिखाई पड़ा। प्रतिबिंब तो उसका ही है। चाहे तेज तलवार की धार क्यों न हो, वह धार तो उसी की है। चाहे फूल की कोमलता क्यों न हो, कोमलता तो उसी की है।

वह आदमी फिर मेरी तरफ गौर से देखा, लेकिन आज मुझे उसमें वैसी पैनी धार न दिखाई पड़ी। आज मैं बदल गया था। और वह आदमी कहने लगा, तो निश्चित तुझे अनुभव हुआ है। अभी-अभी हुआ है, कल तक न हुआ था। अभी-अभी तूने कुछ जाना है, तू जागा है। मैं तेरा स्वागत करता हूं। नोबल पुरस्कार के कारण नहीं, न तेरे गीतों की प्रसिद्धि के कारणह्नअब तू ज्ञाता बन कर लौटा है; तुझे कुछ स्वाद मिला; तूने कुछ चखा है।

अष्टावक्र कहते हैं : 'क्या कंगना, बाजूबंद, नूपुर सोने से भिन्न भासते हैं?'

सोने के कितने आभूषण बन जाते हैं, ऐसे ही परमात्मा के कितने रूप बनते! रावण भी उसका ही रूप। अगर रामकथा पढ़ी और रावण में उसका रूप न दिखा तो रामकथा व्यर्थ गई। अगर राम में ही दिखा और रावण में न दिखा तो तुमने व्यर्थ ही सिर मारा। तो द्वार न खुले। रामकथा लोग पढ़ते हैं, रामलीला देखते हैं और रावण को जलाए जाते हैं। समझे नहीं। बात ही पकड़ में नहीं आई, चूक ही गए। अगर राम में ही राम दिखाई पड़ें तो तुम्हारे पास आंखें नहीं हैं। जिस दिन रावण में भी दिखाई पड़ जायें, उसी दिन तुम्हारी आंखें खुलीं। शुभ में शुभ दिखाई पड़े, यह कोई बड़ा गुण है। अशुभ में भी शुभ दिखाई पड़ जाए तब...।

सब आभूषण उस एक के ही हैं। कहीं राम होकर, कहीं रावण होकर; कहीं कृष्ण, कहीं कंस; कहीं जीसस, कहीं जुदास; कहीं प्रीतिकर, कहीं अप्रीतिकर; कहीं फूल, कहीं कांटाह्नलेकिन कांटा भी उसका ही रूप है। और जब कांटा चुभे तब भी उसे स्मरण करना। तो तुम धीरे-धीरे पाओगे, एकरस होने लगे। जो एक को देखने लगता है वह एकरस होने लगता है। जो एकरस होने लगता है, उसे फिर एक दिखाई पड़ने लगता है।

मौन तम के पार से यह कौन मेरे पास आया
मौत में सोए हुए संसार को किसने जगाया,
कर गया है कौन फिर भिनसार, वीणा बोलती है
छू गया है कौन मन के तार, वीणा बोलती है।
मृदु मिट्टी के बने हुए मधुघट फूटा ही करते हैं
लघु जीवन लेकर आए हैं प्याले टूटा ही करते हैं
फिर भी मदिरालय के अंदर मधु के घट हैं, मधु प्याले हैं।
जो मादकता के मारे हैं वे मधु लूटा ही करते हैं

वह कच्चा पीने वाला है जिसकी ममता घट, प्यालों पर
जो सच्चे मधु से जला हुआ, कब रोता है चिल्लाता है
जो बीत गई सो बात गई।
छू गया है कौन मन के तार, वीणा बोलती है!
वह कच्चा पीने वाला है जिसकी ममता घट, प्यालों पर!

रूप में जो उलझ गया, आकृति में जो उलझ गया, अरूप को न पहचाना, आकृति-अतीत को न पहचाना, वह कच्चा पीने वाला है। जिसने राम में देख लिया, रावण में न देखाह्नवह पक्षपाती है, अंधा है। अंधे के पक्षपात होते हैं; आंख वाले के पक्षपात नहीं होते। आंख वाला तो उसे सब जगह देख लेता है, हर जगह देख लेता है।

अट्ठारह सौ सत्तावन की गदर में एक नग्न संन्यासी को एक अंग्रेज सैनिक ने छाती में भाला भोंक दिया। भूल से! यह नंगा फकीर गुजरता था। रात का वक्त था। यह अपनी मस्ती में था। सैनिकों की शिविर के पास से गुजरता था, पकड़ लिया गया। लेकिन इसने पंद्रह वर्ष से मौन ले रखा था। यह तो उन्हें पता न था। एक तो नंगा, फिर बोले नह्नलगा कि जासूस है। लगा कि कोई उपद्रवी है। बोले न, चुप खड़ा मुस्कुराएह्नतो और भी क्रोध आ गया। उसने कसम ले रखी थी कि मरते वक्त ही बोलूंगा, बस एक बार। तो जिस अंग्रेज सैनिक ने उसकी छाती में भाला भोंका, भाले के भोंकने पर वह बोला। उसने कहा : 'तू मुझे धोखा न दे सकेगा। मैं तुझे अब भी देख रहा हूं। तत्वमसि!' और वह मर गया। 'वह तू ही है! तू मुझे धोखा न दे सकेगा। तू हत्यारे के रूप में आया, आ; लेकिन एक बार तुझे पहचान चुका तो अब तू किसी भी रूप में आ, फर्क नहीं पड़ता।'

उसे अपने हत्यारे में भी प्रभु का दर्शन हो सका। मुक्त हो गया यह व्यक्ति, इसी क्षण हो गया। इसकी मृत्यु न आईह्नयह तो मोक्ष आया। इस भाले ने इसे मारा नहीं; इस भाले ने इसे जिलाया, शाश्वत जीवन में जगाया।

किं पृथक भासते स्वर्णात्कटकांगदनूपुरम्।

अलग-अलग दिखाई पड़ते हैं तुम्हें स्वर्ण के आभूषण, तो फिर तुम अंधे हो। सबके भीतर एक ही सोना है। ऊपर के आकार से क्या भेद पड़ता है।

तो दो बातें इस सूत्र में हैं। एक, कि जो तुम्हें दिखाई पड़ता है, तुम्हीं हो। सारा जगत दर्पण है और सारे संबंध भी। सारे अनुभव दर्पण हैं और सारी परिस्थितियां भी। तुम ही अपने को झांक-झांक लेते हो अनेक-अनेक रूपों मेंह्नपहली बात। दूसरी बात : ये जो अनेक-अनेक रूप दिखाई पड़ रहे हैं, इन सबके भीतर भी एक ही व्याप्त है। ये अनेक रूप भी बस ऊपर-ऊपर अनेक हैं। जैसे सागर पर लहरें हैं, कितनी लहरें हैं, कितने-कितने ढंग की लहरें हैंह्नछोटी, बड़ी विराट; लेकिन सबके भीतर एक ही

सागर तरंगित है! एक ही सागर लहराया है! ये सब एक ही सागर के चादर पर पड़ी हुई सलवटें हैं! इनमें जरा भी भेद नहीं है। इनके भीतर जो छिपा है, एक है। ये दोनों सूत्र इस एक सूत्र में छिपे हैं। दोनों अदभुत हैं!

तुम जरा-जरा रूप को पार करना सीखो, अरूप को खोजो। चेहरे को कम देखो; चेहरे के भीतर जो छिपा हुआ है, उसे जरा ज्यादा देखो। तन को जरा कम देखो; तन के भीतर जो छिपा है, उस पर जरा ज्यादा ध्यान दो। शब्द में जो सुनाई पड़ता है उसे जरा कम सुनो; शब्द के भीतर जो शून्य का भिनसार है, वह जो वीणा शून्य की बज रही, उसे सुनो। ऐसे अगर तुम शांत होते गए...शांत हो ही जाओगे, क्योंकि अशांति है अनेक के कारण। अशांति अनेक की छाया है। जब एक दिखाई पड़ने लगता है तो अशांत होने की सुविधा नहीं रह जाती। एक ही है तो अशांति कैसी! और जब तुम्हीं हो सब तरफ झलकते, कोई दूसरा नहीं, तो भय किसका! जन्म भी तुम्हीं हो, मृत्यु भी तुम्हीं। सुख भी तुम्हीं हो, दुख भी तुम्हीं। फिर भय किसका! फिर सर्व-स्वीकार है। फिर उस सर्व-स्वीकार में ही शांति का फूल खिलता हैह्नअपरिसीम फूल खिलता; अम्लान पारिजात! जो कभी नहीं छुआ गया, ऐसा कोरा कुंवारा फूल खिलता है। कहो सहस्त्रार, सहस्त्रदल कमल! लेकिन खिलता है एकत्व की घटना मेंह्नजब सब तरफ तुम्हें एक दिखाई पड़ने लगता है। पहले मैं और तू का भेद नहीं रह जाता; फिर बाहर रूप के भेद नहीं रह जाते।

खयाल करना, अगर हम दो शून्य व्यक्तियों को एक कमरे में बिठा दें तो क्या वहां दो व्यक्ति होंगे या एक? वहां दो तो हो नहीं सकते। इतना तो तय है कि दो नहीं हो सकते। क्योंकि दो शून्य मिलने से दो नहीं बनते; दो शून्य मिलने से एक ही बनता है। एक भी हम कहते हैं, क्योंकि कहना पड़ता है। वस्तुतः एक भी वहां नहीं। इसलिए भारत में हम कहते हैं अद्वैत बनता है। दो नहीं बनते, एक की बात हम करते नहीं। क्योंकि एक के लिए भी तो सीमा चाहिए। तुम तीन शून्य ले आओ, चार शून्य ले आओ, सब खोते चले जाते हैं।

ऐसा हुआ, बुद्ध के समय में अजातशत्रु सम्राट बना। उसके पिता तो बुद्ध के भक्त थे, लेकिन वह तो पिता को कारागृह में डाल कर सम्राट बना था। तो बुद्ध के विपरीत था। स्वभावतः एक तो बुद्ध के भक्त थे उसके पिता, फिर दूसरे उसने जो किया था वह इतना अधार्मिक कृत्य था कि बुद्ध के पास जाए तो कैसे जाए! बड़ी अपराध की भावना थी। फिर बुद्ध उसकी नगरी से गुजरे तो उसके आमात्यों ने, उसके मंत्रियों ने कहा : 'यह अशोभन होगा। यह उचित न होगा। यह दुर्भाग्यपूर्ण होगा। इसके बड़े परिणाम बुरे होंगे। आप दर्शन को चलें। आप एक ही बार दर्शन करके औपचारिक ही

लौट आना। लेकिन बुद्ध गांव में आयें और सम्राट न जाए, प्रजा पर बुरा परिणाम होगा। पिता को कारागृह में डाल देने से जितनी आपकी बेइज्जती नहीं हुई, उससे भी ज्यादा बड़ी बेइज्जती होगी। क्योंकि इस देश में सदा ही सम्राट फकीर के सामने झुकता रहा है। छोड़ें, आप चलें। सिर्फ औपचारिक ही सही।'

बात तो समझ में उसे आई; हिसाब की थी। पिता के साथ जो पाप किया है वह भी पुंछ जाएगा। लोग कहेंगे कि नहीं, ऐसा बुरा नहीं; बुद्ध को सुनने भी गया, चरण भी छुए।

तो वह चला। लेकिन जो आदमी पाप करता है, भयभीत होता है। वह अपने आमात्यों से भी डरा था। जो दूसरे को डराता है वह डरता भी है। जो दूसरे की हत्या करता है वह डरा भी होता है कि कोई उसकी हत्या न कर दे। जो दूसरे को चोट पहुंचाता है उसे आयोजन भी करने पड़ते हैं कि कोई उसे चोट न पहुंचा दे। तो वह डरा था। और जब बुद्ध के पड़ाव के पास पहुंचने लगाह्नवृक्षों की ओट में पड़ाव हैह्नतो उसने अपने आमात्यों को कहा : 'सुनो, तुम कहते थे दस हजार भिक्षु वहां मौजूद हैं, आवाज जरा भी सुनाई नहीं पड़ती। कुछ धोखा मालूम पड़ता है, कोई षडयंत्र।' उसने तलवार खींच ली। आमात्य हंसने लगे। उन्होंने कहा : 'आप नासमझी न करें। आपको बुद्ध का पता नहीं। आपको बुद्ध के पास बैठे दस हजार लोगों का भी पता नहीं। थोड़ा धैर्य रखें। कोई षडयंत्र नहीं है, आप आएं।'

वह नंगी तलवार लिए ही चला। जब तक उसने वृक्षों के पार जाकर देख न लिया कि दस हजार भिक्षु मौजूद हैं तब तक उसने तलवार भीतर न रखी। फिर बुद्ध से उसने जो पहला प्रश्न पूछा, वह यही था कि मैं तो बड़ा हैरान हो रहा हूं। दस हजार लोग बैठे हैं, बाजार मच जाता है, कीचड़ मच जाती है, बड़ा शोरगुल होता हैह्नये चुप क्यों बैठे हैं?

तो बुद्ध ने कहा : 'एक शून्य हो कि दस हजार, इससे कुछ फर्क नहीं पड़ता। शून्य जुड़ते नहीं। शून्य एक-दूसरे में खो जाते हैं। ये ध्यान कर रहे हैं। ये अभी शून्य की दशा में बैठे हैं। अभी ये नहीं हैं।'

जिस क्षण तुम नहीं हो, उसी क्षण तुम्हें फिर कोई भी दिखाई नहीं पड़ता। फिर तो तुम एक ही रह जाते हो; न कोई देखने वाला, न कोई दृश्य, न कोई द्रष्टा। दृश्य और द्रष्टा खो गए, ज्ञाता और ज्ञेय खो गए; जो बच रहता है उसे हम दर्शन कहते हैं। इस बात को खयाल में लेना।

साधारण भाषा में हम दर्शन कहते हैं द्रष्टा और दृश्य के बीच के संबंध को; ज्ञान कहते हैं ज्ञाता और ज्ञेय के बीच के संबंध को। लेकिन यह तो व्यावहारिक

परिभाषा है। पारमार्थिक परिभाषा, आत्यंतिक परिभाषा बिलकुल उलटी है: जहां द्रष्टा और दृश्य नहीं रह गए, सिर्फ दर्शन बचा, शुद्ध दर्शन बचा, चिन्मात्ररूपम्; जहां ज्ञाता और ज्ञेय खो गए, बस ज्ञानमात्र बचा। उसी को तो बार-बार अष्टावक्र कहते हैं: इति ज्ञानं! फिर जो बचता है, वही ज्ञान है। और फिर जो बचता है, वही मुक्ति है। ज्ञान मुक्त करता है।

तो ज्ञान के पहले चरण...ङ्खजिसको तू देखता है उसमें एक तू ही भासता है।ङ्ख

यह कोई सिद्धांत नहीं है कि तुम सुन लो और मान लो। ये कोई गणित की परिभाषायें भी नहीं हैं कि सुन लीं और मान लीं। ये तो जीवंत प्रयोग से ही तुम्हें पता चल सकते हैं। तुम जरा जिंदगी में झांकना शुरू करो इस तरह से, इस नये कोण से, कि तुम्हीं दिखाई पड़ रहे। जब कोई तुम्हें गाली देता है और तुम्हें दिखाई पड़ता है कि यह आदमी दुष्ट है, तब तुम जरा गौर से देखना: 'इसकी दुष्टता में तुम्हारा ही कुछ तो दिखाई नहीं पड़ा है? तुम्हारा अहंकार ही तो नहीं इसको चोट कर गया, तिलमिला गया? यह तुम्हारे अहंकार की ही लौटती हुई प्रतिध्वनि तो नहीं है?'

अगर अहंकार न हो तो तुम्हारा कोई अपमान नहीं कर सकता है। अपमान का उपाय ही नहीं है। तुमने कभी देखा, पैर में चोट लग जाए तो फिर दिन भर उसी-उसी में चोट लगती है! देहरी से निकले, देहरी की लग जाती है; दरवाजा खोला, दरवाजा लग जाता है; जूता पहनते, जूता लग जाता है। छोटा बच्चा आकर उसी पर चढ़ जाता है। तुम बड़े हैरान होते हो कि आज क्या सबने कसम खा ली है कि जहां मुझे चोट लगी है वहीं चोट मारेंगे! नहीं, किसी ने कसम नहीं खा ली, किसी को पता भी नहीं है। लेकिन जहां तुम्हें चोट लगी है अगर कल वहां किसी ने पैर रखा होता तो पता न चलता, आज पता चल जाता है, प्रतिध्वनि होती हैह्नक्योंकि चोट है।

अहंकार घाव की तरह है। घाव तुम्हीं लिए चलते हो, जरा धक्का लगा किसी का और चोट वहां पहुंच जाती है। कोई तुम्हें चोट पहुंचाने के लिए आतुर भी नहीं है, फुर्सत किसको है! लोग अपने ही जीवन में इतने उलझे हैं कि किसके पास समय, किसके पास सुविधा है कि तुम्हारा अपमान करें। इसलिए कई बार ऐसा होता है कि तुम अपमानित हो जाते हो और जब तुम कहते हो दूसरे व्यक्ति को कि तूने मेरा अपमान किया, वह चौंकता है। वह कहता है, 'क्या कह रहे हैं? मैंने तो ऐसी कोई बात नहीं की।' और यह दुश्मनों की तो छोड़ दें, जिसको हम प्रियजन कहते हैं, मित्र कहते हैं, उनके साथ रोज होता है। पति कुछ कहता है, पत्नी कुछ सुन लेती है। और पति लाख समझाए कि यह मैंने कहा नहीं, तो वह कहती है: 'अब बदलो मत! यही तुमने कहा है।' पत्नी कुछ कहती है, पति कुछ अर्थ लगा लेता है। अर्थ तुम अपने भीतर से

लगाते हो। जो सुनते हो, वही नहीं सुनते हो। फिर जहां चोट लगी हो, वहां चोट पहुंचती है। लेकिन तुम्हारी चोट के कारण ही ऐसा होता है।

एक छोटा बच्चा डाक्टर से अपने हाथ में हुए फोड़े का आपरेशन कराने गया था। आपरेशन करके जब वह पट्टी बांधने लगा तो बायें हाथ का आपरेशन किया था, उसने बायां हाथ पीछे छिपा लिया और दायां हाथ आगे कर दिया। उसने कहा, पट्टी इस पर बांधें। डाक्टर ने कहा ः 'तू पागल हुआ है बेटे! स्कूल में जाएगा, चोट लग जाएगी। यह पट्टी तो चोट से बचाने के लिए ही बांध रहा हूं।ङ्क उसने कहा ः ङ्गआप स्कूल के बच्चों को नहीं जानते हैं; जहां पट्टी बंधी हो, वहीं चोट मारते हैं। आप पट्टी इस हाथ पर बांध दो; उनका उस पर ध्यान ही न जाएगा।'

वह बच्चा भी ठीक कह रहा है, थोड़े से अनुभव से कह रहा है। क्योंकि जहां पट्टी बंधी हो वहीं चोट लगती है; मारता है कोई, ऐसी बात नहीं। तो वह कहता है, दूसरे हाथ में बांध दो। चोट इसमें लगती रहेगी और जिसमें चोट है वह बचा रहेगा।

तुम जीवन में गौर से देखोगे तो तुम पाओगे यही हो रहा हैह्नयही होता है। जो तुम्हें दिखाई पड़ता है वह तुम्हारी छाया है। तुम अपने को ही देख कर उलझ जाते हो।

और ध्यान रखना कि बाहर ये जो इतने-इतने अनेक रूप दिखाई पड़ रहे हैं, एक ही समुद्र में, एक ही चैतन्य के सागर में अलग-अलग लहरें हैं। तुम भी एक लहर हो और ये भी सब लहरें हैं और जो लहराया है वह लहरों के भीतर छिपा है। वह सभी का आधार है।

'यह वह मैं हूं और यह मैं नहीं हूं, ऐसे विभाग को छोड़ दे। सब आत्मा है, ऐसा निश्चय करके तू संकल्प-रहित होकर सुखी हो।'

यह मैं हूं, वह मैं हूं; यह मैं नहीं हूं, वह मैं नहीं हूंह्नऐसे विभाग को छोड़ दे। हम जीवन भर विभाग ही बनाते हैं। हमारे जीवन भर की अथक चेष्टा यही होती है कि हम ठीक-ठीक परिभाषा कर दें कि मैं कौन हूं।

मेरे पास लोग आते हैं। वे कहते हैं, हमें यह पता नहीं कि हम कौन हैं। कोई रास्ता बताए कि हम जान लें कि हम कौन हैं।

क्या जानना चाहते हो? तुम एक परिभाषा चाहते हो, सीमा चाहते हो, जिसके भीतर तुम कह सको ः यह मैं हूं! यही हम कोशिश भी कर रहे हैं। सांसारिक ढंग से या धार्मिक ढंग से, हमारी चेष्टा एक ही है कि साफ-साफ प्रकट हो जाए कि मैं कौन हूं!

तुम देखे, जरा किसी को धक्का लग जाए, वह खड़े होकर कहता है ः आपको मालूम नहीं कि मैं कौन हूं! वह क्या कह रहा है? वह यह कह रहा है ः 'धक्का मार रहे हो? पता नहीं, मैं कौन हूं? महंगा पड़ेगा यह धक्का! मुश्किल में पड़ जाओगे। क्षमा मांग लो।'

उसे भी पता नहीं कि वह कौन है। किसको पता है! नहीं पता है, इसलिए झूठे-झूठे हमने लेबल लगा रखे हैं। कोई कहता है, मैं हिंदू हूं। यह भी कोई होना हुआ! पैदा हुए थे तो हिंदू की तरह पैदा न हुए थे। गीता साथ लेकर आए न थे, न कुरान लेकर आए थे, न बाइबिल लेकर आए थे। खाली हाथ चले आए थे। सिर पर भी कुछ लिखा न था कि हिंदू हो, कि मुसलमान हो, कि ईसाई हो। बिलकुल खाली, निपट कोरे कागज की तरह आए थे। किसी और ने लिख दिया है कि हिंदू हो। किसी और ने लिख दिया है कि मुसलमान हो। किसी ने किताब खराब कर दी है तुम्हारी। इस दूसरे की लिखावट को तुम अपना स्वभाव-स्वरूप समझ रहे हो? और जिसने लिख दिया है हिंदू, उसको भी पता नहीं है कि वह क्या कर रहा है। उसके बापदादे उस पर लिख गए कि हिंदू हो। दूसरों की सुन कर चल रहे हो? अपना अभी कोई अनुभव नहीं है।

फिर कोई कहता है, मैं सुंदर। यह भी लिख दिया किसी और ने। किसी ने कहा, सुंदर! पकड़ लिया तुमने। अब जिसने कहा सुंदर, उसकी धारणा है या उसके अपने कारण होंगे।

दुनिया में सौंदर्य की अलग-अलग धारणाएं हैं। चीन में एक तरह का चेहरा सुंदर समझा जाता है, हिंदुस्तान में कोई वैसे चेहरे को सुंदर न समझेगा। अफ्रीका में दूसरे ढंग का चेहरा सुंदर समझा जाता है; वैसे चेहरे को अमरीका में कोई सुंदर न समझेगा। और जिसको इंग्लैंड में सुंदर समझते हैं, अफ्रीका में लोग उसको बीमार समझते हैं कि ये क्या पीला सा पड़ गया आदमी! पीत-मुख कहते हैं। यह भी कोई बात हुई! यह कोई सौंदर्य हुआ! जरा सी धूप नहीं सह सकता है! यह कोई स्वास्थ्य हुआ!

सौंदर्य की बड़ी अलग धारणाएं हैं। कौन सुंदर है? किसकी धारणा सच है? कौन कुरूप है? फिर तुम भी देखते होओगे, तुम्हारा कोई मित्र किसी के प्रेम में पड़ जाता है, तुम सिर ठोक लेते हो: किस औरत के पीछे दीवाने हो! वहां कुछ भी नहीं रखा है। लेकिन वह दीवाना है। वह कहता है: 'मिल गई मुझे मेरे हृदय की सुंदरी! जिसकी तलाश थी जन्मों-जन्मों से, उसका मिलन हो गया। हम एक-दूसरे के लिए ही बने हैं। अब तो जोड़ बैठ गया; अब मुझे कोई खोज नहीं करनी; आ गया पड़ाव अंतिम।'

तुम हैरान होते हो कि 'तुम्हारी बुद्धि खो गई, पागल हो गए। कुछ तो अकल से काम लो! कहां की साधारण स्त्री को पकड़ बैठे हो!' लेकिन तुम समझ नहीं पा रहे। जो तुम्हें सुंदर दिखाई पड़े वह दूसरे को सुंदर हो, यह आवश्यक तो नहीं। कोई तुम्हें सुंदर कह जाता है, कोई तुम्हें बुद्धिमान कह जाता है। और हर मां-बाप अपने बेटे को समझते हैं कि ऐसा बेटा कभी दुनिया में हुआ नहीं। तो भ्रम पैदा हो जाता है। बेटा

अकड़ से भर कर घर के बाहर आता है और दुनिया में पता चलता है, यहां कोई फिकर नहीं करता तुम्हारी। बड़ी पीड़ा होती है। हर मां-बाप समझते हैं कि बस परमात्मा ने जो बेटा उनके घर पैदा किया है, ऐसा कभी हुआ ही नहीं; अद्वितीय!

तुम देखो जरा, मां-बापों की बातें सुनो। सब अपने बेटेह्नबच्चों की चर्चा में लगे हैं: बता रहे हैं, प्रशंसा कर रहे हैं। अगर वे निंदा भी कर रहे हों तो तुम गौर से सुनना, उसमें प्रशंसा का स्वर होगा कि मेरा बेटा बड़ा शैतान है। तब भी तुम देखना कि उन्हें रस आ रहा है बताने में कि बड़ा शैतान है; कोई साधारण बेटा नहीं है; बड़ा उपद्रवी है! उसमें भी अस्मिता तृप्त हो रही है।

तो कुछ मां-बाप दे जाते हैं; कुछ स्कूल, पढ़ाई-लिखाई, कालेज-सर्टिफिकेट, इनसे मिल जाता है; कुछ समाज से मिल जाता हैह्नइस सब से तुम अपनी परिभाषा बना लेते हो कि मैं यह हूं! फिर कुछ जीवन के अनुभव से मिलता है।

शरीर के साथ पैदा हम हुए हैं। जब आंख खोली तो हमने अपने को शरीर में ही पाया है। तो स्वभावतः हम सोचते हैं, मैं शरीर हूं। फिर जैसे-जैसे बोध थोड़ा बढ़ाह्नबोध के बढ़ने का मतलब है मन पैदा हुआह्नवैसे-वैसे हमने पाया अपने को मन में। तो हम कहते हैं: मैं मन हूं!

यह कोई भी हम नहीं हैं। हमारा होना इन किन्हीं परिभाषाओं में चुकता नहीं। हम मुक्त आकाश की भांति हैं, जिसकी कोई सीमा नहीं है।

तो दूसरा सूत्र है: 'यह वह मैं हूं और यह मैं नहीं हूं, ऐसे विभाग को छोड़ दे।'

विभाग ही भटका रहा हैह्नअविभाग चाहिए।

अयं सोऽहमयं नाहं विभागमिति संत्यज।
सर्वमात्मेति निश्चित्य निःसंकल्पः सुखी भव।।

'इन सबको सम्यकरूपेण त्याग कर दे। संत्यज!'

'संत्यज' शब्द बड़ा महत्वपूर्ण है। सिर्फ त्याग नहीं, सम्यक त्याग। क्योंकि त्याग तो कभी-कभी कोई हठ में भी कर देता है, जिद में भी कर देता है। कभी-कभी तो अहंकार में भी कर देता है। तुम जाते हो न किसी के पास दान लेने तो पहले उसके अहंकार को खूब फुसलाते हो कि आप महादानी, आपके बिना क्या संसार में धर्म रहेगा! खूब हवा भरते हो। जब देखते हो कि फुग्गा काफी फैल गया है, तब तुम बताते हो कि एक मंदिर बन रहा है, अब आपकी सहायता की जरूरत है। वह जो आदमी एक रुपया देता, शायद सौ रुपये दे। तुमने खूब फुला दिया है। लेकिन दान आ रहा है, वह सम्यक त्याग नहीं है। वह तो अहंकार का हिस्सा है। अहंकार से कहीं सम्यक त्याग हो सकता है?

मैंने सुना है कि एक राजनीतिज्ञ अफ्रीका के एक जंगल में शिकार खेलने गया और पकड़ लिया गया। जिन्होंने पकड़ लिया, वे थे नरभक्षी कबीले के लोग। वे जल्दी उत्सुक थे उसको खा जाने को। कढ़ाए चढ़ा दिए गए। लेकिन वह जो उनका प्रधान था, वह उसकी खूब प्रशंसा कर रहा है। और देर हुई जा रही है। ढोल बजने लगे और लोग तैयार हैं कि अब भोजन का मौका आया जा रहा है। और ऐसा सुस्वादु भोजन बहुत दिन से मिला नहीं था। देर होने लगी तो एक ने आकर कहा अपने प्रधान को कि इतनी देर क्यों करवा रहे हो? उसने कहा कि तुम ठहरो, यह राजनीतिज्ञ है, मैं जानता हूं। पहले इसको फुला लेने दो, जरा इसकी प्रशंसा कर लेने दो, जरा फूल कर कुप्पा हो जाए तो ज्यादा लोगों का पेट भरेगा। नहीं तो वह ऐसे ही दुबला-पतला है। ठहरो थोड़ा! मैं जानता हूं राजनीतिज्ञ को। पहले उसके दिमाग को खूब फुला दो।

तुम्हारा अहंकार कभी-कभी त्याग के लिए भी तैयार हो जाता है। तुमने देखा न, कभी अगर त्यागी की शोभायात्रा निकलती है कि जैन मुनि आए, शोभायात्रा निकल रही है, राह के किनारे खड़े होकर तुम्हें भी देख कर मन में उठता है: ऐसा सौभाग्य अपना कब होगा जब अपनी भी शोभायात्रा निकले! एक दफे मन में सपना उठता है कि हम भी इसी तरह सब छोड़-छाड़ कर—रखा भी क्या है संसार में—शोभायात्रा निकलवा लें! लोग उपवास कर लेते हैं आठ-आठ दस-दस दिन के, क्योंकि दस दिन के उपवास के बाद प्रशंसा होती है, सम्मान मिलता है, मित्र-प्रियजन, पड़ोसी पूछने आते हैं सुख-दुख, सेवा के लिए आते हैं। बड़ा काम कर लिया! छोटे-छोटे बच्चे भी अगर घर में उपवास की महिमा हो तो उपवास करने को तैयार हो जाते हैं। सम्मान मिलता है।

अगर अहंकार को सम्मान मिल रहा हो तो त्याग संत्याग नहीं है; फिर वही पुराना रोग जारी है। कोई क्रांति नहीं घटती। क्रांति के लिए भी हमारे पास दो शब्द हैं: क्रांति और संक्रांति। तो जो क्रांति जबरदस्ती हो जाए, किसी मूढ़तावश हो जाए, आग्रहपूर्वक हठपूर्वक हो जाए, वह क्रांति। लेकिन जब कोई क्रांति जीवन के बोध से निकलती है तो संक्रांति। सहज निकलती है तो संक्रांति।

'संत्यज' का अर्थ होता है: सम्यकरूपेण बोधपूर्वक छोड़ दो। किसी कारण से मत छोड़ो। व्यर्थ है, इसलिए छोड़ दो। धन को इसलिए मत छोड़ो कि धन छोड़ने से गौरव मिलेगा, त्यागी की महिमा होगी या स्वर्ग मिलेगा या पुण्य मिलेगा और पुण्य को भंजा लेंगे भविष्य में। तो फिर सम्यक त्याग न हुआ, असम्यक हो गया। इसलिए छोड़ दो कि देख लिया कुछ भी नहीं है।

तुम एक पत्थर लिए चलते थे सोच कर कि हीरा है, फिर मिल गया कोई पारखी, उसने कहा: 'पागल हो? यह पत्थर है, हीरा नहीं।'

एक जौहरी मरा। उसका बेटा छोटा था। उसकी पत्नी ने कहा कि तू अपने पिता के मित्र एक दूसरे जौहरी के पास चला जा। हमारे पास बहुत से हीरे-जवाहरात तिजोरी में रखे हैं, वह उनको बिकवा देगा तो हमारे लिए पर्याप्त हैं।

वह जौहरी बोला : मैं खुद आता हूं। वह आया। उसने तिजोरी खोली, एक नजर डाली। उसने कहा, तिजोरी बंद रखो, अभी बाजार-भाव ठीक नहीं। जैसे ही बाजार-भाव ठीक होंगे, बेच देंगे। और तब तक कृपा करके बेटे को मेरे पास भेज दो ताकि वह थोड़ा जौहरी का काम सीखने लगे।

वर्ष बीता, दो वर्ष बीते, बार-बार स्त्री ने पुछवाया कि बाजार-भाव कब ठीक होंगे। उसने कहा, जरा ठहरो। तीन वर्ष बीत जाने पर उसने कहा कि ठीक, अब मैं आता हूं, बाजार-भाव ठीक हैं। तीन वर्ष में उसने बेटे को तैयार कर दिया, परख आ गई बेटे को। वे दोनों आए, तिजोरी खोली। बेटे ने अंदर झांक कर देखा। हंसा। उठा कर पोटली को बाहर कचरे-घर में फेंक आया। मां चिल्लाने लगी कि पागल, यह क्या कर रहा है? तेरा होश तो नहीं खो गया?

उसने कहा कि होश नहीं, अब मैं समझता हूं कि मेरे पिता के मित्र ने क्या किया। अगर उस दिन वे इनको कहते कि ये कंकड़-पत्थर हैं तो हम भरोसा नहीं कर सकते थे। हम सोचते कि शायद यह आदमी धोखा दे रहा है। अब तो मैं खुद ही जानता हूं कि ये कंकड़-पत्थर हैं। इन तीन साल के अनुभव ने मुझे सिखा दिया कि हीरा क्या है। ये हीरे नहीं हैं। हम धोखे में पड़े थे।

यह सम्यक त्याग हुआ, बोधपूर्वक हुआ।

जब तक तुम त्याग किसी चीज को पाने के लिए करते हो, वह त्याग नहीं, सौदा है, सम्यक त्याग नहीं। सम्यक त्याग तभी है जब किसी चीज की व्यर्थता दिखाई पड़ गई। अब तुम किसी के लिए थोड़े ही छोड़ते हो। सुबह तुम घर का कचरा झाड़-बुहार कर कचरे-घर में फेंक आते हो तो अखबार में खबर थोड़े ही करवाते हो कि आज फिर कचरे का त्याग कर दिया! वह सम्यक त्याग है। जिस दिन कचरे की तरह चीजें तुम छोड़ देते हो उस दिन सम्यक त्याग, बोधपूर्वक, जान कर कि ऐसा है ही नहीं...।

एक आदमी है जो मानता है, मैं शरीर हूं। और एक दूसरा आदमी है जो रोज सुबह बैठ कर मंत्र पढ़ता है कि मैं शरीर नहीं हूं, मैं आत्मा हूं। इन दोनों में भेद नहीं है। यह दोहराना कि मैं शरीर नहीं हूं, इसी बात का प्रमाण है कि तुम्हें अब भी एहसास हो रहा है कि तुम शरीर हो। जिस आदमी को समझ में आ गया कि मैं शरीर नहीं हूं, बात खत्म हो गई। अब दोहराना क्या है? दोहराने से कहीं झूठ को सत्य थोड़े ही बनाया जा सकता है। हां, झूठ सत्य जैसा लग सकता है, लेकिन सत्य कभी बनेगा नहीं।

'यह वह मैं हूं और यह मैं नहीं हूं, ऐसे विभाग को छोड़ दे।'

और छोड़ने में खयाल रखना, सम्यक त्याग हो, संत्यज, बोधपूर्वक छोड़ना। किसी की मान कर मत छोड़ देना। खुद ही पारखी बनना, जौहरी बनना, तभी छोड़ना। खुद के बोध से जो छूटता है, बस वही छूटता है; शेष सब छूटता नहीं; किसी नये द्वार से, किसी पीछे के द्वार से वापस लौट आता है। और ऐसे सब विभाग को...विभागमिति संत्यज!

मन की एक व्यवस्था है कि वह हर चीज में विभाग करता है। देखते हैं, पश्चिम में आज से दो हजार साल पहले सिर्फ एक विज्ञान था जिसको वे फिलासफी कहते थे! फिर विभाग हुए; फिर साइंस अलग टूटी, फिलासफी और साइंस अलग हो गईं; फिर साइंस अलग टूटी, फिजिक्स और केमिस्ट्री और बायोकेमिस्ट्री और बायोलाजी अलग हो गईं, मेडिकल साइंस अलग हो गई, इंजिनीयरिंग अलग हो गई। फिर उनमें भी टूट होने लगी, तो आर्गेनिक केमिस्ट्री, इनार्गेनिक केमिस्ट्री अलग हो गईं। फिर मेडिकल साइंस हजार टुकड़ों में टूट गई। जल्दी ही ऐसा वक्त आ जाएगा कि बाईं आंख का डाक्टर अलग, दाईं आंख का डाक्टर अलग। विभाजन होते चले जाते हैं। हर चीज का स्पेशियलाईजेशन हो जाता है। फिर उसमें भी शाखाएं-प्रशाखाएं निकल आती हैं।

वे पुराने दिन गए जब तुम किसी डाक्टर के पास चले जाते थे, कोई भी बीमारी हो तो वह तुम्हें सहायता दे देता था। वे पुराने दिन गए। अब पूरे आदमी का डाक्टर कोई भी नहीं। अब तो खंड-खंड के डाक्टर हैं। कान खराब तो एक डाक्टर, आंख खराब तो दूसरा डाक्टर, गला खराब तो तीसरा, पेट में कुछ खराबी तो चौथा। और मजा यह है कि तुम एक हो; तुम्हारी आंख, गला, पेट सब जुड़ा हैह्नऔर डाक्टर सब अलग हैं!

इसलिए कभी-कभी ऐसा हो जाता है, पेट का इलाज करवा कर आ गए, आंख खराब हो गई। आंख ठीक करवा ली, कान बिगड़ गए। कान ठीक हो गए, टांसिल में खराबी आ गई। टांसिल निकलवा लिया, अपेन्डिक्स खड़ी हो गई!

जो लोग आज चिकित्साशास्त्र पर गहरा विचार करते हैं, वे कहते हैं, कि यह तो बड़ा खतरा हो गया। आदमी इकट्ठा है तो चिकित्साशास्त्र भी इकट्ठा होना चाहिए। यह तो खंडों का इलाज हो रहा है। और एक खंड वाले को दूसरे खंडों का कोई पता नहीं है। तो एक खंड वाला जो कर रहा है उसके क्या परिणाम दूसरे खंड पर होंगे, इससे कुछ संबंध नहीं रह गया है। पूरे को जानने वाला कोई बचा नहीं। अब बीमारियों का इलाज हो रहा है, बीमार की कोई चिंता ही नहीं कर रहा है। व्यक्ति की कोई पकड़ नहीं रह गईह्नअखंड व्यक्ति की। खंड-खंड! और ये खंड बढ़ते जाते हैं। और इनके बीच कोई जोड़ नहीं है।

फिजिक्स एक तरफ जा रही है, केमिस्ट्री दूसरी तरफ जा रही है। और दोनों के जो आत्यंतिक परिणाम हैं उनका संश्लेषण करने वाला भी कोई नहीं है, सिंथीसिस करने वाला भी कोई नहीं है। कोई नहीं जानता कि सब विज्ञानों का अंतिम जोड़ क्या है। जोड़ का पता ही नहीं है। सब अपनी-अपनी शाखा-प्रशाखा पर चलते जाते हैं; उसमें से और नई फुनगियां निकलती आती हैं, उन पर चलते चले जाते हैं। छोटी से छोटी चीज को जानने में पूरा जीवन व्यतीत हो रहा है और समग्र चूका जा रहा है।

धर्म की यात्रा बिलकुल विपरीत है। धर्म और विज्ञान में यही फर्क है। विज्ञान खंड करता है, खंडों के उपखंड करता है, उपखंडों के भी उपखंड करता है, और खंड करता चला जाता है। तो विज्ञान पहुंच जाता है परमाणु पर। खंड करते-करते-करते वहां पहुंच जाता है जहां और खंड न हो सकें; या अभी न हो सकें, कल हो सकेंगे तो कल की कल देखेंगे। धर्म की यात्रा बिलकुल दूसरी है। धर्म दो खंडों को जोड़ता-जोड़ता चला जाता हैह्नअखंड की तरफ। फिर ब्रह्म बचता है, एक बचता है। कहो आत्मा, कहो सत्य, निर्वाण, मोक्षह्नजो मर्जी।

ऐसा समझो कि विज्ञान चढ़ता है वृक्ष की पीड़ से और विभाजन हो जाते हैंह्नशाखाएं, प्रशाखाएं, पत्तों-पत्तों पर, डाल-डाल, पात-पात फैल जाता है। एक पत्ते पर बैठे वैज्ञानिक को दूसरे पत्ते पर बैठे वैज्ञानिक का कोई भी पता नहीं। है भी दूसरा, इसका भी पता नहीं। क्या कह रहा है, यह भी कुछ पता नहीं। धर्म चलता है दूसरी यात्रा परह्नपत्तों से प्रशाखाएं, प्रशाखाओं से शाखाएं, शाखाओं से पीड़ की तरफह्नएक की तरफ। विज्ञान पहुंचता क्षुद्र पर, धर्म पहुंचता विराट पर। विज्ञान पहुंच जाता है अनेक पर, धर्म पहुंच जाता है एक पर।

इसलिए इस सूत्र को खयाल रखना।

विभागमिति संत्यज...।

तू विभाग करना छोड़। तू बांटना छोड़। तू उसे देख जो अविभाजित खड़ा है। अविभाज्य को देख। उस एक को देख जिसके सब रूप हैं। तू रूपों में मत उलझ।

और जब भी हम कहते हैं, मैं यह हूं, तभी हम कोई एक विभाग पकड़ लेते हैं। कोई कहता है, मैं ब्राह्मण हूं। तो निश्चित ही ब्राह्मण पूरा मनुष्य तो नहीं हो सकता। कोई कहता है, मैं शूद्र हूं। तो वह भी पूरा मनुष्य नहीं हो सकता। जिसने कहा, मैं ब्राह्मण हूं, उसने शूद्र को वर्जित किया। उसने अखंडता तोड़ी। जिसने कहा, मैं शूद्र हूं, उसने ब्राह्मण को वर्जित किया, उसने भी अखंडता तोड़ी। जिसने कहा, मैं हिंदू हूं, वह मुसलमान तो नहीं है निश्चित ही, नहीं तो क्यों कहता कि हिंदू हूं! और जिसने कहा, मैं मुसलमान हूं, वह भी टूटा, ईसाई भी टूटा। ऐसे हम टूटते चले जाते हैं। फिर उनमें भी छोटे-छोटे खंड हैं। खंडों में खंड हैं। आदमी ऐसा बंटता चला जाता है।

तुम जब भी कहते हो, यह मैं हूं, तभी तुम एक छोटा सा घेरा बना लेते हो। सच तो यह है कि यह कहना कि मैं मनुष्य हूं, यह भी छोटा घेरा है। मनुष्य की हैसियत क्या है? संख्या कितनी है? इस छोटी सी पृथ्वी पर है और यह विराट फैलाव है, इसमें मनुष्य है क्या! कण-मात्र! क्यों तुम मनुष्य से जोड़ते अपने को? क्यों नहीं कहते मैं जीवन हूं? तो पौधे भी सम्मिलित हो जाएंगे, पक्षी भी सम्मिलित हो जाएंगे। फिर ऐसा ही क्यों कहते हो कि मैं जीवन हूं; ऐसा क्यों नहीं कहते कि मैं अस्तित्व हूं? तो सब सम्मिलित हो जाएगा।

'अहं ब्रह्मास्मि' का यही अर्थ होता है कि मैं अस्तित्व हूं, मैं ब्रह्म हूं। सब कुछ जो है, उसके साथ मैं एक हूं, वह मेरे साथ एक है। ऐसे विभागों को छोड़ते जाने वाला व्यक्ति सागर की अतल गहराई को अनुभव करता है। सागर की सतह पर लहरें हैं, गहराई में एक का निवास है।

चट जग जाता हूं
चिराग को जलाता हूं
हो सजग तुम्हें मैं देख पाता हूं
कि बैठे हो
पास नहीं आते हो
पुकार मचवाते हो
तकसीर बतलाओ,
क्यों यह बदन उमेठे हो?
दरस दीवाना
जिसे नाम का ही बाना
उसे शरण विलोकते भी
देव-देव ऐंठे हो!
सींखचों में घूमता हूं
चरणों को चूमता हूं
सोचता हूं, मेरे इष्टदेव पास बैठे हो!

पास कहना भी ठीक नहीं, क्योंकि पास में भी दूरी आ गई। इष्टदेव भीतर बैठे हैं। पास कहना भी ठीक नहीं।

सींखचों में घूमता हूं
चरणों को चूमता हूं
सोचता हूं, मेरे इष्टदेव पास बैठे हो!

चट जग जाता हूं
चिराग को जलाता हूं
हो सजग तुम्हें मैं देख पाता हूं, बैठे हो!

परमात्मा पास है, ऐसा कहना भी ठीक नहीं। दूर है, यह तो बिलकुल ही भ्रांत है। तुमने जब भी हाथ उठा कर आकाश में परमात्मा को प्रणाम किया है तभी तुमने परमात्मा को बहुत दूर कर दिया हैह्नबहुत दूर! अपने हाथ से दूरी खड़ी कर ली है और विलग हो गए, पृथक हो गए!

देखते हो, इस देश में पुरानी प्रथा है : किसी को, अजनबी को भी तुम गांव में से गुजरते हो तो अजनबी कहता है : 'जय राम जी!' मतलब समझे? पश्चिम में लोग कहते हैं, गुड मार्निंग! लेकिन यह उतना मधुर नहीं है। ठीक है, सुंदर सुबह है! बात मौसम की है, कुछ ज्यादा गहरी नहीं। प्रकृति के पार नहीं जाती। इस देश में हम कहते हैं : जय राम जी! हम कहते हैं : राम की जय हो! अजनबी को देख कर भी...। शहरों में तो अजनबी को कोई अब जय राम जी नहीं करता है। अब तो हम जय राम जी में भी हिसाब रखते हैंह्नकिससे करनी और किससे नहीं करनी! जिससे मतलब हो, उससे करनी; जिससे मतलब न हो, उससे न करनी। जिससे कुछ लेना-देना हो उससे खूब करनी, दिन में दस-पांच बार करनी। जिससे कुछ न लेना-देना हो, या जिससे डर हो कि कहीं तुमसे कुछ न ले-ले, उससे तो बचना, जय राम जी भूल कर न करनी।

'जय राम जी' जैसा सरल मंत्र भी व्यावसायिक हो गया है। लेकिन देहात में, गांव में अब भी अजनबी भी गुजरे तो सारा गांव, जिसके पास से गुजरेगा कहेगा : 'जय राम जी! जय हो राम की!' वह तुमसे यह कह रहा है कि तुम अजनबी भला हो लेकिन तुम्हारा राम तो हमसे अजनबी नहीं। तुम ऊपर-ऊपर कितने ही भिन्न हो, हम राम को देखते हैं। वह जो कहने वाला है चाहे समझता भी न हो, लेकिन इस परंपरा के भीतर कुछ राज तो है। लोग प्रकाश को जलाते हैं और लोग हाथ जोड़ लेते हैं; दीया जलाया, हाथ जोड़ लेते हैं। हम सोचते हैं, गांव के गंवार हैं। शहर में भी आ जाए गांव का प्राणी, तुम बिजली की बत्ती जलाओ तो वह हाथ जोड़ता है। तो तुम हंसते हो। तुम सोचते हो : ङ्मपागल! अरे यह बिजली की बत्ती है, इसमें अपने हाथ से जलाई-बुझाई, इसमें क्या हाथ जोड़ना है!ङ्ख लेकिन वह यह कह रहा है : जहां प्रकाश है वहां परमात्मा है। पास है, प्रकाश जैसा पास है।

चट जग जाता हूं
चिराग को जलाता हूं
हो सजग तुम्हें मैं देख पाता हूं कि बैठे हो

सींखचों में घूमता हूं
चरणों को चूमता हूं
सोचता हूं, मेरे इष्टदेव पास बैठे हो!

सींखचों में घूमता हूं! इसीलिए 'पास' मालूम होता है। सींखचों का फासला रह गया है।

तुमने देखा, अपने बेटे को छाती से भी लगा लेते हो, फिर भी सींखचे बीच में हैं! अपनी पत्नी को हृदय से लगा लेते हो, फिर भी सींखचे बीच में हैं। मित्र को गले से मिला लेते हो, फिर भी सींखचे बीच में हैं।

पास नहीं है परमात्मा। दूर तो है ही नहीं, पास भी नहीं है। परमात्मा ही है—दूर और पास की भाषा ही गलत है। वही बाहर, वही भीतर। वही यहां, वही वहां। वही आज, वही कल, वही फिर भी आगे आने वाले कल। वही है। एक ही है।

सूर्योदय!
एक अंजुली फूल
जल से जलधि तक अभिराम
माध्यम शब्द अर्द्धोच्चारित
जीवन धन्य है
आभार
फिर आभार
इस अपरिमित में
अपरिमित शांति की अनुभूति
अक्षम प्यार का आभास
समर्पित मत हो त्वचा को
स्पर्श गहरे मात्र
इस से भी श्रेष्ठतर मूर्धन्य सुख
जल बेड़ियों के ऊपर कहीं
कहीं गहरे ठहर कर
आधार, मूलाधार
जीवन हर नये दिन की निकटता
आत्मा विस्तार
सूर्योदय!
एक अंजुली फूल
जल से जलधि तक अभिराम!

एक ही फैला है। छोटी सी बूंद में भी वही है, बड़े से सागर में भी वही है। छोटे से दीये में भी वही है, बड़े से सूरज में भी वही है। कहे गए शब्दों में भी वही है, अनकहे गए शब्दों में भी वही है। आधे उच्चारित शब्दों में भी वही है।

मंत्र का यही अर्थ है : अर्द्धोच्चारित शब्द। पूरा उच्चार नहीं कर पाते, क्योंकि वह इतना बड़ा है, शब्द में समाता नहीं। बिना उच्चार किए भी नहीं रह पाते, क्योंकि वह इतना प्रीतिकर हैह्नबार-बार मन उच्चार करने का होता है। इसका नाम मंत्र। मंत्र का अर्थ है : बिना बुलाए नहीं रहा जाता; हालांकि शब्दों से तुम्हें बुलाया भी नहीं जाता। अपनी असमर्थता है, इसलिए मंत्र।

माध्यम शब्द अर्द्धोच्चारित
जीवन धन्य है
आभार, फिर आभार!

एक को देखो तो आभार ही आभार फैल जाएगा। अनेक को देखो तो अशांति ही अशांति। तुम धार्मिक आदमी की कसौटी यह बना लो : जिस आदमी के जीवन में आभार हो, वह आदमी धार्मिक। जिसके जीवन में शिकायत हो, वह अधार्मिक। तब तुम जरा मुश्किल में पड़ोगे। अगर मंदिर में जाकर खड़े होकर देखोगे आते आराधकों को तो अधिक को तो तुम शिकायत करते पाओगे; धन्यवाद देने तो शायद ही कोई आता है। कोई कहता है, बच्चे को नौकरी नहीं लगी; कोई कहता है, पत्नी बीमार है; कोई कहता है कि बेईमान तो बढ़े जा रहे हैं, हम ईमानदारों का क्या? तुम जरा लोगों के भीतर झांक कर देखना, सब शिकायत करते चले आ रहे हैं। सब मांगते चले आ रहे हैं।

और यह अधार्मिक आदमी का लक्षण है : असंतोष। शिकायत, मांगह्नअधार्मिक आदमी का लक्षण है। स्वभावतः अधार्मिक अशांत भी होगा।

आभार ही आभार! फिर-फिर आभार! तुम्हें जितना मिला है, तुम्हें प्रतिपल इतना मिल रहा है, द्वार-द्वार रंध्र-रंध्र से फूट कर इतना प्रकाश आ रहा है, सब तरफ से परमात्मा ने तुम्हें घेरा हैह्नऔर क्या चाहते हो? सूरज की किरणें उसे लातीं, हवाओं के झोंके उसे लाते, फूलों की गंध उसे लाती, पक्षियों की पुकार उसे लातीह्नसब तरफ से उसने तुम्हें घेरा है, सब तरफ से तुम पर बरस रहा है! सब तरफ से वही तुम्हें स्पर्श कर रहा है।

जीवन धन्य है।
आभार, फिर आभार!

इस 'आभार' को ही मैं प्रार्थना कहता हूं। प्रार्थना शब्द अच्छा नहीं, उसमें मांगने का भाव है। शायद लोग मांगते रहे, इसलिए हमने धीरे-धीरे प्रभु की आराधना

को प्रार्थना कहना शुरू कर दिया, क्योंकि प्रार्थी वहां पहुंचते, मांगने वाले भिखमंगे वहां पहुंचते। प्रभु की प्रार्थना वस्तुतः धन्यवाद है : इतना दिया है, अकारण दिया है!

इस अपरिमित में

अपरिमित शांति की अनुभूति!

और जैसे ही तुमने मांगना छोड़ा, आभार तो अपरिमित है। उसका कोई ओर-छोर नहीं। धन्यवाद की कोई सीमा थोड़े ही है! धन्यवाद कंजूस थोड़े ही होता है। धन्यवाद ही दे रहे हो तो उसमें भी कोई शर्त थोड़े ही बांधनी पड़ती है। धन्यवाद तो बेशर्त है।

अपरिमित शांति की अनुभूति

अक्षय प्यार का आभास

और तुमने आभार दिया और उधर परमात्मा का प्यार तुम्हें अनुभव होना शुरू हुआ। बह तो सदा से रहा था, बिना आभार के तुम अनुभव न कर पाते थे। आभार प्यार को अनुभव कर पाता है। आभार पात्रता है प्यार को अनुभव करने की।

समर्पित मत हो त्वचा को!

ऊपर-ऊपर चमड़ी-चमड़ी पर मत जा। रूप-रंग में मत उलझ। स्पर्श कर गहरा।

स्पर्श गहरे मात्र

इससे भी श्रेष्ठतर मूर्धन्य सुख

जल बेड़ियों से कहीं ऊपर

यह जो त्वचा का सुख है, यह जो ऊपर-ऊपर थोड़े से सुख की अनुभूति मिल रही है, इसमें उलझ मत जा। यह तो खिलौना है। यह तो केवल खबर है कि और पीछे छिपा है, और गहरा छिपा है। ये तो कंकड़-पत्थर हैं, हीरे जल्दी आने को हैं। इन कंकड़-पत्थरों में भी थोड़ी सी आभास, थोड़ी सी झलक है। तो उस पूर्ण सुख का तो क्या कहना! अगर तू बढ़ा जाए, चला जाए...।

कहीं गहरे ठहर कर

आधार, मूलाधार!

गहरे उतर, त्वचा में मत ठहर। परिधि पर मत रुक, केंद्र की तरफ चल।

जीवन हर नये दिन की निकटता

आत्मा विस्तार।

और इस विस्तार को अनुभव कर लेना ब्रह्म को अनुभव कर लेना है। ङ्ब्रह्मङ्ग शब्द का अर्थ ही विस्तार होता हैह्नजो फैला हुआ; विस्तीर्ण; जो फैलता ही चला जाता है।

अलबर्ट आइंस्टीन ने तो अभी इस सदी में आकर यह कहा कि विश्व फैलता चला जाता हैह्न एक्सपेंडिंग यूनिवर्स! इसके पहले सिर्फ हिंदुओं को यह बोध था, किसी को यह बोध नहीं रहा। सारे जगत के दर्शनशास्त्र, सारे जगत के धर्म ऐसा ही मान कर चले हैं कि विश्व जैसा है वैसा ही है, बड़ा कैसे होगा और? बड़ा है, लेकिन और बड़ा कैसे होगा? पूर्ण है, तो और पूर्ण कैसे होगा? अपनी जगह है। अलबर्ट आइंस्टीन ने इस सदी में घोषणा की कि जगत रुका नहीं है। बढ़ रहा है, फैल रहा है, फैलता चला जा रहा है। अनंत गति से फैलता चला जा रहा है। बढ़ता ही जा रहा है।

हिंदुओं के 'ब्रह्म' शब्द में वह बात है। ब्रह्म का अर्थ है : जो फैलता चला जाता है; विस्तीर्ण होता चला जाता है; जिस पर कभी कोई सीमा नहीं आती; जिसके फैलाव का कोई अंत नहीं, अंतहीन फैलाव!

'सब आत्मा है, ऐसा निश्चय करके तू संकल्प-रहित होकर सुखी हो।'

अयं स अहं अस्मि अयं अहं न इति विभागं संत्यज।

'यह मैं, यह मैं नहींह्नऐसे विभाग को छोड़ दे, बोधपूर्वक छोड़ दे।'

सर्वम् आत्माह्नएक ही आत्मा है, एक ही विस्तार, एक ही व्यापक!

इति निश्चित्यह्नऐसा निश्चयपूर्वक जान!

त्वं निःसंकल्पः सुखी भवह्नऔर तब तेरे सुख में कोई बाधा न पड़ेगी।

क्योंकि जब कुछ और है ही नहीं, तू ही है, तो शत्रु कहां, मृत्यु कहां! जब कुछ भी नहीं, तू ही है, तो फिर और आकांक्षा क्या! फिर पाने को क्या बचता है! फिर भविष्य नहीं है। फिर अतीत नहीं है। फिर तू सुखी हो सकता है।

सुख उस घड़ी का नाम है जब तुमने अपने को सबके साथ एक जान लिया। दुख उस घड़ी का नाम है जब तुम अपने को सबसे भिन्न जानते हो। इसे अगर तुम जीवन की छोटी-छोटी घटनाओं में परखोगे तो पहचान लोगे। जहां मिलन है वहां सुख है। साधारण जीवन में भी। मित्र आ गया अनेक वर्षों बाद, गले मिल गएह्नसुख का अनुभव है। फिर मित्र जाने लगा, फिर दुख घिर आया। तुमने गौर किया? जहां मिलन है वहां सुख की थोड़ी प्रतीति है और जहां बिछुड़न है वहां दुख की। मिलन में एक होने की थोड़ी सी झलक आती है; बिछुड़न में फिर हम दो हो जाते हैं। जिसे तुम प्रेम करते थे, वह पति या पत्नी या मित्र मर गयाह्नदुखी हो जाते हो। नाचे-नाचे फिरते थे, प्रिय तुम्हारे पास था; आज प्रिय मृत्यु में खो गया, आज तुम छाती पीटते हो, मरने का भाव उठने लगता। लेकिन गौर किया, मामला क्या है? मिलन में सुख था, विरह में दुख है।

लेकिन ये छोटे-छोटे मिलन-विरह तो होते रहेंगे; एक ऐसा महामिलन भी है, फिर जिसका कोई विरह नहीं। उसी को हम परमात्मा से मिलन कहते हैं।

सब आत्मा है। फिर कोई बिछुड़न नहीं हो सकती। फिर विरह नहीं हो सकता। फिर मिलन शाश्वत हुआ, फिर सदा के लिए हुआ। और जो सदा के मिलन को उपलब्ध हो गए, धन्यभागी हैं।

सुखी भव! अष्टावक्र कहते हैं, फिर सुख ही सुख है। फिर तू सुख है। सुखी भव!

'तेरे ही अज्ञान से विश्व है। परमार्थतः तू एक है। तेरे अतिरिक्त कोई दूसरा नहीं हैह्नन संसारी और न असंसारी।'

'तेरे ही अज्ञान से विश्व है।'

अज्ञान यानी भेद। ज्ञान यानी अभेद। अज्ञानी यानी अपने को अलग मानना। अपने को अलग मानने में ही सारा उपद्रव खड़ा हो जाता है। ज्ञान यानी अपने को एक जान लेना; पहचान लेना कि मैं एक हूं।

तवैवाज्ञानतो विश्वं त्वमेकः परमार्थतः।

और वस्तुतः हम एक हैं, इसलिए एक होने में सुख मिलता है। क्योंकि जो स्वाभाविक है, वह सुख देता है। हम अनेक नहीं हैं, इसलिए अनेक होने में दुख मिलता है। क्योंकि जो स्वभाव के विपरीत है, वह दुख देता है। दुख बोधक है केवल, सूचक है कि कहीं तुम स्वभाव के विपरीत जा रहे हो। सुख संकेतक है कि तुम चलने लगे स्वभाव के अनुकूल। जहां स्वभाव से संगीत बैठ जाता है, वहीं सुख है। जिस व्यक्ति से तुम्हारा स्वभाव मेल खा जाता है, उसी के साथ सुख मिलने लगता है। जिस घड़ी में किसी भी कारण से किसी भी परिस्थिति में तुम जगत के साथ बहने लगते हो, जगत की धारा में एक हो जाते हो, वहीं सुख मिल जाता है।

सुख तुम्हारे हाथ की बात नहीं है। सुख कभी-कभी अनायास भी मिलता है। राह पर तुम चले जा रहे थे, सुबह घूमने निकले थे और अचानक एक घड़ी आ जाती है, एक झरोखा खुल जाता है, एक गवाक्ष, एक क्षण को तुम पाते हो महासुख। फिर खो जाता है, तुम्हारी समझ में नहीं आता हुआ क्या! शायद आकस्मिक रूप से, अकारण, तुम्हारी बिना किसी चेष्टा के, तुम ऐसी जगह थे, चित्त की ऐसी दशा में थे जहां जगत से मेल हो गया; तुम जगत की धारा के साथ बहने लगे। चलते थे; विचार न था, सूरज निकला था, पक्षी गीत गाते थे, सुबह की हवा सुगंध ले आई थी, नासापुट सुगंध से भरे थे, प्राण उत्फुल्ल थे, सुबह की ताजगी थी, तुम नाचे-नाचे थेह्नएक क्षण को मेल खा गया, अस्तित्व से मेल खा गया, अस्तित्व के साथ तुम लयबद्ध हो गए! तुम्हारे किए न था, अन्यथा तुम सदा लयबद्ध रहो। आकस्मिक हुआ था, इसलिए खो गया। फिर तुम उतर गए। फिर पटरी से गाड़ी नीचे हो गई।

उसी व्यक्ति को हम ज्ञानी कहते हैं, जिसने इसे बोधपूर्वक पहचान लिया और अब जिसकी पटरी नीचे नहीं उतरती। अब तुम लाख धक्का दो, ऐसा-वैसा करो!

तुमने एक जापानी खिलौना देखा? दारुमा गुड्डी कहलाती है। 'दारुमा' शब्द आता है बोधिधर्म से। एक भारतीय बौद्ध भिक्षु कोई चौदह सौ वर्ष पहले चीन गया। वह बड़ा अनूठा व्यक्ति था; जिसकी मैं बात कर रहा हूं, ऐसा व्यक्ति था। जीवन से उसका मेल शाश्वत हो गया था, छंदबद्ध था। तुम उसे धक्का नहीं दे सकते थे। तुम उसे गिरा नहीं सकते थे। तुम उसकी लयबद्धता को क्षीण नहीं कर सकते थे। वह हर हालत में अपनी लयबद्धता को पा लेता था। कैसी भी दशा हो, बुरी हो भली हो, रात हो दिन हो, सुख हो दुख हो, सफलता-असफलता हो, इससे कोई फर्क न पड़ता था। उसके भीतर का संगीत अहर्निश बहता रहता था।

बोधिधर्म का जापानी नाम है दारुमा। और उन्होंने एक गुड़िया बना ली है। तुमने गुड़िया देखी भी होगी। उस गुड़िया की एक खूबी है : उसे तुम कैसा ही फेंको, वह पालथी मार कर बैठ जाती है। उसकी पालथी बजनी है; भीतर लोहे का टुकड़ा रखा है, या शीशा भरा है और सारा शरीर पोला है। तो तुम कैसा भी फेंको, तुम चाहो कि सिर के बल गिर जाए दारुमा, वह नहीं गिरता। तुम धक्का मारो, ऐसा करो, वैसा करो, वह फिर अपनी जगह बैठ जाता है। यह गुड़िया बड़ी अदभुत है बच्चों को शिक्षण देने के लिए कि तुम्हारा जीवन भी ऐसा हो जाएह्लदारुमा जैसा हो जाए। कुछ तुम्हें गिरा न पाए। तुम्हारी पालथी लगी रहे। तुम्हारा सिद्धासन कायम रहे। तुम्हारी छंदबद्धता बनी रहे। इसी को अष्टावक्र स्वच्छंदता कहते हैं।

स्वच्छंदता का अर्थ उच्छृंखलता मत समझ लेना। स्वच्छंदता का अर्थ है : स्वयं के छंद को उपलब्ध हो गए; स्वभाव के साथ एक हो गए; छंदबद्ध हो गए अपनी भीतर की आत्मा से। और जो भीतर है वही बाहर है, तो छंद पूरा हो गया। लयबद्ध हो गए, तुम्हारा सितार बजने लगा। तुमने अस्तित्व के हाथों में दे दिया अपना सितार; अस्तित्व की अंगुलियां तुम्हारे सितार पर फिरने लगीं, गीत उठने लगा।

'तेरे ही अज्ञान से विश्व है। परमार्थतः तू एक है। तेरे अतिरिक्त कोई दूसरा नहीं हैह्लन संसारी और न असंसारी।'

तो कोई भेद मत करना। यह मत कहना कि यह संसारी है और यह संन्यासी है। इसलिए तुम देखते हो, मैंने सारा भेद छोड़ दिया है।

लोग मेरे पास आते हैं। वे कहते हैं, संन्यास लेना है; लेकिन हम तो अभी संन्यासी होने के योग्य नहीं हैं; अभी घर में हैं, पत्नी-बच्चे हैं। मैं कहता हूं : तुम फिकर छोड़ो। संन्यासी और संसारी में कोई भेद थोड़े ही हैह्लएक ही है। इतना ही

फर्क है कि संसारी अभी जिद किए है सोने की और संन्यासी जागने की चेष्टा करने लगा है। भेद थोड़े ही हैं। दोनों एक से ही हैं। संसारी सिर के बल खड़ा है, संन्यासी अपने पैर के बल खड़ा हो गया; मगर दोनों में कुछ फर्क थोड़े ही है। दोनों के भीतर एक ही परमात्मा, एक ही स्फूर्ति!

तन के तट पर मिले हम कई बार पर
द्वार मन का अभी तक खुला ही नहीं।
जिंदगी की बिछी सर्प-सी धार पर,
अश्रु के साथ ही कहकहे बह गए।
ओंठ ऐसे सिए शर्म की डोर से,
बोल दो थे, मगर अनकहे रह गए।
सैर करके चमन की मिला क्या हमें?
रंग कलियों का अब तक घुला ही नहीं।

पूरी जिंदगी गुजर जाती है और कलियों का रंग भी नहीं घुल पाता। पूरी जिंदगी गुजर जाती है, कली खिल ही नहीं पाती। पूरी जिंदगी गुजर जाती है और तार छिड़ते ही नहीं वीणा के।

सैर करके चमन की मिला क्या हमें?
रंग कलियों का अब तक घुला ही नहीं।
तन के तट पर मिले हम कई बार पर
द्वार मन का अभी तक खुला ही नहीं।

तो हम मिलते भी हैं, तो भी मिलते नहीं। अहंकार अकड़ाए रखता है। झुकते हैं तो भी झुकते नहीं। सिर झुक जाता है, अहंकार अकड़ा खड़ा रहता है।

तुम जरा गौर से देखना, जब तुम झुकते हो, सच में झुकते हो? जब हाथ जोड़ते हो, सच में हाथ जोड़ते हो? या कि सब धोखा है? या कि विनम्रता भी औपचारिकता है? या कि सब सामाजिक व्यवहार है? कुछ सत्य है या सब झूठ ही झूठ है? तुम किसी से कहते हो, मुझे तुमसे प्रेम है; लेकिन यह तुम सच में मानते हो? है ऐसा? या किसी प्रयोजनवश कह रहे हो?

मुल्ला नसरुद्दीन की पत्नी उससे कह रही है कि अब तुम्हें मुझसे पहले जैसा प्रेम न रहा। अब तुम घर उस उमंग से नहीं आते जैसे पहले आते थे। अब तुम मुझे देख कर खिल नहीं जाते, जैसे पहले खिल जाते थे।

मुल्ला अपना अखबार पढ़ रहा है। उसके सिर पर सलवटें पड़ती जाती हैं। और पत्नी कहे चली जा रही है, बुहारी लगाए जा रही है और कहे चली जा रही है। फिर वह कहती है कि नहीं, तुम्हें मुझसे बिलकुल प्रेम नहीं रहा; सब प्रेम खत्म हो गया। मुल्ला

ने कहा कि है तुझसे, प्रेम मुझे तुझसे ही है और पूरा प्रेम है! अब सिर खाना बंद कर और अखबार पढ़ने दे!

कहे चले जाते हैं हम, जो कहना चाहिए। और जीवन कुछ और कहे चला जाता है। ओंठ कुछ कहते, आंख कुछ कहती है। ओंठ कुछ कहते हैं, पूरा व्यक्तित्व कुछ और कहता है। तुम जरा लोगों की आंखों पर खयाल करना; जब वे तुमसे कहते हैं हमें प्रेम है, तो उनकी आंख में कोई दीये नहीं जलते। सूनी पथराई आंखें! जब तुम्हें वे नमस्कार करते हैं और कहते हैं कि धन्यभाग कि आपके दर्शन हो गए, तब उनके चेहरे पर कोई पुलक नहीं आती। कोरे शब्द, थोथे शब्द! सब झूठा हो गया है।

इस झूठ से जागने का नाम ही संन्यास है। कहीं भागने का नाम संन्यास नहीं है। यहीं तुम सच होना शुरू हो जाओ, प्रामाणिक होना शुरू हो जाओ, और तुम पाओगे कि जैसे-जैसे तुम प्रामाणिक होते हो, वैसे-वैसे जीवन में स्वर, संगीत, सुगंध, सौरभ खिलता है। सत्य की बड़ी गहरी सुगंध है!

तुम मिले तो प्रणय पर छटा छा गई
चुंबनों सांवली-सी घटा छा गई।
एक युग, एक दिन, एक पल, एक क्षण
पर गगन से उतर चंचला आ गई।
प्राण का दान दे, दान में प्राण ले
अर्चना की अधर चांदनी छा गई।
तुम मिले, प्राण में रागिनी छा गई।

थोड़ा सत्य की झलक आनी शुरू हो जाए, थोड़ा उस परम प्रियतम से मिलना शुरू हो जाए, थोड़ा ही उसका आंचल हाथ में आने लगे...।

तुम मिले तो प्रणय पर छटा छा गई!
तुम मिले, प्राण में रागिनी आ गई!

धार्मिक व्यक्ति कोई उदास, थका-हारा, मुर्दा व्यक्ति नहीं हैह्नजीवंत, उल्लास से भरा, नाचता हुआ! धार्मिक व्यक्ति है मुस्कुराता हुआ। जिसको इस बात का अहसास होने लगा कि परमात्मा ने सब तरफ से मुझे घेरा है, वह उदास रहेगा? जिसके भीतर यह प्रतीति होने लगी कि वही परमात्मा मेरे घर में भी विराजमान है, इस मेरी अस्थिपंजर की देह को भी उसने पवित्र किया है, इस मिट्टी की देह में भी उसी का मंदिर हैह्नवह फिर उदास रहेगा? फिर तुम उसे थका-हारा देखोगे? उसमें तुम एक उमंग के दर्शन पाओगे। बस उतना ही फर्क है। लेकिन चाहे तुम उमंग से नाचो और चाहे थके, उदास, हारे बैठे रहो, मूलतः, परमार्थतः कोई फर्क नहीं हैह्नन संसारी में न असंसारी में।

परमार्थतः त्वं एकः!

वस्तुतः तो तुम एक ही हो। उदास भी वही है। हंसता हुआ भी वही है। स्वस्थ भी वही, बीमार भी वही। अंधेरे में खड़ा भी वही, रोशनी में खड़ा भी वही। फर्क इतना ही है कि एक ने आंख खोल ली है, एक ने आंख बंद रखी है। फर्क कुछ बहुत नहीं। पलक, जरा सी पलक का फर्क है। आंख खुल गईह्नसंन्यासी। आंख बंद रहीह्नसंसारी।

'यह विश्व भ्रांति मात्र है और कुछ नहीं है, ऐसा निश्चयपूर्वक जानने वाला वासना-रहित और चैतन्य-मात्र है। वह ऐसे शांति को प्राप्त होता है मानो कुछ नहीं है।'

जरा इस भाव में जीयो! जरा इस भाव में पगो! जरा इस भाव में डूबो!

'यह विश्व भ्रांति मात्र है।'

यह ध्यान की एक प्रक्रिया है। यह कोई दार्शनिक सिद्धांत नहीं; जैसा कि हिंदू समझ बैठे हैं कि यह इनका दार्शनिक सिद्धांत है कि यह जगत माया है, भ्रांति है, इसको सिद्ध करना है। यह कोई तर्क की प्रक्रिया नहीं है।

शंकराचार्य के अत्यंत तार्किक होने के कारण एक बड़ी गलत दिशा मिल गई। शंकराचार्य ने बात को कुछ ऐसे सिद्ध करने की कोशिश की है जैसे यह कोई तार्किक सिद्धांत है कि जगत माया है। उसके कारण दूसरे सिद्ध करने लगे कि जगत माया नहीं है। और सच तो यह है कि किसी भी तर्क से सिद्ध नहीं किया जा सकता कि जगत माया है। कोई उपाय नहीं है। इसलिए उपाय नहीं है कि जब तुम सिद्ध करने जाते हो कि जगत माया है, तब भी तुम्हें इतना तो मानना ही पड़ता है कि जगत है; नहीं तो सिद्ध किसको कर रहे हो कि माया है? जब तुम सिद्ध करने जाते हो किसी के सामने कि जगत माया है तो तुम इतना मानते हो कि जिसके सामने तुम सिद्ध कर रहे हो, वह है। इतना तो मानते हो कि किसी की बुद्धि तुम्हें सुधारनी है, रास्ते पर लानी है; कोई गलत चला गया है, ठीक लाना है। लेकिन यह तो मान्यता हो गई संसार की। यह तो तुमने मान लिया कि दूसरा है। शंकराचार्य किसको समझा रहे हैं? किससे तर्क कर रहे हैं?

नहीं, यह तर्क की बात ही नहीं। मेरा कोण कुछ और है। मैं मानता हूं, यह ध्यान की एक प्रक्रिया है। यह सिर्फ ध्यान की एक विधि, एक उपाय है। इसका तुम प्रयोग करके देखो ध्यान के उपाय की तरह और तुम चकित हो जाओगे।

'यह विश्व भ्रांति मात्र है।'

तुम ऐसा मान कर एक सप्ताह चलो कि जगत सपना है। कुछ फर्क नहीं करना है; जैसा होता है वैसे ही होने देना है। सपना है तो फर्क क्या करना है? सपना है तो फर्क करोगे भी कैसे? होता तो कुछ फर्क भी कर लेते। सपना है तो बदलोगे कैसे? बदलना हो भी कैसे सकता है? यथार्थ बदला जा सकता है, सपना तो बदला नहीं जा

सकता। सिर्फ दृष्टि-भेद है। दफ्तर जाना, इतना ही जानना कि सपना है। दफ्तर का काम भी करना, यह मत कहना कि अब फाइलें हटा कर बगल में रख दीं; जैसा कि भारत में लोग किए हैं, फाइलें रखीं हैं, वे टेबल पर पैर पसारे बैठे हैं-जगत सपना है! करना भी क्या है! फाइलों में धरा क्या है!

दो कवि एक कवि-सम्मेलन में गए थे, एक साथ ठहरे थे। जो जवान कवि था, वह कुछ कविताएं लिख रहा था। बूढ़े ने उसको उपदेश दिया। बूढ़े ने कहा: 'लिखने में क्या धरा है! अरे पागल, लिखने में क्या धरा है! परमात्मा बाहर खड़ा है।'

जवान ने सुन तो लिया, लेकिन उसे बात अच्छी न लगी। थोड़ी देर बाद बूढ़े ने कहा: 'बेटा, सेरीडान बुलवाओ, सिर में दर्द हुआ है।' तो उस जवान कवि ने कहा: 'सेरीडान! सेरीडान!! सेरीडान में क्या धरा है? परमात्मा बाहर खड़ा है। और जब सिर में दर्द उठे, बहाना करो, न-नू। न-न करो! सब भ्रांति है गुरुदेव! सिरदर्द इत्यादि में रखा क्या है! जब दर्द उठे, बहाना करो, न-न-न। न-न-न करो। इनकार कर दो, बस खत्म हो गई बात।'

न तो इनकार करने से सिरदर्द जाता और न फाइलें सरकाने से कुछ हल होता। नहीं, यह तो प्रयोग ध्यान का है। दफ्तर जाओ, फाइल पर काम भी करोह्नसपना ही है, बस इतना जान कर करो। घर आओ, पत्नी से भी मिलो, बच्चों के साथ खेलो भीह्नसपना ही है, ऐसा ही मान कर चलो। एक सात दिन तुम एक अभिनेता हो, कर्ता नहीं। बस कोई फर्क न पड़ेगा, किसी को कानोंकान खबर भी न होगी। कोई जान भी न पाएगा और तुम्हारे भीतर एक क्रांति हो जाएगी। तुम अचानक देखोगे, कर तुम वही रहे हो, लेकिन अब बोझ न रहा। कर तुम वही रहे हो, लेकिन अब अशांति नहीं। कर तुम वही रहे हो, लेकिन अब तुम अलिप्त, दूर कमल जैसे; पानी में और फिर भी पानी छूता नहीं।

'यह विश्व भ्रांति मात्र है और कुछ नहीं है, ऐसा निश्चियपूर्वक जानने वाला वासना-रहित और चैतन्य मात्र हो जाता है।'

तुम करके देखो। तुम पाओगे कि वासना गिरने लगती है। काम जारी रहता है, कामना गिरने लगती है। कृत्य जारी रहता है, कर्ता विदा हो जाता है। सब चलता है, जैसा चलता था; लेकिन भीतर आपाधापी नहीं रह जाती, तनाव नहीं रह जाता। तुम उपकरण-मात्र हो जाते हो, निमित्त मात्र! और तब तुम्हें अनुभव होता है कि तुम तो सिर्फ चैतन्य हो, साक्षी-मात्र हो।

यह प्रयोग ध्यान का है। अगर जगत सपना है तो कर्ता होने का तो कोई उपाय न रहा। जब यथार्थ है ही नहीं, तो कर्ता हो कैसे सकते हो? रात तुम सपना देखते हो, उसमें कर्ता तो नहीं हो सकते! सुबह जाग कर तुम पाते हो साक्षी थे, कर्ता नहीं। देखा,

तुम सुबह उठ कर ऐसा तो नहीं कहते कि सपने में ऐसा-ऐसा किया; तुम कहते हो, रात सपना देखा। तुम जरा भाषा पर खयाल करना। तुम यह नहीं कहते हो सुबह उठ कर कि रात सपने में चोरी की। तुम कहते हो, रात देखा, सपना आया कि चोरी हो रही है मुझसे। रात देखा, सपना आया कि मैं हत्यारा हो रहा हूं। तुम कहते हो, मैंने देखा। सपना देखा जाता है; किया थोड़े ही जाता है। बस इस भेद को समझो। सपने के साथ करना जुड़ता नहीं है, सिर्फ देखना जुड़ता है।

तो अगर तुम जगत को सपना मात्र मान कर प्रयोग करो तो अचानक तुम पाओगे, तुम चैतन्य मात्र रह गए, द्रष्टा-मात्र, साक्षी-मात्र!

'और ऐसा व्यक्ति ऐसी शांति को प्राप्त हो जाता है मानो कुछ है ही नहीं।'

अशांत होने का उपाय ही नहीं बचता।

भ्रांतिमात्रमिदं विश्वं न किंचिदिति निश्चयी।
निर्वासनः स्फूर्तिमात्रो न किंचिदिव शाम्यति।।

सब सपने भूमिकायें हैं
उस अनदेखे सपने की
जो एक ही बार आएगा
सत्य की भीख मांगने
आंख के द्वार पर।
सब सपने भूमिकायें हैं!

यह सारा जगत, तुम देखने की कला सीख लो, इसकी ही पाठशाला है। ये इतने दृश्य, ये इतने कथापट, इतने नाटक, सिर्फ एक छोटी सी बात की तैयारी हैं कि तुम द्रष्टा बन जाओ।

सब सपने भूमिकाएं हैं
उस अनदेखे सपने की
जो एक ही बार आएगा
सत्य की भीख मांगने
आंख के द्वार पर।

तुम संसार के देखने वाले बन जाओ, एक दिन अचानक परमात्मा तुम्हारे द्वार पर खड़ा हो जाएगा। उसी परम दर्शन के लिए सारी तैयारी चल रही है। यह तो आंखों पर काजल आंजना हैह्नयह संसार जो है। यह तो आंखों को साफ करना हैह्नयह संसार जो है। आंखें स्वच्छ हो जाएं, देखने की कला आ जाए, स्फूर्ति आ जाए, बोध आ जाए, फिर द्वार पर परमात्मा खड़ा है। और एक बार द्वार पर खड़ा हो गया कि सदा के लिए हो गया।

जो एक ही बार आएगा,
सत्य की भीख मांगने
आंख के द्वार पर।

आंखें शून्य हो जाएं तो सत्य मिल जाए! मन मौन हो जाए तो प्रभु की वाणी प्रकट हो उठे। तुम मिट जाओ, तो परमात्मा इसी क्षण जाहिर हो उठे।

मात्र है राजमार्ग अभिव्यक्ति का,
शब्द, छंद, मात्रा,
होती है शुरू मौन के बीहड़ से
अनुभूति की यात्रा।

जब तुम चुप हो जाते होह्नसब अर्थों में! आंख जब चुप हो जाती है, तब तुम वही देखते हो जो है। जब तक आंख बोलती रहती है, तुम वही देखते हो जो तुम्हारी वासना दिखलाना चाहती है।

मुल्ला नसरुद्दीन एक राह से जा रहा है। अचानक झपटा। कोई चीज उठाई। फिर बड़े क्रोध से फेंकी और गालियां दीं। मैंने उससे पूछा : 'नसरुद्दीन!' मैं उसके पीछे-पीछे ही था। 'यह मामला क्या हुआ। झपटे बड़ी तेजी से, कुछ उठाया भी, कुछ फेंका भी!'

उसने कहा : कुछ ऐसे दुष्ट हैं कि अठन्नी जैसी खखार थूकते हैं।

अठन्नी जैसी खखार! वह उनको गाली दे रहा है। जैसे उसके लिए किसी ने अठन्नी जैसी खखार थूंकी। वे खखार को उठा लिए। नाराज हो रहे हैं।

आदमी वही देखता है, जो देखना चाहता है, जो उसकी वासना दिखलाना चाहती है।

तुमने भी कई बार खखार उठा लिया होगा अठन्नी के भ्रम में। वह दिखाई नहीं पड़ता जो है। आंख के पास अपने प्रक्षेपण हैं। आंख वही दिखलाना चाहती है।

तुम कभी ऐसा भी देखो। तुम रोज जिस बाजार में जाते हो, उसमें जब तुम जाते हो अलग-अलग भावनाएं लेकर तुम्हें अलग-अलग चीजें दिखाई पड़ती हैं। अगर तुम भूखे जाओ, तुम्हें होटल, रेस्तरां इसी तरह की चीजें दिखाई पड़ेंगी; जूते की दुकान बिलकुल दिखाई न पड़ेगी। अगर तुम्हारा दिमाग खराब हो तो बात अलग है; नहीं तो जूते की दुकान नहीं दिखाई पड़ेगी। उपवास करके बाजार में जाना, सब तरफ से तुम्हें...बाकी सब चीजें फीकी पड़ जाएंगी, हट जाएंगी, उनका महत्व न रहा। लेकिन जब तुम भरे पेट जाते हो, तब बात अलग हो जाती है। तुम देखने वाले हो। तुम चुनाव कर रहे हो।

इस घड़ी की कल्पना करो, जब तुम सारे जगत को स्वप्नवत मान लेते हो। तब तुम्हें बड़ी हैरानी होती है। वही दिखाई पड़ने लगता है जो है। और जो है वह एक है, अनेक नहीं।

'यह विश्व भ्रांति मात्र है और कुछ नहीं, ऐसा निश्चयपूर्वक जानने वाला वासना-रहित चैतन्य मात्र है। वह ऐसी शांति को प्राप्त होता है मानो कुछ नहीं है।'

जब तुम्हारे भीतर कोई मांग नहीं तो बाहर कुछ नहीं बचता हैह्नएक विराट शून्य फैल जाता है, एक मौन, एक निस्तब्धता! उस निस्तब्धता में ही प्रभु के चरण पहली बार सुने जाते हैं।

'संसाररूपी समुद्र में एक ही था, है, और होगा। तेरा बंध और मोक्ष नहीं है। तू कृतकृत्य होकर सुखपूर्वक विचर!'

देखते हैं इन वचनों की मुक्ति! इन वचनों की उदघोषणा!

एक एव भवांभोधावासीदस्ति भविष्यति।

एक ही है, एक ही था, एक ही रहेगा। इससे अन्यथा जो भी देखा हो, सपना है, झूठा है, मनगढ़ंत है।

न ते बंधोऽस्ति मोक्षो वा कृतकृत्यः सुखं चर।

और न कहीं कोई बंध है, न कोई मोक्ष है। अगर ऐसा तू देख ले तो न कोई बंध है न कोई मोक्ष। तू मुक्त, मुक्त तेरा स्वभाव है।

न ते बंधोऽस्ति मोक्षो वा कृतकृत्यः सुखं चर।

और फिर तू कृतार्थ हुआ। फिर प्रतिपल तेरा धन्य हुआ। फिर तू सुख से विचर।

'हे चिन्मय, तू चित्त को संकल्पों और विकल्पों से क्षोभित मत कर, शांत होकर आनंदपूरित अपने स्वरूप में सुखपूर्वक स्थित हो।'

बैठा है कीचड़ पर जल
चौंका मत!
घट भर और चल
बनाया जा सकता है अंधेरा पालतू
पर मर जाती है बंद करते ही धूप
मुक्ति का द्वार अभिन्न अंग है कारा का
बलि वासनाओं की दो,
नारियल कुंठा का तोड़ो
चंदन अहं का घिसो
बन जाएगा तुम्हारा पशु ही प्रभु
बैठा है कीचड़ पर जल

चौंका मत!

घट भर और चल!

वासनाएं हैं, उन वासनाओं को जगाने, प्रज्वलित करने की कोई जरूरत नहीं। अपना घड़ा भरो और चलो। जल के नीचे बैठी है मिट्टी, बैठी रहने दो। लेकिन हम घड़ा तो भरते नहीं, जीवन के रस से तो घड़ा भरते नहीं; वह जो तलहटी में बैठी मिट्टी है वासनाओं की, उसी की उधेड़बुन में पड़ जाते हैं। और उसके कारण सारा जल अस्वच्छ हो जाता है।

तो अगर जल भरना हो किसी झरने से तो उतर मत जाना झरने में; झरने के बाहर से चुपचाप आहिस्ता से अपना घड़ा भर लेना। झरने में उतर गए, जल पीने योग्य न रह जाएगा। अभी-अभी कैसा स्वच्छ था, स्फटिक मणि जैसा! उतर गए, उपद्रव हो गया। कर्ता बन गएह्नउतर गए। साक्षी रहे कि किनारे रहे। भर लो घड़ा।

बैठा है कीचड़ पर जल

चौंका मत!

घट भर और चल।

कृतकृत्य हो जा!

बनाया जा सकता है अंधेरा पालतू।

यह तुमने देखा, अंधेरे को तुम बंद कर सकते हो कमरे में, लेकिन धूप को नहीं!

बनाया जा सकता है अंधेरा पालतू

पर मर जाती है बंद करते ही धूप।

जीवन में जो भी श्रेष्ठ है, जो भी सुंदर है, जो भी सत्य है, वह मुक्त ही होता है। उसे बांधा नहीं जा सकता। शास्त्र में बांधा, मर जाता है सत्य। सिद्धांत में पिरोया, निकल जाते हैं प्राण। तर्क में डाला, हो गया व्यर्थ। तर्क तो कब्र है सत्य की। शब्द तो लाश है सत्य की।

बनाया जा सकता है अंधेरा पालतू

पर मर जाती है बंद करते ही धूप।

शब्दों में बंद करने की चेष्टा न करो; मौन में उघाड़ो! विचारों में मत उलझो; शून्य में जागो! आंखों में अगर सपने भरे हुए हो तुम, तो तुम कारागृह में ही रहोगे। आंखों को खाली करो।

मुक्ति का द्वार अभिन्न अंग है कारा का!

यह बड़े मजे की बात है। संसार में ही मुक्ति का द्वार है। होना ही चाहिए। जेलखाने से जब कोई निकलता है तो जिस द्वार से निकलता है वह जेलखाने का ही द्वार होता है।

मुक्ति का द्वार अभिन्न अंग है कारा का।

वह द्वार मुक्ति का कारा से अलग थोड़े ही है। मोक्ष कहीं संसार से अलग थोड़े ही है। मोक्ष संसार में ही एक द्वार है। तुम साक्षी हो जाओ, द्वार खुल जाता है। तुम कर्ता बने रहो, तुम्हें द्वार दिखाई नहीं पड़ता। तुम दौड़-धूप आपाधापी में लगे रहते हो।

'संसाररूपी समुद्र में एक ही था, एक ही है, एक ही होगा। तेरा बंध और मोक्ष नहीं। तू कृतकृत्य होकर सुखपूर्वक विचर।'

ते बंधः वा मोक्ष न त्वं सुखं चर!

कृतकृत्य होकर! यह बड़े मजे का शब्द है। कर्ता होने से बचते ही आदमी कृतकृत्य हो जाता है। और हम सोचते हैं : बिना कर्ता बने कैसे कृतकृत्य होंगे; जब करेंगे तभी तो कृतकृत्य होंगे! और करने वाले कभी कृतकृत्य नहीं होते। देखते हो नेपोलियन, सिकंदर! उनकी पराजय देखते हो! संसार जीत लेते हैं और फिर भी पराजय हाथ लगती है। धन भर जाता है और हाथ खाली रह जाते हैं। प्रशंसा मिल जाती है और प्राण सूखे रह जाते हैं।

अष्टावक्र कहते हैं : कृतकृत्य होना है, कर लेना है जो करने योग्य हैह्नतो कर्ता मत बन! तो साक्षी बन! साक्षी बनते ही तत्क्षण परमात्मा तेरे लिए कर देता है जो करने योग्य है। तू नाहक ही परेशान हो रहा है। तू व्यर्थ की दौड़-धूप कर रहा है।

'हे चिन्मय, तू चित्त को संकल्पों और विकल्पों से क्षोभित मत कर। शांत होकर आनंदपूर्वक अपने स्वरूप में सुखपूर्वक स्थित हो।'

मा संकल्पविकल्पाभ्यां चित्तं क्षोभय चिन्मय।
उपशाम्य सुखं तिष्ठ स्वात्मयानंदविग्रहे।।

'हे चिन्मय! हे चैतन्य! तू चित्त को संकल्पों-विकल्पों से क्षोभित मत कर।'

यह मत सोच : क्या करूं क्या न करूं; क्या मानूं क्या न मानूं; कहां जाऊं कहां न जाऊं! इन संकल्प-विकल्पों में मत पड़। तू तो जहां है वहीं शांत हो जा। जैसा है वैसा ही शांत हो जा। क्या करूं क्या न करूं कि शांति मिले, अगर इस विकल्प में पड़ा तो तू अशांत ही होता चला जाएगा।

शांति के नाम पर भी लोग अशांत होते हैं। शांत होना है, यही बात अशांति का कारण बन जाती है। ऐसे लोग मेरे पास रोज आ जाते हैं। वे कहते हैं, शांत होना है; अब चाहे कुछ भी हो जाए, शांत होकर रहेंगे। उनको यह बात दिखाई नहीं पड़ती कि उनके ही कर्तापन के कारण अशांत हुए; अब कर्तापन को शांति पर लगा रहे हैं। अब वे कहते हैं, शांत होकर रहेंगे! अभी भी जिद कायम है। अभी भी टूटी नहीं जिद। अहंकार मिटा नहीं, कर्ता गिरा नहीं। रस्सी जल गई, लेकिन रस्सी की अकड़न नहीं गई। अब शांत होना है। अब यह नया कर्तृत्व पैदा हुआ।

इतना ही तुम जान लो कि तुम्हारे किए कुछ भी नहीं होता है। फिर कैसी अशांति! इतना ही जान लो, तुम्हारे किए क्या कब हुआ! कितना तो किया, कभी कुछ हुआ? कभी तो कुछ न हुआ। आशा बंधी और सदा टूटी। निराश ही तो हुए हो। जन्मों-जन्मों में निराशा के अतिरिक्त तुम्हारी संपत्ति क्या है? इसको देख कर जो व्यक्ति कह देता है, अब मेरे किए कुछ न होगाह्नऐसे भाव में कि अब मेरे किए कुछ भी न होगा, तो मैं देखूंगा जो होता है, देखूंगा और तो करने को कुछ बचा नहीं; देखूंगा चुपचाप बैठ कर...!

मेरे दादा, मेरे पिता के पिता, बूढ़े हो गए थे। तो उनके पैरों में लकवा लग गया। वे चल भी नहीं सकते थे। लेकिन उनकी पुरानी आदत! तो घसिट कर भी वे दुकान पर पहुंच जाते, मकान के भीतर से दुकान पर आ जाते। अब उनकी कोई जरूरत भी न थी दुकान पर। उनके कारण अड़चन भी होती। लेकिन वे फिर भी...।

मैं एक बार गांव गया था। विश्वविद्यालय में पढ़ता था, लौटा था। उनको मैंने देखा तो मैंने उनको कहा कि अब तुम्हारा करना सब खतम हो गया, अब तुम्हारे पैर भी जाते रहे, अब चलना-उठना भी नहीं होता, अब कोई जरूरत भी नहीं है, तुम्हारे बेटे अच्छी तरह कर भी रहे हैं, अब तुम्हें कुछ अड़चन भी नहीं है, अब तुम शांत क्यों नहीं बैठ जाते?

वे बोले, शांत तो मैं बैठना चाहता हूं। तो मैंने कहा: अब और क्या बाकी है? अब तुम शांत बैठ ही जाओ। तुम मेरी मानोह्नमैंने उनसे कहाह्नचौबीस घंटे आज तुम दुकान पर मत जाओ। तुम्हारी वहां कोई जरूरत भी नहीं है। सच तो यह है कि तुम्हारे बेटे परेशान होते हैं तुम्हारी वजह से। काम में बाधा पड़ती है। जमाना बदल गया है। जब तुम दुकान चलाते थे, वह और दुनिया थी; अब दुकान किसी और ढंग से चल रही है।

वे पुराने ढंग के आदमी थे। दस रुपये की चीज बीस रुपये में बताएंगे। फिर खींचतान होगी, फिर ग्राहक मांगेगा, फिर वे समझाएंगेह्नबुझाएंगे, फिर चल-फिर कर वह दस पर तय होने वाला है। लेकिन आधा घंटा खराब करेंगे, घंटा भर खराब करेंगे। अब दुकान की हालत बदल गई थी। अब दस की चीज है तो दस की बता दी, अब बात तय हो गई। उनको यह बिलकुल जंचता ही नहीं। वे कहते: 'यह भी कोई मजा रहा! अरे चार बात होती हैं; ग्राहक कहता कुछ, कुछ तुम कहते; कुछ जद्दोजहद होती, बुद्धि की टक्कर होती।' और वे कहते, 'बिगड़ता क्या है? दस से कम में तो देना नहीं है, तो कर लेने दो उसको दौड़-धूप। उसको भी मजा आ जाता है। वह भी सोचता, खूब ठगा! कोई अपन तो ठगे जाते नहीं।' वह उनका पुराना दिमाग था, वे

वैसे ही चलते थे। वे दुकान पर पहुंच जाते तो वे गड़बड़ करते। मैंने उनसे कहा कि तुमसे सिर्फ गड़बड़ होती है। और फिर अब, कब मौत करीब आती है...अब तुम ऐसा करो, कर्तापन छोड़ दो, साक्षी हो जाओ।

मेरी वे सदा सुनते थे कि कुछ कहूंगा तो शायद पते की हो। तो उन्होंने कहा, अच्छा आज चौबीस घंटे प्रयोग करके देखता हूं। अगर मुझे शांति मिली तो ठीक, नहीं मिली तो फिर मैं नहीं झंझट में पडूंगा। मुझे जैसा करना है करने दो, कम से कम व्यस्त तो रहता हूं।

वे चौबीस घंटे अपने बिस्तर पर पड़े रहे। दूसरे दिन सुबह जब मैं गया, मैंने ऐसा उनका चेहरा, ऐसा सुंदर भाव कभी देखा ही न था। वे कहने लगे : हद हो गई! मैंने इस पर कभी ध्यान ही न दिया। पैर भी टूट गए, फिर भी मैं दौड़ा जा रहा, मन दौड़ा जा रहा। अब कुछ करने को भी मुझे नहीं बचा; सब ठीक चल रहा है मेरे बिना, और भी अच्छा चल रहा है; फिर भी मैं पहुंच जाता हूं सरक कर। परमात्मा ने मौका दिया कि पैर भी तोड़ दिए, फिर भी अकल मुझे नहीं आती। तुमने ठीक किया। ये चौबीस घंटे! पहले तो चार-छह घंटे बड़ी बेचैनी में गुजरे, कई बार उठ-उठ आया; फिर याद आ गई, कम से कम चौबीस घंटे में क्या बिगड़ता है! फिर लेट गया। कोई दस-बारह घंटे के बाद कुछ-कुछ क्षण सुख के मालूम होने लगे। अब कुछ करने को नहीं बचा। सांझ होते-होते जब सूरज ढलता था और मैंने खिड़की से सूरज को ढलते देखा, तब कुछ मेरे भीतर भी ढल गया। कुछ हुआ है! रात बहुत दिनों बाद मैं ठीक से सोया हूं और सपने नहीं आए।

फिर उस दिन के बाद वे दुकान नहीं गए। फिर दो-चार साल जीए, जब भी मैं घर जाता तो मैं पहली बात पूछता कि वे दुकान तो नहीं गए हैं। उनके बेटे भी परेशान हुएह्लमेरे पिता, मेरे काका वे सब परेशान हुए कि मामला क्या है, तुमने किया क्या! तो मैंने कहा : मैं कुछ किया नहीं हूं, जो अपने से होना था, सिर्फ एक निमित्त बना। उनको याद दिला दी कि अब पैर भी टूट गए, अब क्यों आपा-धापी! अब सब हार भी गए, बात खतम भी हो गई, अब प्राण जाने का क्षण आ गया, श्वास आखिरी आ गई, अब थोड़े साक्षी बन कर देख लो!

आखिरी दिन उनके परम शांति के दिन थे। मरते वक्त मैं घर पर नहीं था जब वे मरे, लेकिन दो दिन बाद जब मुझे खबर मिली और मैं पहुंचा तो सबने कहा कि वे तुम्हारी याद करते मरे। और उनसे पूछा कि क्यों उसकी याद कर रहे हो; और सब तो मौजूद हैं, उसी की क्यों याद कर रहे? तो उन्होंने कहा, उसकी याद करनी है, उसे धन्यवाद देना था! उसने जो मुझे कहा कि अब कर्ता न रहो, मैं कृतकृत्य हो गया!

धन्यवाद देना था। मैं तो न दे सकूंगा, लेकिन जब वह आए तो मेरी तरफ से धन्यवाद दे देना कि मैं साक्षी-भाव में मरा हूं और जीवन में जो नहीं मिला था वह मरने के इन क्षणों में मुझे मिल गया है।

'हे चिन्मय, तू चित्त को संकल्पों और विकल्पों से क्षोभित मत कर। शांत होकर आनंदपूर्वक अपने स्वभाव में, अपने स्वरूप में स्थित हो।'

'सर्वत्र ही ध्यान को त्याग कर हृदय में कुछ भी धारण मत कर। तू आत्मा, मुक्त ही है, तू विमर्श करके क्या करेगा?'

ये सुनते हैं सूत्र!

'सर्वत्र ही ध्यान को त्याग कर हृदय में कुछ भी मत धारण कर!'

धन पर ध्यान है, उसको भी त्याग दे! प्रतिमा पर ध्यान है, उसको भी त्याग दे। वासना पर ध्यान है, उसको भी त्याग दे। स्वर्ग पर ध्यान है, उसको भी त्याग दे। कहीं ध्यान ही मत धर। हृदय को कोरा कर ले, सूना कर ले।

त्यजैव ध्यानं सर्वत्र मा किंचिद्धृदि धारय।
आत्मा त्वं मुक्त एवासि किं विमृश्य करिष्यसि।।

और सोच-विचार करने को क्या है? विमर्श करने को क्या है? तू एक, तू आत्मा, तू मुक्त! छोड़ सोच-विचार, बस इतना ही कर ले कि ध्यान को सब जगह से खींच ले!

कृष्ण का सूत्र है गीता में: 'सर्व धर्मान् परित्यज्य, मामेकं शरणं व्रज! सब धर्म छोड़ कर तू मेरी शरण में आ जा!' यह मेरी शरण कृष्ण की शरण नहीं है। यह मेरी शरण तो तुम्हारे भीतर छिपे हुए परमात्मा की शरण है। वही कृष्ण हैं।

वही इस सूत्र का अर्थ है: त्यजैव ध्यानं सर्वत्र!

'सर्वत्र ध्यान को त्याग कर दे और हृदय में कुछ भी मत धारण कर।'

यह सूत्र कृष्ण के सूत्र से भी थोड़ा आगे आता है, क्योंकि कृष्ण के सूत्र में एक खतरा है कि तुम सब छोड़ कर कृष्ण के चरणों में ध्यान लगा लो। वह खतरा है। वह तो हो गया कृष्ण-भक्तों को। उन्होंने सब तरफ से ध्यान हटा लिया, कृष्ण के चरण पकड़ लिए। मगर ध्यान कहीं है।

समाधि तब फलित होती है जब ध्यान कहीं भी नहीं रह जाता। ध्यान जब शून्य होता है, तब समाधि। जब तुम्हारे ध्यान में कुछ भी नहीं रह जाता, कोरा प्रकाश रह जाता है, कहीं पड़ता नहीं, किसी चीज पर पड़ता नहीं, कहीं जाता नहीं, बस तुम कोरे प्रकाश रह जाते हो!

ऐसा समझो कि साधारणतः आदमी का ध्यान टार्च की तरह है, किसी चीज पर पड़ता है, एक दिशा में पड़ता है और दिशाओं में नहीं पड़ता। फिर दीये की तरह भी

ध्यान होता है; सब दिशाओं में पड़ता है, किसी चीज पर विशेष रूप से नहीं पड़ता। कोई चीज हो या न हो, इससे कोई संबंध नहीं है; अगर कमरा सूना हो तो सूने कमरे पर पड़ता है, भरा हो तो भरी चीजों पर पड़ता है। सब हटा लो तो दीये का प्रकाश शून्य में पड़ता रहेगा। जिस दिन तुम्हारा चैतन्य ऐसा हो जाता है कि शून्य में प्रकाश होता है, उसी घड़ी तू मुक्त है, तू आत्मा है! जिस दिन विचार करने को कुछ शेष नहीं रह जाता, उस दिन तुम तो शांत होओगे ही, दूसरे भी देख कर प्रफुल्लित हो जाएंगे, भरोसा न कर सकेंगे।

नहीं गत, आगत, अनागत,
निर्वधि जिसकी उपलब्धि
वह तथागत।

गया गया, आने वाला भी छूटा। कोई पकड़ न रही। उसको हम कहते हैं तथागत की अवस्था। गया भी गया, आने वाला भी न रहा; जो है बस वही बचा, वही प्रकाशित हो रहा है।

चंदा की छांव पड़ी सागर के मन में
शायद मुख देखा है तुमने दर्पण में।
अधरों के ओर-छोर, टेसू का पहरा
आंखों में बदरी का रंग हुआ गहरा
केसरिया गीलापन, वन में उपवन में
शायद मुख धोया है तुमने जल-कण में।

और तुम्हीं को नहीं अहसास होगा, जिस दिन यह घड़ी घटती है, तुम्हारे आसपास के लोग भी देखेंगे! तुम एक अपूर्व स्वच्छता से, एक कुंवारेपन से भर गए! तुमसे एक सौरभ उठ रहा नया-नया! धो लिया है चेहरा तुमने प्रभु के चरणों में!

यह अमर निशानी किसकी है!

बाहर से जी, जी से बाहर तक
आनी जानी किसकी है!
दिल से आंखों से गालों तक
यह तरल कहानी किसकी है!
यह अमर निशानी किसकी है!

रोते-रोते भी आंखें मुंद जाएं
सूरत दिख जाती है

मेरे आंसू में मुसक मिलाने
की नादानी किसकी है!
यह अमर निशानी किसकी है!

सूखी अस्थि, रक्त भी सूखा
सूखे दृग के झरने
तो भी जीवन हरा
कहो मधुभरी जवानी किसकी है!
यह अमर निशानी किसकी है!
रैन अंधेरी, बीहड़ पथ है
यादें थकीं अकेली,
आंखें मुंदी जाती हैं
चरणों की बानी किसकी है!
यह अमर निशानी किसकी है!

जैसे ही तुम शांत हुए, तुम पाओगे वही आता है श्वास में भीतर, वही जाता श्वास में बाहर! वही आता, वही जाता। वही है, वही था, वही होगा! एक ही है!

हरि ॐ तत्सत्!

* * *

प्रवचन : 44

शूल हैं प्रतिपल मुझे आगे बढ़ाते

पहला प्रश्न: आपके शिष्य वर्ग में जो अंतिम होगा, उसका क्या होगा?

ईसा ने कहा है: जो अंतिम होंगे, वे मेरे प्रभु के राज्य में प्रथम हो जाएंगे। लेकिन अंतिम होना चाहिए। अंत में भी जो खड़ा होता है, जरूरी नहीं कि अंतिम हो। अंत में भी खड़े होने वाले के मन में प्रथम होने की चाह होती है। अगर प्रथम होने की चाह चली गई हो और अंतिम होने में राजीपन आ गया हो, स्वीकार, तथाता, तो जो ईसा ने कहा है, वही मैं तुमसे भी कहता हूं: जो अंतिम हैं वे प्रथम हो जाएंगे।

प्रथम की दौड़ पागलपन है। संसार में तो ठीक, सत्य की खोज में तो बाधा है। संसार तो पागलखाना है। वहां तो दौड़ है, महत्वाकांक्षा है, स्पर्धा है, संघर्ष है। सत्य की यात्रा पर जो निकला है वह दौड़ से मुक्त हो तो ही पहुंचेगा। प्रतिस्पर्धा जाए, प्रतियोगिता मिटे। दूसरे से कोई संघर्ष नहीं है। सत्य कोई ऐसी संपदा नहीं है कि दूसरा ले लेगा तो तुम्हें कुछ कम हो जाएगा। संसार का धन तो ऐसा है कि दूसरे ने ले लिया तो तुम वंचित हो जाओगे; किसी ने कब्जा कर लिया तो तुम दरिद्र रह जाओगे। इसके पहले कि कोई और कब्जा करे, तुम्हें कब्जा कर लेना है। इसलिए दौड़ है।

संसार का धन तो सीमित है। चाहें बहुत हैं, धन बहुत थोड़ा है। चाहक बहुत हैं, धन बहुत थोड़ा है। अब किसी को राष्ट्रपति होना हो तो साठ करोड़ के देश में एक आदमी राष्ट्रपति हो पाएगा। साठ करोड़ को ही राष्ट्रपति होने का नशा है। तो कठिनाई तो होगी, संघर्ष तो होगा, ज्वर तो पैदा होगा, विक्षिप्तता जन्मेगी। इनमें जो सबसे

ज्यादा विक्षिप्त होगा, वह राष्ट्रपति हो जाएगा। जो इस दौड़ में बिलकुल पागल होकर दौड़ेगा, सब होश-हवास गंवा देगा, सब कुछ दांव पर लगा देगा, वही जीत जाएगा। यहां पागल जीतते हैं, बुद्धिमान हार जाते हैं। यहां जीत सिर्फ विक्षिप्तता का प्रतीक है।

जिनके तुम नाम इतिहास में लेते हो, उनके नाम पागलखानों के रजिस्टरों में होने चाहिए। जिनके आस-पास इतिहास बुनते हो वही रुग्णतम लोग थेह्नचंगीज और तैमूर और नेपोलियन और सिकंदर और हिटलर और माओ। एक दौड़ है आदमी की कि सब पर कब्जा कर ले। और खुद न कर पाए तो दूसरा तो कर ही लेगा।

इसलिए देर करनी नहीं। इसलिए तो इतनी आपाधापी है, इतनी जल्दी है। चैन कहां, शांति कहां! बैठ कैसे सकते हो! एक क्षण विश्राम किया तो चूके। सब तो विश्राम नहीं करेंगे। दूसरे तो दौड़े चले जा रहे हैं। तो दौड़े चलो, दौड़े चलो! मरघट में पहुंच कर ही रुकना। कब्र में गिरो, तभी रुकना।

लेकिन सत्य की संपदा तो असीम है। बुद्ध की महावीर से कोई प्रतिस्पर्धा थोड़े ही है, कि बुद्ध को मिल गया तो महावीर को न मिलेगा, कि महावीर को मिल गया तो कृष्ण को न मिलेगा, कि अब कृष्ण को मिल गया तो अब मोहम्मद को कैसे मिले! सत्य विराट है, खुले आकाश जैसा है; तुम्हें जितना पीना हो पीओ; तुम्हें जितना डूबना हो डूबोह्नतुम चुका न पाओगे।

इसलिए सत्य के जगत में क्या प्रथम क्या अंतिम! प्रथम और अंतिम तो वहां उपयोगी हैं जहां संघर्ष हो।

और शिष्य तो अंतिम ही होना चाहिए। शिष्यत्व का अर्थ ही यही है : अंतिम खड़े हो जाने की तैयारी; पंक्ति में पीछे खड़े हो जाने की तैयारी। गुरु के लिए सर्वाधिक प्रिय वही हो जाता है जो सबसे ज्यादा अंतिम में खड़ा है। और अगर गुरु को वे प्रिय हों केवल जो प्रथम खड़े हैं तो गुरु गुरु भी नहीं। शिष्य तो शिष्य हैं ही नहीं, गुरु भी गुरु नहीं है। जो चुप खड़ा है, मौन प्रतीक्षा करता है, जिसने कभी मांगा भी नहीं, जिसने कभी शोरगुल भी नहीं मचाया, जिसने कभी यह भी नहीं कहा कि बहुत देर हो गई है, कब तक मुझे खड़ा रखेंगे; दूसरों को मिला जा रहा है और मैं वंचित रहा जा रहा हूंह्नजिसने यह कोई बात ही न कही; जिसकी प्रतीक्षा अनंत है; और जिसका धैर्य अपूर्व हैह्नऐसी अंतिम स्थिति हो तो निश्चित ही मैं तुमसे कहता हूं : जो अंतिम हैं वही प्रथम हैं।

लेकिन अंतिम खड़े होकर भी अगर प्रथम होने का राग मन में हो और प्रथम होने की आकांक्षा जलती हो तो तुम खड़े ही हो अंतिम, अंतिम हो नहीं। ध्यान रखना, अंतिम खड़े होने से अंतिम का कोई संबंध नहीं।

भिखारी के मन में भी तो सम्राट होने की वासना है। तो सम्राट और भिखारी में फर्क क्या है? इतना ही फर्क है कि एक समृद्ध है और एक समृद्धि का आकांक्षी है।

भेद बहुत नहीं है। भिखारी को भी मौका मिले तो सम्राट हो जाएगा। मौका नहीं मिला, असफल हुआ, हाराह्लयह दूसरी बात है; लेकिन मस्त तो नहीं है, जहां है। आकांक्षा तो वही है रुग्ण, घाव की तरह।

तो दरिद्र होना जरूरी नहीं है कि तुम वस्तुतः त्यागी हो। दरिद्र होना सिर्फ पराजय हो सकती है। संसार को छोड़ देना आवश्यक नहीं है कि संन्यास हो। संसार को छोड़ देना विषाद में हो सकता है। थक गए, जीत दिखाई नहीं पड़ती, मन को समझा लिया कि छोड़े देते हैं, हटे ही जाते हैंह्लकम से कम यह तो कहने को रहेगा कि हम इसलिए नहीं हारे कि हम कमजोर थे; हम लड़े ही नहीं।

देखा, स्कूल में विद्यार्थी परीक्षा देने के करीब आता है तो कई विद्यार्थी परीक्षा देने से बचना चाहते हैंह्लकम से कम यह तो कहने को रहेगा कि कभी फेल नहीं हुए; बैठे ही नहीं, बैठते तो उत्तीर्ण तो होने ही वाले थे, लेकिन बैठे ही नहीं। परीक्षा के करीब विद्यार्थी बीमार पड़ने लगते हैं।

मैं विश्वविद्यालय में शिक्षक था। एक विद्यार्थी तीन साल तक मेरी कक्षा में रहा। मैं थोड़ा हैरान होने लगा। और हर वर्ष ठीक परीक्षा के दो-चार दिन पहले उसे बड़े जोर से बुखार, सर्दी-जुकाम और सब तरह की कठिनाइयां हो जाती हैं। एक सौ पांच, एक सौ छः डिग्री बुखार पहुंच जाता। मगर यह होता है हर साल परीक्षा के पहले। मैंने तीन साल के बाद उसे बुलाया और मैंने कहा कि यह बीमारी शरीर की मालूम नहीं पड़ती; यह बीमारी मन की है। क्योंकि ठीक तीन-चार दिन पहले परीक्षा के हो जाता है नियम से। और जैसे ही तय हो जाता है कि अब परीक्षा में तुम न बैठ सकोगे, कि बस एकाध पेपर चला गया, वह चंगा हो जाता है, बिलकुल ठीक हो जाता है। शायद उसे भी पता नहीं है, लेकिन मन बड़ा धोखा कर रहा है। मन यह कह रहा है: ज्ञअब हम कर भी क्या सकते हैं! बीमार हो गए, इसमें हमारा तो कुछ बस नहीं है। बैठते परीक्षा में तो उत्तीर्ण ही होने थे, स्वर्ण-पदक ही मिलना था; बैठ ही नहीं पाए। तो कम से कम अनुत्तीर्ण होने की बदनामी से तो बचे।

बहुत संन्यासी इसी तरह से संन्यास लेते हैं। जिंदगी में तो दिखाई पड़ता है यहां जीत होगी नहीं; यहां तो हम से बड़े पागल जूझे हुए हैं। यहां तो बड़ा मुश्किल है। बड़ी छीन-झपट है। गला-घोंट प्रतियोगिता है। यहां तो प्राण निकल जाएंगे। यहां जीतने की तो बात दूर, धूल में मिल जाएंगे। लाश पर लोग चलेंगे। यहां से हट ही जाओ। ऐसी पराजय और विषाद की दशा में जो हटता है वह अंतिम नहीं है। उसके भीतर तो प्रथम होने की आकांक्षा है ही। अब वह संन्यासियों के बीच प्रथम होने की कोशिश करेगा; त्यागियों के बीच प्रथम होने की कोशिश करेगा। अगर इस संसार में नहीं सधेगा तो कम से कम परमात्मा के लोक में...।

जीसस की मृत्यु के दिन उनके शिष्य रात जब विदा करने लगे तो पूछा कि एक बात तो बता दें जाते-जाते : जब प्रभु के राज्य में हम पहुंचेंगे तो आप तो निश्चित ही प्रभु के बिलकुल बगल में खड़े होंगे, आपकी बगल में कौन खड़ा होगा? हम बारह शिष्यों में से वह सौभाग्य किसका होगा? आपका तो पक्का है कि आप परमात्मा के ठीक बगल में खड़े होंगे, वह तो बात ठीक। आपके पास कौन खड़ा होगा? हम बारह हैं। इतना तो साफ कर दें, हमारा क्रम क्या रहेगा?

सोचते हैं? इनको संन्यासी कहिएगा? यही जीसस के पैगंबर बने, यही उनका पैगाम ले जाने वाले बने! इन्होंने जीसस की खबर दुनिया में पहुंचाई। ये जीसस को समझे होंगे, जो आखिरी वक्त ऐसी बेहूदी बात पूछने लगे? जुदास तो धोखा दे ही गया है, इन्होंने भी धोखा दे दिया है। जुदास ने तो तीस रुपये में बेच दिया, पर ये भी बेचने को तैयार हैं; इनकी भी बुद्धि वही की वही है। इस संसार में इनमें से कोई मछुआ था, कोई बढ़ई था, कोई लकड़हारा था; इस दुनिया में ये हारे हुए लोग थे, इस दुनिया को छोड़ कर अब ये सपना देख रहे हैं कि वहां दूसरी दुनिया में चखा देंगे मजा-धनपतियों को, सम्राटों को, राजनीतिज्ञों को, कि खड़े रहो पीछे! हम प्रभु के पास खड़े हैं! हमने वहां दुख भोगा!

ऐसी आकांक्षा हो तो तुम अंतिम नहीं। तो अंतिम का अर्थ समझ लेना। अंतिम जो खड़ा है, ऐसा अंतिम का अर्थ नहीं है। जो अंतिम होने को राजी है; जिसकी प्रथम होने की दौड़ शांत हो गई है, शून्य हो गई है; जिसने कहा, मैं जहां खड़ा हूं, यही परमात्मा का प्रसाद है; मैं जहां खड़ा हूं, बस इससे अन्यथा की मेरी कोई चाह नहीं, मांग नहीं, तृप्त हूं यहांह्नऐसा जो अंतिम हो तो प्रथम हो जाना निश्चित है!

दूसरा प्रश्न : अलबर्ट आइंस्टीन ने जगत के विस्तार को जाना, ब्रह्म को जाना। क्या आप उन्हें ब्राह्मण का संबोधन देंगे?

जन्मजात ब्राह्मण से तो ज्यादा ही ब्राह्मण आइंस्टीन को कहना होगा। जो केवल पैदा हुआ है ब्राह्मण के घर में, इसलिए ब्राह्मण, उससे तो आइंस्टीन ज्यादा ही ब्राह्मण हैं। यज्ञोपवीत धारण करके जो ब्राह्मण हो गया है उससे तो आइंस्टीन ज्यादा ही ब्राह्मण हैं।

मरने के दो दिन पहले आइंस्टीन से किसी ने पूछा : 'दुबारा अगर पैदा हों तो क्या होना चाहेंगे? फिर वैज्ञानिक बनना चाहेंगे?' आइंस्टीन ने आंख खोली और कहा : 'नहीं-नहीं, भूल कर भी नहीं। जो भूल एक बार हो गई, हो गई; दुबारा मैं कुछ भी

विशिष्ट न बनना चाहूंगा। प्लंबर बन जाऊंगा, कोई छोटा-मोटा काम, विशिष्ट होना अब नहीं। देख लिया, कुछ पाया नहीं। अब तो साधारण होना चाहूंगा।'

यही तो ब्राह्मण का भाव हैह्नयह विनम्रता! फिर भी उनको मैं पूरा ब्राह्मण नहीं कह सकता, क्योंकि ब्रह्मांड तो उन्होंने जाना, वह जो बाहर था वह तो जाना; लेकिन जो भीतर था उसको नहीं जाना। फिर भी ब्राह्मणों से बेहतर, क्योंकि यह कहा कि जो भीतर है उसका मुझे कुछ पता नहीं। जिन्होंने शास्त्र पढ़ लिया है और शास्त्र से रट लिया है, उस रटन को जो अपना ज्ञान दावा करते हैं उनसे तो ज्यादा ब्राह्मणत्व आइंस्टीन में हैह्नकम से कम कहा तो कि मुझे भीतर का कुछ भी पता नहीं! भीतर मैं कोरा का कोरा, खाली का खाली हूं! इस जगत की बहुत सी पहेलियां मैंने सुलझा लीं, लेकिन मेरे अपने अंतस की पहेलियां उलझी रह गई हैं।

उपनिषद कहते हैं: जो कहे मैं जानता हूं, जानना कि नहीं जानता। और जो कहे कि मैं नहीं जानता, रुक जाना, शायद जानता हो।

आइंस्टीन कहता है: मुझे कुछ पता नहीं भीतर का। बाहर के ज्ञान ने यह भ्रांति कभी पैदा न होने दी कि भीतर का जान लिया है। बाहर की प्रतिष्ठा ने किसी तरह का भ्रम न पैदा होने दिया। बाहर की प्रतिष्ठा बड़ी थी। मनुष्य-जाति के इतिहास में दो-चार लोग मुश्किल से इतने प्रतिष्ठित हुए हैं जैसा आइंस्टीन प्रतिष्ठित था। लेकिन फिर भी इससे कोई अस्मिता, अहंकार खड़ा न हुआ। इससे मैंह्नभाव पैदा न हुआ। तो ब्राह्मण से तो ज्यादा ब्राह्मण हैं। लेकिन जो जाना वह बाहर का था। ब्रह्मांड का विस्तार जाना। पदार्थ का विस्तार जाना। दूर-दूर चांद-तारों की खोज की। लेकिन स्वयं के संबंध में कोई गहरा अनुभव न हुआ। स्वयं के संबंध में कोई यात्रा ही न हुई।

तो ब्राह्मण तो वही है जो स्वयं के भीतर के ब्रह्म को जान ले। ब्राह्मण तो वही है जो स्वयं के भीतर के ब्रह्म को और बाहर के ब्रह्मांड को एक जान ले। ब्राह्मण तो वही है, जो भीतर और बाहर एक का ही विस्तार है, ऐसा जान ले।

और याद रखना, जब मैं कहता हूं, जान ले, तो मेरा मतलब है अनुभव कर ले। सुन कर न जान ले, पढ़ कर न जान ले। पढ़ कर सुना हुआ तो खतरनाक है। उससे भ्रांति पैदा होती है। लगता है जान लिया और जाना कुछ भी नहीं। अज्ञान छिप जाता है, बस ऊपर ज्ञान की पर्त हो जाती है।

उधार ज्ञान, बासा ज्ञान अज्ञान से भी बदतर है।

उद्दालक ने अपने बेटे श्वेतकेतु को कहा है...। जब श्वेतकेतु वापस लौटा गुरु के घर से सब जान करह्नमेरे जानने के अर्थ में नहीं; जानने का जैसा अर्थ शब्दकोश में लिखा है वैसे अर्थ मेंह्नसब जान कर, पारंगत हो कर, वेद को कंठस्थ करके जब लौटा तो स्वभावतः उसे अकड़ आ गई। बाप इतना पढ़ा-लिखा न था। जब बेटे

विश्वविद्यालय से लौटते हैं तो उनको पहली दफा दया आती है बाप पर कि बेचारा, कुछ भी नहीं जानता! ऐसा ही उद्दालक को देख कर श्वेतकेतु को हुआ होगा। श्वेतकेतु सारे पुरस्कार जीत कर लौट रहा है गुरुकुल से। उसको ऐसी भीतर अकड़ आ गई कि उसने अपने बाप के पैर भी न छुए। उसने कहा : ङ्गमैं और पैर छुऊं इस बूढ़े अज्ञानी के जो कुछ भी नहीं जानता!ङ्ख बाप ने यह देखा तो उसके आंखों में आंसू आ गए। नहीं कि बेटे ने पैर नहीं छुए, बल्कि यह देख कर कि यह तो कुछ भी जान कर न लौटा। इतना अहंकारी होकर जो लौटा, वह जान कर कैसे लौटा होगा!

तो जो पहली बात उद्दालक ने श्वेतकेतु को कही कि सुन, तू वह जान लिया है या नहीं जिसे जानने से सब जान लिया जाता है? श्वेतकेतु ने कहा : 'यह क्या है? किसकी बात कर रहे हो? मेरे गुरु जो सिखा सकते थे, मैं सब सीख आया हूं। मेरे गुरु जो जानते थे, मैं सब जान आया हूं। इसकी तो कभी चर्चा ही नहीं उठी, उस एक को जानने की तो कभी बात ही नहीं उठी, जिसको जानने से सब जान लिया जाता है। यह एक क्या है?'

तो उद्दालक ने कहा : 'फिर तू वापस जा। यह तू जान कर अभी आ गया, इससे तू ब्राह्मण नहीं होगा। और हमारे कुल में हम जन्म से ही ब्राह्मण नहीं होते; हमारे कुल में हम जान कर ब्राह्मण होते रहे हैं। तू जा। तू जान कर लौट। ऐसे न चलेगा। तू शास्त्र सिर पर रख कर आ गया है, बोझ तेरा बढ़ गया है। तू निर्भार नहीं हुआ है, शून्य नहीं हुआ, तेरे भीतर ब्रह्म की अग्नि नहीं जली, अभी तू ब्राह्मण नहीं हुआ। और ध्यान रख, हमारे कुल में इस तरह हम ब्राह्मण होने का दावा नहीं करते कि पैदा हो गए तो बस ब्राह्मण हो गए; अब ब्राह्मण घर में पैदा हो गए तो ब्राह्मण हो गए! ब्रह्म को जान कर ही हमारे पुरखे दावे करते रहे हैं। और जब तक यह जानना न हो जाए, लौटना मत अब।'

गया श्वेतकेतु वापस। बड़ी कठिन सी बात मालूम पड़ी। क्योंकि गुरु जो जानते थे, सब जान कर ही आ गया है। जब गुरु को जाकर उसने कहा कि मेरे पिता ने ऐसी उलझन खड़ी कर दी है कि वे कहते हैं, उस एक को जान कर आ, जिसे जानने से सब जान लिया जाता है; और जिसे बिना जाने सब जानना व्यर्थ है। वह एक क्या है? आपने कभी बात नहीं की!

तो गुरु ने कहा : उसकी बात की भी नहीं जा सकती। शब्द में उसे बांधा भी नहीं जा सकता। लेकिन अगर तू तय करके आया है कि उसे जानना है तो उपाय हैं। शब्द उपाय नहीं है। शास्त्र उपाय नहीं, सिद्धांत उपाय नहीं। वह तो मैंने तुझे सब समझा दिया। तू सब जान भी गया। तू उतना ही जानता है जितना मैं जानता हूं। लेकिन अब तू जो बात उठा रहा है, यह बात और ही तल की है, और ही आयाम की है। एक काम

करह्नजा गौओं को गिन ले आश्रम में कितनी गौएं हैं, इनको लेकर जंगल चला जा। दूर से दूर निकल जाना; जहां आदमी की छाया भी न पड़े, ऐसी जगह पहुंच जाना। आदमी की छाया न पड़े, ताकि समाज का कोई भी भाव न रहे।

जहां समाज छूट जाता है वहां अहंकार के छूटने में सुविधा मिलती है। जब तुम अकेले होते हो तो अकड़ नहीं होती। तुम अपने बाथरूम में स्नान कर रहे हो तब तुम भोले-भाले होते हो; कभी मुंह भी बिचकाते हो आईने के सामने; छोटे बच्चे जैसे हो जाते हो। अगर तुम्हें पता चल जाए, कोई कुंजी के छेद से झांक रहाह्नतुम सजग हो गए, अहंकार वापस आ गया! अकेले तुम जा रहे हो सुबह रास्ते पर, कोई भी नहीं, सन्नाटा है, तो अहंकार नहीं होता। अहंकार के होने के लिए ञ्तूञ् का होना जरूरी है। 'मैं' खड़ा नहीं होता बिना 'तू' के।

तो गुरु ने कहा : दूर निकल जाना जहां आदमी की छाया न पड़ती हो। गौओं के ही साथ रहना, गौओं से ही दोस्ती बना लेना। यही तुम्हारे मित्र, यही तुम्हारा परिवार।

निश्चित ही गौएं अदभुत हैं। उनकी आंखों में झांका! ऐसी निर्विकार, ऐसी शांत!

कभी संबंध बनाने की आकांक्षा हो श्वेतकेतु तो गौओं की आंखों में झांक लेना। और तब तक मत लौटना जब तक गौएं हजार न हो जाएं। बच्चे पैदा होंगे, बड़े होंगे।

चार सौ गौएं थीं आश्रम में, उनको सबको लेकर श्वेतकेतु जंगल चला गया। अब हजार होने में तो वर्षों लगे। बैठा रहता वृक्षों के नीचे, झीलों के किनारे, गौएं चरती रहतीं; सांझ विश्राम करता, उन्हीं के पास सो जाता। ऐसे दिन आए, दिन गए; रातें आईं, रातें गईं; चांद उगे, चांद ढले; सूरज निकला, सूरज गया। समय का धीरे-धीरे बोध भी न रहा, क्योंकि समय का बोध भी आदमी के साथ है। कैलेंडर तो रखने की कोई जरूरत नहीं जंगल में। घड़ी भी रखने की कोई जरूरत नहीं। यह भी चिंता करने की जरूरत नहीं कि सुबह है कि सांझ है कि क्या है कि क्या नहीं है। और गौएं तो कुल साथी थीं, कुछ बात हो न सकती थी। गुरु ने कहा था, कभी-कभी उनकी आंख में झांक लेना तो झांकता था; उनकी आंखें तो कोरी थीं, शून्यवत! धीरे-धीरे श्वेतकेतु शांत होता गया, शांत होता गया! कथा बड़ी मधुर है। कथा है कि वह इतना शांत हो गया कि भूल ही गया कि जब हजार हो जाएं तो वापस लौटना है। जब गौएं हजार हो गईं तो गौओं ने कहा : 'श्वेतकेतु, अब क्या कर रहे हो? हम हजार हो गए। गुरु ने कहा था...। अब वापस लौट चलो आश्रम। अब घर की तरफ चलें।' गौओं ने कहा, इसलिए वापस लौटा। कथा बड़ी प्यारी है! गौओं ने कहा होगा, ऐसा नहीं। लेकिन इतनी बात की सूचना देती है कि ऐसा चुप हो गया था, मौन कि अपनी तरफ से कोई शब्द न उठे; खयाल भी न उठा। अतीत जा चुका। मन के साथ ही गया अतीतह्नमन के साथ ही चला जाता है। इस मौन क्षण में एक जाना जाता है।

लौटा! गुरु द्वार पर खड़े थे। देखते थे, गुरु ने अपने और शिष्यों से कहा: 'देखते हो! एक हजार एक गौएं लौट रही हैं।'

एक हजार एक! क्योंकि गुरु ने श्वेतकेतु को भी गौओं में गिना। वह तो गऊ हो गया। ऐसा शांत हो गया जैसे गाय। वह उन गऊओं के साथ वैसा ही चला आ रहा था जैसे और गाएं चली आ रही थीं। गऊओं और उसके बीच इतना भी भेद नहीं था कि मैं मनुष्य हूं और तुम गाय हो।

भेद गिर जाते हैं शब्द के साथ; अभेद उठता है निःशब्द में। जब वह आकर गुरु के सामने खड़ा हो गया और उसने कहा कि अब कुछ आज्ञा? तो गुरु ने कहा: 'अब क्या? तू तो जान कर ही लौटा, अब क्या समझाना है! तेरी मौजूदगी कह रही है कि तू जान कर ही लौटा है, अब तू अपने घर लौट जा सकता है। अब तेरे पिता प्रसन्न होंगे, तू ब्राह्मण हो गया है।'

तो आइंस्टीन को ब्राह्मण इस अर्थ में तो नहीं कह सकते; लेकिन आइंस्टीन ब्राह्मण होने के मार्ग पर था। बाहर को जान लिया था, भीतर को जानने की प्रगाढ़ जिज्ञासा उठी थी। लेकिन फिर भी मैं फिर से दोहरा दूं: तुम्हारे तथाकथित ब्राह्मणों से, पुरी के शंकराचार्य से तो ज्यादा ब्राह्मण थे।

तीसरा प्रश्न: कृष्णमूर्ति बार-बार अपने श्रोताओं से कहते हैं: 'सुनो गंभीरतापूर्वक; यह गंभीर बात है! लिसन सीरियसली; इट इज़ ए सीरियस मैटर।' पर आप अपने संन्यासियों से ऐसा नहीं कहते: 'सुनो गंभीरतापूर्वक; यह गंभीर बात है!'

पहली तो बात: या तो जो कुछ है सभी गंभीर है, या कुछ भी गंभीर नहीं। ऐसा विशेष रूप से कहना कि यह गंभीर बात है, भेद खड़ा करना होगा; जैसे कि कुछ बात गैर-गंभीर भी हो सकती है! सभी बात गंभीर है या तो, या कोई बात गंभीर नहीं।

बोध हो तो सभी बातें रहस्यपूर्ण हैं। वृक्ष से एक सूखे पत्ते का गिरना भी! क्योंकि कभी ऐसा हुआ है, लाओत्सु जैसा कोई व्यक्ति वृक्ष से सूखे गिरते हुए पत्ते को देख कर ज्ञान को उपलब्ध हो गया है। तो गंभीर बात हो गई। बैठा था नीचे, वृक्ष से पत्ता गिरा, सूखा था, लटका था, जरा हवा का झोंका आया और गिरा। पत्ता ऐसा नीचे गिरने लगा हवा में धीरे-धीरे और लाओत्सु भीतर गिर गया। उसने कहा, यहां तो सब आना-जाना है! आज हैं, कल चले जाएंगे! अब यह पत्ता वृक्ष पर लगा था, अभी-अभी छूट गया; देखते-देखते छूट गया! ऐसे ही एक दिन मैं मर जाऊंगा। इस जीवन का कोई मूल्य नहीं।

बात गंभीर हो गई।

एक झेन साधिका घड़े में पानी भरकर लौटती थी कुएं से। पूर्णिमा की रात थी और घड़े में देखती थी पूर्णिमा के चांद का प्रतिबिंब। अचानक रस्सी टूट गई, कांवर टूट गई, घड़ा गिरा, फूट गया, पानी बिखर गयाह्नप्रतिबिंब भी बिखर गया और खो गया। और कहते हैं साध्वी ज्ञान को उपलब्ध हो गई। नाचती हुई लौटी। एक बात समझ में आ गई : वही मिटता है जो प्रतिबिंब है। इसलिए प्रतिबिंबों में मत उलझो। इस जगत में तो सभी मिट जाता है, इसलिए यह जगत प्रतिछाया है, सत्य नहीं है। घड़ा क्या टूटा, कांवर क्या बिखरी, उसके जीवन की सारी वासना का जाल बिखर गया। तो गंभीर बात हो गई।

जिससे विराट जाना जा सके वही गंभीर बात हो जाती है। और फिर ऐसे भी लोग हैं कि तुम्हारे सामने कोई उपनिषद को दोहराता रहे और तुम ऐसे बैठे रहो जैसे भैंस के सामने कोई बीन बजाएह्नतो भी गंभीर बात न हुई। लाख दोहराओ उपनिषद, क्या होगा?

बोध हो तो जीवन की प्रत्येक घड़ी संदेश ला रही है। बोध हो तो पत्ते-पत्ते पर उसका नाम लिखा है। जाग सको तो हर बात महत्वपूर्ण है; न जाग सको तो कुछ भी महत्वपूर्ण नहीं है। तुम्हारे सिर पर कोई चोट करके कहता रहे कि बड़ी महत्वपूर्ण बात है, सुनो! सुनने की क्षमता ही नहीं है तो कहने से क्या होगा?

निश्चित, कृष्णमूर्ति का प्रेम प्रकट होता है, क्योंकि वे बार-बार चेष्टा करते हैं कि तुम सुन लो; बार-बार तुम्हें हिलाते, झकझोरते हैं। उनकी करुणा पता चलती है। नाराज भी होते हैं कृष्णमूर्ति कभी। क्योंकि लाख समझाए चले जाते हैं, फिर भी मजा है...।

एक मित्र मुझसे कह रहे थे। गए होंगे सुनने। और एक बूढ़ा आदमी सामने ही बैठा था। और कृष्णमूर्ति समझा रहे थे ध्यान से कुछ भी न होगा; कोई विधि की जरूरत नहीं है; तुम जाग जाओ यहीं और अभी! और फिर उन्होंने कहा, किसी को कोई प्रश्न तो नहीं पूछना है? वह बूढ़ा खड़ा हो गया और बोला कि ध्यान कैसे करें महाराज? उन्होंने अपना सिर ठोंक लिया। यह जो घंटे भर सिर पचाया...। वह आदमी पूछता है कि ध्यान कैसे करें!

ऐसे कृष्णमूर्ति को सुनने वाले तीस-तीस चालीस-चालीस साल से सुन रहे हैं, बैठे हैं। वे सुनेंगे मरते दम तक, मगर सुना नहीं। इन मुर्दों को हिलाने के लिए बार-बार वे कहते हैं : ञ्चसुनो, गंभीर बात है! इसे तो सुन लो कम से कम। और चूके सो चूके, इसे तो सुन लो!ञ्च ऐसा बार-बार कहते हैं। मगर वे बैठे जो हैं, बैठे हैं। वे इसको भी कहां सुनते हैं! यह गंभीर बात है, इसे सुनोह्नइसके लिए भी तो सुनने वाला चाहिए।

वे इसको भी नहीं सुनते। वे बैठे जैसे, वैसे बैठे हैं। थोड़े और सम्हल कर बैठ जाते हैं कि ठीक, चलो! मगर सुनने की बात जरा कठिन है।

सुनने के लिए एक तरह का बोध, एक तरह का 'अबोध बोध' चाहिए। बुद्धिमान का बोध नहीं, निर्दोष बालक का। 'अबोध बोध' कहता हूं। निर्दोष बालक का बोध चाहिए। सजगता चाहिए। शांत भाव चाहिए। भीतर शब्दों की, विचारों की शृंखला न चलती हो। भीतर तर्क का जाल न हो। भीतर पक्षपात न हो।

'सुनो' का क्या अर्थ होता है? 'सुनो' का अर्थ होता है : अपनी मत बीच-बीच में डालो, जरा अपने को हटा कर रख दो। सीधा-सीधा सुन लो! सुनने का यह अर्थ नहीं होता है कि मेरी मान लो। सुनने का इतना ही अर्थ होता है : मानने न मानने की फिकर पीछे कर लेना; अभी सुन तो लो; जो कहा जा रहा है, उसे ठीक-ठीक सुन तो लो।

तुम वही सुनते हो जो तुम सुनना चाहते हो। तुम वही सुनते हो जो तुम्हारे मतलब का है। वहीं तक सुनते हो जहां तक तुम्हारे मतलब का है। तुम बड़ी काट-पीट करके सुनते हो। तुम उतना ही भीतर जाने देते हो जितना तुम्हें बदलने में समर्थ न होगा। तुम उतना ही भीतर जाने देते हो जितना तुम्हारे पुरानेपन को और मजबूत करेगा; तुम्हें और प्रगाढ़ कर जाएगा; तुम्हारे अहंकार को और कठोर, मजबूत, शक्तिशाली बना जाएगा। तुम थोड़े और ज्ञानी होकर चले जाओगे।

मैं तुमसे यह नहीं कहता। नहीं कहता इसीलिए कि कृष्णमूर्ति चालीस साल कहकर भी किसको सुना पाए! मुझे तो जो कहना है, तुमसे कहे चला जाता हूं। गंभीर है या गैर-गंभीर है, इसको दोहराने से कुछ भी न होगा। सुनने को तुम आए हो तो सुन लोगे। सुनने को तुम नहीं आए हो तो नहीं सुनोगे। तुम पर छोड़ दिया। मेरा काम मैं पूरा कर देता हूं बोलने का। मैं परिपूर्णता से बोल देता हूं। मैं अपनी समग्रता से बोल देता हूं। अगर तुम भी सुनने की तैयारी में हो, कहीं मेरा तुम्हारा मेल हो जाए, तो घटना घट जाएगी। बोलने वाला अगर परिपूर्णता से बोलता हो और सुनने वाला भी परिपूर्णता से सुन ले तो श्रवण में ही सत्य का हस्तांतरण हो जाता है। जो नहीं दिया जा सकता, वह पहुंच जाता है। जो नहीं कहा जा सकता, वह भी कह दिया जाता है। अव्याख्य की व्याख्या हो जाती है। अनिर्वचनीय एक हाथ से दूसरे हाथ में उतर जाता है। लेकिन बोलनेवाले और सुनने वाले का तालमेल हो जाए, एक ऐसी घड़ी आ जाए, जहां बोलने वाला भी अपनी परिपूर्णता में, पूरे भाव में और तुम भी अपनी परिपूर्णता में हो, पूरे भाव में। अगर ऐसा मिलन हो जाए न तो बोलनेवाला बोलने वाला रह जाता है, न सुनने वाला सुनने वाला रह जाता है। गुरु और शिष्य एक-दूसरे में खो जाते हैं, लीन हो जाते हैं!

इसको दोहराना क्या है कि गंभीरता से सुनो!

जो भी मैं कह रहा हूं, या तो सभी गंभीर है, या कुछ भी गंभीर नहीं। दोनों में से मैं किसी भी बात से राजी हूं: या तो तुम मान लो कि सब गंभीर है तो भी मैं राजी हूं, क्योंकि तब गंभीर कहने का कोई अर्थ न रहा, सभी गंभीर है; या तुम कहो कुछ भी गंभीर नहीं, तो भी मैं राजी हूं।

अगर तुम मुझसे पूछो कि क्या है, गंभीर है या नहीं? तो मैं तो तुमसे कहूंगा, सब लीला है। कई बार तो ऐसा होता है कि तुम्हारी गंभीरता के कारण ही तुम नहीं सुन पाते। गंभीर होकर तुम बोझिल हो जाते हो, हलके नहीं रह जाते; तनाव से भर जाते हो। मैं तुम्हें तनाव से नहीं भरना चाहता।

अगर मैं तुमसे कहूं, गंभीर बात कह रहा हूं, सुनो! तो तुम रीढ़ सीधी करके बैठ जाओगे। क्या करोगे और? तुमने देखा है, स्कूल में शिक्षक कहता है: 'बच्चो, एकाग्र हो जाओ! महत्वपूर्ण बात कही जा रही है!' सब बच्चे सम्हलकर बैठ गए। लेकिन बच्चे बच्चे हैं, सम्हलकर बैठ गए तो वे बच्चे सम्हलकर बैठे हैं, आंखें गड़ाते हैं, सिर पर तनाव लाते हैं, सब तरह से दिखलाते हैं कि बड़े गंभीर होकर देख रहे हैं; मगर उन्हें बोर्ड पर कुछ नहीं दिखाई पड़ रहा है। बाहर एक पक्षी पंख फड़फड़ा रहा है, वह सुनाई पड़ रहा है। बाहर कोई फिल्मी गीत गाता गुजर रहा है, वह सुनाई पड़ रहा है। बैठे हैं आंख गड़ाए बोर्ड पर, कुछ दिखाई नहीं पड़ता। शिक्षक क्या कह रहा है, सुनाई नहीं पड़ता। लेकिन दिखावा कर रहे हैं।

वैसा ही दिखावा फिर जीवन भर चलता है। जब कोई कहता है, गंभीर बात, तो तुम गौर से सुनने लगते हो। लेकिन गौर से तुम सुनोगे! तुम गौर से सुनते हो, ऐसा दिखलाते हो।

नहीं, मैं चाहता हूं कि तुम हलके होकर सुनो। तुम लीलापूर्वक सुनो। विश्राम में सुनो। तने होकर मत बैठो। यहां हम एक खेल में लीन हैं। यहां कोई बड़ा काम नहीं हो रहा है। तुम ऐसे सुनो जैसे संगीत को सुनते हो। संगीत को तुम गंभीर होकर थोड़े ही सुनते हो, लवलीन होकर सुनते हो। गंभीर होकर संगीत को तुम सुनो तो उसका अर्थ हुआ कि तुमने सुना ही नहीं। लीन होकर तुम डुबकी लगा लेते हो, भूल ही जाते हो।

यहां सुनते समय तुम ऐसे सुनो कि तुम्हें तुम्हारी याद भी न रहे। गंभीर में तो तुम्हें याद बनी रहेगी। गंभीर में तो तुम स्वचेतन बने रहोगे। गंभीर में तो तुम डरे रहोगे, कुछ चूक न जाए, कोई एकाध शब्द खो न जाए! हलके हो कर, लीलापूर्वक, विश्रांति में सुनो, तो शायद बात हृदय तक ज्यादा पहुंच जाए।

तुम नहीं सुन पाते तो मैं नाराज नहीं हूं। तुम नहीं सुन पाते, यह बिलकुल स्वाभाविक है। कृष्णमूर्ति नाराज हो जाते हैं। उनकी बड़ी आग्रहपूर्वक चेष्टा है कि तुम

सुन लो। और कारण भी समझ में आता हैह्नवे चालीस साल से समझाते हैं, कोई समझता नहीं है। एक सीमा होती है। अब उनके जाने के दिन करीब आ गए; अब भी कोई सुनता हुआ नहीं मालूम पड़ता, कोई समझता हुआ मालूम नहीं पड़ता। जो दावा करते हैं कि हम समझते हैं, उनके दावे झूठे हैं। एक व्यक्ति ऐसा नहीं दिखाई पड़ता जिस पर कृष्णमूर्ति को लगे कि हां, यह ठीक-ठीक समझ गया है। तो विदा होने के क्षण आने लगे; जीवन भर की चेष्टा व्यर्थ गई मालूम होती है; कोई सुनता-समझता हुआ नहीं मालूम पड़ता। करुणावश ही नाराज होते हैं; किसी क्रोधवश नहीं।

लेकिन मैं करुणावश भी नाराज होने को राजी नहीं हूं। मेरी मौज थी, मैंने कह दिया; तुम्हारी मौज थी, तुमने सुन लिया; तुम्हारी मौज थी, तुमने नहीं सुना। बात खतम हो गई। नहीं सुनना है, तुम्हारी मर्जी। मैं कौन हूं जो नाराज होऊं! और मैं क्यों यह जुम्मा अपने सिर लूं कि तुम्हें सुनाकर ही जाऊंगा। यह मेरी मौज है कि मुझे सुनाना है; कुछ मुझे मिला है, वह मुझे गुनगुनाना है; कुछ पाया है उसे बांटना है। यह मेरी तकलीफ है, इससे तुम्हें क्या लेना-देना है!

यह बादल की पीड़ा है कि भरा है और बरसना है; अब पृथ्वी उसे स्वीकार करेगी या नहीं, पलक-पांवड़े बिछा कर अंगीकार करेगी या नहीं, चट्टानों पर से जल ऐसे ही बह जाएगा और चट्टानें पहले की जैसी सूखी रह जाएंगी या मरुस्थल में पानी गिरेगा और फिर भाप बनकर आकाश में उठ आएगा, कहीं कोई हरियाली पैदा न होगी या कहीं कोई भूमि स्वीकार कर लेगी, प्यासे कंठ को, भूमि को तृप्ति मिलेगी, उस तृप्ति से हरियाली जगेगी, फूल खिलेंगे, खुशी होगी, उत्सव होगाह्नक्या फर्क पड़ता है! बादल को बरसना है तो बादल बरस जाता हैह्नपहाड़ों पर भी, मरुस्थलों में भी, खेत-खलिहानों में भी, सीमेंट की सड़कों पर भी। सब तरफ बादल बरस जाता है। उसे बरसना है। जो ले ले, ले ले; जो न ले, न ले।

मैं इस अर्थ में गंभीर नहीं हूं जिस अर्थ में कृष्णमूर्ति गंभीर हैं। कृष्णमूर्ति अति गंभीर हैं; मैं गंभीर नहीं हूं। इसलिए तुम्हारे साथ हंस भी लेता हूं, तुम्हें हंसा भी लेता हूं। धर्म मेरे लिए कोई ऐसी बात नहीं है कि उसका बड़ा बोझ बनाया जाए। धर्म मेरे लिए सरल बात है। उसके लिए बुद्धि का बहुत तनाव नहीं चाहिए; थोड़ा निर्दोष हलकापन चाहिए। मजाक-मजाक में तुमसे मैं गंभीर बात कहता हूं। जब मुझे जितनी गंभीर बात कहनी होती है उतनी मजाक में कहता हूं। क्योंकि मजाक में तुम हलके रहोगे, हंसते रहोगे; हंसी में शायद गंभीर बात रास्ता पा जाए, तुम्हारे हृदय तक पहुंच जाए। तुमसे यह बात कहना कि गंभीर बात कह रहा हूं, सुनो, तुमको और अकड़ा देना है। तुम्हारी गंभीरता के कारण ही न पहुंच पाएगी।

तुमने देखा, जो बात तुम्हारे भीतर पहुंचानी हो उसको पहुंचाने के लिए कुछ और उपाय होना चाहिए। तुम ऐसे तल्लीन हो कि तुम अपने पहरे पर नहीं हो। जब तुम पहरे पर नहीं हो तब कोई बात पहुंच जाती है।

देखते हो, सिनेमा देखने जाते हो, तब तुम अपने पहरे पर नहीं होते, फिल्म देखने में तल्लीन हो, बीच में विज्ञापन आ जाता है: लक्स टायलेट साबुन! वह जिसने बीच में विज्ञापन रख दिया है, वह जानता है कि अभी तुम गंभीर नहीं हो, अभी तुम इसकी फिकर भी न करोगे, शायद तुम इसे पढ़ो भी नहीं; लेकिन आंख की कोर में छाप पड़ गई: लक्स टायलेट साबुन! अभी तुम गैर-गंभीर थे। अभी तुम तने न बैठे थे। अभी तुम उत्सुक ही न थे इस सब बात में। अभी तो तुम डूबे थे कहीं और। इस डुबकी की हालत में यह लक्स टायलेट साबुन चुपचाप भीतर प्रवेश कर गई। पहरेदार नहीं था द्वार पर। यह ज्यादा सुगम है तुम्हारे भीतर पहुंचा देना।

कभी तुमसे मजाक करता हूं; कुछ बात कहता हूं हंसी की; तुम हंसने में लगे हो, तभी कोई एक पंक्ति डाल देता हूं जो तुम्हारे भीतर पहुंच जाए। तुम हंसी में भूल गए थे; उसी बीच तुम्हें थोड़ा सा देने योग्य दे दिया।

मुझसे कई मित्र पूछते हैं कि कभी भी किसी धर्मगुरु ने इस तरह हंसी में बातें नहीं कही हैं। तो मैं कहता हूं, तुम देखते हो, नहीं कहीं, तो नहीं पहुंचीं। अब मुझे जरा प्रयोग करके देख लेने दो। गंभीर लोगों ने प्रयोग करके देख लिया है, नहीं पहुंचा है; मुझे जरा गैर-गंभीर प्रयोग करके देख लेने दो। तो तुम देखोगे धर्मगुरुओं की सभा में बूढ़े आदमियों को; मेरी सभा में तुम्हें जवान भी मिल जाएंगे, बच्चे भी मिल जाएंगे; उनकी संख्या ज्यादा मिलेगी। क्योंकि जो मैं कह रहा हूं, वह उन्हें गंभीर बनाने की जबरदस्ती नहीं है।

मेरे साथ जवान भी उत्फुल्ल हो सकता है और बच्चा भी हंस सकता है और बूढ़ा भी उत्सव में सम्मिलित हो सकता है। मेरा अपना प्रयोग है। ऐसा मैं नहीं कह रहा हूं कि कृष्णमूर्ति गलत करते हैं। वे जो करते होंगे, ठीक करते होंगे। वह उनकी जानकारी। वह वे जानें। तुलना नहीं कर रहा हूं। तुलना हो भी नहीं सकती। मैं अपने ढंग से कर रहा हूं, वे अपने ढंग से करते हैं। जो गंभीर हों, उन्हें उनसे सुन कर समझ लेना चाहिए। जो गंभीर न हों, उन्हें मुझसे सुन कर समझ लेना चाहिए। कहीं तो समझो!

चौथा प्रश्न: क्या जल्दी ही आप गद्य को छोड़ कर पद्य में ही हमें समझाएंगे? और क्या फिर मौन में चले जाएंगे?

पद्य निश्चित ही प्रार्थना के ज्यादा करीब है गद्य से। और तुमने अगर मुझे सुना है तो मैं पद्य में ही समझाता रहा हूं, गद्य बोला ही कब? पद्य का अर्थ क्या होता

है ?ह्नजो गाया जा सके; जो गेय है; जो नाचा जा सके। पद्य का अर्थ क्या है ?ह्नजिसमें एक संगीत है, एक लयबद्धता है, एक छंद है। तुम अगर मुझे ठीक से सुन रहे हो, तो जब मैं गद्य बोलता मालूम पड़ता हूं तब भी पद्य ही बोल रहा हूं। क्योंकि सारी चेष्टा यही है कि तुम गुनगुना सको, गा सको, नाच सको, तुम्हारे जीवन में छंद आ सके। कविता के ढांचे में बांधूंगा तभी तुम पहचानोगे?

बुद्ध ने जो बोला है, वह सभी पद्य है। महावीर ने जो बोला है, वह सभी पद्य है। गद्य तो बोला नहीं जा सकता। प्रार्थना के जगत से पद्य ही निकलता है। नहीं कि मैं यह कह रहा हूं बुद्ध कोई कवि हैं; कवि तो जरा भी नहीं हैं। मात्रा और व्याकरण और भाषा का उन्हें कुछ पता नहीं है। लेकिन तुकबंदी को तुम पद्य मत समझ लेना। तुकबंद तो बहुत हैं। तुकबंदी में पद्य नहीं है। पद्य जरा कुछ बड़ी बात है। सभी कविताओं में पद्य नहीं होता; और सभी गद्य में पद्य नहीं है, ऐसा भी नहीं है।

तुम्हें अगर मुझे सुनते समय एक गुनगुनाहट पैदा होती हो, मेरी बात तुम्हारे भीतर जाकर मधुर रस बन जाती हो, मेरी बात तुम्हारे भीतर जाकर एक तरंग का रूप लेती हो, तुम डांवाडोल हो जाते होओ, तो पद्य हो गया। पद्य परमात्मा को प्रकट करने के लिए ज्यादा सुगम है।

इसलिए आश्चर्यजनक नहीं है कि उपनिषद पद्य में हैं, कि वेद पद्य में है, कि कुरान गेय है, कि बाइबिल जैसी पद्यपूर्ण भाषा न कभी पहले लिखी गई है न फिर बाद में लिखी गई। माधुर्य है एक। एक अपूर्व रस है। गद्य होता है सूखा-सूखा, कामचलाऊ, मतलब का, अर्थपूर्ण। पद्य होता है अर्थहीन, अर्थमुक्त, अर्थशून्य; रसपूर्ण जरूर, अर्थपूर्ण नहीं।

फूल खिला। पूछो, क्या अर्थ है? गद्य तो नहीं है वहां। क्योंकि अर्थ क्या है? गुलाब का फूल खिला, क्या अर्थ है? क्या प्रयोजन है? न खिलता तो क्या हानि थी? खिल गया तो क्या लाभ है? नहीं, बाजार की दुनिया में गुलाब के फूल में कुछ भी अर्थ नहीं। लेकिन पद्य बहुत है। गुलाब न खिलता तो सारी दुनिया बिना खिली रह जाती। गुलाब न खिलता तो सूरज उदास होता। गुलाब न खिलता तो चांद-तारे फीके होते। गुलाब न खिलता तो पक्षी गुनगुनाते नहीं। गुलाब न खिलता तो आदमी स्त्रियों के प्रेम में न पड़ते; स्त्रियां आदमियों के प्रेम में न पड़तीं। गुलाब न खिलता तो बच्चे खिलखिलाते न, यह सारी खिलखिलाहट के साथ ही है गुलाब। यह गुलाब का खिलना इस महोत्सव का अनिवार्य अंग है। अर्थ कुछ भी नहीं है। गद्य नहीं है यह, पद्य है।

पक्षी गीत गाते हैं; सार तो कुछ भी नहीं है। लेकिन क्या तुम निस्सार कह सकोगे? हाथ में पकड़ कर बाजार में बेचने जाओगे, कोई खरीददार न मिलेगा। लेकिन क्या तुम इसीलिए कह सकोगे कि इनका कोई मूल्य नहीं है? मूल्य बाजार में

भला न हो, लेकिन किसी और तल पर इनका मूल्य हैह्नहृदय के तल पर इनका मूल्य है। पक्षी की गुनगुनाहट हृदय के किन्हीं बंद तालों को खोल जाती है।

तो मैं जो बोल रहा हूं, वह पद्य ही है। मैं कोई कवि नहीं हूं निश्चित ही। लेकिन जो मैं तुमसे कहना चाह रहा हूं, वह कविता है। और तुम उसे सुनोगे, तुम उसे हृदय में धारण करोगे, तुम उसे अपने भीतर स्वागत करोगे, तो तुम पाओगे ः अनंत-अनंत फूल तुम्हारे भीतर उससे खिलेंगे!

जो मैं तुमसे कह रहा हूं, वह पद्य है और तुम्हारे भीतर प्रार्थना बन सकता है। थोड़ी राह दो। थोड़ा मार्ग दो। तुम्हारे हृदय की भूमि में यह बीज पड़ जाए तो इसमें फूल निश्चित ही खिलने वाले हैं। यह पद्य ऊपर से प्रकट न हो, लेकिन यह पद्य तुम्हारे भीतर प्रकट होगा।

और निश्चित ही जो मैं तुमसे कह रहा हूं, वह मौन से आ रहा है। मौन से ही कहना चाहता हूं, लेकिन तुम सुनने में समर्थ नहीं हो। लेकिन जो मैं तुमसे कह रहा हूं, वह मौन के लिए है; मौन से है और मौन के लिए है। जो शब्द मैं तुमसे कहता हूं वह मेरे शून्य से आ रहा है, शून्य से सरोबोर है। तुम जरा उसे चबाना। तुम उसे जरा चूसना। तुम जरा उसे पचाना। और तुम पाओगे ः शब्द तो खो गया, शून्य रह गया। अगर तुमने चबाया न, पचाया न, तो शून्य का तो तुम्हें पता ही न चलेगा, शब्द खटकता रह जाएगा। तो शब्द को तुम इकट्ठे करके पंडित हो जाओगे। अगर मेरे शब्दों में से तुमने शून्य को संगृहीत किया और शब्द की खोल को फेंक दिया तो तुम्हारी प्रज्ञा, तुम्हारा बोध जागेगा, तुम्हारा बुद्धत्व जागेगा। शब्द तो खोल हैं; जैसे कारतूस चल जाए तो चली कारतूस को क्या करोगे? चली कारतूस तो खोल है, असली चीज तो निकल गई।

असली चीज जो मैं तुमसे कह रहा हूं, शून्य है, मौन है। तुम शब्द की खोल को तो फेंक देना। जैसे फल के ऊपर के छिलके को फेंक देते हो और भीतर का रस चूस लेते होह्नऐसे शब्द पर ध्यान मत देना, शून्य पर ध्यान देना। पंक्ति-पंक्ति के बीच में पढ़ना, बीच-बीच में पढ़ना और शब्द-शब्द के बीच जो अंतराल हो वहां ध्यान रखना। जब कभी बोलते-बोलते मैं चुप रह जाता हूं, तब ज्यादा उंड़ेल रहा हूं। तब तुम अपने पात्र को खूब भर लेना।

तुम बरसो, भीगे मेरा तन
तुम बरसो, भीगे मेरा मन
तुम बरसो सावन के सावन
कुछ हलकी छलकी गागर हो
कुछ भीगी भारी हो कांवर

जब तुम बरसो तब मैं तरसूं
जब मैं तरसूं तब तुम बरसो।
हे धाराधर!
कहीं मिलन हो जाए!
जब मैं बरसूं तब तुम तरसो।
जब तुम तरसो तब मैं बरसूं।

कहीं मिलन हो जाए! तुम्हारी प्यास और जो जल लेकर मैं तुम्हारे द्वार पर खड़ा हूं, उसका कहीं मिलन हो जाए।

तुम बरसो, भीगे मेरा तन
तुम बरसो, भीगे मेरा मन
तुम बरसो सावन के सावन
कुछ हलकी छलकी गागर हो
कुछ भीगी भारी हो कांवर
जब तुम बरसो तब मैं तरसूं
जब मैं तरसूं तब तुम बरसो।
हे धाराधर!
शब्द से कुछ न कहूंगा मैं
नयनों के बीच रहूंगा मैं
जो सहना मौन सहूंगा मैं
मेरी धड़कन मेरी आहें
मांगेंगी तुमसे प्रत्युत्तर
जब तुम बरसो तब मैं तरसूं
जब मैं तरसूं तब तुम बरसो।
हे धाराधर!
यह भार तुम्हीं पर भारी है
ऊपर बिजली की धारी है
क्या मेरी ही लाचारी है?
कुछ रिक्त भरा हो जाऊं मैं
कुछ भार तुम्हारा जाए उतर
जब तुम बरसो तब मैं तरसूं
जब मैं तरसूं तब तुम बरसो।
हे धाराधर!

एक अपूर्व घटना घट सकती है; कभी-कभी क्षण भर को घटती भी है; कभी किसी को घटती भी हैह्नजब अचानक संवाद फलित होता है; मेरा पद्य तुम्हें भर लेता है; मेरी आंखें तुम्हारी आंख से मिल जाती हैं, क्षण भर को तुम रिक्त हो जाते हो; तुम्हारी गागर मेरी तरफ उन्मुख हो जाती है। तो रस बहता है। तो संगीत उतरता है। और सारा संगीत और सारा रस शून्य का है। क्योंकि धर्म की सारी चेष्टा यही है कि तुम किसी भांति मिट जाओ ताकि परमात्मा तुम्हारे भीतर हो सके। तुम शून्य हो जाओ तो पूर्ण उतर सके।

पांचवां प्रश्न : आनंद के अनुभव के लिए व्यक्ति का होना अनिवार्य सा लगता है। लेकिन अगर सब तरफ मेरा ही विस्तार है तो फिर आनंद को अनुभव कौन करेगा? जीवन आनंदित हो सके, इसके लिए जैसे संन्यास अनिवार्य है वैसे ही आनंद के अनुभव के लिए व्यक्ति अनिवार्य नहीं है क्या?

व्यक्ति के कारण ही आनंद नहीं हो पा रहा है। आनंद की अपेक्षा के लिए व्यक्ति अनिवार्य है; आनंद के अनुभव के लिए बाधा है। आनंद की आकांक्षा के लिए व्यक्ति की जरूरत है, आनंद की वासना के लिए व्यक्ति की जरूरत है; लेकिन आनंद की अनुभूति के लिए व्यक्ति की कोई भी जरूरत नहीं है। जब आनंद होता है तो तुम थोड़े ही होते हो! तुम नहीं होते हो तभी आनंद होता है। और इसे तुमने भी कभी-कभी किन्हीं अनायास क्षणों में पाया होगा : जब तुम नहीं होते तब थोड़ी सी झलक मिलती है। प्रेमी घर आ गया है तुम्हारा, तुम हाथ में हाथ लेकर बैठ गए हो। एक क्षण को प्रेमी की उपस्थिति तुम्हें इतना लीन कर देती है कि तुम मिट जाते, कुछ खयाल नहीं रह जाता अपना। एक बूंद सरक जाती है। रस झरता है।

कभी सूरज को उगते देखा है? बैठ गए नदी तट पर, उठने लगा सूरज। यह सुबह की हवा, यह नदी की शीतलता, यह शांति, यह खुला आकाश, यह सूरज का उठना, यह सूरज की किरणों का फैलता हुआ सौंदर्य का जालह्नक्षण भर को तुम ठगे रह गए! भूल गए कि तुम हो। क्योंकि स्वयं को बनाए रखने के लिए स्वयं को सदा स्मरण रखना जरूरी है, यह खयाल रखना।

अहंकार कोई ऐसी चीज नहीं है कि पत्थर की तरह तुम्हारे भीतर रखी है। अहंकार तो ऐसा ही है जैसा मैं बार-बार कहता : जैसे कोई साइकिल चलाता, पैडल मारो तो साइकिल चलती है; पैडल मारना भूल गए थोड़ी देर को कि साइकिल गिरी। अहंकार कुछ ऐसा थोड़े ही है कि पत्थर की तरह रखा है; तुम जब तक याद रखो तभी तक है। याददाश्त रखने में ही पैडल चलता है। जैसे ही तुमने याददाश्त भूली कि गया।

तो कभी संगीत सुन कर सिर डोलने लगा, तो गया अहंकार। उस क्षण में तुम्हें रस झरता है, आनंद मालूम होता है। सौंदर्य हो, प्रेम हो, ध्यान हो, संगीत हो या कोई और कारण होह्नकभी-कभी तो ऐसी चीजों से भी रस झर जाता है कि दूसरों को देख कर आश्चर्य होता है। तुम क्रिकेट का मैच देखने गए, तुम्हें क्रिकेट के मैच में रस है; दूसरे समझेंगे पागल हो गए हो, लेकिन तुम बैठे हो वहां मंत्रमुग्ध, आंखें ठगी रह गई हैं, पलकें नहीं झपकती हैं, भूल ही गए अपने को, मूर्तिवत। जैसे कभी बुद्ध बैठ गए होंगे बोधिवृक्ष के नीचे, ऐसे तुम कभी-कभी क्रिकेट देखते समय, फुटबाल-हाकी देखते समय बैठ जाते हो। वहां से तुम बड़े आनंदित लौटते हो; कहते हो कि बड़ा रस आया! क्या हो क्या जाता है? तुम थोड़ी देर को अपने को भूल जाते हो। जहां भूले कि मिटे। आत्म-विस्मरण अनिवार्यरूपेण अहंकार का विसर्जन हो जाता है।

इधर मुझे सुनते-सुनते कई बार तुम्हें जब भी सुख मिलता हो तो खयाल रखना, वह घड़ी वही होगी जब तुम सुनते-सुनते खो जाते हो, भूल जाते हो, याद नहीं रह जाती।

अहंकार श्वास जैसा नहीं है; साइकिल के पैडल मारने जैसा है। याद न रहे तो भी श्वास चलती है। श्वास प्राकृतिक है। तुम रात सो गए तो भी श्वास चलती है। लेकिन रात नींद में अहंकार रह जाता है? सम्राट को पता रहता है मैं सम्राट हूं? भिखारी को पता रहता है मैं भिखारी हूं? सुंदर को पता रहता है मैं सुंदर हूं? धनी को पता रहता है बैंक-बैलेंस का? जब तुम रात सो जाते हो, तुम्हें याद रहता है तुम्हारी पत्नी भी कमरे में सोई है? कुछ याद नहीं रह जाता। यह मकान तुम्हारा है, यह भी याद नहीं रह जाता। अगर रात नींद में तुम्हें उठा कर स्ट्रेचर पर रखकर अस्पताल में रख दिया जाता है तो तुम्हें पता नहीं रहता है। सुबह तुम आंख खोलते हो तब पता चलता है। लेकिन सांस चलती रहती है। राजमहल में, गरीब के झोपड़े में, नंगे आदमी की, सोने से लदे आदमी की श्वास चलती रहती है। आदमी बिलकुल बेहोश हो जाता है, कोमे में पड़ जाता है, महीनों तक बेहोश पड़ा रहे तो भी श्वास चलती रहती है। श्वास का तुमसे कुछ लेना-देना नहीं है। श्वास प्राकृतिक घटना है।

अहंकार श्वास जैसा नहीं है। जब तक पता चले तभी तक है। जैसे ही पता न चला वैसे ही गया। इस सत्य को समझो। जैसे ही गया, एक क्षण को भी गया, तो एक ही क्षण को द्वार खुल जाता है। सदियों-सदियों का अहंकार भी क्षण भर को भूल जाए तो झरोखा खुल जाता है। तुम वातायन से झांक ले सकते हो।

तो जब भी तुम्हें कभी कोई सुख की झलक मिली है तो मिली ही इसलिए है कि तुम मिट गए हो। काम-संभोग में कभी आदमी मिट जाता है तो सुख की झलक मिलती है। कभी शराब पीने में भी आदमी मिट जाता है तो सुख की झलक मिलती है।

इसलिए शराब का इतना आकर्षण है। सारी दुनिया की सरकारें चेष्टा करती हैं शराब बंद हो। धर्मगुरु लगे रहते हैं कि शराब बंद हो। कानून बनते हैं कि शराब बंद हो। शराब बंद नहीं होती। शराब में कुछ कारण है। आदमी अहंकार से इतना थका-थका है कि भूलना चाहता है। कोई और उपाय नहीं मिलता, ध्यान कठिन मालूम होता है, लंबी यात्रा है; समाधि तक पहुंचेंगे, इसका भरोसा नहीं आता। और समाधि तक पहुंचाने वाला वातावरण खो गया है। लेकिन शराब तो मिल सकती है। थोड़ी देर आदमी शराब पी लेता है।

मैं यह नहीं कह रहा हूं कि शराब पीने लगना। मैं इतना ही कह रहा हूं कि शराब से भी जो घटना घटती है वह यही है कि थोड़ी देर को तुम्हारी अस्मिता खो जाती है। यह तुमने बड़ा महंगा उपाय खोजा। जहर डाला शरीर में अहंकार को भूलने के लिए। अहंकार तो बिना जहर डाले भूला जा सकता है। अहंकार तो भूल जाओ तो अमृत ढलने लगता है; जहर डालने की तो जरूरत ही नहीं रह जाती। महंगा सौदा कर रहे हो। बड़ा बुरा सौदा कर रहे हो। खो बहुत रहे हो, पा कुछ भी नहीं रहे हो।

लेकिन फिर भी तुमसे मैं कहूंगा कि शराब का आकर्षण भी, अहंकार खोने में जो रस है, उसी का आकर्षण है। तुमने देखा उदास-उदास आदमी, थका-थका आदमी शराब पी कर प्रफुल्लित हो जाता है, अकड़ कर चलने लगता है!

एक सैनिक शराब पीता था। उसका जनरल उससे कह-कह कर थक गया था कि अब बंद करो यह तुम, बहुत हो गया। एक दिन उसे बुलाया कि देख, तू नासमझ; सैनिक ही रह जाएगा जिंदगी भर, अगर यह शराब पीता रहा। अगर शराब न पीता होता तो अब तक कैप्टन हो जाता। और अगर अभी तू शराब पीना बंद कर दे तो मैं तुझे भरोसा दिलाता हूं कि रिटायर होते-होते तक तू कम से कम कर्नल हो जाएगा।

वह आदमी हंसने लगा। उसने कहा, छोड़ो जी, जब मैं पी लेता हूं तो मैं जनरल हो जाता हूं। ये तुम बातें किससे कर रहे हो!

आदमी शराब पी कर जो है वह तो भूल जाता है। वह याद नहीं रह जाती है। मुक्त हो जाता है थोड़ी देर को। यह महंगा सौदा है, खतरनाक सौदा है। यह अपनी आत्मा को बेच कर थोड़ा सा रस लेने की बात है। यह तो ऐसे ही है जैसे तुमने देखा हो : कुत्ते के मुंह में हड्डी दे दो तो हड्डी को चूसता है और बड़ा रस आता है उसे; लेकिन हड्डी में कुछ रस तो है नहीं, आ कैसे सकता है! हड्डी के कारण उसके मुंह के भीतर जबड़े और चमड़ी कट जाती है, उससे खून बहने लगता है। वह खून का रस उसे आता है। अपना ही खून! लेकिन वह सोचता है, हड्डी से आ रहा है। अब कुत्ते को तुम्हें क्षमा करना पड़ेगा, क्योंकि कुत्ता बेचारा जाने भी कैसे कि कहां से आ रहा है! दिखाई तो उसे कुछ पड़ता नहीं; हड्डी को चूसता है, तभी खून बहने लगता है भीतर।

वह प्रसन्न होता है। गले में उतरते खून को देख कर स्वाद लेता है। वह अपना ही खून पी रहा है और घाव पैदा कर रहा है अलग। लेकिन सोचता है, हड्डी से आ रहा है। सूखी हड्डी भी कुत्ता छोड़ने को राजी नहीं होता है।

शराब का सुख ऐसा ही है। लेकिन सचाई उसमें थोड़ी है। सचाई इतनी ही है कि थोड़ी देर को तुम अपने को भूल जाते हो। और मैं यह कहना चाहता हूंः दुनिया से शराब तब तक न जाएगी जब तक हम और ऊंची शराबें न पैदा कर लें। दुनिया से शराब तब तक न जाएगी जब तक लोग ध्यान की शराब में न उतर जाएं। दुनिया से शराब तब तक न जाएगी जब तक परमात्मा की शराब उन्हें उपलब्ध न होने लगे। जब मंदिर मधुशाला जैसे हों तब मधुशालाएं बंद होंगी, उसके पहले बंद नहीं हो सकती हैं। लाख उपाय करें सरकारें, इससे कुछ फर्क नहीं पड़ता।

जो उपाय करते हैं, वे खुद पी रहे हैं। यह बड़े आश्चर्य की बात है। जो बंद करवाना चाहते हैं, वे खुद पीते हैं। क्योंकि वे भी बंद करवाने की कोशिश से इतने थक जाते हैं कि फिर विस्मरण तो थोड़ा करना ही पड़े न! राजनीतिज्ञ को भी तो थोड़ा अपने को भूलना पड़ता है। उसकी तकलीफ तो समझो। दिन भर दौड़-धूप, झूठी हंसी, मुंह फैलाए रहता है, अभ्यास करते रहता है, हाथ जोड़े खड़ा है और हजार तरह की गालियां खा रहा है और सड़े टमाटर झेल रहा है और जूते और जूते फेंके जा रहे, और यह सब चल रहा हैह्नऔर इसको वह हाथ जोड़ कर मुस्कुरा रहा है! इसकी भी तो तुम तकलीफ समझो! और कुछ हल नहीं होता दिखता। बड़ी समस्याएं हैं, बड़े वायदे किए हैं। कोई हल नहीं हो सकता है, क्योंकि समस्याएं बड़ी हैं, वायदे भयंकर हैं; हल होने का कोई उपाय नहीं है। उन्हीं वायदों को कर-कर के इस पद पर आ गया है; अब कुछ हल होता दिखाई नहीं पड़ता। अब रात शराब न पीए तो क्या करे!

आदमी अपने को भूलना चाहता है। भूलने में ही कहीं सुख है। लेकिन शराब से क्या भूलना? यह कोई भूलना हुआ? यह तो आदमी से नीचे गिर जाना हुआ। और ऊपर की शराब हम सिखाते हैं।

तुम जरा अहंकार को विस्मरण करने की कला सीखो। बजाय शराब भीतर डालने के, अहंकार को जरा बाहर उतार कर रखो। थोड़ी-थोड़ी देर, घड़ी आधा घड़ी...तेईस घंटे अहंकार को दे दो, एक घंटा अहंकार से माफी मांग लो। एक घंटा बिना अहंकार के ना-कुछ होकर बैठ जाओ। यही ध्यान है। इसी ना-कुछ होने में व्यक्ति धीरे-धीरे अपनी सीमा-रेखा खोता है और निराकार का अवतरण होता है। जहां तुम्हारी सीमा धुंधली होती है वहीं से निराकार प्रवेश करता है।

तो आनंद के अनुभव के लिए व्यक्ति का होना बिलकुल भी जरूरी नहीं है, क्योंकि व्यक्ति का अनुभव नहीं है आनंद। व्यक्ति के अभाव में जो घटता है, वही

आनंद है। जहां तुम नहीं हो वहीं आनंद है। तुम जहां हो वहीं नरक है। तुम जहां हो वहीं दुख है। हां, इस दुख के कारण तुम भविष्य में आनंद की अपेक्षा करते हो, आकांक्षा करते हो। तुम होते नरक में हो और स्वर्ग की योजना बनाते रहते हो। बस यही तुम्हारे जीवन की पूरी कथा है। अथ से लेकर इति तक यही तुम्हारी जीवन-कथा है। हो दुख में, लेकिन अब दुख को कैसे काटो, तो सुख की कल्पना करते रहते हो कि कल होगा, परसों होगा! कभी तो होगा। देर है, अंधेर तो नहीं! कभी तो होगा। कभी तो प्रभु ध्यान देगा! कभी तो फल मिलेगा! प्रतीक्षा व्यर्थ तो न जाएगी! प्रार्थना खाली तो नहीं रहेगी! चेष्टा का कोई तो परिणाम होगा! आज नहीं, कल होगा। आज झेल लो दुख, कल सुख है! ऐसा मन समझाए रखता है। यह तुम्हारा अहंकार है।

और जब वस्तुतः सुख घटता है तो कल नहीं घटता, आज घटता है। लेकिन आज अगर कोई चीज घटानी हो, अभी और यहीं अगर घटानी हो, तो एक ही उपाय है कि अहंकार को हटा कर रख दो। अहंकार समय की यात्रा बन जाता है। अहंकार को हटाते ही आकाश की यात्रा शुरू होती है। यही मैंने पीछे तुमसे कहा। कर्म का सवाल नहीं है। विचार का सवाल नहीं है। आकाश उपलब्ध है अभी और यहीं। तुम जरा पुरानी आदत के ढांचे से हट कर देखो।

तुम हो नहीं, है तो परमात्मा ही। तुमने अपने को मान रखा है। मान रखा है तो तुम झंझट में पड़ गए हो। तुम्हारी मान्यता तुम्हारा कारागृह बन गई है।

क्रांति सिर्फ मान्यता से मुक्ति है; कुछ वस्तुतः बदलना नहीं है, एक गलत धारणा छोड़नी है। यह मामला ठीक ऐसे ही है जैसे कि तुमने दो और दो पांच होते हैं, ऐसा मान रखा है। अब तुम झंझट में पड़े हो। क्योंकि दो और दो पांच होते नहीं और तुमने सारा खाता-बही दो और दो पांच के हिसाब से कर लिया है। अब तुम डरते हो कि सब खाते-बही फिर से लिखना पड़ेंगे। लेकिन जब तक तुम ये खाते-बही बदलोगे न, आगे भी तुम उसी हिसाब से लिखते चले जाओगे, ये खाते-बही बड़े होते जा रहे हैं। यही तो सारे कर्म का जाल है कि दो और दो पांच समझ लिए हैं। दो और दो चार समझते ही क्रांति घट जाती है। तुमने अपने को कर्ता मान लिया है, यही भ्रांति है। तुमने यह मान लिया कि मैं हूं, यही भ्रांति है। तुम जरा सोचो, खोजोह्नतुम हो?

बोधिधर्म चीन गया तो चीन के सम्राट ने कहा कि मैं बड़ा अशांत रहता हूं, महामुनि, मुझे शांति का कोई उपाय बताएं! बोधिधर्म बड़ा अनूठा संन्यासी था। उसने कहाः 'शांत होना है? सच कहते हो, शांत होना है?' सम्राट थोड़ा बेचैन हुआ कि यह भी कोई बात पूछने की है; मैंने कहा आपसे कि बहुत अशांत हूं, शांति का कोई मार्ग बताएं!

तो बोधिधर्म ने कहा: 'ऐसा करो रात तीन बजे आ जाओ। अकेले आना! और खयाल रखना, अशांति लेकर आना। खाली हाथ मत चले आना।' तो वह समझा, सम्राट समझा कि यह तो आदमी पागल मालूम होता है। अशांति लेकर आना! खाली हाथ मत आ जाना! रात तीन बजे आना! अकेले में आना! और यह बोधिधर्म एक बड़ा डंडा भी लिए रहता था। और इस एकांत में इसके इस मंदिर में, और पता नहीं यह क्या उलटा-सीधा करवाने लगे!

रात भर सम्राट सो न सका। लेकिन फिर उसको आकर्षण भी मालूम होता था इस आदमी में, इसमें थी तो कुछ खूबी! इसके पास कुछ तरंग थी, कोई ज्योति थी। इसके पास ही जाते से कुछ प्रफुल्लता प्रकट होती थी, कुछ उत्सव आने लगता था। तो सोचा क्या करेगा, बहुत से बहुत दो-चार डंडे मारेगा, मगर यह कोशिश करके देख लेनी ही चाहिए; कौन जाने, आदमी अनूठा है, शायद कर दे! अब तक कितनों से ही पूछा, ऐसा जवाब भी किसी ने नहीं दिया। और यह जवाब भी बड़ा अजीब है। उसने कहा कि ले ही आना तू अशांति अपनी, शांत कर ही दूंगा; मगर अकेला मत आ जाना। तो किसी ने दावा किया है कि कर दूंगा शांत, ले आना। चलो देख लें।

वह आया डरते-डरते, झिझकते-झिझकते। बोधिधर्म बैठा था वहां डंडा लिए अंधेरे में। उसने कहा: 'आ गए! अशांति ले आए?' सम्राट ने कहा: 'क्षमा करिए, यह भी कोई बात है! अशांति ले आए! अब अशांति कोई चीज है?'

'तो क्या है अशांति?' बोधिधर्म ने पूछा। 'शांत करने के पहले आखिर मुझे पता भी तो होना चाहिए, किस चीज को शांत करूं! क्या है अशांति?'

उन्होंने कहा: 'सब मन का ऊहापोह है, मन का जाल है।' तो बोधिधर्म ने कहा: 'ठीक, तू बैठ जा, आंख बंद कर ले और भीतर अशांति को खोजने की कोशिश कर; जैसे ही मिल जाए, वहीं पकड़ लेना और मुझसे कहना मिल गई। उसी वक्त शांत कर दूंगा।' और डंडा लिए वह बैठा है सामने। सम्राट ने आंख बंद कर ली। वह खोजने लगा। कोने-कातर देखने लगा। कहीं अशांति मिले न। वह जैसे-जैसे खोजने लगा, वैसे-वैसे शांत होने लगा। क्योंकि अशांति है कहां, मान्यता है! तुम खोज थोड़े ही पाओगे। सूरज उगने लगा, सुबह हो गई। घंटे बीत गए। सूरज की रोशनी में वू का चेहरा ऐसा खिल आया जैसे कमल हो।

बोधिधर्म ने कहा: 'अब बहुत हो गया, आंख खोलो। मिलती हो तो कहो; न मिलती हो तो कहो।' वह चरणों पर झुक गया। उसने कहा कि नहीं मिलती। बहुत खोजता हूं कहीं नहीं मिलती, और आश्चर्य कि खोजता अशांति को हूं और मैं शांत होता जा रहा हूं। यह क्या चमत्कार तुमने किया है?

बोधिधर्म ने कहा: 'एक बात और पूछनी है, तुम भीतर गए, इतनी खोज-बीन की, तुम मिले?'

उसने कहा कि वह भी कहीं कुछ मिलता नहीं। जैसे-जैसे खोज गहरी होती गई वैसे-वैसे पाया कि कुछ भी नहीं है। एक शून्य सन्नाटा है!

तो बोधिधर्म ने कहा: 'अब दुबारा यह सवाल मत उठाना। शांत कर दिया। और जब भी अशांति पकड़े, भीतर खोजना कहां है। और जब भी अहंकार पकड़े, भीतर खोजना कहां है। खोजोगे, कभी न पाओगे। माने बैठे हो।'

तुम हो नहीं। तुम्हारा होना एक भ्रांति है। है तो परमात्मा ही। और तुम्हारी भ्रांति के कारण जो है, वह दिखाई नहीं पड़ रहा और जो नहीं है वह दिखाई पड़ रहा है।

अब तुम्हारा प्रश्न मैं समझता हूं। यह भय उठता है। यह भय उठता है कि यह तो मामला, हम शांत होने आए थे, आनंदित होने आए थे और ये कह रहे हैं कि मिट जाओ! तो फिर फायदा क्या! जब मिट ही गए तो फिर कौन शांत होगा! तो फिर कौन आनंदित होगा! यह तुम्हारा प्रश्न तर्कपूर्ण है। इसके पीछे तर्क मेरी समझ में आता है, बात साफ है। तुम पूछते हो कि जब हमीं न बचे तो शांत कौन होगा! और मैं तुमसे कह रहा हूं कि तुम्हारे न बचने का नाम ही शांति है। कोई शांत होता नहीं और कोई आनंदित नहीं होता। आनंदित होना और किसी का होना दो चीजें नहीं हैं। जब तुम नहीं होते तो आनंद होता है। जब तुम नहीं हो तो शांति होती है।

अगर तुम्हारी यह जिद हो कि मैं तो शांति ऐसी चाहता हूं कि मैं भी रहूं और शांति हो, तो तुम अशांत रहोगे; तो तुम कभी शांत नहीं हो सकते। अगर तुम्हारी यह जिद है कि मैं तो रहते हुए आनंद चाहता हूं तो फिर तुम कभी आनंदित न हो सकोगे। फिर तुम्हें दुख से राजी रहना चाहिए। फिर तुम आनंद की तलाश बंद कर दो। तुम अगर यह कहते हो कि मैं तो खुद रहूं और परमात्मा का साक्षात्कार करूंह्नतो तुम इस भ्रांति में पड़ो मत, यह जाल तुम्हारे लिए नहीं, तुमसे न हो सकेगा। प्रेम गली अति सांकरी तामें दो न समाय! या तो तुम बचोगे या परमात्मा।

हेरत हेरत हे सखी रह्या कबीर हेराई। खोजते-खोजते कबीर खो गया। कबीर ने कहा: यह भी खूब मजा है! जब तक हम थे, तुम नहीं। अब तुम हो, हम नाहिं। खोजते फिरते थे, रोते फिरते थे गली-कूचे, चिल्लाते फिरते थेह्न'हे प्रभु कहां हो!' तब तक तुम न थे, हम थे। अब तुम हो, हम नाहिं। यह भी खूब मजा रहा! अब तुम सामने खड़े हो, लेकिन इधर भीतर खोजते हैं तो किसी का पता नहीं चलता। कहां गया यह कबीर! हेरत-हेरत हे सखी रह्या कबीर हेराई।

एक ही होगा। इसलिए तुम्हें यह बात अजीब सी लगेगी, लेकिन मैं कहना चाहता हूं: आज तक किसी व्यक्ति ने व्यक्ति की हैसियत से परमात्मा को नहीं जाना

है। आज तक किसी ने परमात्मा का साक्षात्कार नहीं किया है। साक्षात्कार कौन करेगा? साक्षात्कार करने वाला ही तो बाधा है। इधर तुम मिटे उधर परमात्मा हुआ। तुम्हारे होने के कारण ही परमात्मा नहीं हो पा रहा है।

आखिरी प्रश्नः ऐसा क्यों है कि मेरे पति और स्वजनों को मुझमें प्रगति नहीं दिखती और अभी तक रजनीश के लिए उनके मुंह से गालियां ही गालियां निकलती हैं? क्या इसमें मुझसे कुछ भूल तो नहीं हो रही है?

प्रश्न थोड़ा जटिल है। 'मंजू' ने पूछा है। उसे मैं जानता हूं। पति इसीलिए परेशान है कि प्रगति हो रही है। कोई पति बरदाश्त नहीं करता कि पत्नी आगे निकल जाए। यह बड़ा कठिन है। यह अहंकार को बहुत भारी पड़ता है। पत्नी तक पसंद नहीं करती कि पति आगे निकल जाए, तो पति की तो बात ही छोड़ दो। पति तो परमेश्वर है! उससे आगे!

एक महिला मेरे पास आई और उसने कहा कि अगर मैं ध्यान करूं तो मेरे गार्हस्थ्य जीवन में कोई अड़चन तो न आएगी? फिर यह देख कर कि यह प्रश्न कुछ अजीब सा है, उसने कहा कि नहीं-नहीं अड़चन क्यों! खुद ही कहा कि अड़चन क्यों आएगी! ध्यान कर रही हूं, कोई शराब तो पीने जा नहीं रही। कोई बुरा काम तो कर नहीं रही, अड़चन क्यों आएगी!

मैंने कहा कि तू गलती कहती है। अड़चन आएगी। शराब पीने से शायद न भी आए, लेकिन ध्यान करने से निश्चित आएगी।

वह बहुत चौंकी। उसने कहा, क्या प्रयोजन है आपका कहने का? कोई बुरा काम तो नहीं है?

मैंने कहा, बुरा काम करने से उतनी अड़चन कभी नहीं आती। यह जरा मनुष्य की जटिलता है। अगर पति शराब पीता हो तो पत्नी को इतनी अड़चन कभी नहीं आती, क्योंकि शराब पीने वाले पति से पत्नी बड़ी हो जाती है, ऊपर हो जाती है, और मजा लेती है, एक तरह का रस आता है। डांटती-डपटती है पति को। सुधारने की चेष्टा...सुधारने में बड़ा मजा आता है। किसको मजा नहीं आता! चार के सामने चर्चा करती है, सिर नीचे झुकवा देती है। जहां जाती है, पति वहां डरा-डरा पूंछ दबाए-दबाए चलता है। तो पत्नी बिलकुल मालिक हो जाती है। और क्या चाहिए! लेकिन पति अगर ध्यान करने लगे तो अड़चन आती है, क्योंकि वह तुमसे ऊपर होने लगा। और पत्नी अगर ध्यान करने लगे तो अड़चन और भी गहरी हो जाती है, क्योंकि पुरुष को तो यह मान्यता संभव ही नहीं होती कि स्त्री और आगे!

तुमने देखा, पुरुष अपने से लंबी स्त्री से शादी नहीं करते। क्यों? इसमें क्या अड़चन है? मगर कोई पुरुष बरदाश्त नहीं करता कि स्त्री लंबी हो। शारीरिक रूप से लंबी बरदाश्त नहीं करते तो आत्मिक रूप से जरा ऊंची, बिलकुल असंभव! अपने से छोटी पत्नी खोजते हैं लोग। हर हालत में छोटी होनी चाहिए। पुरुष अपने से ज्यादा शिक्षित स्त्री भी पसंद नहीं करता। वह अपने से कम शिक्षित स्त्री खोजता है। तो ही तो परमेश्वर बना रहेगा। नहीं तो परमेश्वर गैर-पढ़े-लिखे और दासी पढ़ी-लिखी, तो बड़ा मुश्किल हो जाएगा! अड़चन आएगी।

पत्नी अगर ध्यान में थोड़ी गतिमान हो जाए या पति, कोई भी ध्यान में गतिमान हो जाए, तो दूसरा व्यक्ति जो पीछे छूट गया, अड़चन आनी शुरू होती है। तुम एक तरह के व्यक्ति के साथ रहने को राजी हो गए हो। तुमने एक ढंग के व्यक्ति के साथ विवाह किया है। फिर पति ध्यान करने लगा, यह नई बात हो गई। तुमने ध्यान करने वाले पति से कभी विवाह किया भी नहीं था। तुमने ध्यान करने वाली पत्नी से कभी विवाह किया भी नहीं था। यह कुछ नई बात हो गई। यह तुम्हारे संबंध को डांवांडोल करेगी। इसमें अड़चन आएगी।

एक पत्नी ने मुझसे आकर कहा कि मैं और सब सह लेती हूं; लेकिन मेरे पति अब नाराज नहीं होते, यह नहीं सहा जाता। तुम चकित होओगे, यह बात उलटी लगती है। क्योंकि पत्नी को प्रसन्न होना चाहिए। लेकिन तुम मनुष्य के मनोविज्ञान को समझो। वह कहने लगी, मुझे बड़ी हैरानी होती है, बड़ी बेचैनी होती है; वे पहले नाराज होते थे तो कम से कम स्वाभाविक तो लगते थे। अब वे बिलकुल बुद्ध बने बैठे रहते हैं। हम सिर पीटे ले रहे हैं, वे बुद्ध बने बैठे हैं। इधर हम उबले जा रहे हैं, उन पर कोई परिणाम नहीं है। यह थोड़ी अमानवीय मालूम होती है बात और ऐसा लगता है, प्रेम खो गया। अब क्रोध भी नहीं होता तो प्रेम क्या खाक होगा!

पत्नी कहने लगी, अब प्रेम कैसे होगा? वे ठंडे हो गए हैं! यह आपने क्या कर दिया? उनमें थोड़ी गर्मी लाइए। वे बिलकुल ठंडे होते जा रहे हैं। उनको न क्रोध में रस है न अब कामवासना में रस है।

इधर यह भी अनेक पति-पत्नियों से मुझे सुनने को खबर मिलती है कि जैसे ही पति ध्यान करने लगता है, स्वभावतः उसकी काम में रुचि कम हो जाती है। पत्नी, जो इसके पहले कभी भी काम में रुचि नहीं रखती थी बहुत...स्त्रियां साधारणतः रखती नहीं। क्योंकि वह भी एक मजा है लेने का, उसमें भी वह पति को नीचा दिखलाती हैं कि ङ्क्या गंदगी में पड़े हो! तुम्हारी वजह से हम तक को घसिटना पड़ रहा है।ङ्ख हर स्त्री यह मजा लेती है। भीतर-भीतर चाहती है, ऊपर-ऊपर ऐसा दिखलाती है कि सती-साध्वी है। 'तुम घसीटते हो तो हम घसिट जाते हैं, बाकी है गंदगी।' तो स्त्रियां

मुर्दे की भांति घसिट जाती हैं कामवासना में और पति की निंदा कर लेती हैं, रस ले लेती हैं, उसको नीचा दिखा लेती हैं।

जैसे ही मैं देखा हूं कि पति की ध्यान में थोड़ी गति होनी शुरू होती है और कामवासना उसकी शिथिल होती है, पत्नियां एकदम हमला करने लगती हैं। वे ही पत्नियां, जो मेरे पास आकर कह गई थीं कि किसी तरह हमें कामवासना से छुटकारा दिलाइए; पति आपके पास आते हैं, इतना सुनते हैंह्नमगर यह रोज-रोज की कामवासना, यह तो गंदगी है! जो मुझसे ऐसा कह गई थीं, वही पति के पीछे पड़ जाती हैं कि रोज कामवासना की तृप्ति होनी ही चाहिए। क्योंकि अब उनको खतरा लगता है कि यह तो पति दूर जा रहा, यह तो हाथ के बाहर जा रहा है। अगर यह बिलकुल ही कामवासना से मुक्त हो गया तो निश्चित ही पत्नी से भी मुक्त हो गया। तो पत्नी को लगता है, अब तो मेरा कोई मूल्य न रहा। तो अड़चन आती है।

मंजू को मैं जानता हूं। उसकी प्रगति निश्चित हो रही है। लेकिन यही कठिनाई है। और तुम्हारी प्रगति को तुम्हारे पति या तुम्हारे परिवार के लोग स्वीकार न करेंगे। क्योंकि तुम्हारी प्रगति को स्वीकार करने का अर्थ उनके अहंकार की पराजय है। वे इनकार करेंगे।

मीरा को मीरा के परिवार के लोगों ने स्वीकार किया? जहर का प्याला भिजवाया कि यह मर ही जाए, क्योंकि यह तो बदनामी का कारण हो रही है। राजपरिवार की स्त्री और राजस्थान में, जहां कोई पर्दे के बाहर नहीं आता, इसने सब लोक-लाज छोड़ दी! यह रास्तों पर नाचती फिरती है। भिखारियों से मिलती है, साधु-संतों के पास बैठती है। घर के लोग दुखी थे, परेशान थे। प्रगति नहीं दिखाई पड़ती थी, दीवानापन दिखाई पड़ता था। यह पागल हो गई है!

जीसस अपने गांव गए एक ही बार। फिर गांव से लौट कर उन्होंने अपने शिष्यों को कहा, वहां जाने का कोई अर्थ नहीं। क्योंकि गांव के लोग यह मानने को राजी नहीं होते थे कि बढ़ई का छोकरा और एकदम ईश्वर का पुत्र हो गया।

'छोड़ो भी, किसी और को चराना! किसी और को बताना ये बातें!' गांव के लोग यह मानने को राजी न थे। गांव के लोगों की भी बात समझ में आती है। जिसको उन्होंने लकड़ी को चीरते-फाड़ते देखा, बाप की दूकान पर काम करते देखा, संदूकें बनाते देखाह्नअचानक एकदम ईश्वर-पुत्र... जोसेफ का बेटा ईश्वर का बेटा हो गया एकदम! किसको समझा रहे हो! किसी और को समझा लेना। गांव के लोग सुनने को राजी नहीं थे।

बुद्ध जब अपने गांव लौटे तो बाप भी राजी नहीं थे बुद्ध को स्वीकार करने को कि तुम्हें ज्ञान हो गया है। बाप ने यह कहा कि छोड़, मैं तुझे बचपन से जानता हूं।

मैंने तुझे पैदा किया। तेरा खून मेरा खून है। तेरी हड्डी में मैं हूं। मैं तुझे भलीभांति पहचानता हूं। यह बकवास छोड़ और यह फिजूल के काम छोड़। हो गया बहुत, अब घर लौट आ। और मैं बाप हूं तेरा, मेरे हृदय का द्वार तेरे लिए अभी भी खुला है। क्षमा कर दूंगा; यद्यपि तूने काम जो किया है वह अक्षम्य अपराध है। बुढ़ापे में बाप को छोड़ कर भाग गया, पत्नी को छोड़ कर भाग गया, बेटे को छोड़ कर भाग गया! तू ही हमारी आंख का तारा था!

बुद्ध सामने खड़े हैं और यह बाप यह कह रहा है! थोड़ा सोचो, मामला क्या है! क्या बाप को बिलकुल दिखाई नहीं पड़ रहा है? बाप को दिखाई पड़ने में अड़चन है। जो दूसरों को दिखाई पड़ गया, इसे दिखाई नहीं पड़ रहा है। अहंकार को बड़ी बाधा है। बाप कैसे मान ले कि बेटा आगे चला गया! मान ले तो बड़ी क्रांति होगी।

बहुत कम लोग इतने विनम्र होते हैं कि अपने निकट जनों को आगे जाते देख कर स्वीकार कर लें।

तो प्रगति तो निश्चित हो रही है। उसी प्रगति के कारण वे अड़चन में हैं। अगर प्रगति न हो रही हो तो वे मुझे गालियां देना बंद कर दें; गालियां देने का क्या प्रयोजन है! मैंने उनका कुछ बिगाड़ा नहीं। पर वे देखते हैं कि पत्नी कुछ ऊपर उठती जाती है; कुछ श्रेष्ठतर होती जाती है। यह बरदाश्त के बाहर है।

मुझे जो गालियां दे रहे हैं, वे बड़ी सूचक हैं। वे मुझसे बदला ले रहे हैं। उनके अहंकार पर जो चोट पड़ रही है, वे मुझसे बदला ले रहे हैं। हालांकि मुझसे उनका कुछ लेना-देना नहीं है।

जब तक वे गालियां देते हैं, शांति से उनकी गालियां सुनना और ध्यान किए जाना। गालियां उनकी उसी दिन बंद होंगी, जिस दिन उनके भीतर यह सदभाव जगेगा, आंख खुलेंगी और वे देखेंगे कि कुछ अंतर हुआ है। उसी दिन गालियां बंद होंगी। लेकिन यह तुम्हारे हाथ में नहीं है। और भूल कर भी यह चेष्टा मत करना कि उनको समझाना है। क्योंकि जितनी ही समझाने की चेष्टा होगी, उतना ही उनका समझना मुश्किल हो जाएगा। यह बात ही छोड़ दो। यह उनका है। न उनकी गालियों को ध्यान दो, न उनकी गालियों में रस लो। तुम जो कर रही हो, किए जाओ। जो हो रहा है, उसे होने दो। तुम चेष्टा भी मत करना भूल कर कि तुम्हें उन्हें राजी करना है या मेरे पास लाना है। भूल कर यह मत करना। तुम जितनी चेष्टा लाने की करोगी, उतनी ही मुश्किल हो जाएगी; उतना ही अहंकार बाधा बनेगा।

एक महिला ने मुझे आकर कहाह्नपूना की ही महिला हैह्नउसने कहा कि मेरे पति कहते हैं कि 'उनको भूल कर सुनने मत जाना। तुझे जो भी पूछना हो, मुझसे पूछ!' आपकी किताबें फेंक देते हैं। आपका चित्र घर में नहीं रहने देते।

यह ठीक है। पति को ऐसा लगता होगा कि यह तो मामला गड़बड़ हुआ जा रहा है। किसी और की सुनने लगी! अब पत्नी की भी अड़चन समझो। पत्नी और पति से पूछे प्रश्न! पति भला ज्ञानी ही क्यों न हो, हो भी सकता है ज्ञानी ही हो; मगर पत्नी पति से पूछे प्रश्न, यह भी संभव नहीं है! और पति यह बरदाश्त नहीं कर सकता कि उनकी पत्नी और उनके रहते किसी और से प्रश्न पूछे!

ये अहंकार के जाल हैं! लेकिन इन सबका लाभ उठाया जा सकता है। ये गालियां भी तुम्हारे राह पर फूल बन सकती हैं, अगर इन्हें शांति से स्वीकार कर लो। इनसे उद्विग्न मत होना। इनसे विचलित भी मत होना। इसे स्वाभाविक मानना।

पति का तुम्हारे ऊपर इतना कब्जा था, वह कब्जा खो गया। पति की मालकियत थी, वह मालकियत चली गई। पति चाहता है, तुम यहां मुझे सुनने मत आओ। पति चाहता है, तुम ध्यान मत करो। लेकिन तुम पति की नहीं सुनती, मेरी सुनती हो। ध्यान करती हो। पति को लगता है, कब्जा गया। तो पति मुझ पर नाराज हैं। जिस आदमी के कारण कब्जा चला गया, उस आदमी को गालियां न दें तो बेचारे क्या करें! और कुछ कर भी नहीं सकते तो गालियां दे लेते हैं; कम से कम उनको गालियां तो देने की सुविधा रहने दो! उस पर झगड़ा मत करना।

प्यार की तो भूल भी अनुकूल मेरे
फूल मिलते रोक ही रखते रिझाते
शूल हैं प्रतिपल मुझे आगे बढ़ाते
इस डगर के शूल भी अनुकूल मेरे
प्यार की तो भूल भी अनुकूल मेरे

इन गालियों को भी तुम चाहो तो अनुकूल बना ले सकती हो।

शूल हैं प्रतिपल मुझे आगे बढ़ाते
फूल मिलते रोक ही रखते रिझाते

पत्थर सीढ़ियां बन जाते हैं, अगर स्वीकार कर लो।

प्यार के पल में जलन भी तो मधुर है
जानता हूं दूर है नगरी प्रिया की
पर परीक्षा एक दिन होनी हिया की
प्यार के पथ की थकन भी तो मधुर है
प्यार के पथ में जलन भी तो मधुर है।
आग ने मानी न बाधा शैल-वन की
गल रही बुझ पास में दीवार तन की

प्यार के दर पर दहन भी तो मधुर है

प्यार के पथ में जलन भी तो मधुर है।

यह प्रार्थना, प्रेम, भक्ति, ध्यान, परमात्मा का मार्गह्लइस पर बहुत तरह की जलन तो होगी। बहुत तरह की आगों से मुकाबला तो होगा। इसे आनंद से नाचते और गीत गुनगुनाते गुजार देना, तो हर चीज सहयोगी बन जाएगी। ऐसा तो भूल कर मत सोचना कि साधना का पथ फूल ही फूल से भरा है। फूल तो कभी-कभी, शूल ही शूल ज्यादा हैं। और जैसे-जैसे आत्यंतिक घड़ी करीब आने लगेगी, वैसे-वैसे परीक्षाएं तीव्र और प्रगाढ़ होने लगती हैं। आखिरी कसौटी में तो सारी परीक्षाएं गर्दन पर फांसी की तरह लग जाती हैं। उस घड़ी में भी जो निर्विकार, उस घड़ी में भी जो शांत, मौन, अहोभाव से भरा रहता है, वही प्रभु के दर्शन को उपलब्ध हो पाता है।

हरि ॐ तत्सत्!

* * *

प्रवचन : 45

धर्म एक आग है

अष्टावक्र उवाच।

आचक्ष्व श्रृणु वा तात नानाशास्त्रोण्यनेकशः।
तथापि न तव स्वास्थ्यं सर्वविस्मरणादृते।।146।।
भोगं कर्म समाधिं वा कुरु विज्ञ तथापि ते।
चित्तं निरस्तसर्वाशमत्यर्थं रोचयिष्यति।।147।।
आयासत्सकलो दुःखी नैनं जानाति कश्चन।
अनेनैवोपदेशेन धन्यः प्राप्नोति निर्वृतिम्।।148।।
व्यापारेखिद्यते यस्तु निमेषोत्मेषयोरपि।
तस्यालस्यधुरीणस्य सुखं नान्यस्य कस्यचित्।।149।।
इदं कृतमिदं नेति द्वंद्वैर्मुक्तं यदा मनः।
धर्मार्थकाममोक्षेषु निरपेक्षं तदा भवेत।।150।।
विरक्तो विषयद्वेष्टा रागी विषयलोलुपः।
ग्रहमोक्षविहीनस्तु न विरक्तो न रागवान्।।151।।

आचक्ष्व श्रृणु वा तात नानाशास्त्रोण्यनेकशः।
तथापि न तव स्वास्थ्यं सर्वविस्मरणादृते।।

'अनेक शास्त्रों को अनेक प्रकार से तू कह अथवा सुन, लेकिन सबके विस्मरण के बिना तुझे शांति न मिलेगी, स्वास्थ्य न मिलेगा।'

एक जर्मन विचारक महर्षि रमण के दर्शन को आया। दूर से आया था, बड़ी आशाएं लेकर आया था। उसने रमण के सामने निवेदन किया कि बहुत कुछ आशाएं लेकर आया हूं। सत्य की शिक्षा दें मुझे। सिखायें, सत्य क्या है?

रमण हंसने लगे। उन्होंने कहा: फिर तू गलत जगह आ गया। अगर सीखना हो तो कहीं और जा। यहां तो भूलना हो तो हम सहयोगी हो सकते हैं। विस्मरण करना हो तो हम सहयोगी हो सकते हैं।

स्कूल है, कालेज है, विश्वविद्यालय है, समाज, सभ्यता, संस्कृतिह्नसभी का जोर सिखाने पर हैह्नसीखो! संस्कार पर। धर्म तो आग है। जला दो सब! भस्मीभूत हो जाने दो सब जो सीखा!

शिक्षा और धर्म में एक मौलिक विरोध है। शिक्षा भरती है संस्कारों से; धर्म करता है शून्य। शिक्षा भरती है स्मृति को; धर्म करता है स्मृति से मुक्त। जब तक कुछ याद है तब तक कांटा गड़ा है। चित्त ऐसा चाहिए कि जिसमें कोई कांटा गड़ा न रह जाए। इसका यह अर्थ नहीं कि ज्ञानी को कुछ याद नहीं रहता, कि उसे अपने घर का पता भूल जाता है या अपना नाम-ठिकाना भूल जाता है; या लौट कर आएगा तो पहचान न सकेगा कि यह मेरी पत्नी है, यह मेरा बेटा है। स्मृति होती है, लेकिन स्मृति मालिक नहीं रह जाती। स्मृति यंत्रवत होती है।

साधारणतः हालत उलटी है, स्मृति मालिक हो गई है। स्मृति के अतिरिक्त तुम्हारे पास कोई खुला आकाश नहीं। स्मृति के बादलों ने सब ढांक लिया है। तुम गुलाब के फूल को देखते हो, देख भी नहीं पाते कि तुम्हारी स्मृति सक्रिय हो जाती है; कहती है: गुलाब का फूल है, सुंदर है, पहले भी देखे थे, इससे भी सुंदर देखे हैं। स्मृति ने पर्दे डाल दिए; जो सामने था, चूक गए। यह जो सामने मौजूद था गुलाब का फूल, यह जो उपस्थिति थी परमात्मा की गुलाब के फूल में, इससे संबंध न बन पाया; बीच में बहुत सी स्मृतियां आ गईं।

कल किसी ने तुम्हें गाली दी थी, आज तुम उसे मिलने गए, राह पर मिल गया या तुम्हारे घर मिलने स्वयं आ गया। कल की गाली अगर बीच में खड़ी हो जाए तो स्मृति के तुम गुलाम हो गए। हो सकता है, यह आदमी क्षमा मांगने आया हो। लेकिन तुम्हारी कल की गाली, इसने कल गाली दी थी, वैसी याद तुम्हें तत्क्षण बंद कर देगी; तुम इस मनुष्य के प्रति मुक्त न रह जाओगे, खुले न रह जाओगे। इसकी क्षमा में भी तुम्हें क्षमा न दिखाई पड़ेगी, कुछ और दिखाई पड़ेगा: 'शायद धोखा देने आया। शायद डर गया, इसलिए आया। शायद मैं कहीं बदला न लूं, इसलिए आया।' कल की गाली अगर बीच में खड़ी है तो इस आदमी के भीतर जो क्षमा मांगने का भाव जगा है, वह तुम न देख पाओगे; वह विकृत हो जाएगा। तुम गाली की ओट से देखोगे न,

गाली की छाया पड़ जाएगी! कल गाली दे गया था, ऐसा तो ज्ञानी को भी होता है, लेकिन कल की गाली आज बीच में नहीं आती। बस इतना ही फर्क होता है।

शास्त्र पढ़ो, सुनो, लेकिन शास्त्र सत्य के और तुम्हारे बीच में न आए। बीच में आ गया तो स्वास्थ्य तो मिलेगा ही नहीं, तुम और अस्वस्थ हो जाओगे। पंडित और अस्वस्थ हो जाता है; भर जाती है बुद्धि बहुत से शब्दों-सिद्धांतों से, लेकिन भीतर सब कोरा का कोरा रह जाता है। प्राण खाली रह जाते, खोपड़ी भर जाती है। खोपड़ी वजनी हो जाती है। प्राण में कुछ भी नहीं होताह्नराख ही राख!

अष्टावक्र के सूत्र अपूर्व हैं! ऐसे दग्ध अंगारों की भांति कहीं और दूसरे सूत्र नहीं हैं। जितनी बार यह दोहराया जाए कि अष्टावक्र के सूत्र महाक्रांतिकारी हैं, उतना ही कम है। सात बार कहो, सतत्तर बार, सात सौ सतत्तर बार, तो भी अतिशयोक्ति न होगी।

इस सूत्र को गहरे से समझें।

'अनेक शास्त्रों को अनेक प्रकार से तू कह अथवा सुन, लेकिन सबके विस्मरण के बिना तुझे शांति नहीं, स्वास्थ्य नहीं।'

जब तक स्मृति मन पर डोल रही है, मन का आकाश विचारों से भरा है, तब तक शांति कहां! विचार ही तो अशांति है! किन्हीं के मन में संसार के विचार हैं और किन्हीं के मन में परमात्मा केह्नइससे भेद नहीं पड़ता। किन्हीं के मन में हिंदू विचार हैं, किन्हीं के मन में ईसाइयत केह्नइससे भेद नहीं पड़ता। किसी ने धम्मपद पढ़ा है, किसी ने कुरानह्नइससे भेद नहीं पड़ता। आकाश में बादल हैं तो सूरज छिपा रहेगा। बादल न तो हिंदू होते हैं न मुसलमान; न सांसारिक न असांसारिकह्नबादल तो बस बादल हैं, छिपा लेते हैं, आच्छादित कर लेते हैं।

विचार जब बहुत सघन घिरे हों मन में तो तुम स्वयं को न जान पाओगे। स्वयं को जाने बिना स्वास्थ्य कहां है! स्वास्थ्य का अर्थ समझ लेना। स्वास्थ्य का अर्थ है : जो स्वयं में स्थित हो जाए; जो अपने घर आ जाए, जो अपने केंद्र में रम जाए। स्वयं में रमण है स्वास्थ्य। स्व में ठहर जाना है स्वास्थ्य। और अष्टावक्र कहते हैं, तभी शांति है। शांति स्वास्थ्य की छाया है। अपने से डिगा, अपने से च्युत कभी शांत न हो पाएगा, डांवाडोल रहेगा। डांवाडोल यानी अशांत रहेगा!

और हर विचार तुम्हें च्युत करता है। हर विचार तुम्हें अपनी धुरी से खींच लेता है।

इसे देखो। बैठे हो शांत, कोई विचार नहीं मन में, तुम कहां हो फिर? जब कोई विचार नहीं तो तुम वहीं हो जहां होना चाहिए। तुम स्वयं में हो। एक विचार आया, पास से एक स्त्री निकल गई और स्त्री अपने पीछे धुएं की एक लकीर तुम्हारे मन में छोड़ गई। नहीं कि स्त्री को पता है कि तुम इधर बैठे हो; शायद देखा भी न हो। तुम्हारे लिए निकली भी नहीं है। सजी भी होगी तो किसी और के लिए सजी होगी; तुमसे

कुछ संबंध भी नहीं है। लेकिन तुम्हारे मन में एक विचार सघनीभूत हो गयाह्नसुंदर है, भोग्य है! पाने की चाह उठी। तुम च्युत हो गए। तुम चल पड़े। यह विचार तुम्हें ले चला कहींह्नस्त्री का पीछा करने लगा। मन में गति हो गई। क्रिया पैदा हो गई। तरंग उठ गई। जैसे शांत झील में किसी ने कंकड़ फेंक दिया! अब तक शांत थी, क्षण भर पहले तक शांत थी, अब कोई शांति न रही। कंकड़ ने तरंगें उठा दीं। एक तरंग दूसरे को उठाती है, दूसरी तीसरी को उठाती हैह्नतरंगें फैलती चली जाती हैं; दूर के तटों तक तरंगें ही तरंगें!

एक छोटा सा कंकड़ विराट तरंगों का जाल पैदा कर देता है। यह स्त्री पास से गुजर गई। जरा सी तरंग थी, जरा सा कंकड़ था। लेकिन जिन स्त्रियों को तुमने अतीत में जाना उनकी स्मृतियां उठने लगीं। जिन स्त्रियों को तुमने चाहा उनकी याददाश्त आने लगी। अभी क्षण भर पहले झील बिलकुल शांत थी, कोई कंकड़ न पड़ा था : तुम बिलकुल मौन बैठे थे, थिर, जरा भी लहर न थी। लहर उठ गई।

लेकिन ध्यान रखना, यह लहर स्त्री के कारण ही उठती हो, ऐसा नहीं है। कोई परमहंस पास से निकल गया, सिद्ध पुरुष, उसकी छाया पड़ गई, और मन में एक आकांक्षा उठ गई कि हम भी ऐसे सिद्ध पुरुष कब हो पायेंगे। बस हो गया काम। कंकड़ फिर पड़ गया। कंकड़ परमहंस का पड़ा कि परह्नस्त्री का पड़ा, इससे कुछ फर्क नहीं पड़ता। फिर चल पड़े। फिर यात्रा शुरू हो गई। मन फिर डोलने लगा। ङ्कक ब मिलेगा मोक्ष! कब ऐसी सिद्धि फलित होगी!ङ्ख वासना उठी, दौड़ शुरू हुई। दौड़ शुरू हुई, अपने से तुम चूके।

जैसे ही मन में एक विचार भी तरंगायित होता है वैसे ही तुम अपनी धुरी पर नहीं रह जाते; तुम इधर-उधर हो जाते हो। फिर जितना प्रबल विचार होता है उतने ही दूर निकल जाते हो।

निर्विचार चित्त में ही कोई स्वस्थ होता है। इसलिए निर्विचार होना ही ध्यान है। निर्विचार होना ही समाधि है। निर्विचार होना ही मोक्ष की दशा है। क्योंकि स्वयं में बैठ गए; कहीं कोई जाना-आना न रहा! अष्टावक्र कहते हैं : न आत्मा जाती, न आती; बस मन आता-जाता है। तुम अगर मन के साथ अपना संबंध जोड़ लेते हो तो तुम्हारे भीतर भी आने-जाने की भ्रांति पैदा हो जाती है। तुम तो वहीं बैठे हो जिस वृक्ष के नीचे बैठे थे। स्त्री नहीं गुजरी थी, परमहंस का दर्शन नहीं हुआ थाह्नतब तुम जहां बैठे थे अब भी वहीं बैठे हो। शरीर वहीं बैठा है, आत्मा भी वहीं है जहां थी; लेकिन मन डांवाडोल हो गया। और मन से अगर तुम्हारा लगाव है तो तुम चल पड़े। न चल कर भी चल पड़े। कहीं न गए और बड़ी यात्रा होने लगी।

कोई अपने स्वभाव से कहीं गया नहीं है। हमने सिर्फ स्वप्न देखे हैं अशांत होने के; हम अशांत हुए नहीं हैं। अशांत हम हो नहीं सकते। शांति हमारा स्वभाव है। लेकिन अशांति के सपने हम देख सकते हैं। अशांत होने की धारणा हम बना सकते हैं। अशांत होने का पागलपन हम पैदा कर सकते हैं। फिर एक पागलपन के पीछे दूसरा पागलपन चला आता है। फिर कतार लग जाती है।

'अनेक शास्त्रों को अनेक प्रकार से तू कह अथवा सुन...।'

शास्त्र को कहने और सुनने से भी क्या होगा? नये-नये विचार, नई-नई तरंगें उठेंगी। नये-नये भाव उठेंगे। उन नये-नये भावों को प्राप्त करने की आकांक्षा, अभीप्सा उठेगी। उन्हें पूरा करने की जिज्ञासा, मुमुक्षा होगी। नये स्वर्ग, नये मोक्ष की कल्पना सजग हो जाएगी। दौड़ पैदा होगी। और सत्य तो यहां है, वहां नहीं।

इसलिए कहीं जाने की कोई बात नहीं है। तुम जब कहीं नहीं जाते, तभी तुम सत्य में होते हो।

तो अष्टावक्र कहते हैं: ज्ञलेकिन सबके विस्मरण के बिना शांति नहीं।ङ्ख

तो स्मरण से शांति नहीं होगी, विस्मरण से होगी। जो जाना है, उसे भूलने से होगी। जानने से कोई नहीं जान पाता; भूलने से जान पाता है। और जब भी तुम ऐसी विस्मरण की दशा में होते हो कि कोई विचार नहीं, बिलकुल भूले, बिलकुल खोए, लुप्त, लीन, तल्लीनह्नवहीं, उसी क्षण प्रकाश की किरण उतरने लगती है।

कल संध्या ही एक संन्यासी से मैं बात कर रहा था। संन्यासी जार्ज गुरजिएफ के विचारों से प्रभावित रहे हैं। पश्चिम से उनका आना हुआ है और गुरजिएफ की साधना-पद्धति से उन्होंने प्रयोग भी किया है वर्षों से। गुरजिएफ की साधना-पद्धति में एक शब्द है: 'सेल्फ-रिमेंबरिंग, आत्म-स्मरण।' बड़ा कीमती शब्द है। उसका अर्थ वही होता है जो ध्यान का अर्थ होता है। उसका वही अर्थ होता है जो कबीर, नानक और दादू की भाषा में सुरति का होता है। स्वयं की स्मृति यानी सुरति। लेकिन शब्द में खतरा भी है, क्योंकि हम जिन लोगों से बात कर रहे हैं उनसे अगर कहो स्वयं की स्मृति, सेल्फ-रिमेंबरिंग तो खतरा है; क्योंकि उन्हें स्वयं का तो कोई पता नहीं है, वे स्वयं की स्मृति कैसे करेंगे? वे तो उसी स्वयं की स्मृति कर लेंगे, जिसको वे जानते हैं। उनका ज्ञस्वयंङ्ख तो उनका अहंकार है। तो सेल्फ-रिमेंबरिंग, आत्मस्मरण, आत्मस्मरण तो न बनेगा, अहंकार की पुष्टि हो जाएगी।

तो मैंने उस संन्यासी को कहा कि तुम कुछ दिन के लिए यह बात ही भूल जाओ। मैं तो तुमसे कहता हूं: आत्मविस्मरण। कुछ दिनों के लिए तो तुम अपने को भूलना शुरू करो। यह याद करने की बात ठीक नहीं है। जब एक बार भी तुम अपने

को बिलकुल भूल जाओगे, कोई सुध-बुध न रहेगी, ऐसी मस्ती में आ जाओगे, उसी क्षण किरण उतरेगी और आत्मस्मरण जागेगा। आत्मस्मरण तुम्हारे किए नहीं होगा। आत्मा की स्मृति तो उठेगी तब, जब तुम सब विस्मरण कर दोगे।

यह बात बड़ी विरोधाभासी मालूम पड़ती है और आगे के सूत्र और भी विरोधाभासी हैं, इसलिए विरोधाभास को समझ लेना। जीवन में एक बड़ा गहरा नियम है; और वह नियम यह है कि बहुत ऐसी घटनाएं हैं कि जब तुम जो चाहते हो उसका उल्टा परिणाम होता है।

जैसे एक आदमी रात सोना चाहता है और सोने के लिए बहुत चेष्टा करता है, उसकी हर चेष्टा सोने में बाधा बन जाती है। करता तो कोशिश सोने की है, लेकिन जितनी कोशिश करता है उतनी ही नींद मुश्किल हो जाती है। क्योंकि नींद के लिए सब प्रयास छूट जाना चाहिए, तभी नींद आती है। नींद लाने का प्रयास भी नींद के आने में बाधा है।

तो अक्सर ऐसा हो जाता है कि जिन लोगों को नींद नहीं आती, उनका असली उपद्रव यही है कि वे नींद लाने की बड़ी कोशिश करते हैं। भेड़ें गिनते हैं, मंत्र पढ़ते हैं, न मालूम क्या-क्या उपाय करते हैं; जो जो बता देता है, उसका उपाय करते हैं। लेकिन जितने उपाय करते हैं, उतने ही जागे हो जाते हैं, क्योंकि हर उपाय जगाता है। चेष्टा तो श्रम है। श्रम तो कैसे विराम में जाने देगा?

मेरे पास कोई आ जाता है, जिसे नींद नहीं आती। और जब मैं उसे पहली दफा सलाह देता हूं तो वह चौंक कर कहता है: 'आप कह क्या रहे हैं? मैं वैसे ही मरा जा रहा हूं और आपकी बात मान लूंगा तो और झंझट हो जाएगी।' मैं उससे कहता हूं: 'नींद नहीं आती तो चार मील का चक्कर लगाओ, दौड़ो।' वह कहता है: 'आप कह क्या रहे हैं, वैसे ही तो मैं परेशान हूं, दौड़ से तो और मुश्किल हो जाएगी। थोड़ी-बहुत जो आ भी रही थी, वह भी चली जाएगी; मैं और ताजा हो जाऊंगा।' मैं उससे कहता हूं: 'तुम प्रयोग करके देखो।'

जीवन में कई नियम विरोधाभासी हैं। तुम दौड़ कर जब थके-मांदे आओगे, नींद आ जाएगी। इसलिए तो जो दिन भर में थक गया है, उसे रात नींद आ जाती है। जो दिन भर विश्राम करता रहा, उसे नींद नहीं आती। अगर जिंदगी तर्क से चलती होती हो जो दिन भर अपनी आराम कुर्सी पर रहा है, बिस्तर पर लेटा रहा, उसको गहरी नींद आनी चाहिए रात में; क्योंकि दिन भर अभ्यास किया है नींद का तो रात में नींद गहरी हो जानी चाहिए। लेकिन जीवन गणित नहीं है। जीवन बड़ा विरोधाभासी है। जो दिन भर मिट्टी खोदता रहा, पत्थर तोड़ता रहा, वह रात घर्राटे लेकर सोता है। और जिसने दिन भर विश्राम किया, वह रात भर जागा रहता है, नींद आती नहीं। मगर इस विरोधाभास में बात सीधी है। जब तुमने दिन भर विश्राम कर लिया तो विश्राम की

जरूरत न रही। जिसने दिन भर विश्राम नहीं किया, उसने विश्राम की जरूरत पैदा कर ली। जीवन उल्टे से चलता है।

तो अगर स्वयं की स्मृति लानी हो तो स्वयं को स्मरण करने का प्रयास भर मत करना, अन्यथा भटक हो जाएगी, भूल हो जाएगी, बड़ी भ्रांति होगी। तुम तो विस्मरण करना। डूब जाना कीर्तन में, कि नृत्य में, कि गान में, कि संगीत में। तुम भूल ही जाना अपने को, बिलकुल भूल जाना, विस्मरण कर देना। यह भी भूल जाना, कौन हो तुम, क्या तुम्हारा पता-ठिकाना, जानते नहीं जानते, पंडित-अपंडित, पुण्यात्मा-पापीह्लसब भूल जाना। ऐसे छंदबद्ध हो जाना किसी घड़ी में कि कुछ भी याद न रहे। सब पांडित्य भूल जाए, सब पुण्य एक तरफ रख देनाह्लजहां जूते उतार आए वहीं पुण्य भी, वहीं पांडित्य भी, वहीं छोड़ आना सारी अस्मिता और अहंकार को और डूब जाना। अचानक तुम पाओगे, उसी डुबकी में से कोई चीज उभरने लगी। तुम्हारे भीतर एक नया प्रकाश आने लगा। बादल छंट गए, सूरज दिखाई पड़ने लगा। आत्मस्मरण हुआ।

विस्मरण की प्रक्रिया से होता है आत्मस्मरण। और ज्ञान की भी प्रक्रिया वही है। जो याद करने में लगे रहते हैं, वे भूल जाते हैं। जो जितनी ज्यादा याद करने की चेष्टा करते हैं उतनी ही भूल हो जाती है। जो भूल जाते, उन्हें याद आ जाता है।

यह धर्म की आधारशिला हैह्लयह विरोधाभासी जीवन की प्रक्रिया। इसलिए धर्म के सारे सूत्र पैराडाक्सिकल, विरोधाभासी हैं। और धर्म में तुम तर्क मत खोजना, नहीं तो चूक हो जाएगी।

मुल्ला नसरुद्दीन एक दिन सुबह-सुबह अपने डाक्टर के घर गया, खांसता-खखारता भीतर प्रवेश किया। डाक्टर ने कहा: 'आज तो खांसी कुछ ठीक मालूम होती है।' उसने कहा: 'होगी क्यों नहीं, सात दिन से अभ्यास जो कर रहा हूं! ठीक मालूम क्यों न होगी? रात भर अभ्यास किया है।'

तुम जो अभ्यास कर रहे हो, तुम्हारे अभ्यास से तुम्हीं तो मजबूत होओगे न! रात भर अगर खांसी का अभ्यास किया है तो खांसी मजबूत हो गई। अगर तुमने आत्मस्मरण का अभ्यास किया तो तुम जिससे आत्मस्मरण का अर्थ लेते हो, वही तो मजबूत हो जाएगा। तुम्हारा तो अहंकार ही तुम समझते हो आत्मा है। तुम्हारा तो अज्ञान ही तुम समझते हो आत्मा है। वही और मजबूत होकर बैठ गया। तो जितना तुम आत्मस्मरण का अभ्यास करने लगे, वस्तुतः उतना ही वास्तविक आत्मा का विस्मरण हो गया। तुम्हारा यह झूठा स्मरण हटे, यह झूठे का विस्मरण हो, तो सत्य का स्मरण हो जाए। झूठ हटे तो सत्य अपने से प्रकट हो जाए। सूरज तो मौजूद है, बादल हटने चाहिए। बादल हट गए कि सूरज प्रकट हो गया। सूरज को प्रकट थोड़े ही करना है, सूरज प्रकट ही है।

अष्टावक्र कहते हैं कि ज्ञान तो मनुष्य का स्वभाव है, इसलिए शास्त्र में कहां खोजता है! शास्त्र से अगर सीख लेगा कुछ तो पर्तें बन जाएंगी स्मृति की और उन्हीं के नीचे वह तेरा जो स्वाभाविक था वह दब जाएगा। स्वभाव को प्रकट होने दे। बाहर से मत ला, भीतर से आने दे।

ज्ञान, जिसको हम कहते हैं, वह तो बाहर से आता है। समझो कि मैं तुमसे कुछ कह रहा हूं या तुम अष्टावक्र की गीता ही पढ़ो, तो भी बाहर से कुछ आ रहा है। मैंने तुमसे कुछ कहा, बाहर से कुछ आया। इसे तुमने इकट्ठा कर लिया। यह तुम्हारा स्वभाव तो नहीं है। यह तो बाहर से आया, विजातीय है। यह विजातीय अगर बहुत इकट्ठा हो गया तो तुम्हारे भीतर जो पड़ा हुआ था उसके प्रकट होने में अड़चन हो जाएगी। यह बाधा बन जाएगा।

जैसे हम कुआं खोदते हैं तो पानी तो है ही, पानी थोड़े ही हमें लाना पड़ता है कहीं से। पानी तो जमीन के नीचे बह ही रहा है। उसके झरने भरे हैं। हम इतना ही करते हैं कि बीच की मिट्टी की पर्तों को अलग कर देते हैं, पानी प्रकट हो जाता है।

अष्टावक्र कहते हैं, ज्ञान तो स्वभाव है। उसके तो झरने तुम्हारे भीतर हैं ही। तुम बस जो बीच में मिट्टी की पर्तें जम गई हैं, उन्हें अलग कर दो। और मिट्टी की बड़ी से बड़ी पर्तें जम गई हैं ज्ञान के कारण। किसी की पर्त वेद से बनी, किसी की कुरान से, किसी कि बाइबिल से, किसी ने कहीं से सुन कर इकट्ठा किया, किसी ने कहीं से सुन कर इकट्ठा किया। बिना जाने तुमने सुन-सुन कर जो इकट्ठा कर लिया है, उसे भूलो।

तथापि न तव स्वास्थ्यं सर्वविस्मरणादृते।

'जब तक तू सब न भूल जाए तब तक तुझे स्वास्थ्य उपलब्ध न होगा।'

लेकिन हमारा तो शब्द पर बड़ा भरोसा है और हमें शब्द के माधुर्य में बड़ी प्रीति है। शब्द मधुर होते भी हैं। शब्द का भी संगीत है और शब्द का भी अपना रस है। इसलिए तो काव्य निर्मित होता है। इसलिए शब्द की जरा सी ठीक व्यवस्था से संगीत-निर्माण हो जाता है। फिर शब्द में हमें रस है क्योंकि शब्द में बड़े तर्क छिपे हैं। और तर्क हमारे मन को बड़ी तृप्ति देता है। अंधेरे में हम भटकते हैं, वहां तर्क से हमें सहारा मिल जाता लगता है कि चलो कुछ नहीं जानते; लेकिन कुछ तो हिसाब बंधने लगा; कुछ तो बात पकड़ में आने लगी; एक धागा तो हाथ में आया, तो धीरे-धीरे इसी धागे के सहारे और भी पा लेंगे। और हमारा छपे हुए शब्द पर तो बड़ा ही आग्रह है।

एक मित्र मुझे मिलने आए। वे कहने लगे : 'आपने जो बात कही, वह किस शास्त्र में लिखी है?' मैंने कहा : 'किसी शास्त्र में लिखी हो तो सही हो जाएगी? सिर्फ लिखे होने से सही हो जाएगी? अगर सही है तो लिखी न हो शास्त्र में तो भी सही है और

गलत है तो सभी शास्त्रों में लिखी हो तो गलत है। बात को सीधी क्यों नहीं तौलते?' वे कहने लगे: 'वह तो ठीक है, लेकिन फिर भी आप यह बतलाएं कि किस शास्त्र में लिखी है?' तो मैंने उसे कहा कि मुल्ला नसरुद्दीन की दुर्घटना हो गई, कार टकरा गई एक ट्रक से, बड़ी चोट लगी। अस्पताल में भर्ती हुआ। डाक्टर ने मरहम-पट्टी की और कहा कि 'घबड़ा मत नसरुद्दीन, कल सुबह तक बिलकुल ठीक हो जाओगे। बड़े मियां, सुबह तशरीफ ले जाना।' लेकिन दूसरे दिन सुबह डाक्टर भागा हुआ अंदर आया और बोला कि बड़े मियां, रुको-रुको, कहां जा रहे हो? अभी-अभी अखबार में मैंने पढ़ा है कि आपका जबर्दस्त ऐक्सीडेन्ट हुआ है, मुझे दुबारा देखना पड़ेगा।

अखबार में जब पढ़ा तब बात और हो गई!

रामकृष्ण कहते थे कि उनका एक शिष्य था, वह सुबह अखबार पढ़ रहा था। उसकी पत्नी बोली: 'क्या अखबार पढ़ रहे हो! अरे रात पड़ोस में आग लग गई!' उसने कहा: 'अखबार में तो खबर ही नहीं है, बात झूठ होगी।' पड़ोस में आग लगी, मगर वह आदमी अखबार में देख रहा है!

हमें छपी बात पर बड़ा भरोसा है। इसलिए तो बात को छाप कर धोखा देने का उपाय बड़ा आसान है। इसलिए तो विज्ञापन इतना प्रभावी हो गया है दुनिया में। छपा हुआ विज्ञापन एकदम प्रभाव लाता है। बड़े-बड़े अक्षरों में लिखी हुई बात एकदम छाती में प्रवेश कर जाती है। बड़े अक्षर को इंकार कैसे करो! जब इतना छपा हुआ है तो ठीक ही होगा। छपी बात कहीं गलत होती है! और अगर बड़े-बड़े लोग, प्रतिष्ठा है जिनकी, साख है जिनकी, बात को कह रहे हों तब तो फिर गलत होती ही नहीं।

लेकिन सत्य का छपे होने से क्या संबंध है? शब्द से हमारा मोह थोड़ा क्षीण होना चाहिए। सत्य का संबंध शून्य से ज्यादा है, निःशब्द से ज्यादा है। परमात्मा की कोई भाषा तो नहीं, लेकिन सब दुनिया के धर्म दावा करते हैं। हिंदू कहते हैं: 'संस्कृत देववाणी है। वह परमात्मा की भाषा है।' यहूदी कहते हैं: 'हिब्रू परमात्मा की भाषा है।' मुसलमानों से पूछो तो कहेंगे: 'अरबी।' जैनों से पूछो तो कहेंगे: 'प्राकृत।' बौद्धों से पूछो तो कहेंगे: 'पाली।'

दूसरे महायुद्ध में एक जर्मन और एक अंग्रेज जनरल की बात हो रही थी युद्ध के समाप्त हो जाने के बाद। वह जर्मन जनरल पूछ रहा था कि मामला क्या है, हम हारते क्यों चले गए? हमारे पास तुमसे बेहतर युद्ध की साधन-सामग्री है, ज्यादा वैज्ञानिक। तकनीकी दृष्टि से हम तुमसे ज्यादा विकसित हैं, तो फिर हम हारे क्यों?

तो उस अंग्रेज ने कहा: हार का कारण और है। हम युद्ध के पहले परमात्मा से प्रार्थना करते हैं।

जर्मन बोला: यह भी कोई बात हुई! प्रार्थना तो हम भी करते हैं।

वह अंग्रेज हंसने लगा। उसने कहा कि करते होओगे, लेकिन कभी सुना तुमने कि परमात्मा को जर्मन भाषा आती है? अंग्रेजी में की थी प्रार्थना?

हर भाषा का बोलने वाला सोचता है कि उसकी भाषा परमात्मा की भाषा है, देववाणी! इलहाम की भाषा!

कोई भाषा परमात्मा की नहीं है। सब भाषाएं आदमी की हैं। परमात्मा की भाषा तो मौन है। तो परमात्मा-रचित कोई भी शास्त्र तो हो नहीं सकता। सब शास्त्र मनुष्य के रचित हैं। हिंदू कहते हैं, वेद अपौरुषेय हैं, पुरुष ने नहीं बनाए। मुसलमान कहते हैं, कुरान उतरी, बनाई नहीं गई। सीधी उतरी आकाश से! मुहम्मद ने झेली, यह बात और; मगर बनाई नहीं। इलहाम हुआ, वाणी का अवतरण हुआ।

इस तरह के दावे सभी करते हैं। इन दावों के पीछे एक आकांक्षा है कि अगर हम यह दावा कर दें कि हमारा शास्त्र परमात्मा का है तो लोग ज्यादा भरोसा करेंगे। परमात्मा का है तो भरोसे योग्य हो जाएगा। फिर ये सारे दावेदार स्वभावतः यह भी दावा करते हैं कि दूसरे का शास्त्र परमात्मा का नहीं है, क्योंकि अगर सभी शास्त्र परमात्मा के हैं तो फिर दावे का कोई मूल्य नहीं रह जाता। तो कुरान वेद के खंडन में लगा रहता है; वेद कुरान के खंडन में लगे रहते हैं। हिंदू मुसलमान से विवाद करते रहते हैं, ईसाई हिंदू से विवाद करते रहते हैं। यह विवाद चलता रहता है।

शास्त्र से विवाद पैदा हुआ है, सत्य तो पैदा नहीं हुआ। और शास्त्र से संघर्ष पैदा हुआ है, संप्रदाय पैदा हुए हैं, लोग बंटे और कटे और हिंसा और हत्या हुई है।

परमात्मा की भाषा मौन है। इसका यह अर्थ नहीं है कि शब्द कोई शैतान की भाषा है। इसका इतना ही अर्थ है कि सत्य तो तभी अनुभव होता है जब कोई मनुष्य परिपूर्ण मौन को उपलब्ध होता है। लेकिन जब मनुष्य कहना चाहता है तो उसे माध्यम का सहारा लेना पड़ता है। तब जो उसने जाना है, वह उसे शब्द में रखता है; बस रखने में ही अधिक तो समाप्त हो जाता है।

ऐसा ही समझो कि तुम गए समुद्र के तट पर और तुमने उगजे सूरज को देखा, फैली देखी लाली तुमने सारे सागर पर, पक्षियों के गीत, सुबह की ताजी हवा, मदमस्त तुम हो गए! तुमने चाहा कि घर आओ, अपनी पत्नी-बच्चों को भी यह खबर दो। तो तुमने एक कागज पर चित्र बनाया सूरज के उगने का, पानी की लहरों का, वृक्ष हवा में झुके-झुके जा रहे हैं! वह चित्र लेकर तुम घर आए। क्या तुम्हारा चित्र वही खबर लाएगा जो तुम्हें अनुभव हुआ था? तुम्हारा चित्र तो मर गया; यद्यपि तुम्हारा चित्र तुम्हारे अनुभव से पैदा हुआ, तुमने सागर देखा, सुबह का उगता सूरज देखा। लेकिन जैसे ही तुमने इस अनुभव को कागज पर उतारा, यह तो मुर्दा हो गया। या कि

तुम एक संदूक में बंद करके ला सकते हो? सागर की हवा, सूरज की किरणें, एक संदूक में बंद कर लेना, घर ले आना ताला लगा कर्‌जब घर आकर खोलोगे तो संदूक खाली मिलेगी। न तो ताजी हवा होगी और न धूप की किरणें होंगी।

अंधेरे को तो पालतू बना भी लो, धूप को तो बंद नहीं किया जाता। धूप तो बंद होते ही मर जाती है। सौंदर्य को कैसे बांध कर लाओगे? कविता लिखोगे? गीत बनाओगे?

अब हमारे पास और भी बेहतर साधन हैं, सुंदर से सुंदर और बहुमूल्य से बहुमूल्य कैमरा ले जा सकते हो। रंगीन चित्र ले आ सकते हो। फिर भी चित्र मरा हुआ होगा। चित्र में कोई प्राण तो न होंगे। वह जो सूरज वहां उगा था, बढ़ रहा था, उठा जा रहा था आकाश की तरफ...। तुम्हारे चित्र का सूरज तो रुका हुआ होगा, वह तो फिर बढ़ेगा नहीं। वह जो सूरज तुमने सागर पर देखा था, वह थोड़ी देर बाद दोपहर का सूरज हो जाएगा, थोड़ी देर बाद सांझ का हो जाएगा, डूबेगा, अस्त होकर अंधेरे में खो जाएगा, विराट अंधकार छा जाएगा। तुम्हारा चित्र तो अटका रह गया। वह तो फिर दोपहर नहीं होगी, सांझ नहीं होगी, अंधेरा नहीं घिरेगा। तुम्हारा चित्र तो मरा हुआ है। वह तो एक क्षण की खबर है। जो तुमने देखा था, वह जीवंत था। उस जीवंत को तुमने सिकोड़ लिया एक मुर्दा फोटोग्राफ में और बंद कर लिया। वह एक क्षण की खबर है! वह वास्तविक नहीं।

तुम्हें कई बार यह अनुभव हुआ होगा‌अनेक लोगों को अनुभव होता है। फोटोग्राफर आकर तुम्हारा फोटो उतारता है और तुम कहते हो: नहीं, जंचता नहीं। अब फोटोग्राफ झूठा तो हो ही नहीं सकता, एक बात। क्योंकि कैमरे को कुछ तुमसे दुश्मनी नहीं है। कैमरा तो वही कहेगा जो था। फिर भी तुम कहते हो, मन भरता नहीं; नहीं, यह मेरे चेहरे जैसा चेहरा लगता नहीं, बात क्या है? बात इतनी ही है कि तुमने अपने चेहरे को जब भी दर्पण में देखा है तो वह जीवित था। तुम्हारी जो भी याददाश्त है, वह जीवित चेहरे की है और यह फोटोग्राफ तो मरा हुआ है। इससे जीवित और मुर्दे में मेल नहीं बैठता।

जो शून्य में जाना है, जब शब्द में कहा जाता है तो बस इतना ही अंतर हो जाता है। अंतर बड़ा है। यद्यपि निश्चित ही यह चित्र तुम्हारा ही है, तुम्हारे ही चेहरे की खबर देता है, तुम्हारे ही नाक-नक्श की खबर देता है, किसी और का चित्र नहीं है; बिलकुल तुम्हारा है, फिर भी तुम्हारा नहीं है; क्योंकि तुम जीवित हो और यह चित्र मुर्दा है। तो शब्द भी ऐसे तो अनुभव से ही आते हैं, लेकिन शब्द के माध्यम से जब सत्य गुजरता है तो कुछ विकृत हो जाता है।

तुमने देखा, एक सीधे डंडे को पानी में डालो, पानी में जाते ही तिरछा मालूम होने लगता है। पानी का माध्यम, सूरज की किरणों का अलग ढंग से गुजरना, सीधा डंडा तिरछा मालूम होने लगता है पानी में। बाहर खींचो, सीधा का सीधा! फिर पानी में डालो, फिर तिरछा। वैज्ञानिक से पूछो। वह कहता है, किरणों के नियम से ऐसा होता है। किसी नियम से होता हो, लेकिन एक बात पक्की है कि सीधा डंडा पानी में डालने पर तिरछा दिखाई पड़ने लगता है, झुक जाता है।

सत्य को जैसे ही शब्द में डाला, तिरछा हो जाता है, सीधा नहीं रह जाता; हिंदू बन जाता, मुसलमान बन जाता, ईसाई बन जाता, जैन बन जाता, सत्य नहीं रह जाता है। सत्य को जैसे ही शब्द में डालो, संप्रदाय बन जाता है, सिद्धांत बन जाता है, सत्य नहीं रह जाता। और फिर उसको तुम याद कर लो तो अड़चन होती है।

शब्द भी परमात्मा के हैं, इससे कोई इंकार नहीं। शब्द भी उसी के हैं, क्योंकि सभी उसी का है। लेकिन फिर भी शब्द से जिसने परमात्मा की तरफ जाने की कोशिश की वह मुश्किल में पड़ेगा।

ऐसा ही समझो कि तुम राह से गुजर रहे हो, राह पर तुम्हारे पीछे तुम्हारी छाया बन रही हैह्नछाया निश्चित ही तुम्हारी है; लेकिन अगर मैं तुम्हारी छाया को पकडूं तो तुम्हें कभी न पकड़ पाऊंगा। फिर भी मैं यह नहीं कह सकता कि छाया तुम्हारी नहीं है। छाया तुम्हारी ही है। तो भी छाया को पकड़ने से तुम्हें न पकड़ पाऊंगा। हां, उलटी बात हो सकती है: तुम्हें पकड़ लूं तो तुम्हारी छाया पकड़ में आ जाए।

रामतीर्थ एक घर के सामने से निकलते थे और एक छोटा बच्चाह्नसर्दी की सुबह होगी, धूप निकली थी और धूप में धूप ले रहा थाह्नउसको अपनी छाया दिखाई पड़ रही थी, उसको पकड़ने को वह बढ़ रहा था और पकड़ नहीं पा रहा था तो बैठ कर रो रहा था। उसकी मां उसे समझाने की कोशिश कर रही थी कि पागल...रामतीर्थ खड़े होकर देखने लगे। लाहौर की घटना है। खड़े होकर देखने लगे। देखा कि बच्चे की चेष्टा, मां का समझानाह्नलेकिन बच्चे की समझ में नहीं आ रहा है। आए अंदर आंगन में और उस बच्चे का हाथ पकड़ कर बच्चे के सिर पर रखवा दिया। जैसा ही बच्चे ने अपने सिर पर हाथ रखा, उसने देखा छाया में भी उसका हाथ सिर पर पड़ गया है। वह खिलखिला कर हंसने लगा। रामतीर्थ ने कहा: तेरे माध्यम से मुझे भी शिक्षा मिल गई। छाया को पकड़ो तो पकड़ में नहीं आती; मूल को पकड़ लो तो छाया पकड़ में आ जाती है। छाया को पकड़ने से मूल पकड़ में नहीं आता।

अगर निःशब्द समझ में आ जाए तो सब शब्द समझ में आ जाते हैं। अगर निःशब्द का अनुभव हो जाए तो सभी शास्त्रों की व्याख्या हो जाती है; सभी शास्त्र सत्य सिद्ध हो जाते हैं। लेकिन शास्त्र को पकड़ने से मूल की पकड़ नहीं आती।

शब्द तुमने रचे
जैसे मेंहदी रची
जैसे बैंदी रखी
शब्द तुमने रचे
प्रेम अक्षर थे ये दो अनर्थ के
अर्थ तुमने दिया
मैं, यह जो ध्वनि थी
अंध बर्बर गुफाओं की
अपने को भर कर
उसे नूतन अस्तित्व दिया
बाहों के घेरे
ज्यों मंडप के फेरे
ममता के स्वर
जैसे वेदी के मंत्र
गुंजरित मुंह अंधेरे
शब्द तुमने रचे
जैसे प्रलयंकर लहरों पर
अक्षयवट का एक पत्ता बचे
शब्द तुमने रचे।

शब्द भी आते तो उसी मूल स्रोत से हैं जहां से मौन आता है।

शब्द तुमने रचे

वे भी प्रभु के हैं। शास्त्र भी उसके हैं। लेकिन ध्यान रहे, शास्त्र से उसकी तरफ जाने का मार्ग नहीं है। उसकी तरफ से आओ तो शास्त्र को समझने की सुविधा है।

इसलिए मैं एक बात तुमसे कहना चाहूंगा : शास्त्र को पढ़ कर किसी ने कभी सत्य नहीं जाना; लेकिन जिसने सत्य जाना उसने सब शास्त्र जान लिए। शास्त्र को पढ़ने का मजा सत्य को जानने के बाद है, यह तुम्हें अनूठा लगेगा। क्योंकि तुम कहोगे, फिर पढ़ने का सार क्या! लेकिन मैं तुमसे फिर कहता हूं, शास्त्र को पढ़ने का मजा सत्य को जानने के बाद है। एक बार तुमने सत्य को जान लिया, थोड़ा स्वाद मिल गया; फिर तुम्हें जगह-जगह उसकी ही झलक मिलेगी। फिर छाया पकड़ में आने लगेगी। फिर तुम पढ़ो गीता को, पढ़ो कुरान को, पढ़ो धम्मपद कोह्नअचानक तुम पाओगे : 'अरे, वही! ठीक!' तुम्हारे प्राणों से अचानक स्वीकार का भाव उठेगा कि ठीक यही, यही तो मैंने भी जाना! सब शास्त्र तुम्हारे गवाही हो जायेंगे। शास्त्र साक्षी हैं।

और जिन महामुनियों ने शास्त्रों को रचा, उन्होंने इसलिए नहीं रचा है कि तुम कंठस्थ करके ज्ञानी हो जाओ। उन्होंने इसलिए रचा है कि जब तुम्हें स्वाद लगे तब तुम्हें गवाहियां मिल जायें। तुम अकेले न रहो रास्ते पर। ऐसा न हो कि तुम घबरा जाओ कि यह क्या हो रहा है! यह किसी को हुआ पहले कि नहीं हुआ? जो मुझे हो रहा है, वह कल्पना तो नहीं है? जो मुझे हो रहा है, वह कोई मन का जाल ही तो नहीं है? जो मुझे हो रहा है, वह मैं ठीक रास्ते पर चल रहा हूं या भटक गया हूं?

शास्त्र तुम्हारी गवाहियां हैं। जब तुम अनुभव करने लगोगे तो शास्त्र तुम्हें सहारा देने लगेंगे। और शास्त्र तुम्हें हिम्मत देंगे, पीठ थपथपायेंगे कि तुम ठीक हो, ठीक रास्ते पर हो, ऐसा ही हुआ है, ऐसा ही सदा होता रहा हैह्नऔर आगे बढ़े चलो! जैसे-जैसे तुम आगे बढ़ोगे सत्य की तरफ, वैसे-वैसे तुम्हें शब्द में भी उसी की छाया और झलक मिलने लगेगी।

ऐसा समझो, अगर मैं तुम्हें जानता हूं तो तुम्हारे फोटोग्राफ को भी पहचान लूंगा। इससे उलटी बात जरूरी नहीं है। तुम्हारे फोटोग्राफ को पहचानने से तुम्हें जान लूंगा, यह पक्का नहीं है। क्योंकि फोटोग्राफ तो थिर है। तुम्हारे बचपन का चित्र आज तुम्हारे चेहरे से कोई संबंध नहीं रखता। तुम तो जा चुके आगे, बढ़ चुके आगे। और एक ही आदमी के चित्र अलग-अलग ढंग से लिए जायें, अलग-अलग कोण से लिए जायें, तो ऐसा मालूम होने लगता है कि अनेक आदमियों के चित्र हैं।

ऐसा हुआ, स्टैलिन के जमाने की घटना है। एक आदमी ने चोरी की और उसके दस चित्रह्नउसी एक आदमी के दस चित्रह्नएक बाएं से, एक दाएं से, एक पीछे से, एक सामने से, एक इधर से, एक उधर से, दस चित्र उसके भेजे गए पुलिस स्टेशन में कि इस आदमी का पता लगाओ। सात दिन बाद जब पूछताछ की गई कि पता लगा? तो उन्होंने कहा कि दसों आदमी बंद कर लिए गए। दसों! वे एक आदमी के चित्र थे। उन्होंने कहा कि अब बहुत देर हो चुकी, क्योंकि दसों ने स्वीकार भी कर लिया है अपराध। तो रूस की तो हालत ऐसी है कि जो चाहो स्वीकार करवा लो। अब तो देर हो चुकी है, उन्होंने कहा, कि वे दस स्वीकार भी कर चुके, दस्तखत भी कर चुके कि हां, उन्होंने ही चोरी की है। दस आदमी पकड़ लिए एक आदमी के चित्र से! यह संभव है। इसमें अड़चन नहीं है।

तुम्हीं कभी अपने अलबम को उठा कर देखो। अगर गौर से देखोगे तो तुम्हीं कहोगे, तुम कितने बदलते जा रहे हो! कितने बदलते जा रहे हो! दो-चार-दस साल के बाद तुम्हें मित्र मिल जाता है तो पहचान में नहीं आता।

मुल्ला नसरुद्दीन एक पुल पर से गुजर रहा था। उसने सामने एक आदमी को देखा। जाकर जोर से उसकी पीठ पर धप्पा मारा और कहा : 'अरे प्यारे, बहुत दिन बाद

दिखे, कई साल बाद दिखे!' वह आदमी बहुत चौंका भी, गिरते-गिरते बचा भी। यह कौन प्रेमी मिल गया! उसने लौट कर देखा, कुछ पहचान में भी नहीं आया। तो उसने कहा कि क्षमा करिए, शायद आप किसी और आदमी के धोखे में हैं।

'अरे', मुल्ला ने कहा, 'तुम मुझे मत चराओ! हालांकि यह मैं देख रहा हूं कि तुम बड़े मोटे-तगड़े थे, एकदम दुबले हो गए। इतना ही नहीं, तुम छह फीट लंबे थे, एकदम पांच फीट के हो गए! मगर तुम मुझे धोखा न दे सकोगे। तुम वही हो न अब्दुल रहमान?'

उस आदमी ने कहा: 'क्षमा करिए, मेरा नाम फरीद है।' उसने कहा: 'हद हो गई, नाम भी बदल लिया! मगर तुम मुझे धोखा न दे सकोगे।'

दस साल के बाद मित्र को भी पहचानना मुश्किल हो जाता है। दस साल के बाद अपने बेटे को भी पहचानना मुश्किल हो जाता है। दस साल अगर देखो न...। रोज-रोज देखते रहते हो, इसलिए आसानी है; क्योंकि रोज-रोज धीरे-धीरे परिवर्तन होता रहता है और तुम धीरे-धीरे परिवर्तन से राजी होते जाते हो।

नहीं, चित्र से पता लगाना संभव नहीं। हां, असली आदमी पता हो तो चित्रों में उसकी झलक तुम खोज ले सकते हो। असली से छाया का सदा पता मिल जाता है।

इस सूत्र का इतना ही अर्थ है कि तुम शब्दों में मत खो जाना, निःशब्द की तलाश करना। और निःशब्द की तलाश करना हो तो शास्त्र को, सिद्धांत को, फिलासफी को विस्मरण करना।

'हे विज्ञ, भोग, कर्म अथवा समाधि को भला साधे, तो भी तेरा चित्त उस स्वभाव के लिए जिसमें सब आशाएं लय होती हैं, अत्यंत लोभायमान रहेगा।'

यह सूत्र बड़ा बहुमूल्य है। अष्टावक्र कहते हैं कि तू चाहे शास्त्र को पढ़ कर कितना ही ज्ञानी हो जा, विज्ञ बन जा, महाज्ञानी हो जा; तू शास्त्र को पढ़ कर कितना ही भोग कर ले, कर्म कर ले; इतना ही नहीं, समाधि को भी साध ले शास्त्र को पढ़ करह्लतो भी तू पाएगा कि तेरे भीतर स्वास्थ्य को पाने की आकांक्षा अभी बुझी नहीं; स्वयं होने की आकांक्षा अभी प्रज्वलित है। क्योंकि समाधि को भी तू पा ले शास्त्र को पढ़ कर, सम्हाल ले अपने को, शांत भी बना ले, जबरदस्ती ठोक-पीट कर बैठ जा बुद्ध की तरह आसन में; शरीर को, मन को समझा-बुझा कर, बांध-बांध कर व्यवस्था में, अनुशासन में किसी तरह चुप भी कर लेह्लतो भी तू स्वस्थ न हो पाएगा।

भोगं कर्म समाधिं वा कुरु विज्ञ तथापि ते।

चाहे तू भोग कर, कर्म कर, चाहे तू समाधि को साध ले, शास्त्रीय ज्ञान के आधार पर...।

चित्तं निरस्तसर्वाशमत्यर्थं रोचयिष्यति।

फिर भी तेरे भीतर तू जानता ही रहेगा कि अभी मूल से मिलन नहीं हुआ; कुछ चूका-चूका है; कुछ खाली-खाली है।

इसलिए पतंजलि भी समाधि के दो विभाग करते हैं। एक को कहते हैं : सविकल्प समाधि। सविकल्प समाधि ऐसी है कि अभी स्मरण समाप्त नहीं हुआ; शास्त्र अभी पुंछे नहीं। मन शांत हो गया है। तुलनात्मक ढंग से मन अब पहले जैसा अशांत नहीं है। घर के करीब आ गए हैं। शायद सीढ़ी पर खड़े हैं। लेकिन अभी भी द्वार के बाहर हैं। सविकल्प समाधि का अर्थ है : अभी विचार शेष है; विकल्प मौजूद है। अभी शास्त्र से छुटकारा नहीं हुआ। अभी सिद्धांतों की जकड़ है। अभी हिंदू हिंदू है, मुसलमान मुसलमान है। अभी ब्राह्मण ब्राह्मण है। शूद्र शूद्र है। अभी मान्यताओं का घेरा उखड़ा नहीं। तो पतंजलि भी कहते हैं, जब तक निर्विकल्प समाधि न हो जाए, विचार-शून्यता न आ जाए, सब न खो जाए, आत्यंतिक रूप से सारे विचार विदा न हो जायें, तब तक अंतर्गृह में प्रवेश न होगा।

इसे समझो! आदमी चेष्टा करके बहुत कुछ साध सकता है। धोखे देने के बड़े उपाय हैं। समझो, ब्रह्मचर्य साधना है, उपवास करने लगो। धीरे-धीरे भोजन कम होगा शरीर में, वीर्य-ऊर्जा कम पैदा होगी। वीर्य-ऊर्जा कम पैदा होगी, वासना कम मालूम पड़ेगी। मगर यह तुम धोखा दे रहे हो। यह वास्तविक ब्रह्मचर्य न हुआ। स्त्रियों से दूर हट जाओ, जंगल में चले जाओ, उपवास करो, रूखा-सूखा भोजन करो, पुष्ट भोजन न लो, शरीर में ऊर्जा न बने, शक्ति न बने, स्त्रियों से दूर रहे, कोई स्मरण न आए, कोई दिखाई न पड़े, कोई उत्तेजना न मिलेह्नथोड़े दिन में तुम्हें लगेगा कि ब्रह्मचर्य सध गया। वह ब्रह्मचर्य नहीं है। फिर भोजन करो, फिर लौट आओ बाजार मेंह्नअचानक ऊर्जा पैदा होगी, फिर स्त्री दिखाई पड़ेगी, फिर वासना पैदा हो जाएगी।

यह तो ऐसे ही हुआ जैसे कि सूखे दिनों में, गर्मी के दिनों में नदी का पानी सूख जाता है, सिर्फ पाट पड़ा रह जाता हैह्नसूखा पाट, रेत ही रेत! फिर वर्षा होगी, फिर पानी भरेगा, फिर नदी पूर से आ जाएगी। गर्मी की नदी को देख कर यह मत सोच लेना कि नदी मिट गई। इतना ही जानना कि पानी सूख गया। वर्षा होगी, फिर पानी भर जाएगा।

इसलिए तुम्हारे साधु-संन्यासी डरे-डरे भोजन करते हैं। एक बार भोजन करते हैं। उसमें भी नियम बांधतेह्नयह न खाएंगे, वह न खाएंगे; यह न पीएंगे, वह न पीएंगे। रूखा-सूखा, ताकि किसी तरह शरीर में ऊर्जा पैदा न हो। ऊर्जा पैदा होती है तो अनिवार्य रूप से शारीरिक-प्रक्रिया से वीर्य निर्मित होता है। वीर्य निर्मित होता है तो भीतर वासना पैदा होती है। फिर तुम्हारा संन्यासी भागा-भागा फिरता है, छिपा-छिपा

रहता है। आंखें नीची रखता हैह्नस्त्री दिखाई न पड़ जाए, कहीं सौंदर्य का पता न चल जाए। यह डर, यह भय, यह भोजन की कमी, यह एक जगह रहना, छिप कर रहना, दूर रहना समाज सेह्नये सब नदी को सुखा तो देते हैं, मिटाते नहीं।

तुम्हारे संन्यासी को कहो कि एक महीने भर के लिए ठीक से भोजन करो, ठीक से विश्राम करो, ठीक से सोओ, आकर समाज में रहोह्नफिर देखेंगे! वर्षा होगी नदी में, फिर पूर आ जाएगा! यह कोई ब्रह्मचर्य न हुआ, यह ब्रह्मचर्य का धोखा हुआ। यह शास्त्र के आधार पर ब्रह्मचर्य हुआ, सत्य के अनुभव पर नहीं। सत्य का अनुभव बड़ा और है। तब कोई इस तरह के आयोजन नहीं करने पड़ते हैं। तुम्हारा बोध ही इतना प्रगाढ़ हो जाता है कि उस बोध के प्रकाश में वासना क्षीण हो जाती है। फिर स्त्री से दूर रहो कि पास, कोई फर्क नहीं पड़ता है। फिर यह भोजन करो कि वह भोजन करो, कोई फर्क नहीं पड़ता।

लेकिन घबड़ाहट बनी रहती है। महात्मा गांधी भैंस का दूध नहीं पी सकते थे। घबराहट थी ब्रह्मचर्य खंडित हो जाने की। फिर तो गाय से भी डरने लगे। फिर तो बकरी का दूध पीने लगे। फिर तो बकरी को साथ लेकर चलने लगे। कारणह्नबकरी के दूध में वीर्य को उत्पन्न करने की क्षमता बहुत कम है, न के बराबर है। मगर यह कोई बात हुई? यह तो कोई बात न हुई। यह तो भय हुआ। और इस भांति जो ब्रह्मचर्य ऊपर से थोप भी लिया, वह भीतर से तो नहीं आ जाएगा। भीतर तो मौजूद रहेंगे बीज; वर्षा हो जाएगी, फिर अंकुरित होने लगेंगे।

इसी तरह तुम ध्यान भी कर सकते हो। अष्टावक्र कहते हैं, समाधि भी साध लो। समाधि साधने के कई ऊपरी उपाय हैं। जैसे प्राणायाम को अगर कोई ठीक से साधे और धीरे-धीरे श्वास पर नियंत्रण कर ले और श्वास को रोकना सीख जाए तो श्वास के रुकते ही विचार भी रुक जाते हैं, क्योंकि बिना श्वास के विचार तो चल ही नहीं सकते। अब यह झूठी तरकीब है। तुम बैठ गए श्वास को रोक कर तो जितनी देर श्वास रुकी रहेगी, उतनी देर विचार भी रुक जायेंगे। क्योंकि श्वास रुक गई तो मन, शरीर दोनों ही निर्जीववत पड़े रह जाते हैं। लेकिन कब तक श्वास को रोके रहोगे? श्वास लौटेगी, लेनी पड़ेगी। जैसे ही श्वास को लोगे, फिर सारे विचार पुनरुज्जीवित हो जाएंगे। तो आदमी श्वास लेने से डरने लगेगा। यह भी सच है कि इस भांति से एक तरह की शांति भी आ जाएगी; जब विचार नहीं होंगे तो शांति आ जाएगी। लेकिन यह शांति जड़ता की होगी।

इसलिए जिन्होंने जाना है, उन्होंने समाधि के दो रूप कहे। एक रूप को 'जड़ समाधि' कहा है। 'जड़ समाधि' का अर्थ होता है जो समाधि है नहीं, सिर्फ जड़ता है। और जड़ता के कारण समाधि मालूम पड़ती है।

तुमने देखा, मूढ़ व्यक्ति चिंतित नहीं होता! चिंता होने के लिए भी तो खोपड़ी में कुछ बुद्धि होनी चाहिए न! मूढ़ हैं तो कोई चिंता का सवाल ही नहीं है। तो मूढ़ बैठा रहता है। दुनिया में कुछ भी होता रहे, उसे कोई चिंता नहीं है। घर में आग लग जाए तो वह शांति से बैठा हुआ है। देखो उनकी निर्विकल्प समाधि! उनको कोई विकल्प ही नहीं उठ रहा है।

मगर मूढ़ता समाधि नहीं है, जड़ता समाधि नहीं है। तुम अनेक साधु-संन्यासियों की आंखों में जड़ता पाओगे, चैतन्य का प्रकाश नहीं, आंखों में विभा नहीं; एक तरह की सुस्ती पाओगे, एक तरह की उदासी पाओगे। उन्होंने जीवन-धारा को क्षीण कर लिया है। श्वास कम ले रहे हैं। या श्वास पर नियंत्रण कर लिया है।

शरीर के ऐसे आसन हैं जिन आसनों को ठीक से साधने पर विचार की प्रक्रिया मंद हो जाती है।

तुमने देखा, जब कभी तुम उलझ जाते हो तो सिर खुजलाने लगते हो। एक विशेष मुद्रा में चिंता प्रकट होती है।

एक बहुत बड़े वकील को आदत थी कि जब वह उलझ जाता तो अपने कोट का बटन घुमाने लगता अदालत में विवाद करते वक्त। विरोधी इसको देखते रहे। एक बड़ा मामला था प्रीवी कौंसिल में। जयपुर स्टेट का कोई मुकदमा था। तो विरोधी ने तरकीब की। मिला लिया वकील के शोफर को और उससे कहा कि जब गाड़ी में कोट रखा हो तो तू ऊपर का बटन तोड़ देना, फिर हम निपट लेंगे।

वकील तो अपना कोट लेकर अंदर आ गए, कोट पहन कर अपना काम शुरू कर दिया। जब उलझन का मौका आया और उन्होंने बटन पर हाथ रखा, अचानक सब विचार बंद हो गए; पाया कि बटन नहीं है, घबड़ा गए! वह धक्का ऐसा लगाह्नपुरानी आदत, सदा की आदतह्नएकदम विचार रुक गए!

तुमने देखा, चिंतित हो जाते हो, सिगरेट पीने लगते हो! राहत मिलती है, धुआं बाहर-भीतर करने लगे। पुरानी आदत है। उससे राहत मिलने का संबंध हो गया है। कम से कम मन दूसरी जगह उलझ गया। चिंतित आदमी से कहो, सिगरेट मत पीओ, सिगरेट पीना छोड़ दोह्नवह बड़ी मुश्किल में पड़ जाता है। क्योंकि सिगरेट पीना तो छोड़ दे, लेकिन जब चिंता पकड़ती है तब क्या करे!

शरीर और मन जुड़े हैं। तो योग में बहुत सी प्रक्रियाएं खोजी गई हैं कि विशेष आसन में बैठने से मन में विचार कम हो जाते हैं।

तुम देखो, अगर तुम लेट कर पुस्तक पढ़ो तो तुम्हें याद न रहेगी, क्योंकि लेट कर पढ़ने से जब तुम लेट कर पढ़ते हो तो खून की धारा मस्तिष्क में तीव्र होती है, तो जो भी स्मृति बनती है वह पुंछ जाती है। इसलिए लेट कर पढ़ने वाला याद नहीं कर

पाएगा, भूल-भूल जाएगा। बैठ कर पढ़ोगे, ज्यादा याद रहेगा। अगर रीढ़ बिलकुल सीधी रख कर बैठ कर पढ़ा तो ज्यादा याद रहेगा, बहुत ज्यादा याद रहेगा।

इसलिए जब भी तुम्हें कोई चीज याद रखनी होती है, तुम्हारी रीढ़ तत्क्षण सीधी हो जाती है। अनजाने! अगर कोई महत्वपूर्ण बात कही जा रही है, तुम रीढ़ सीधी करके सुनते हो। कोई साधारण बात कही जाती है, तुम फिर अपनी कुर्सी से टिक गए कि ठीक है। रही याद तो ठीक, न रही याद तो ठीक। महत्वपूर्ण बात को तुम अचानक रीढ़ सीधी करके सुनते हो, क्योंकि शरीर की विशेष स्थितियों में मन की विशेष दशाएं निर्मित होती हैं।

तो योग ने बड़ी प्रक्रियाएं खोजीं। एक विशेष आसन में बैठ जाओ, पद्मासन में, तो शरीर की विद्युत धारा वर्तुलाकार घूमने लगती है। रीढ़ बिलकुल सीधी हो तो शरीर पर गुरुत्वाकर्षण का प्रभाव कम हो जाता है। श्वास बिलकुल शांत और धीमी हो तो विचार क्षीण हो जाते हैं। आंख नाक के नासाग्र पर अटकी हो तो आस-पास से कोई चीज विघ्न नहीं देती। कोई गुजरे, निकलेङ्कुछ पता नहीं चलता। ऐसी दशा का अगर निरंतर अभ्यास किया जाए तो धीरे-धीरे तुम पाओगे, एक तरह की जड़ समाधि पैदा हो गई। शरीर के माध्यम से तुमने मन पर एक तरह का कब्जा कर लिया। बाहर से तुमने भीतर को दबा दिया।

अष्टावक्र कहते हैं : यह सच्ची समाधि नहीं है। यह चेष्टा से पैदा हुई समाधि है।

भोगं कर्म समाधिं वा कुरु विज्ञ तथापि ते।

तू चाहे भोग कर, चाहे कर्म कर, चाहे समाधि लगा...।

चित्तं निरस्तसर्वाशमत्यर्थं रोचयिष्यति।

फिर भी तेरे गहन चित्त में एक बात बनी ही रहेगी कि जो मिलना चाहिए अभी मिला नहीं। ऊपर-ऊपर सब शांत हो जाए, भीतर-भीतर आग का दावानल बहेगा। ऊपर-ऊपर सब मौन मालूम होने लगे, भीतर ज्वालामुखी जलेगा। उस स्वभाव के लिए मन में बार-बार तरंग उठेगी, जिसमें सब आशाएं लय हो जाती हैं।

यह समाधि भी एक वासना ही है, जो जबरदस्ती साध ली गई। यह चेष्टा से जो आ गई है, यह वास्तविक नहीं है। इससे कुछ हल न होगा।

अब सुनना आगे का सूत्र! एक के बाद एक सूत्र और अदभुत होता जाता है!

ङ्मप्रयास से सब लोग दुखी हैं!ङ्ख

सुना तुमने कभी किसी शास्त्र को यह कहते?

'प्रयास से सब लोग दुखी हैं, इसको कोई नहीं जानता! इसी उपदेश से भाग्यवान निर्वाण को प्राप्त होते हैं।'

'प्रयास से सब लोग दुखी हैं!'

तुम्हारी चेष्टा के कारण तुम दुखी हो। इसलिए तुम्हारी चेष्टा से तो तुम कभी सुखी न हो सकोगे। तुम्हारी चेष्टा यानी तुम्हारा अहंकार। तुम्हारी चेष्टा यानी तुम्हारा यह दावा कि मैं यह करके दिखा दूंगा, धन कमा लूंगा, पद कमा लूंगा, समाधि लगा लूंगा, परमात्मा को भी मुट्ठी में लेकर दिखा दूंगा! तुम्हारी चेष्टा यानी तुम्हारी अहंकार की घोषणा कि मैं कर्ता हूं!

आयासत्सकलो दुःखी नैनं जानाति कश्चन।

आयास से, प्रयास से, चेष्टा से दुख पैदा हो रहा हैह्वइसे बहुत...शायद ही कोई विरला जानता हो। जो जान लेता है वह धन्यभागी है।

अनेनैवोपदेशेन धन्यः।

जो ऐसा जान ले, इस उपदेश को पहचान ले, वह धन्यभागी है, वह भाग्यशाली है। क्योंकि निर्वाण उसका है। फिर उसे कोई निर्वाण से रोक नहीं सकता।

इसका अर्थ समझो।

निर्वाण का अर्थ है: सहज समाधि। निर्वाण का अर्थ है: जो समाधि अपने से लग जाए, तुम्हारे लगाने से नहीं; जो प्रसाद-रूप मिले, प्रयास-रूप नहीं। तुम जो भी कमा लाओगे वह तुमसे छोटा होगा। कृत्य कर्ता से बड़ा नहीं हो सकता। तुमने अगर कविता लिखी तो तुमसे छोटी होगी; कविता कवि से बड़ी नहीं हो सकती। और तुमने अगर चित्र बनाया है तो तुमसे छोटा होगा; चित्र चित्रकार से बड़ा नहीं हो सकता। तुम अगर नाचे तो तुम्हारा नृत्य तुम्हारी सीमा से छोटा होगा, क्योंकि नृत्य नर्तक से बड़ा नहीं हो सकता। तो तुम्हारी समाधि, तुम्हारी ही समाधि होगी, विराट नहीं हो सकती। तुम क्षुद्र हो, तुम्हारी समाधि तुमसे भी ज्यादा क्षुद्र होगी। विराट को बुलाना हो तो चेष्टा से नहीं, समर्पण से; प्रयास से नहीं, सब उसके, अनंत के चरणों में छोड़ देने से।

अष्टावक्र का मार्ग संकल्प का मार्ग नहीं है। इसलिए महावीर, पतंजलि को जो लोग जानते हैं, वे अष्टावक्र को न समझ पाएंगे। अष्टावक्र का मार्ग है समर्पण का। अष्टावक्र कहते हैं: तुम जरा कर्ता न रहो तो परमात्मा अभी कर दे। तुम जरा हटो तो परमात्मा अभी कर दे। तुम बीच-बीच में न आओ तो अभी हो जाए। तुम्हारे आने से बाधा पड़ रही है।

तुम्हारी चेष्टा तुम्हें तनाव से भर देती है, अशांत कर देती है। स्वीकार कर लो; जो है, उसे वैसा ही स्वीकार कर लो। तुम समस्त के साथ संघर्ष न करो; बहने लगो इस धार में। और नदी जहां ले जाए, वहीं चल पड़ो। नदी से विपरीत मत तैरो। उलटे जाने की चेष्टा मत करो। उसी उलटे जाने में अशांति पैदा होती है। उसी लड़ने में तुम हारते, पराजित होते, विषाद उत्पन्न होता है और चित्त में संताप घिरता है।

'प्रयास से सब लोग दुखी हैं, इसको कोई नहीं जानता। इसी उपदेश से भाग्यवान निर्वाण को प्राप्त होते हैं।'

आयासात् सकला दुःखी!

सब दुखी हैं प्रयास के कारण। यह बड़ी अनूठी बात है। तुम तो सोचते हो, हम प्रयास पूरा नहीं कर रहे हैं, इसलिए दुखी हैं; चेष्टा पूरी नहीं हो रही, नहीं तो सफल हो जाते। जो पूरी चेष्टा करते हैं, वे सफल हो जाते हैं। जो दौड़ते हैं, वे पहुंच जाते हैं।

अष्टावक्र कह रहे हैं: आयासात् सकला दुःखी। सब दुखी हैं प्रयास के कारण। दौड़े कि भटके। रुक जाओ तो पहुंच जाओ।

लाओत्सु से यह वचन मेल खाता है। अष्टावक्र और लाओत्सु की प्रक्रिया बिलकुल एक है। लाओत्सु कहता है: लड़े कि हारे। हार जाओ कि जीत गए। जो हारने को राजी है, उसे फिर कोई हरा न सकेगा। तुम्हें लोग हरा पाते हैं क्योंकि तुम जीतने को आतुर हो। तो संघर्ष पैदा होता है।

एनं कश्चन न जानाति!

इस महत्वपूर्ण सूत्र को कोई भी जानता हुआ नहीं मालूम पड़ता।

अनेन एव उपदेशेन धन्य निवृत्तिम्!

और इसे जान ले, वह धन्यभागी है। वह निवृत्त हो गया। उसे प्राप्ति हो जाती है।

तुमने मलूकदास का वचन सुना होगा:

अजगर करे न चाकरी पंछी करे न काम।

दास मलूका कह गए सबके दाता राम।।

वह पूरी व्याख्या है अष्टावक्र की महागीता की। वह महासूत्र है।

प्रभु सब कर रहा है। तुम सिर्फ उसे करने दो, बाधा न दो। परमात्मा चल ही रहा है, तुम्हारे अलग चलने से कुछ भी होने वाला नहीं। यह धारा बही जा रही है। तुम इसके साथ लीन हो जाओ, तुम तैरो भी मत।

इसके आगे का सूत्र तुम्हें और भी घबड़ाएगाह्न

'जो आंख के ढंकने और खोलने के व्यापार से दुखी होता है, उस आलसी शिरोमणि का ही सुख है, दूसरे किसी का नहीं।'

अजगर करे न चाकरी पंछी करे न काम।

दास मलूका कह गए सबके दाता राम।।

अष्टावक्र कहते हैं: जो आंख के पलक झपने में भी सोचता है कौन पंचायत करे; जो इतना कर्ता-भाव भी नहीं लेता है कि अपनी आंख भी झपकूं, वह भी परमात्मा पर ही छोड़ देता है कि तेरी मर्जी तो खोल, तेरी मर्जी तो न खोल; जो अपना सारा कर्तृत्व-भाव समर्पित कर देता है...।

व्यापारेखिद्यते यस्तु निमेषोत्मेषयोरपि।

तस्य आलस्य धुरीणस्य सुखं...।।

उसका ही सुख हैह्नउस धुरीण का, जो आलस्य में आत्यंतिक है।

अभी पश्चिम में एक किताब छपी है। उस किताब के लिखने वाले को अष्टावक्र की गीता का कोई पता नहीं, अन्यथा वह बड़ा प्रसन्न होता। लेकिन किताब जिसने लिखी है, अनुभव से लिखी है। किताब का नाम है: 'ए लेज़ी मैन्स गाइड टू एनलाइटेनमेंट।' आलसियों के लिए मार्गदर्शिका निर्वाण की! उसे कुछ पता नहीं है अष्टावक्र का, लेकिन उसकी अनुभूति भी करीब-करीब वही है।

अष्टावक्र कहते हैं: जो आंख ढंकने और खोलने के व्यापार में भी पंचायत अनुभव करता है कि कौन करे, मैं हूं कौन करने वाला...!

और तुम जरा गौर करो, तुम आंख झपते हो? यह तुम्हारा कृत्य है? आंख अपने से झपक रही है। अगर तुम्हें झपकनी और खोलनी पड़े, बुरी तरह थक जाओ, दिन भर में थक जाओ, करोड़ों बार झपकती है। यह तो अपने से हो रहा है। एक मक्खी आंख की तरफ भागी आती है तो तुम झपते थोड़े ही हो, झपक जाती है। क्योंकि अगर तुम झपो तो देर लग जाए, उतनी देर में तो मक्खी टकरा जाए। इसको तो वैज्ञानिक कहता है: रिफ्लैक्स है। यह अपने से हो रहा है। वैज्ञानिक इसको रिफ्लैक्स कहता है। यह अपने से हो रहा है। यह तुम कर नहीं रहे हो। धार्मिक इसको कहता है: प्रभु कर रहा है।

श्वास तुम थोड़े ही ले रहे हो, चल रही है। इसलिए तो तुम सो जाते हो, तब भी चलती रहती है; नहीं तो किसी दिन भूल गए नींद में तो बस...सुबह फिर न उठे। यह तुम पर छोड़ा ही नहीं है। तुम बेहोश भी पड़े रहो तो भी श्वास चलती रहती है, प्रभु लेता रहता है।

जीवन का जो भी महत्वपूर्ण है, तुम पर कहां छोड़ा है! जन्म तुमसे पूछा था कि लेना चाहते हो? जवानी तुमसे पूछी थी कि अब जवान होने की इच्छा है या नहीं? जन्म हुआ, बचपन हुआ, जवानी आई, हजार-हजार वासनाएं उठींह्नतुमसे किसी ने पूछा नहीं कि चाहते भी हो कि नहीं? सब हुआ। बुढ़ापा आ गया, मौत आने लगी, मौत भी आ जाएगी। सब हो रहा है। इस होने में काश तुम अपने को बीच में न डालो तो कैसी अपूर्व शांति न फल जाए! इस होने में तुम कर्ता बनते हो, इससे अशांत हो जाते हो। तुम जितना ही सोचते हो, मुझे करना है, उतनी उलझन बढ़ती है, क्योंकि करने को इतना है!

अब तुम जरा सोचो, तुम भोजन कर लेते हो, फिर अगर तुम्हें पचाना भी हो...। गले के नीचे उतरा कि तुम भूले। और जिसको नहीं भूलता उसका पेट खराब हो जाता है। तुम एक दिन प्रयोग करके देखो, चौबीस घंटे कोशिश करो। भोजन कर लिया,

अब याद रखो कि पच रहा है कि नहीं, पक्वाशय में पहुंचा कि आमाशय में पहुंचा कि कहां गया, क्या हो रहा है भीतर! जरा खयाल रखो, पगला जाओगे और पेट खराब हो जाएगा अलग। दूसरे दिन तुम पाओगे गड़बड़ी हो गई, डायरिया हो गया कि कब्जियत हो गई, कि पेट में दर्द उठ आया।

तुम तो जान कर हैरान होओगे कि जब आदमी मर जाता है, तब भी पेट पचाने का काम चौबीस घंटे तक करता रहता है। चौबीस घंटे का मौका मान कर चलता है कि शायद लौट आए, क्या पता! चौबीस घंटा पेट का काम जारी रहता है। सांस बंद हो जाती है। मस्तिष्क तो चार मिनट के बाद समाप्त हो जाता है। इधर श्वास बंद हुई उधर मस्तिष्क चार मिनट के भीतर समाप्त हो गया। फिर उसको लौटाया नहीं जा सकता। इसलिए जो लोग अचानक हृदय के धक्के से मरते हैं, अगर चार मिनट के भीतर जिला लिए जाएं तो ही जिलाए जा सकते हैं, अन्यथा गए तो गए। क्योंकि फिर तब तक चार मिनट के बाद मस्तिष्क की स्मृति डांवाडोल हो गई; मस्तिष्क के तंतु बहुत छोटे हैं, वे टूट गए। मस्तिष्क बहुत कमजोर है।

लेकिन पेट की बड़ी हिम्मत है। चौबीस घंटे बाद भी पेट अपना काम जारी रखता है, पचाता रहता है, रस पहुंचाता रहता है, कि क्या पता! तुम रात सो जाते हो, तब भी पेट पचाता रहता है। कोमा में पड़े हुए आदमी महीनों पड़े रहते बेहोशी में, तब भी पेट पचाता रहता है। मर जाने पर भी चौबीस घंटे तक पचाता है। तुम पर नहीं छोड़ा है। कोई विराट हाथ सब सम्हाले हुए है।

तुम जरा देखो, इन हाथों को जरा पहचानो! कोई विराट हाथ तुम्हारे पीछे खड़े हैं! तुम नाहक परेशान हुए जा रहे हो। तुम्हारी हालत वैसी है जैसे कि एक छोटा बच्चा अपने बाप के साथ जा रहा है और परेशान हो रहा है। उसे परेशान होने की कोई जरूरत ही नहीं। बाप साथ है, परेशानी का कोई कारण नहीं।

बर्नार्ड शॉ के पिता की मृत्यु हुई तो बर्नार्ड शॉ ने अपने मित्रों को कहा कि आज मैं बहुत डरा-डरा हुआ हो गया हूं। तब तो उसकी उम्र भी साठ के पार हो चुकी थी। उन्होंने कहा : ङ्कडरे-डरे हो गए, मतलब क्या ?ङ्ख उन्होंने कहा : 'आज पिता साथ नहीं, यद्यपि वर्षों से हम साथ न थे; पिता अपने गांव पर थे, मैं यहां था। लेकिन फिर भी पिता थे तो मैं बच्चा था, एक भरोसा था कि कोई आगे है। आज पिता चल बसे, आज मैं अकेला रह गया। आज डर लगता है। आज कुछ भी करूंगा तो मेरा ही जुम्मा है। आज कुछ भी करूंगा तो भूल-चूक मेरी है। आज कोई डांटने-डपटने वाला न रहा। आज कोई चिंता करने वाला न रहा। आज बिलकुल अकेला हो गया हूं।'

नास्तिक अशांत हो जाता है, क्योंकि कोई परमात्मा नहीं! तुम नास्तिक की पीड़ा समझो, उसकी तपश्चर्या बड़ी है! वह नरक भोग लेता है। क्योंकि कोई नहीं है; खुद

ही को सब सम्हालना है। और इतना विराट सब जाल है और इस विराट जाल में अकेला पड़ जाता है। और सब तरफ संघर्ष ही संघर्ष है, कांटे ही कांटे हैं, उलझनें ही उलझनें हैं और कुछ सुलझाए नहीं सुलझता। बात इतनी बड़ी है, हमारे सुलझाए सुलझेगा भी कैसे!

आस्तिक परम सौभाग्यशाली है। वह कहता है: तुम बनाए, तुम जानो, तुम चलाओ। तुमने मुझे बनाया, तुम्हीं मुझे उठा लोगे एक दिन। तुम्हीं मेरी सांसों में, तुम्हीं मेरी धड़कन में। मैं क्यों चिंता करूं?

'जो आंख के ढंकने और खोलने के व्यापार से दुखी होता है, उस आलसी-शिरोमणि का ही सुख है।'

आलस्य की ऐसी महिमा! अर्थ समझ लेना। तुम्हारे आलस्य की बात नहीं हो रही है। तुम तो अपने आलस्य में भी सिर्फ जी चुराते हो, समर्पण थोड़े ही है। तुम्हारे आलस्य में कर्ता-भाव थोड़े ही मिटता है। यह इसलिए शिरोमणि शब्द का उपयोग किया। आलसियों में शिरोमणि वह है जिसने कर्म नहीं छोड़ा, कर्ता भी छोड़ दिया। अगर कर्म ही छोड़ा तो सिर्फ आलसी, वह शिरोमणि नहीं। कर्म तो छोड़ कर कई लोग बैठ जाते हैं। पत्नी कमाती है तो पति घर में बैठ गए, आलसी हो गए। मगर चिंताएं हजार तरह की करते रहते हैं बैठे-बैठेह्नऐसा होगा, वैसा होगा, होगा कि नहीं होगा! सच तो यह है कि काम न करने वाले लोग ज्यादा चिंता करते हैं काम करने वालों की बजाय, क्योंकि काम करने वाला तो उलझा है। फुरसत कहां! आलसी तो बैठा है, कोई काम नहीं! तो वह चिंता ही करता है।

बूढ़े देखे, बहुत चिंतित हो जाते हैं! अब कोई काम नहीं है उन पर। काम था तब तक तो निश्चिंत थे, लगे थे, जुटे थे, जुते थे बैलगाड़ी में, फुरसत कहां थी! अब खाली बैठे हैं!

रस्किन ने अपने संस्मरणों में लिखा है कि मैंने जितने आदमी सुखी देखे, वे वे ही लोग थे जो इतनी बुरी तरह उलझे थे काम में कि उन्हें फुरसत ही न थी जानने की कि सुखी हैं कि दुखी हैं।

उलझा रहता है आदमी तो पता ही नहीं चलता कि सुखी हैं कि दुखी! किसी तरह पिटे-कुटे घर लौटे, रात सो गए, फिर सुबह दौड़े; फुरसत कहां है कि पता लगाएं कि कौन सुखी, कौन दुखी; हम सुखी कि दुखी हैं! इतना समय कहां! लेकिन रिटायर हो गए, अब बैठे-ठाले, कुछ काम नहीं है, बस यही सोच रहे हैं कि सुखी कि दुखी! और हजार चिंताएं घेर रही हैं कि दुनिया में ऐसा होगा कि नहीं होगा। सारा संसार इनके लिए समस्या बन जाता है।

आलसी शिरोमणि का अर्थ है: ऐसा व्यक्ति, जिसने कर्म नहीं, कर्ता भी छोड़ दिया। कर्ता के छोड़ते ही सारी चिंता भी छूट जाती है।

मुल्ला नसरुद्दीन एक दफ्तर में काम करता है। मालिक ने उससे कहा कि नसरुद्दीन, तुमने सुना, अब दुनिया में ऐसी-ऐसी मशीनें बन गई हैं जो एक साथ दस आदमियों का काम कर सकती हैं! क्या तुम्हें यह सुन कर डर नहीं लगता? नसरुद्दीन ने कहा: 'बिलकुल नहीं सरकार! क्योंकि आज तक कोई मशीन ऐसी नहीं बनी जो कुछ न करती हो। आदमी का कोई मुकाबला ही नहीं है। जो कुछ न करती हो, ऐसी कोई मशीन बनी ही नहीं है।'

नसरुद्दीन से मैंने एक दिन कहा कि तू कभी छुट्टी पर नहीं जाता, क्या दफ्तर में तेरी इतनी जरूरत है? उसने कहा कि अब सच बात आपसे क्या छिपानी। दफ्तर में मेरी जरूरत बिलकुल नहीं है, इसीलिए तो छुट्टी पर नहीं जाता, छुट्टी पर गया तो उनको पता चल जाएगा कि इसके बिना सब ठीक चल रहा है, कोई जरूरत ही नहीं है। मैं छुट्टी पर जा ही नहीं सकता, तो ही भ्रम बना रहता है कि मेरी वहां जरूरत है।

आदमी कर्म छोड़ दे तो आलसी; और कर्तापन छोड़ दे तो आलसी-शिरोमणि।

तस्यालस्य धुरीणस्य...।

तब तो वह धुरीण हो गया, शिखर हो गया आलस्य का। क्योंकि सब परमात्मा पर छोड़ दिया; अब वह जो करवाए करवाए, जो न करवाए न करवाए। अब अपनी कोई आकांक्षा बीच में न रखी। अब उसकी जो मर्जी!

'यह किया गया और यह नहीं किया गया, ऐसे द्वंद्व से मन जब मुक्त हो, तब वह धर्म, अर्थ, काम और मोक्ष के प्रति उदासीन हो जाता है।'

ये आखिरी चरण हैं। आदमी धर्म, अर्थ, काम, मोक्ष सबसे मुक्त हो जाता है, क्योंकि फिर कोई बात ही न रही, करने को कुछ रहा ही नहीं। किसी को धन कमाना है, किसी को पुण्य कमाना है। किसी को वासना तृप्त करनी है और किसी को स्वर्ग का सुख लेना है। और किसी को मुक्ति का सुख लेना है। मगर इन सबके पीछे हमारा कर्ता का भाव तो बना ही रहता है कि मुझे कुछ करना है; मेरे बिना किए कुछ भी न होगा।

अष्टावक्र कहते हैं: जिसे यह बात ही भूल गई कि यह किया गया, यह नहीं किया गया, सब बराबर हो गया; हो तो ठीक, न हो तो ठीक; हो गया तो ठीक, न हुआ तो भी उतना ही ठीकह्नऐसी जिसकी सरल चित्त-दशा हो गई, उसका सबके प्रति उदासीन भाव हो जाता है। अब मोक्ष भी सामने पड़ा हो तो भी उसे आकांक्षा नहीं होती। और की तो बात ही क्या, स्वर्ग भी उसे निमंत्रण नहीं देता अब। और जिसके लिए कोई वासना का निमंत्रण नहीं है, वही मुक्त है, वही मोक्ष को उपलब्ध है।

'विषय का द्वेषी विरक्त है। विषय का लोभी रागी है। और जो ग्रहण और त्याग दोनों से रहित है, वह न विरक्त है न रागवान है।'

इदं कृतमिदं नेति द्वंद्वैर्मुक्तं यदा मनः।
धर्मार्थकाममोक्षेषु निरपेक्षं तदाभवेत।।

और जो धर्म, अर्थ, काम, मोक्ष सभी से शांत और मुक्त हो गया, वही वीतराग है। यहां तीन शब्द समझ लेने चाहिए। एक है भोगी, दूसरा है योगी और तीसरा है दोनों के पार। एक है आसक्त, एक है विरक्त, और एक है दोनों के पार।

विरक्तो विषयद्वेष्टाह्नवह जो विरक्त है, उसकी विषयों में घृणा हो गई है।

रागी विषयलोलुपःह्नऔर वह जो रागी है, भोगी है, वह लोलुप है विषय के लिए।

ग्रहमोक्षविहीनस्तु न विरक्तो न रागवान्।

लेकिन परमदशा तो वही है जहां न राग रह गया न विराग; न तो प्रेम रहा वस्तुओं के प्रति, न घृणा। ऐसी वीतराग दशा परम अवस्था है। वही परमहंस दशा है। परम समाधि!

इसे हम समझें। किसी का धन में मोह है; वह पागल है धन के लिए, इकट्ठा करता जाता है बिना फिकर किए कि किसलिए इकट्ठा कर रहा है, क्या इसका होगा! यह सब चिंता भी नहीं है उसे। बस धन इकट्ठा कर रहा है। एक पागलपन है। फिर एक दिन जागा, लगा कि यह तो जीवन गंवाया; इससे तो कुछ पाया नहीं; धन तो इकट्ठा हो गया, मैं तो निर्धन का निर्धन रह गया। छोड़ दिया धन। भागने लगा छोड़ कर। अब उसने दूसरी उलटी दिशा पकड़ ली। अब अगर उसके हाथ में पैसा रखो तो वह ऐसे छोड़ कर खड़ा हो जाता है चिल्ला कर कि जैसे बिच्छू रख दिया। अब वह पैसे की तरफ देखता नहीं। अब वह कहता है : 'धन, धन तो पाप है! बचो, कामिनी-कांचन से बचो! भागते रहो!' अब उसने दूसरी दौड़ शुरू कर दी। यह विरक्त तो हो गया, आसक्त न रहा। जो संबंध प्रेम का था, वह घृणा में बदल लिया। लेकिन संबंध जारी है।

घृणा का भी संबंध होता है। प्रेम का भी संबंध होता है। जिसके तुम मित्र हो, उससे तो तुम जुड़े ही हो; जिससे तुम शत्रुता रखते हो, उससे भी जुड़े हो। अष्टावक्र कहते हैं : ये दोनों बंधे हैं। एक पाप से बंधा होगा, एक पुण्य से बंधा है; मगर बंधे हैं। एक की जंजीरें लोहे की हैं, एक की सोने की हैं। मगर जंजीरें दोनों के ऊपर हैं। और ध्यान रखना कभी-कभी सोने की जंजीरें ज्यादा खतरनाक सिद्ध होती हैं; क्योंकि लोहे की जंजीरों से तो कोई छूटना भी चाहता है, सोने की जंजीरों से कोई छूटना नहीं चाहता। सोने की जंजीरें तो आभूषण मालूम होती हैं। लगता है, छाती पर सम्हाल कर रख लो। अगर कारागृह गंदा हो तो हम निकलना भी चाहते हैं; लेकिन कारागृह

स्वच्छ, साफ-सुथरा, सजा, सुंदर हो तो कौन निकलना चाहता है! जाकर भी क्या सार है! जाओगे कहां! यहीं बेहतर है।

पाप तो बांधता है, पुण्य और भी गहरे रूप से बांध लेता है। और भोग तो बांधता ही है, योग भी बांध लेता है।

अष्टावक्र कहते हैं: विरक्त और सरक्त, इन दोनों से जो विलक्षण है, वही उपलब्ध है, वही वीतराग पुरुष है। राग का अर्थ होता है : रंग। रागी का अर्थ होता है : जो इंद्रियों के रंग में रंग गया। विरागी का अर्थ होता है : जो इंद्रियों के विरोधी रंग में रंग गया; जो उलटा हो गया। रागी खड़ा है पैर के बल; विरागी शीर्षासन करने लगा, उलटा हो गया, लेकिन दौड़ जारी रही। कोई स्त्री के पीछे भागता था, कोई स्त्री से भागने लगा; लेकिन दौड़ जारी रही।

दोनों से जो विलक्षण है, विरक्त-सरक्त से विलक्षण, उस वीतराग पुरुष को ही सत्य का अनुभव हुआ है। और ऐसे सत्य के अनुभव के लिए शास्त्रों की कोई जरूरत नहीं। किसी से पूछने का कोई सवाल ही नहीं है। यह सत्य तुम्हारी संपदा है। यह तुम्हें मिला ही हुआ है। तुम शास्त्रों में खोज रहे हो, उतना ही समय गंवा रहे हो।

मुल्ला नसरुद्दीन एक बार घर लौटा यात्रा से। उसकी पत्नी ने पूछा, सफर कैसा कटा? मुल्ला ने कहा : सफर में बेहद तकलीफ रही। ट्रेन में ऊपर वाली बर्थ पर जगह मिली थी और पेट खराब होने के कारण बार-बार नीचे उतरना पड़ता था।

तो श्रीमती ने कहा : 'तो आप नीचे वाले यात्री से कह कर बर्थ क्यों न बदल लिए?'

उसने कहा : 'सोचा तो मैंने भी था, पर नीचे वाली बर्थ पर कोई था ही नहीं, पूछता किससे?'

कुछ लोग हैं जो सदा पूछने को उत्सुक हैंह्नकिसी से पूछ लें। और अगर कोई नहीं है तो बड़ी मुश्किल! भीतर से कुछ बोध जैसे उठता ही नहीं! शास्त्र में खोज लें, स्वयं में खोजने की आकांक्षा ही नहीं उठती है।

और जो है, स्वयं में है। ये शास्त्र जो निकले हैं, ये भी उनसे निकले हैं जिन्होंने स्वयं में खोजा। यह कृष्ण की गीता किन्हीं और वेदों को पढ़ कर नहीं निकली है। यह कृष्ण की गीता कृष्ण के अनुभव से निकली है। इसका यह अर्थ नहीं है कि वेद पढ़ना व्यर्थ है। इसका इतना ही अर्थ है : वेद को पढ़ो साहित्य की तरह, बहुमूल्य साहित्य की तरह! लेकिन शब्दों को सत्य मत मान लेना। वेद को पढ़ो महत्वपूर्ण परंपरा की तरह। मनीषियों के वचन हैंह्नसत्कार से पढ़ो, सम्मान से पढ़ो! मगर उन पर ही रुक मत जाना।

उन पर रुकना ऐसा होगा जैसे कोई पाकशास्त्र की किताब को रख कर बैठ गया और भोजन बनाया ही नहीं। और भोजन बिना बनाए तो पेट भरेगा नहीं, भूख मिटेगी नहीं, क्षुधा तृप्त न होगी।

पढ़ो! रस लो! वेद अदभुत साहित्य हैं! उपनिषद अदभुत साहित्य हैं! कुरान-बाइबिल अनूठी किताबें हैं! पढ़ो! मगर पढ़ने से सत्य मिल जाएगा, इस भ्रांति में मत पड़ना। पढ़ने से तो प्यास मिल जाए तो काफी है; सत्य को खोजने की आकांक्षा बलवती हो जाए तो काफी है।

सदगुरुओं का सत्संग करो। उससे सत्य नहीं मिल जाएगा, लेकिन सदगुरुओं के सत्संग में शायद सत्य को खोजने की आकांक्षा प्रबल हो जाए, प्रज्वलित हो जाए, लपट बन जाए। सत्य तो भीतर ही मिलेगा।

सदगुरु वही है जो तुम्हें तुम्हारे भीतर पहुंचा दे। और शास्त्र वही है जो तुम्हें तुमसे ही जुड़ा दे।

'वषय का द्वेषी विरक्त, विषय का लोभी रागी; पर जो ग्रहण और त्याग दोनों से रहित है, वह न विरक्त है और न रागवान है।'

वही है सत्य को उपलब्ध। वही वीतराग है।

इन प्रवचनों पर खूब मनन करना, ध्यान करना। इन वचनों का सार कबीर के इस वचन में है:

जाको राखे साइयां, मार सके न कोय।
बाल न बांका कर सके जो जग वैरी होय।।

छोड़ दो सब परमात्मा पर! जाको राखे साइयां! तुमने जब नहीं छोड़ा है, तब भी वही रखवाला है; तुम छोड़ दो, तब भी वही रखवाला है। फर्क इतना ही पड़ेगा कि तुम छोड़ दोगे तो तुम्हारी चिंता मिट जाएगी। तुम तो पलक भी न झंपो अपनी तरफ से। तुम सुरक्षा भी न करो। तुम आयोजन भी मत करो। तुम तो वह जो करवाए, करो। इसका यह मतलब नहीं कि तुम चादर ओढ़ कर लेट जाओ। अगर वह चादर ओढ़ कर लेटने को कहे तो ठीक। तुम अपनी तरफ से यह मत करना कि तुम कहो कि फिर करना क्या!

मेरे पास लोग आते हैं। वे कहते हैं, समझ गए अष्टावक्र को तो अब करने को तो कुछ भी नहीं है! अगर तुम समझ गए तो करने को तो बहुत है, कर्ता होने को कुछ भी नहीं है। अगर नहीं समझे तो तुम ऐसा पूछोगे आकर कि 'अब करने को तो कुछ भी नहीं है, तब हम विश्राम करें! तब ध्यान इत्यादि करने से क्या सार है।' तो तुम करने से बचने लगे, तो तुम आलसी हो जाओगे।

ये सूत्र शिरोमणियों के लिए हैं। ये सूत्र उनके लिए हैं जो कहते हैं: अब हम कर्ता न रहे। परमात्मा तुमसे बहुत कुछ करवाएगा जब तुम कर्ता न रह जाओगे। फिर करने का मजा और, रस और। फिर करने में एक उत्सव है, एक नृत्य है। फिर करना

ऐसा है जैसा कबीर ने कहा कि मैं तो बांस की पोंगरी हूं! तू गीत गाता है तो मेरे से गीत गुजर जाता है; तू चुप हो जाता है तो चुप्पी प्रकट होती है! अब तो मैं बांस की पोंगरी हूं, खाली पोंगरी! तू जो करवाए!

यही कृष्ण अर्जुन को समझा रहे हैं गीता में कि तू बांस की पोंगरी हो जा! निमित्त-मात्र! अर्जुन चाहता है, कर्म छोड़ दे और भाग जाए जंगल में; वह आलसी होना चाहता है। और कृष्ण कहते हैं, तू आलसियों का शिरोमणि हो जा, कर्ता-भाव छोड़ दे और कर्म तो परमात्मा करवाए तो होने दे। वही तुझे युद्ध के मैदान पर ले आया। अगर वही युद्ध करना चाहता है तो होने दे। तू न भी करेगा तो कोई और करेगा। तू न मारेगा तो कोई और मारेगा। ये हाथ तेरे न उठाएंगे गांडीव को, तो किसी और के उठाएंगे। तू कर्म छोड़ कर मत भाग; सिर्फ कर्ता मत रह जा। कर्ता-भाव छूटते ही जीवन स्वस्थ हो जाता है, शांत हो जाता है।

हरि ॐ तत्सत्!

* * *

प्रवचन : 46

खुदी को मिटा, खुदा देखते हैं

26 नवंबर, 1976

पहला प्रश्न: बोध की यात्रा में रस, विरस एवं स्व-रस क्या मात्र पड़ाव हैं? कृपा करके समझाएं।

रस पड़ाव नहीं है, रस तो गंतव्य है। इसके लिए उपनिषद कहते हैं: रसो वै सः! उस प्रभु का नाम रस है। रस-रूप! रस में तल्लीन हो जाना परम अवस्था है।

पूछने वाले ने पूछा है: रस, विरस और स्व-रस...। शायद जहां रस कहा है, पूछा है, वहां कहना चाहिए पर-रस। पर-रस पड़ाव है। फिर पर-रस से जब ऊब पैदा हो जाती है, तो विरस। विरस भी पड़ाव है। लेकिन विरस तो नकारात्मक स्थिति है; पर-रस की प्रतिक्रिया है। तो कोई विरस में रुक नहीं सकता, वैराग्य में कोई ठहर नहीं सकता। जब राग में ही न ठहर सके तो वैराग्य में कैसे ठहरेंगे! विधायक में न ठहर सके तो नकारात्मक में कैसे ठहरेंगे! भोग में न रुक सके तो योग कैसे रोकेगा!

पर-रस से जब ऊब पैदा हो जाती है, अनुभव में आता है कि नहीं, दूसरे से सुख मिलता ही नहीं, अनुभव में आता है कि दूसरे से दुख ही मिलता है, तो जुगुप्सा पैदा होती है। विरक्ति पैदा होती है, विरस आ जाता है। मुंह में कड़वा स्वाद फैल जाता है। किसी चीज में रस नहीं मालूम होता। विरस पड़ाव हैह्लअंधेरी रात जैसा, नकारात्मक, रिक्त।

जब कोई विरस में धीरे-धीरे धीरे-धीरे डूबता है तो स्व-रस पैदा होता है। स्व-रस पर-रस से बेहतर है। अपने में रस लेना ज्यादा मुक्तिदायी है। कम से कम दूसरे की

परतंत्रता तो न रही। पर न रहा तो परतंत्रता न रही। स्व आया तो स्वतंत्रता आई। इतनी मुक्ति तो मिली। लेकिन अभी भी पड़ाव है। अब स्व भी खो जाए और रस ही बचे तो अंतिम उपलब्धि हो गई, मंजिल आ गई। क्योंकि जब तक स्व है तब तक कहीं पास किनारे पर 'पर' भी खड़ा होगा, क्योंकि 'मैं' 'तू' के बिना नहीं रहता। स्व का बोध ही बता रहा है कि पर का बोध अभी कायम है। स्व की परिभाषा पर के बिना बनती नहीं। जब तक ऐसा लग रहा है मैं हूं, तब तक स्वभावतः लग रहा है कि और भी है, अन्य भी है। तो यह तो पर की ही छाया है।

स्व और पर एक ही सिक्के के दो पहलू हैंह्नसाथ रहते, साथ जाते। तो पहले तो स्व-रस बड़ा आनंद देता है। पर-रस में तो सिर्फ सुख की आशा थी, मिला नहीं। विरस तो प्रतिक्रिया थी। पर-रस में मिला नहीं था, इसलिए क्रोध में विपरीत चल पड़े थे, नाराज हो गए थे। वह तो नाराजगी थी। वह तो क्रोध था। वह कोई टिकने वाली भाव-दशा न थी, नकारात्मक दशा थी।

स्व-रस में रस की कुछ झलक मिलती है। परमात्मा के मंदिर के करीब आ गए; करीब-करीब सीढ़ियों पर खड़े हो गए। पर-रस ऐसा है, परमात्मा की तरफ पीठ किए खड़े हैं। विरस ऐसा है कि परमात्मा की तरफ पीठ करने में क्रोध आ गया; मुंह करने की चेष्टा कर रहे हैं परमात्मा की तरफ; सन्मुख होने की चेष्टा शुरू हुई। स्व-रस ऐसा है, सीढ़ियों पर आ गए। लेकिन स्व को सीढ़ियों पर ही छोड़ आना पड़ेगा, जहां जूते छोड़ आते हैं। बस वहीं। तो भीतर प्रवेश है। तो मंदिर में प्रवेश है। मंदिर का नाम है : रसो वै सः! मंदिर का नाम है : रस! वहां न स्व है न पर है; वहां एक ही है। वहां दो नहीं हैं।

इस अवस्था को ही अष्टावक्र ने स्वच्छंद कहा है। यह पर से भी मुक्त है, स्व से भी मुक्त है। यह छंद ही और है। यह अलौकिक बात है। भाषा में कहना पड़ता है तो कुछ शब्दों का उपयोग करना पड़ेगा। इसलिए बुद्ध ने इसे निर्वाण कहा है; कुछ भी न बचा। जो भी तुम जानते थे, कुछ न बचा। तुम्हारा जाना हुआ सब गया; अज्ञात के द्वार खुले। तुम्हारी भाषा काम नहीं आती। इसलिए बुद्ध निर्वाण के संबंध में चुप रह जाते हैं, कुछ कहते नहीं।

एक ईसाई मिशनरी 'स्टेनली जोन्स' काफी प्रसिद्ध, विश्वप्रसिद्ध ईसाई मिशनरी थे। वे रमण महर्षि को मिलने गए थे। वर्षों बाद मेरा भी उनसे मिलना हुआ। रमण महर्षि से उन्होंने बात की। बुद्धिमान आदमी हैं स्टेनली जोन्स। बहुत किताबें लिखी हैं। और ईसाई जगत में बड़ा नाम है। लेकिन वह नाम बुद्धिमत्ता का ही है; वह किसी आत्म-अनुभव का नहीं है। रमण महर्षि से वे इस तरह के प्रश्न पूछने लगे जो कि नहीं पूछने चाहिए। और रमण महर्षि जो उत्तर देते वह उनकी पकड़ में न आता। जैसे उन्होंने पूछा कि क्या आप पहुंच गए हैं? रमण महर्षि ने कहा : 'कहां पहुंचना, कहां आना,

कहां जाना!' स्टेनली जोन्स ने फिर पूछा: 'मेरे प्रश्न का उत्तर दें! क्या आप पहुंच गए हैं? क्या आपने पा लिया?' रमण महर्षि ने फिर कहा: 'कौन पाए, किसको पाए! वही है। न पाने वाला है कोई, न पाए जाने वाला है कोई।'

स्टेनली जोन्स ने कहा कि देखिए आप मेरे प्रश्न से बच रहे हैं। मैं आपसे कहता हूं कि मैंने पा लिया है, जबसे मैंने जीसस को पाया। मैंने पा लिया। आप सीधी बात कहें।

तो रमण महर्षि ने कहा: 'अगर पा लिया तो खो जाएगा; क्योंकि जो भी पाया जाता है, खो जाता है। जिससे मिलन होता है, उससे बिछुड़न। जिससे शादी होती है उससे तलाक। जन्म के साथ मौत है। अगर पाया है तो कभी खो बैठोगे। उसको पाओ जो पाया नहीं जाता।'

स्टेनली जोन्स ने समझा कि यह तो सब बकवास है। यह कोई बात हुईह्नउसको पाओ जिसको पाया नहीं जाता! तो फिर पाने का क्या अर्थ? फिर तो उसने रमण महर्षि को ही उपदेश देना शुरू कर दिया।

बहुत वर्षों बाद मेरा भी मिलन हो गया। एक परिवार, एक ईसाई परिवार मुझमें उत्सुक था, स्टेनली जोन्स उनके घर मेहमान हुए। तो उन्होंने आयोजन किया कि हम दोनों का मिलना हो जाए। बड़े संयोग की बात कि स्टेनली जोन्स ने फिर वही पूछा: 'आपने पा लिया है?' मैंने कहा: 'यह झंझट हुई। मैं फिर वही उत्तर दूंगा।' उन्होंने कहा: 'कौन सा उत्तर?' क्योंकि वे तो भूल-भाल चुके थे। मैंने कहा: 'कैसा पाना, किसका पाना, कौन पाए!' तब उन्हें याद आया, हंसने लगे और कहा कि: 'तो क्या आप भी उसी तरह की बातचीत करते हैं जो रमण महर्षि करते थे। मैं गया था मिलने, लेकिन कुछ सार न हुआ। व्यर्थ समय खराब हुआ। इससे तो बेहतर था मिलना महात्मा गांधी से, बात साफ-सुथरी थी। इससे बेहतर था मिलना श्री अरविंद से, बात साफ-सुथरी थी।'

कुछ बात है जो साफ-सुथरी हो ही नहीं सकती। वही बात है जो साफ-सुथरी नहीं हो सकती। जो साफ-सुथरी है, वह कुछ करने जैसी नहीं है। जो बुद्धि की समझ में आ जाए वह समझने योग्य ही नहीं है। जो बुद्धि के पार रह जाता है, वही...।

पर-रस भी समझ में आता है, विरस भी समझ में आता है, स्व-रस भी समझ में आता है; क्योंकि ये तीनों ही बुद्धि के नीचे हैं। स्व-रस सीमांत पर है; वहां से बुद्धि के पार उड़ान लगती है। विरस परिधि के पास है; पर-रस बहुत दूर है। लेकिन तीनों एक ही घेरे में हैं, बुद्धि के घेरे में हैं। रस अतिक्रमण है। रस में फिर कोई नहीं बचता।

ऐसी कभी-कभी घड़ी तुम्हारे जीवन में आती हैह्नप्रेम के क्षणों में या प्रार्थना के क्षणों में या ध्यान के क्षणों में। किसी से अगर तुम्हारा गहरा प्रेम है तो कभी-कभी ऐसा

उत्तुंग शिखर भीतर पैदा होता है जब न तो प्रेमी रह जाता न प्रेयसी रह जाती है। तब रस फलता है। तब रस झरता है। वह रस परमात्मा का रस है। इसलिए प्रेम में परमात्मा के अनुभव की पहली किरण उतरती है; या ध्यान की किसी गहरी तल्लीनता में जहां स्व-पर का भेद मिट जाता है, अभेद का आकाश खुलता है, वहां भी परमात्मा झरता है।

तो पूछने वाले ने प्रश्न तो ठीक पूछा है, लेकिन रस...पूछा रस, विरस, स्व-रस क्या मात्र पड़ाव हैं? रस पड़ाव नहीं है। रस तो स्रोत है और अंतिम मंजिल भी। क्योंकि अंतिम मंजिल वही हो सकता है, जो स्रोत भी रहा हो। हम अंततः स्रोत पर ही वापस पहुंच जाते हैं। जीवन का वर्तुल पूरा हो जाता है। जहां से चले थे, वहीं आ जाते हैं। या अगर तुम समझ सको तो जहां से कभी नहीं चले, वहीं आ जाते हैं। जहां से कभी नहीं हटे, वहीं पहुंच जाते हैं। जो हैं, वही हो जाते हैं।

मैं तमोमय, ज्योति की पर प्यास मुझको
है प्रणय की शक्ति पर विश्वास मुझको
स्नेह की दो बूंद भी तो तुम गिराओ
आज फिर से तुम बुझा दीपक जलाओ
कल तिमिर को भेद मैं आगे बढूंगा
कल प्रलय की आंधियों से मैं लड़ूंगा
किंतु मुझको आज आंचल से बचाओ
आज फिर से तुम बुझा दीपक जलाओ

दीपक बुझा नहीं, कभी बुझा नहीं और दीपक सुरक्षित है। परमात्मा का आंचल उसे बचाए ही हुए है। तुम्हारा स्नेह भी, तुम्हारा तेल भी कभी चुका नहीं। वही तो तुम्हारी जीवंतता है, वही तो तुम्हारा स्नेह है। तुम्हारा दीया भरा-पूरा है। न तो ज्योति जलानी है, न दीये में तेल भरना है; सिर्फ तुम अपनी ही ज्योति की तरफ पीठ किए खड़े हो। जो है वही दिखाई नहीं पड़ रहा है। या, तुम आंख बंद किए बैठे हो और जो रोशनी सब तरफ झर रही है, उससे तुम्हारा संपर्क नहीं हो पा रहा है। पलक उठाने की बात है।

बुद्ध से किसी ने पूछा कि ज्ञानी और अज्ञानी में फर्क क्या है? तो बुद्ध ने कहा, पलक मात्र का।

सुनते हो! पलक मात्र का! पलक झपक गईह्नअज्ञानी। पलक खुल गईह्नज्ञानी। इतना ही फर्क है। अंतस्तल पर जाग गएह्नसब जैसा होना चाहिए वैसा ही है।

तुम तमोमय नहीं हो, ज्योतिर्मय हो! रस से तुम भरे ही हो। रस के सागर हो। गागर भी नहीं। गागर तो तुम शरीर के कारण अपने को मान बैठे हो। रस के सागर हो। जिसकी कोई सीमा नहीं, जो दूर अनंत तक फैलता चला गया हैह्नवही ब्रह्म हो तुम! तत्वमसि! रसो वै सः!

दूसरा प्रश्न : आपने कहीं कहा है कि अत्यंत संवेदनशील होने के कारण आत्मज्ञानी को शारीरिक पीड़ा का अनुभव तीव्रता से होता है; लेकिन वह स्वयं को उससे पृथक देखता है। क्या ऐसे ही आत्मज्ञानी को किसी मानसिक दुख का अनुभव भी होता है? कृपया समझाएं!

तिब्बत का महासंत मिलारेपा मरणशय्या पर पड़ा था। शरीर में बड़ी पीड़ा थी। और किसी जिज्ञासु ने पूछा : 'महाप्रभु! क्या आपको दुख हो रहा है, पीड़ा हो रही है?' मिलारेपा ने आंख खोली और कहा : 'नहीं, लेकिन दुख है।' समझे? मिलारेपा ने कहा कि नहीं, दुख नहीं हो रहा है, लेकिन दुख है। दुख नहीं है, ऐसा भी नहीं। दुख हो रहा है, ऐसा भी नहीं। दुख खड़ा है, चारों तरफ घेर कर खड़ा है और हो नहीं रहा है। भीतर कोई अछूता, पार, दूर जाग कर देख रहा है।

ज्ञानी को दुख छेदता नहीं। होता तो है। दुख की मौजूदगी होती है तो होती है। पैर में कांटा गड़ेगा तो बुद्ध को भी पता चलता है। बुद्ध कोई बेहोश थोड़े ही हैं। तुमसे ज्यादा पता चलता है, क्योंकि बुद्ध तो बिलकुल सजग हैं। वहां तो ऐसा सन्नाटा है कि सुई भी गिरेगी तो सुनाई पड़ जाएगी। तुम्हारे बाजार में शायद सुई गिरे तो पता भी न चले। तुम भागे जा रहे हो दुकान की तरफ, कांटा गड़ जाए, पता न चलेह्नयह हो सकता है। बुद्ध तो कहीं भागे नहीं जा रहे हैं। कोई दुकान नहीं है। कांटा गड़ेगा तो तुमसे ज्यादा स्पष्ट पता चलेगा। कोरे कागज पर खींची गई लकीर! तुम्हारा कागज तो बहुत गुदा, गंदगी से भरा है; उसमें लकीर खींच दो, पता न चलेगी; हजार लकीरें तो पहले से ही खिंची हैं। शुभ्र सफेद कपड़े पर जरा सा दाग भी दिखाई पड़ता है, काले कपड़े पर तो नहीं दिखाई पड़ता है। दाग तो काले पर भी पड़ता है, लेकिन दिखाई नहीं पड़ता।

तुम्हारे जीवन में तो इतना दुख ही दुख है कि तुम काले हो गए हो दुख से। छोटे-मोटे दुख तो तुम्हें पता ही नहीं चलते। तुमने एक बात अनुभव की? अगर छोटे दुख से मुक्त होना हो तो बड़ा दुख पैदा कर लो, छोटा पता नहीं चलता। जैसे तुम्हारे सिर में दर्द हो रहा है और कोई कह दे कि 'क्या बैठे, सिरदर्द लिए बैठे हो? अरे, दुकान में आग लग गई।' भागे, भूल गए दर्द-वर्द। सिर का दर्द गया! एस्प्रो की जरूरत न पड़ी। दुकान में आग लग गई, यह कोई वक्त है सिरदर्द करने का! भूल ही जाओगे।

बर्नार्ड शॉ ने लिखा है कि उसको हार्ट अटैक का हृदय पर दौरा पड़ा, ऐसा खयाल हुआ तो घबरा गया। डाक्टर को तत्क्षण फोन किया और लेट गया बिस्तर पर। डाक्टर आया, सीढ़ियां चढ़ कर हांफता और आकर कुर्सी पर बैठ कर उसने एकदम अपना हृदय पकड़ लिया। डाक्टर! डाक्टर ने और कहा कि मरे, मरे, गए! घबड़ा कर बर्नार्ड शॉ उठ आया बिस्तर से। वह भूल ही गया वह जो खुद का हृदय का दौरा

इत्यादि पड़ रहा था। भागा, पानी लाया, पंखा किया, पसीना पोंछा। वह भूल ही गया। पांच-सात मिनट के बाद जब डाक्टर स्वस्थ हुआ तो डाक्टर ने कहा, मेरी फीस। तो बर्नार्ड शा ने कहा, फीस मैं आपसे मांगूं कि आप मुझसे! डाक्टर ने कहा, यह तुम्हारा इलाज था। मैंने एक उलझन तुम्हारे लिए खड़ी कर दी, तुम भूल गए तुम्हारा दिल का दौरा इत्यादि। यह कुछ मामला न था; यह नाटक था, यह मजाक की थी डाक्टर ने और ठीक की।

बर्नार्ड शॉ बहुत लोगों से जिंदगी में मजाक करता रहा। इस डाक्टर ने ठीक मजाक की। बर्नार्ड शॉ बैठ कर हंसने लगा। उसने कहा : यह भी खूब रही। सच बात है कि मैं भूल गया। ये पांच-सात मिनट मुझे याद ही न रही। वह कल्पना ही रही होगी।

बड़ा दुख पैदा हो जाए तो छोटा भूल जाता है। ऐसी घटनाएं हैं, उल्लेख, रिकार्ड पर, वैज्ञानिक परीक्षणों के आधार पर, कि कोई आदमी दस साल से लकवे से ग्रस्त पड़ा था और घर में आग लग गई, भाग कर बाहर निकल आया। और दस साल से उठा भी न था बिस्तर से। जब बाहर आ गया निकल कर और लोगों ने देखा तो लोगों ने कहा कि : 'अरे, यह क्या! यह हो नहीं सकता! तुम दस साल से लकवे से परेशान हो।' यह सुनते ही वह आदमी फिर नीचे गिर पड़ा। लेकिन चल कर तो आ गया था। तो लकवा भूल गया।

तुम्हारी अधिक बीमारियां तो सिर्फ इसीलिए बीमारियां हैं कि तुम्हें व्यस्त करने को और कुछ नहीं। छोटी-मोटी बीमारियां तो तुम्हारे खयाल में नहीं आतीं; बड़ी बीमारी व्यस्त कर लेती है। घर में आग लगी है तो लकवा भूल जाता है। कुछ और बड़ी बीमारी आ जाए तो घर में लगी आग भी भूल जाए।

बुद्धपुरुष को तो कोई उलझन नहीं है, कोई व्यस्तता नहीं हैह्नकोरा चैतन्य है। जरा सी भी सुई गिरेगी तो ऐसी आवाज होगी जैसे बैंड-बाजे बजे। संवेदना इतनी प्रखर है, उस संवेदना के अनुपात में ही बोध होगा! लेकिन फिर भी बुद्धपुरुष दुखी नहीं होता। दुख होता है, लेकिन दुखी नहीं होता। दुखी तो हम तब होते हैं जब दुख के साथ तादात्म्य कर लेते हैं। सिरदर्द हो रहा है, यह तो बुद्ध को भी पता चलता है; लेकिन मेरे सिर में दर्द हो रहा है, यह तुमको पता चलता है। सिर में दर्द हो रहा है, यह तो बुद्ध को भी पता चलता है; क्योंकि सिर सिर है, तुम्हारा हो कि बुद्ध का हो। और सिर में पीड़ा होगी तो तुम्हें हो या बुद्ध को हो, दोनों को पता चलती है। लेकिन तुम तत्क्षण तादात्म्य कर लेते हो। तुम कहते हो, मेरा सिर! बुद्ध का 'मेरा' जैसा कुछ भी नहीं है। यह देह मैं हूं, ऐसा नहीं है। तो देह में पीड़ा होती है तो पता चलता है।

पूछा है कि जैसे शरीर की पीड़ा का बुद्धपुरुषों को, ज्ञानियों को, समाधिस्थ पुरुषों को तादात्म्य मिट जाता है, मन के संबंध में क्या है? क्या कोई मानसिक पीड़ा उन्हें होती है?

यह थोड़ा समझने का है।

शरीर सत्य है और आत्मा सत्य है; मन तो भ्रांति है। शरीर की पीड़ा का बुद्ध को पता चलता है, क्योंकि शरीर सत्य है। और आत्मा की तो कोई पीड़ा होती ही नहीं; आत्मा तो शाश्वत सुख में है, सच्चिदानंद है। मन तो धोखा है। मन किस बात से पैदा होता है? मन तादात्म्य से पैदा होता है। तुमने कहा, यह मेरा शरीर, तो मन पैदा हुआ। तुमने कहा, यह मेरा मकान, तो मन पैदा हुआ। तुमने कहा, यह मेरी पत्नी, तो मन पैदा हुआ। तुमने कहा, यह मेरा धन, तो मन पैदा हुआ। मन तो मेरे से पैदा होता है। मन तो मेरे का संग्रह है। इसलिए तो महावीर, बुद्ध, कृष्ण, क्राइस्ट, सभी के उपदेशों में एक बात अनिवार्य है : परिग्रह से मुक्त हो जाओ। 'मेरे' से मुक्त हो जाओ। क्योंकि जब तक तुम 'मेरे' से नहीं मुक्त हुए तब तक मन से मुक्त न हो सकोगे। 'मेरे' को हटा लो तो बुनियाद गिर गई, भवन मन का गिर जाएगा।

तुमने देखा, जितना ङ्कमेराङ्ख उतना बड़ा मन। ङ्कमेराङ्ख क्षीण हो जाता है, मन क्षीण हो जाता है। तुम जब राजसिंहासन पर बैठ जाते हो तो तुम्हारे पास बड़ा भारी मन होता है। राजसिंहासन से उतर जाते हो, मन सिकुड़ जाता है, छोटा हो जाता है। इसलिए तो इतना बुरा लगता हैह्नपद खो जाए, धन खो जाएह्नक्योंकि सिकुड़ना पड़ता है। सिकुड़ना किसको अच्छा लगता है! छोटे होना पड़ता है; छोटे होने में अपमान मालूम होता है, निंदा मालूम होती है, दीनता-दरिद्रता मालूम होती है। तुम्हारी जेब में जब धन होता है तो तुम फैले होते हो।

मुल्ला नसरुद्दीन और उसका साथी एक जंगल से गुजर रहे थे। साथी ने छलांग लगाई, एक नाले को पार करना था, वह बीच में ही गिर गया। मुल्ला छलांग लगा गया और उस पार पहुंच गया। साथी चकित हुआ। मुल्ला की उम्र भी ज्यादा, बूढ़ा हो रहाह्नकैसी छलांग लगाई! उसने पूछा कि तुम्हारा राज क्या है? क्या तुम ओलंपिक इत्यादि में छलांग लगाते रहे हो? कोई अभ्यास किया है? यह बिना अभ्यास के नहीं हो सकता।

मुल्ला ने अपना खीसा बजाया! उसमें कलदार थे, रुपये थे, खनाखन हुए। उसने कहा : 'मैं समझा नहीं मतलब।' मुल्ला ने कहा कि अगर छलांग जोर से लगानी हो तो खीसे में गर्मी चाहिए। फोकट नहीं लगती छलांग। तुम्हारा खीसा बताओ। खीसा खाली है, गर्मी ही नहीं है, तो छलांग क्या खाक लगाओगे!

छलांग के लिए गर्मी चाहिए। और धन बड़ा गर्मी देता है।

तुमने खयाल किया, खीसे में रुपये हों तो सर्दी में भी कोट की जरूरत नहीं पड़ती। एक गर्मी रहती है! फिर टटोल कर खीसे में हाथ डाल कर देख लेते हो, जानते हो कि है, कोई फिकर नहीं; चाहो तो अभी कोट खरीद लो। लेकिन अगर खीसे में

रुपये न हों तो जरूरत भी न हो अभी कोट की तो भी खलता हैह्नलगता दीनता, दरिद्रता, छोटापन, सामर्थ्य की हीनता; मन टूटा-टूटा मालूम होता है।

तुम जरा गौर से देखना : मन, तुम्हारी जितनी ज्यादा परिग्रह की सीमा होती है, उतना ही बड़ा होता है। 'मेरे' को त्याग दो, मन गया। मन कोई वस्तु नहीं है। मन तो शरीर और आत्मा के एक-दूसरे से मिल जाने से जो भ्रांति पैदा होती है उसका नाम है। मन तो प्रतिबिंब है।

ऐसा समझो कि तुम दर्पण के सामने खड़े हुए। दर्पण सच है, तुम भी सच हो; लेकिन दर्पण में जो प्रतिबिंब बन रहा है वह सच नहीं है। आत्मा और शरीर का साक्षात्कार हो रहा है। शरीर का जो प्रतिबिंब बन रहा है आत्मा में, उसको अगर तुमने सच मान लिया तो मन; अगर तुमने जाना कि केवल शरीर का प्रतिबिंब है, न तो मैं शरीर हूं, तो शरीर का प्रतिबिंब तो मैं कैसे हो सकता हूं, तो फिर कोई मन नहीं।

बुद्धपुरुष के पास कोई मन नहीं होता। अ-मन की स्थिति का नाम ही तो बुद्धत्व है। इसलिए कबीर कहते हैं, अ-मनी दशा; स्टेट आफ नो माइंड। अ-मनी दशा! उन्मनी दशा! बे-मनी दशा! जहां मन न रह जाए!

मन केवल भ्रांति है, धारणा है, ऐसी ही झूठ है जैसे यह मकान और तुम कहो 'मेरा!' मकान सच है, तुम सच हो; मगर यह 'मेरा' बिलकुल झूठ है; क्योंकि तुम नहीं थे तब भी मकान था और तुम कल नहीं हो जाओगे तब भी मकान रहेगा। और ध्यान रखना, जब तुम मरोगे तब मकान रोएगा नहीं कि मालिक मर गया। मकान को पता ही नहीं है कि बीच में आप नाहक ही मालिक होने का शोरगुल मचा दिए थे। मकान ने सुना ही नहीं है। तुम नहीं थे, धन यहीं था। तुम नहीं रहोगे, धन यहीं रह जाएगा। सब ठाठ पड़ा रह जाएगा जब लाद चलेगा बनजारा! तो जो पड़ा जाएगा, उस पर तुम्हारा दावा झूठ है। इसलिए तो हिंदू कहते हैं : सबै भूमि गोपाल की! वह जो सब है, परमात्मा का है; मेरा कुछ भी नहीं। जिसने ऐसा जाना कि सब परमात्मा का है, मेरा कुछ भी नहीं, उसका मन चला गया।

मन बीमारी है। मन अस्तित्वगत नहीं है। मन केवल भ्रांति है। तुमने राह पर पड़ी रस्सी देखी और समझ लिया सांप और भागने लगे; कोई दीया ले आया और रस्सी रस्सी दिखाई पड़ गई और तुम हंसने लगेह्नबस मन ऐसा है। दीये से देख लो जराह्नमन नहीं है। जैसे रस्सी में सांप दिख जाए, ऐसी मन की भ्रांति है। मन मान्यता है।

तो बुद्धपुरुषों को मन तो होता नहीं, इसलिए मानसिक दुख का तो कोई सवाल ही नहीं उठता। मानसिक दुख तो उन्हीं को होता है जिनके पास जितना बड़ा मन होता है।

तुम देखो इसे, समझो। गरीब देशों में मानसिक बीमारी नहीं होती। गरीब देश में मनोवैज्ञानिक का कोई अस्तित्व ही नहीं है। जितना अमीर देश हो उतनी ही ज्यादा

मनोवैज्ञानिकों की जरूरत है, मनोचिकित्सकों की जरूरत है। अमरीका में तो शरीर का डाक्टर धीरे-धीरे कम पड़ता जा रहा है और मन का डाक्टर बढ़ता जा रहा है। स्वाभाविक! क्योंकि मन बड़ा हो गया है। धन फैल गया। 'मेरे' का भाव फैल गया। आज अमरीका में जैसी समृद्धि है वैसी कभी जमीन पर किसी देश में नहीं थी। उस समृद्धि के कारण मन बड़ा हो गया है। मन बड़ा हो गया है तो मन की बीमारी बड़ी हो गई है। तो आज तो हालत ऐसी है कि करीब चार में से तीन आदमी मानसिक रूप से किसी न किसी प्रकार से रुग्ण हैं। चौथा भी संदिग्ध है। मनोवैज्ञानिक कहते हैं कि तीन का तो पक्का है कि चार में से तीन थोड़े अस्तव्यस्त हैं; चौथा भी संदिग्ध है, पक्का नहीं। सच तो यह है कि मनोवैज्ञानिक का भी कोई पक्का नहीं है कि वह खुद भी...। मैं जानता हूं अनुभव से, क्योंकि मेरे पास जितने मनोवैज्ञानिक संन्यासी हुए हैं उतना कोई दूसरा नहीं हुआ है। मेरे पास जिस व्यवसाय से अधिकतम लोग आए हैं संन्यास लेने, वह मनोवैज्ञानिकों का हैह्लथैरेपिस्ट का, मनोविद, मनोचिकित्सकों का। और उनको मैं जानता हूं। उनकी तकलीफ है, भारी तकलीफ है। वे दूसरे की सहायता करने की कोशिश कर रहे हैं। डूबता डूबते को बचाने की कोशिश कर रहा है। वह शायद अपने आप बच भी जाता, इन सज्जन के सत्संग में और डूबेगा। ऐसा कभी-कभी हो जाता है। कभी-कभी करुणा भी बड़ी महंगी पड़ जाती है।

मैं एक नदी के किनारे बैठा था। सांझ का वक्त था और एक आदमी वहां कुछ चने चुगा रहा था मछलियों को। हम दोनों ही थे और एक लड़का किनारे पर ही तैर रहा था। वह जरा दूर निकल गया और चिल्लाया कि मरा, डूबने लगा! तो वह जो आदमी चने चुगा रहा था, एकदम छलांग लगा कर कूद गया। इसके पहले कि मैं कूदूं, वह कूद गया। मैंने कहा, जब वह कूद गया तब ठीक है। मगर कूद कर ही वह चिल्लाने लगा कि बचाओ-बचाओ! तो मैं बड़ा हैरान हुआ। मैंने कहा, मामला क्या है? उसने कहा कि मुझे तैरना आता ही नहीं। और एक झंझट खड़ी हो गईह्लउन दो को बचाना पड़ा। अब यह सज्जन अगर उस बच्चे को बचाने...जब मैं निकाल कर उनको किसी तरह बाहर ले आया तो मैंने पूछा कि कुछ होश से चलते हो, जब तुम्हें तैरना ही नहीं आता...! तो उन्होंने कहा, याद ही न रही। जब वह बच्चा डूबने लगा तो यह मैं भूल ही गया कि मुझे तैरना नहीं आता। यह मामला इतनी जल्दी हो गया। डूबते देख कर कूद पड़ा बस।

पर कूदने के पहले यह तो सोच लेना चाहिए कि तुम्हें तैरना आता है!

पश्चिम में मन विक्षिप्त हुआ जा रहा है। जरूरत! बहुत से लोग डूब रहे हैं, मन की बीमारी में डूब रहे हैं। बहुत से लोग उन्हें बचाने की कोशिश कर रहे हैं। मैं बड़े से

बड़े मनोवैज्ञानिकों का जीवन बहुत गौर से देखता रहा हूं, मैं बहुत हैरान हुआ हूं! खुद सिग्मंड फ्रायड मानसिक रूप से रुग्ण मालूम होता है, स्वस्थ नहीं मालूम होता। जन्मदाता मनोविज्ञान का! कुछ चीजों से तो वह इतना घबड़ाता था कि अगर कोई किसी की मौत की बात कर दे तो वह कंपने लगता था। यह कोई बात हुई! अगर कोई कह दे कि कोई मर गया...उसने कई दफा चेष्टा करके अपने को सम्हालने की कोशिश की, मगर नहीं, दो दफे तो वह बेहोश हो गया। यह बात ही कि कोई मर गया कि वह घबड़ा जाए! मौत इतना डराए तो मन बड़ा रुग्ण है।

सच तो यह है कि यह कहना कि मन रुग्ण है, ठीक नहीं; मन ही रोग है। फिर जितना मन फैलता है...। आज अमरीका में मन का खूब फैलाव है। धन के साथ मन फैलता है। इसलिए तो मन धन चाहता है। धन फैलाव का ढंग है। धन मन की मांग है कि मुझे फैलाओ, मुझे बड़ा करो, गुब्बारा बनाओ मेरा, भरे जाओ हवा, बड़े से बड़ा करो! फिर बड़ा करने से जैसे गुब्बारा एक सीमा पर जाकर टूटता है, वैसा मन भी टूटता है। वही विक्षिप्तता है। तुम बड़ा किए चले जाते हो, बड़ा किए चले जाते हो, एक घड़ी आती है कि गुब्बारा टूटता है।

इसलिए मैं कहता हूं कि बहुत धनिक समाज ही धार्मिक हो सकते हैं। जब गुब्बारा टूटने लगता है, तब आदमी सोचता है कि कहीं कुछ और सत्य होगा; जिसे हमने सत्य माना था वह तो फूट गया, कि वह तो पानी का बुलबुला सिद्ध हुआ।

बुद्धपुरुष के पास तो कोई मन नहीं है, क्योंकि बुद्धपुरुष के पास ज्ञमेराङ्ग नहीं, ज्ञतेराङ्ग नहीं, ज्ञमैंङ्ग नहीं, ज्ञतूङ्ग नहीं। रस ही बचा। द्वंद्व तो गया। द्वंद्व के साथ ही भीतर बटाव-कटाव भी चला गया।

मनोवैज्ञानिक सीजोफ्रेनिया की बात करते हैंह्नमनुष्य के भीतर दो खंड हो जाते हैं; जैसे दो व्यक्ति हो गए एक ही आदमी के भीतर। तुमने भी अनुभव किया होगा। अधिक लोग सीजोफ्रेनिक हैं दुनिया में। तुमने कई दफे अनुभव किया होगा। तुम्हारी पत्नी बिलकुल ठीक से बात कर रही थी, सब मामला ठीक था, जरा तुमने कुछ कह दियाह्नकुछ ऐसा जो उसे न जंचाह्नबस बात बदल गई। अभी क्षण भर पहले तक बिलकुल लक्ष्मी थी, अब एकदम दुर्गा का रूप ले लिया, महाकाली हो गई! अब वह चाहती है कि तुम्हारी छाती पर नाचे; जैसे कि शिव की छाती पर महाकाली नाच रही है! तुम चौंकते हो कि जरा सी बात थी, इतनी जल्दी कैसे रूपांतरण हुआ! यह महाकाली भी छिपी है। यह दूसरा हिस्सा है।

मित्र से सब ठीक चल रहा है, जरा सी कोई बात हो जाए कि सब मैत्री दो कौड़ी में गई। जन्म-जन्म की मेहनत व्यर्थ गई। जरा सी बात और दुश्मनी हो गई। जो तुम्हारे

लिए मरने को राजी था, वह तुम्हें मारने को राजी हो जाता है। यह सीजोफ्रेनिया है। आदमी का कोई भरोसा नहीं, क्योंकि आदमी एक आदमी नहीं है; भीतर कई आदमी भरे पड़े हैं, भीड़ है।

मन तो एक भीड़ है। तुम बहुत आदमी हो। इस भीड़ का कोई भरोसा नहीं। सुबह तुम कहते हो, आपसे मुझे बड़ा प्रेम है। भरोसा मत करना। शाम को ये ही सज्जन जूता मारने आ जाएं! भरोसा मत करना। और ऐसा नहीं कि अभी जो ये कह रहे हैं तो धोखा दे रहे हैं; अभी भी पूरे मन से कह रहे हैं और सांझ भी जूता मारेंगे तो पूरे मन से मारेंगे।

तुम जिसको प्रेम करते हो उसी को घृणा करते हो। और तुमने कभी खयाल नहीं किया कि यह मामला क्या है! जिस पत्नी के बिना तुम जी नहीं सकते, उसके साथ जी रहे हो! उसके बिना भी नहीं जी सकते हो, मायके चली जाती है तो बड़े सपने आने लगते हैं! एकदम सुंदर पत्र लिखने लगते हो। पति ऐसे पत्र लिखते हैं मायके गई पत्नी को कि उसको भी धोखा आ जाता है; सोचने लगती है कि यही आदमी है जिसके साथ मैं रहती हूं! लौट कर धोखा टूटेगा। लौट कर आएगी तो बस पता चलेगा कि ये तो वही के वही सज्जन हैं जिनको छोड़ कर गई थी। ये एकदम कवि हो गए थे, रूमानी हो गए थे, आकाश में उड़े जा रहे थे! और ऐसा नहीं कि ये कोई झूठ लिख रहे थे; पत्र जब लिख रहे थे तो सच ही लिख रहे थे। वह भी मन का एक हिस्सा था। पत्नी के आते ही से वह हिस्सा विदा हो जाएगा; दूसरे हिस्से प्रकट हो जाएंगे।

जिससे प्रेम है उसी से घृणा भी चल रही है। जिससे मित्रता है उसी से शत्रुता भी बनी है। ऐसा द्वंद्व है। इस द्वंद्व में आदमी दुखी है। और इन द्वंद्वों को समेट कर चलने में बड़ी मुसीबत है। इसीलिए तो तुम इतने परेशान हो। ऐसा कचरा-कूड़ा सब सम्हाल कर चलना पड़ रहा है। एक घोड़ा इस तरफ जा रहा है, एक घोड़ा उस तरफ जा रहा है। कोई पीछे खींच रहा है, कोई आगे खींच रहा है। कोई टांग खींच रहा है, कोई हाथ खींच रहा है। बड़ी फजीहत है। इस बीच तुम कैसे अपने को सम्हाले चले जा रहे हो, यही आश्चर्य है!

सिग्मंड फ्रायड ने लिखा है कि आदमी, सभी आदमी, पागल क्यों नहीं हैंह्न यह आश्चर्य है! होने चाहिए सभी पागल। अगर देखें आदमी के मन की हालत तो होने चाहिए सभी पागल। कुछ लोग कैसे अपने को सम्हाले हैं और पागल नहीं हैं; यह चमत्कार है।

बुद्धपुरुषों के पास कोई मन नहीं है, इसलिए मानसिक पीड़ा का कोई कारण नहीं।

तीसरा प्रश्न : परमहंस रामकृष्ण के जीवन में दो उल्लेखनीय प्रसंग हैं। एक कि वे एक हाथ में बालू और दूसरे में चांदी के सिक्के रख कर दोनों को एक साथ गंगा नदी में गिरा देते थे। और दूसरा कि जब स्वामी विवेकानंद ने उनके बिस्तर के नीचे चांदी का सिक्का छिपा दिया तो परमहंस देव बिस्तर पर लेटते ही पीड़ा से चीख उठे थे। महागीता के वीतरागता के सूत्र के संदर्भ में इन दो प्रसंगों पर हमें कुछ समझाने की अनुकंपा करें।

रामकृष्ण के जीवन के ये दोनों प्रसंग अब तक ठीक से समझे भी नहीं गए हैं; क्योंकि जिन्होंने इनकी व्याख्या की है, उन्हें परमहंस दशा का कुछ भी पता नहीं है। इनकी व्याख्या साधारण रूप में की गई है। रामकृष्ण एक हाथ में चांदी और एक हाथ में रेत को रख कर गंगा में गिरा देते हैं, तो हम समझते हैं कि रामकृष्ण के लिए चांदी और मिट्टी बराबर है। स्वभावतः, यह सीधा अर्थ हो जाता है। लेकिन अगर यही सच है कि रामकृष्ण के लिए सोना और मिट्टी, चांदी और मिट्टी बराबर है, तो दोनों हाथों में मिट्टी रख कर क्यों नहीं गिरा देते? एक हाथ में चांदी रख कर क्यों गिराते हैं? कुछ फर्क होगा। कुछ थोड़ा भेद होगा। नहीं, यह व्याख्या ठीक नहीं है।

रामकृष्ण के लिए तो कुछ भी भेद नहीं है। और यह गिराना भी रामकृष्ण के लिए अर्थहीन है। रामकृष्ण विरागी नहीं हैं, वीतरागी हैं। यह विरागी के लिए तो ठीक है कि विरागी कहता है मिट्टी-चांदी सब बराबर, सब मेरे लिए बराबर है, यह सोना भी मिट्टी है। यह विरागी की भाषा है। रामकृष्ण वीतरागी हैं। यह परमहंस की भाषा हो नहीं सकती। फिर रामकृष्ण ऐसा क्यों कर रहे हैं? यह उनके लिए कर रहे होंगे जो उनके आस-पास थे। यह उनके लिए संदेश है। जो राग में पड़ा है, उसे पहले विराग सिखाना पड़ता है। जो विराग में आ गया, उसे फिर वीतरागता सिखानी पड़ती है। कदम-कदम चलना होता है। और रामकृष्ण कहते थे, हर अनुभव से गुजर जाना जरूरी है।

तुम बहुत चकित होओगे, मैं तुम्हें उनके जीवन का एक उल्लेख बताऊं। शायद तुमने कभी सुना भी न हो, क्योंकि उनके भक्त उसकी बहुत चर्चा नहीं करते। जरा उलझन भरा है।

रामकृष्ण ने एक दिन मथुरानाथ कोह्नउनके एक भक्त कोह्नकहा कि सुन मथुरा, किसी को बताना मत, मेरे मन में रात एक सपना उठा कि सुंदर बहुमूल्य सिल्क के कपड़े पहने हुए हूं, गद्दा-तकिया लगा कर बैठा हूं और हुक्का गुड़गुड़ा रहा हूं। और हुक्का गुड़गुड़ाते मैंने देखा कि मेरे हाथ पर जो अंगूठी सोने की बड़ी शानदार है, उसमें हीरा जड़ा है। अब तुझे इंतजाम करना पड़ेगा, क्योंकि जरूर यह सपना उठा

तो जरूर यह वासना मेरे भीतर होगी। इसको पूरा करना पड़ेगा, नहीं तो यह वासना मुझे भटकाएगी। अगली जिंदगी में आना पड़ेगा, हुक्का गुड़गुड़ाना पड़ेगा। तो तू इंतजाम कर दे, किसी को बताना मत। लोग तो समझेंगे नहीं।

तो मथुरा तो उनका बिलकुल पागल भक्त था। उसने कहा कि ठीक। वह गया। वह चोरी-छिपे सब इंतजाम कर लाया। बहुमूल्य हीरे की अंगूठी खरीद लाया। शानदार हुक्का लखनवी! बहुमूल्य से बहुमूल्य रेशमी वस्त्र। और आश्रम के पीछे गंगा के तट पर उसने गद्दा-तकिया लगा दिया और रामकृष्ण बैठे शान से गद्दा-तकिया लगा कर अंगुली में अंगूठी डाल कर हुक्का बगल में लेकर गुड़गुड़ाना शुरू किया। वह पीछे छिपा झाड़ के देख रहा है कि मामला अब क्या होता है! वे अंगूठी देखते जाते हैं और कहते हैं कि 'ठीक, बिलकुल वही है। देख ले रामकृष्ण, ठीक से देख ले। और खूब मजा ले ले प्यारे, नहीं तो फिर आना पड़ेगा।' कपड़ा भी छू कर देखते हैं कि ठीक बड़ा गुदगुदा है। कहते हैं, 'रामकृष्ण, ठीक से देख ले, नहीं तो फिर इसी कपड़े के पीछे आना पड़ेगा। भोग ले!' हुक्का गुड़गुड़ाते हैं और कहते हैं, 'रामकृष्ण, ठीक से गुड़गुड़ा ले!' बस एक-दो-तीन-चार मिनट यह चला, पांच मिनट चला होगा। फिर खिलखिला कर खड़े हो गए, अंगूठी गंगा में फेंक दी, हुक्का तोड़ कर उस पर थूका और उसके ऊपर कूदे और कपड़े फाड़ कर...। तो मथुरा घबड़ाया कि अब ये क्या पागल हो रहे हैं। एक तो पहले ही यह पागलपन थाह्नयह हुक्का गुड़गुड़ाना। किसी को पता चल जाए तो कोई माने भी न! अगर मैं हुक्का गुड़गुड़ाऊं तो लोग मान भी लें कि चलो गुड़गुड़ा रहे होंगे, इनका कुछ भरोसा नहीं। लेकिन रामकृष्ण हुक्का गुड़गुड़ाएं, मथुरा भी किसी को कहेगा तो कोई मानने वाला नहीं है। और अब यह क्या हो रहा है! और उन्होंने गद्दे-तकिए भी उठा कर गंगा में फेंक दिए। नंग-धड़ंग हो गए, सब कपड़े फाड़ डाले और मथुरा को बुलाए कि खतम! अब आगे आने की कोई जरूरत न रही। देख लिया, कुछ सार नहीं है।

रामकृष्ण का कहना यह था कि जो भी भाव उठे, उसे पूरा कर ही लेना। रामकृष्ण भगोड़ापन नहीं सिखाते थे। विराग उनकी शिक्षा न थी। वे कहते थे, राग में हो तो राग को ठीक से भोग लो, लेकिन जानते रहना : राग से कभी कोई तृप्त नहीं हुआ।

तो यह जो संस्मरण है कि चांदी और मिट्टी को एक साथ में लेकर और गंगा में डाल देते थे, यह जिसके सामने डाली होगी, उस आदमी के लिए इसमें कुछ इशारा होगा। इससे रामकृष्ण की चित्त की दशा का पता नहीं चलता। यह उपदेश है। और जब भी तुम महापुरुषों के, परमज्ञानियों के उपदेश सुनो, तो इस बात का ध्यान रखना कि किसको दिए गए! क्योंकि देने वाले से कम संबंध है; जिसको दिए गए उससे ज्यादा संबंध है। यह किसी धनलोलुप के लिए कही गई बात होगी। कोई धनलोलुप

पास में खड़ा होगा। उसको यह बोध देने के लिए किया होगा। रामकृष्ण की चित्त दशा में तो क्या मिट्टी, क्या सोना! इतना भी भेद नहीं है कि अब एक हाथ में सोना और एक हाथ में रेत लेकर याद दिलाएं। और अगर विवेकानंद ने उनके तकिए के नीचे चांदी के सिक्के रख दिए और वे पीड़ा से कराह उठे तो विवेकानंद के लिए कुछ शिक्षा होगी। कुछ शिक्षा होगी कि सावधान रहना। कुछ शिक्षा होगी कि तू जा रहा है पश्चिम, वहां धन ही धन की दौड़ है, कहीं खो मत जाना, भटक मत जाना! यह जो पीड़ा से कराह उठे हैं, यह तो सिर्फ विवेकानंद पर एक गहन संस्कार छोड़ देने का उपाय है, ताकि उसे याद बनी रहे, यह बात भूले न, यह एक चांटे की तरह उस पर पड़ गई बात कि रामकृष्ण को चांदी छू कर ऐसी पीड़ा हो गई थी। तो चांदी जहर है। कहने से यह बात शायद इतनी गहरे न जाती। कहते तो वे रोज थे। सुनने से शायद यह बात न मन में प्रविष्ट होती, न प्रवेश करती; लेकिन यह घटना तो जलते अंगारे की तरह छाती पर बैठ गई होगी विवेकानंद के। यह विवेकानंद के लिए संदेश था इसमें। सदगुरुओं के संदेश बड़े अनूठे होते हैं।

ऐसा उल्लेख है कि विवेकानंदह्नरामकृष्ण तो चले गए देह को छोड़ करह्नविवेकानंद पश्चिम जाने की तैयारी कर रहे हैं। तो वे एक दिन शारदा, रामकृष्ण की पत्नी को मिलने गए। आज्ञा लेने, आशीर्वाद मांगने। तो वह चौके में खाना बना रही थी। रामकृष्ण के चले जाने के बाद भी शारदा सदा उनके लिए खाना बनाती रही, क्योंकि रामकृष्ण ने मरते वक्त कहा आंख खोल कर कि मैं जाऊंगा कहां, यहीं रहूंगा। जिनके पास प्रेम की आंख है, वे मुझे देख लेंगे। तू रोना मत शारदा, क्योंकि तू विधवा नहीं हो रही है, क्योंकि मैं मर नहीं रहा हूं; मैं तो हूं, जैसा हूं वैसे ही रहूंगा। देह जाती है, देह से थोड़े ही तू ब्याही गई थी!

तो सिर्फ भारत में एक ही विधवा हुई है शारदा, जिसने चूड़ियां नहीं तोड़ीं, क्योंकि तोड़ने का कोई कारण न रहा। और शारदा रोई भी नहीं। वह वैसे ही सब चलाती रही। अदभुत स्त्री थी। आकर ठीक समय पर जैसा रामकृष्ण का समय होता भोजन का, वह आकर कहती कि ङ्कपरमहंस देव, भोजन तैयार है, थाली लग गई है, आप चलें।ङ्ख फिर थाली पर बैठ कर पंखा झलती। फिर बिस्तर लगा देती, मसहरी डाल देती और कहती, ङ्कअब आप सो जायें। फिर दोपहर में सत्संगी आते होंगे।ङ्ख ऐसा जारी रहा क्रम।

तो वह परमहंस के लिएह्नपरमहंस तो जा चुकेह्नभोजन बना रही थी। विवेकानंद गए और उन्होंने कहा कि 'मां, मैं पश्चिम जाना चाहता हूं परमहंस देव का संदेश फैलाने। आज्ञा है? आशीर्वाद है?' तो शारदा ने कहा कि 'विवेकानंद, वह जो छुरी पड़ी है, उठा कर मुझे दे दे।' सब्जी काटने की छुरी! साधारणतः कोई भी छुरी उठा कर

देता है तो मूठ अपने हाथ में रखता है, लेकिन विवेकानंद ने फल तो अपने हाथ में पकड़ा और मूठ शारदा की तरफ करके दी। शारदा ने कहा : 'कोई जरूरत नहीं, रख दे वहीं। यह तो सिर्फ एक इशारा था जानने के लिए। तू जा सकता है।' विवेकानंद ने कहा : 'मैं कुछ समझा नहीं।' शारदा ने कहा : 'आशीर्वाद है मेरा, तू जा सकता है। यह तो मैं जानने के लिए देखती थी कि तेरे मन में महाकरुणा है या नहीं। साधारणतः तो आदमी मूठ अपने हाथ में रखता है कि हाथ न कट जाए और छुरे की धार दूसरे की तरफ करता है कि पकड़ लो, तुम कटो तो कटो, हमें क्या लेना-देना! लेकिन तूने धार तो खुद पकड़ी और मूठ मेरी तरफ की, बस बात हो गई। तू जा। तुझे आशीर्वाद है। तुझसे किसी की कभी कोई हानि न होगी, लाभ होगा।'

याद रखना, जब गुरु बोले तो शिष्य पर ध्यान रखना, क्योंकि गुरु शिष्य के लिए बोलता है। ये दोनों घटनाएं शिष्यों के लिए हैं। रामकृष्ण के तल पर तो क्या अंतर पड़ता है! न मिट्टी मिट्टी है, न सोना सोना है। मिट्टी भी मिट्टी है, सोना भी मिट्टी है, मिट्टी भी सोना है। सब बराबर है। जहां एक रस का उदय हुआ, जहां सब भेद खो गए, जहां एक ही परमात्मा दिखाई पड़ने लगाह्नफिर सभी उसके ही बनाए गए आभूषण हैं।

रामकृष्ण परम वीतराग दशा में हैं। विरागी नहीं हैं, न रागी हैंह्नदोनों के पार हैं। अष्टावक्र जिस सूत्र की बात कर रहे हैंह्नसरक्त-विरक्त के पारह्नवहीं हैं रामकृष्ण।

चौथा प्रश्न : आप कहते हैं कि 'भागो मत, जागो! साक्षी बनो!' लेकिन नौकरी के बीच रिश्वत से और रिश्तेदारों के बीच मांस-मदिरा से भागने का मन होता है। साक्षी बने बिना कोयले की खान में रहने से कालिख तो लगेगी ही। हमें समझाने की मेहरबानी करें!

जब मैं तुमसे कहता हूं, साक्षी बनो, तो इसका अर्थ यह नहीं है कि मैं तुमसे कहता हूं कि तुम जैसे हो वैसे ही बने रहोगे। साक्षी में रूपांतरण है। मैं तुमसे यह नहीं कह रहा हूं कि साक्षी बनोगे तो तुम बदलोगे नहीं। साक्षी तो बदलने का सूत्र है। तुम साक्षी बनोगे तो बदलाहट तो होने ही वाली है। लेकिन वह बदलाहट भगोड़े की न होगी, जागरूक व्यक्ति की होगी।

समझो। तुम डर कर रिश्वत छोड़ दो, क्योंकि धर्मशास्त्र कहते हैं : ङ्गनरक में सड़ोगे अगर रिश्वत ली। स्वर्ग के मजे न मिलेंगे अगर रिश्वत ली। चूकोगे अगर रिश्वत ली।ङ्ख इस भय और लोभ के कारण तुम रिश्वत छोड़ देते होह्नयह भगोड़ापन है। और जिस कारण से तुम रिश्वत छोड़ रहे हो, वह कुछ रिश्वत से बड़ा नहीं है। वह भी रिश्वत है। वह तुम स्वर्ग में जाने की रिश्वत दे रहे हो कि चलो, यहां छोड़े देते हैं,

वहां प्रवेश दिलवा देना। तुम परमात्मा से कह रहे हो कि देखो तुम्हारे लिए यहां हमने इतना किया, तुम हमारा खयाल रखना। रिश्वत का और क्या मतलब है?...कि हम तुम्हारी प्रार्थना करते हैं।

तुमने देखा, भक्त जाता है मंदिर में, स्तुति करता...स्तुति यानी रिश्वत। 'स्तुति' शब्द भी बड़ा महत्वपूर्ण है। इसका मतलब होता है: खुशामद। स्तुति करता है कि तुम महान हो और हम तो दीन-हीन; और तुम पतितपावन और हम तो पापी! अपने को छोटा करके दिखाता है, उनको बड़ा करके दिखाता है। यह तुम किसको धोखा दे रहे हो? यही तो ढंग है खुशामद का। इसी तरह तो तुम राजनेता के पास जाते हो और उसको फुलाते हो कि 'तुम महान हो, कि आपके बाद देश का क्या होगा! अंधकार ही अंधकार है!' पहले उसे फुलाते हो और अपने को कहते हो, 'हम तो चरण-रज हैं, आपके सेवक हैं।' जब वह खूब फूल जाता है, तब तुम अपना निवेदन प्रस्तुत करते हो। फिर वह इनकार नहीं कर सकता, क्योंकि इतने महान व्यक्ति से इनकार निकले, यह बात जंचती नहीं। मजबूरी में उसे स्वीकार करना पड़ता है। तुम सीधे जाकर मांग खड़ी कर देते, निकलवा देता दरवाजे के बाहर। खुशामद राजी कर लेती है। तुम परमात्मा के साथ भी वही कर रहे हो।

नहीं, यह कुछ रिश्वत से बेहतर नहीं है। यह रिश्वत ही है। यह एक बड़े पैमाने पर रिश्वत है।

यह तो मेरा आदेश नहीं। मैं तुमसे कहता हूं: जागो! मैं तुमसे यह नहीं कहता कि रिश्वत लेने से नरक में पड़ोगे, क्योंकि कुछ पक्का नहीं है। अगर रिश्वत चलती है तो वहां भी चलती होगी। अगर ठीक से रिश्वत दे पाए तो वहां भी बच जाओगे। अगर शैतान की जेब गरम कर दी तो तुम पर जरा नजर रखेगा; जरा कम जलते कढ़ाए में डालेगा। या तुम्हें कुछ ऐसे काम में लगा देगा कि तुम...कढ़ाए में डालने के लिए भी तो लोगों की जरूरत पड़ती होगी...तुम्हें स्वयं सेवक बना देगा कि तुम चलो, यह काम करो। और पक्का नहीं है कुछ, स्वर्ग के दरवाजे पर भी कोई नहीं जानता कि रिश्वत चलती हो। क्योंकि जो यहां है सो वहां है। जैसा यहां है वैसा वहां है।

इजिप्त का पुराना सूत्र है: 'एज़ अबव सो बिलो।' जैसा ऊपर वैसा नीचे। मैं कहता हूं: जैसा नीचे वैसा ऊपर। क्योंकि एक ही तो अस्तित्व है। यह एक ही अस्तित्व का फैलाव है। तो मैं तुमसे नहीं कहता कि तुम रिश्वत इसीलिए छोड़ दो कि नरक में न जाओ। अगर नरक में न ही जाना हो तो मैं मानता हूं कि तुम रिश्वत का अभ्यास जारी रखो, काम पड़ेगा। अगर स्वर्ग में जाने का पक्का ही कर लिया हो तो खूब पुण्य के सिक्के इकट्ठे कर लो, वे काम पड़ेंगे।

और तुम्हारे देवी-देवता कुछ बहुत अच्छी हालत में मालूम नहीं होते। तुम अपने पुराण पढ़ कर देख लो, तो इनसे कुछ ऐसी तुम आशा करते हो कि ये कोई साधु-महात्मा हैं, ऐसा मालूम नहीं पड़ता।

तुम देखते हो, जरा कोई महात्मा महात्मापन में बढ़ने लगता है, इंद्र का सिंहासन कंपने लगता है! यह भी बड़े मजे की बात है। यह इंद्र को इतनी घबड़ाहट होने लगती है। यहां भी प्रतिस्पर्धा है। यहां भी डर है कि दूसरा प्रतियोगी आ रहा है, कि ये चले आ रहे हैं जयप्रकाश नारायण, घबड़ाहट है! उपद्रव है! जैसा यहां है वैसा वहां मालूम पड़ता है। तपस्वी ध्यान कर रहे हैं, इंद्र घबड़ा रहे हैं। और देवताओं के बीच बड़े उपद्रव हैं। कोई किसी की पत्नी लेकर भाग जाता है, कोई किसी को धोखा दे देता है। यहां तक कि देवता आकर जमीन पर दूसरों की पत्नियों के साथ संभोग कर जाते हैं; ऋषि-मुनियों की पत्नियों को दगा दे जाते हैं। वे बेचारे ध्यान इत्यादि कर रहे हैं, अपनी माला जप रहे हैं। इन पर तो दया करो! इनका तो कुछ खयाल करो। मगर नहीं, कोई इसकी चिंता नहीं है।

तुम अपने पुराण पढ़ो तो तुम पाओगे तुमसे भिन्न तुम्हारे देवता नहीं हैं। तुम्हारा ही विस्तार हैं। तुम्हीं को जैसे और बड़े रूप में पैदा किया गया हो। तुम्हारी जितनी वृत्तियां हैं, सब मौजूद हैं। कोई वृत्ति कम नहीं हो गई है। धन के लिए लोलुप हैं, पद के लिए लोलुप हैं, वासनाओं से भरे हैंह्नअब और क्या चाहिए! और क्या फर्क होने वाला है!

तो अगर तुम डर कर ही भाग रहे हो तो मैं कहता हूं तुम बड़ी मुश्किल में पड़ोगे। तुम यहां भी चूकोगे, वहां भी चूकोगे। डर कर भागने को मैं नहीं कहता। मैं तो तुमसे कहता हूं: रिश्वत में दुख है। फर्क समझ लेना। नरक मिलेगा, ऐसा नहींह्ननरक मिलता है अभी, यहीं। चोरी में दुख है। मैं यह नहीं कहता कि चोरी के फल में दुख मिलेगा। चोरी में दुख है। वह चोर हो जाने में ही पीड़ा है, आत्मग्लानि है, कष्ट है, अग्नि है। कहीं कढ़ाए कोई जल रहे हैं, जिनमें तुम्हें फेंका जाएगाह्नऐसा नहीं। चोरी करने में ही तुम अपना कढ़ाहा खुद जला लेते हो। अपनी ही चोरी की आग में खुद जलते हो। झूठ बोलते हो, तुम्हीं पीड़ा पाते हो।

तुमने खयाल नहीं किया कि जब सत्य बोलते हो तो फूल जैसे खिल जाते हो! जब झूठ बोलते हो तो कैसी कालकोठरी में बंद हो जाते हो! एक झूठ बोलो तो दस बोलने पड़ते हैं। फिर एक को बचाने के लिए दूसरा, दूसरे को बचाने के लिए तीसराह्नएक सिलसिला है, जिसका फिर कोई अंत नहीं होता।

सच के साथ एक मजा है। सत्य बांझ है, उसकी संतति नहीं होती। सत्य पहले से ही बर्थ-कंट्रोल कर रहा है। एक दफा बोल दिया, मामला खत्म। उनकी कोई

पैदाइश नहीं है कि फिर उनके बच्चे और उनके बच्चे! झूठ बिलकुल हिंदुस्तानी है, लाइन लगा देता है बच्चों की! और बाप पैदा कर रहा है और उनके बेटे भी पैदा करने लगते हैं और उनके बेटे भी पैदा करने लगते हैंह्नऔर एक संयुक्त परिवार है झूठ का, उसमें काफी लोग रहते हैं। और एक झूठ दूसरे झूठ को ले आता है। तुम जब झूठ से घिरते हो तो निकलना मुश्किल हो जाता है।

तुम खयाल करना, देखना, एक झूठ दूसरे में ले जाता है। और पहला झूठ छोटा होता है, दूसरा और बड़ा चाहिए; क्योंकि बचाने के लिए बड़ा झूठ चाहिए। फिर झूठ बड़ा होता जाता है। तुम दबते जाते हो झूठ के पहाड़ के नीचे। तुम सड़ने लगते हो।

तुम क्रोध करके देखो। जब तुम प्रेम करते हो तब तुम्हारे भीतर एक सुवास उठती है, एक संगीत! कोई पायल बज उठती है! क्षण भर को तुम स्वर्ग में होते हो। जब तुम क्रोध करते हो, तुम नरक में गिर जाते हो।

मैं तुमसे कहता हूं कि स्वर्ग और नरक कहीं भौगोलिक अवस्थाएं नहीं हैं। स्वर्ग और नरक तुम्हारे चित्त की दशाएं हैं। प्रतिक्षण तुम स्वर्ग और नरक के बीच डोलते हो; जैसे घड़ी का पेंडुलम डोलता है।

मैं कहता हूं: साक्षी बनो, भगोड़े नहीं। भगोड़े में तो लोभ, मोह, भय...। भगोड़ा यानी भय से जो भागा। साक्षी का मतलब है: जो बोध में जागा। तुम जाग कर देखो। फिर जो जाग कर देखने में सुंदर, सत्य, शिवम; जो प्रीतिकर, आह्लादकारी, रसपूर्ण लगेह्नस्वभावतः तुम उसे भोगोगे। और जो कांटा चुभाए, दुख लाए, नरक लाए, स्वभावतः तुम्हारे हाथ से गिरने लगेगा।

तुम पूछते हो कि 'आप कहते हैं भागो मत, जागो। साक्षी बनो। लेकिन नौकरी के बीच रिश्वत से और रिश्तेदारों के बीच मांस-मदिरा से भागने का मन होता है।'

भागने से क्या होगा? रिश्तेदार तुम्हारे हैं। तुम दूसरी जगह जाकर रिश्तेदार खोज लोगे। जाओगे कहां? तुम सोचते हो, तुम्हारे गांव में ही शराबी हैं! जिस गांव में जाओगे वहां शराबी हैं। एक नौकरी छोड़ोगे, दूसरी नौकरी पर जाओगे, वहां रिश्वत चल रही है। तुम भागोगे कहां? भागने से कुछ भी न होगा। जागो! कौन तुम्हें जबरदस्ती शराब पिला रहा है? तुम जाग जाओ, तुम पीयोगे नहीं। तुम कभी नहीं कहते कि फलां आदमी नहीं माना, इसलिए जहर पी लिया। कि नहीं, वह बहुत आग्रह कर रहा था, इसलिए पी लिया। तुम जहर को जानते हो तो पीते नहीं। कोई कितने ही आग्रह करे, कोई कितनी ही खुशामद करे, तुम कहोगे: 'बंद करो बकवास! यह भी कोई बात हुई! जहर!' शराब अगर तुम्हें जागरण में जहर दिखाई पड़ गई तो कौन पीता है, कौन पिलाता है? शायद तुम्हारी मौजूदगी दूसरों के पीने में भी बाधा बन जाए। कोई तुम्हें पिला नहीं सकता। कोई उपाय नहीं है।

इस जगत में तुम जो हो, दूसरों पर जिम्मेदारी मत डालो। वह तरकीब है बचने की : 'क्या करें, रिश्तेदार मांस-मदिरा खाते हैं।' नहीं, तुम खाना चाहते हो, रिश्तेदारों पर टाल रहे हो। तुम जागना नहीं चाहते; तुम कहते हो, मजबूरी है, करना पड़ता है!

लेकिन मैं तुमसे कहता हूं : इस दुनिया में कोई चीज तुम मजबूरी से नहीं कर रहे हो। तुम करना चाहते हो, इसलिए कर रहे हो। मजबूरी तो तरकीब है। वह तो तुम्हारा रेशनालाइजेशन है। वह तो तुम कहते हो : 'ऐसी स्थिति है, नहीं करेंगे तो कैसे चलेगा!' न चले, क्या करेंगे रिश्तेदार? तुम्हें निमंत्रण पर नहीं बुलायेंगे। अच्छा है। तुम सौभाग्यशाली! धन्यवाद दे देना कि बड़ी कृपा आपकी कि अब नहीं बुलाते।

रिश्वत न लोगेह्नथोड़ी गरीबी होगी, थोड़ी मुश्किल होगीह्नठीक है। मैं तुमसे कह भी नहीं रहा कि तुम ईमानदार रहोगे तो छप्पर खोल कर परमात्मा तुम्हारे घर में धन बरसा देगा। और जो तुमसे ऐसा कहते हैं वे झूठे हैं। और वे तुम्हें धोखा देते हैं। और उनके कारण दुनिया में बड़ी बेईमानी है।

मेरे पास लोग आते हैं। वे कहते हैं : 'हम ईमानदार हैं, लेकिन बेईमान मजा कर रहे हैं!' मैंने कहा : तुमसे कहा किसने कि ईमानदार मजा करेंगे? जिन्होंने कहा, उन्होंने तुम्हें धोखा दे दिया। वह मजे की बात ही तो बेईमान बनने का सूत्र है। बेईमान मजे कर रहे हैं! और तुम ईमानदार हो, तुम मजा नहीं कर रहे! मजा क्या है?

वे कहते हैं : 'बेईमानों ने बड़ा मकान बना लिया।' तो अगर बड़ा मकान बनाना है तो तुम बड़ा उपाय कर रहे हो। तुम बेईमानी की तकलीफ भी नहीं भोगना चाहते और बड़ा मकान भी बनाना चाहते होह्नईमानदार रह कर! ईमानदार हो तो मकान छोटा ही रहेगा।

लेकिन छोटे मकान के भी सुख हैं! बड़े मकान में ही सुख होते, यह तुमसे कहा किसने? तुमने बड़े मकान में रहते आदमी को सुखी देखा है? मुश्किल से देखोगे। बहुत धन में सुख होता है, ऐसा तुमसे कहा किसने? बड़े से बड़े सम्राट को सुख की नींद आती है? बड़े से बड़े धनी को शांति है? चैन है? नहीं, लेकिन तुम बाहर का रख-रखाव देखते हो...। तुम्हारा दिल भी तो इन्हीं चीजों पर है कि 'मकान तो हमारे पास भी बड़ा हो, कार हमारे पास भी बड़ी हो, धन का अंबार लगेह्नऔर लग जाए ईमानदारी से और रिश्वत लेना न पड़े! और हम अपनी माला जपते, ध्यान भी करते रहें और ये सब चीजें भी साथ आ जायें!' तुम असंभव की मांग कर रहे हो। तो फिर बेईमान के साथ अन्याय हो जाएगा। बेचारा बेईमानी भी करे, बेईमानी की तकलीफ भी भोगे, बेईमानी का नरक भी झेले और बड़ा मकान भी न बना पाए! तुम ईमानदारी का भी मजा लो और बड़े मकान का भीह्नदोनों हाथ लड्डू! एक हाथ उसको भी लेने

दो। वह काफी तकलीफ झेल रहा है। और जितनी तकलीफ झेल रहा है उतना उसको मिल नहीं रहा है, इतना मैं तुमसे कहे देता हूं। जो मिल रहा है वह कूड़ा-कर्कट है; तकलीफ वह बहुत बड़ी झेल रहा है; आत्मा बेच रहा है और कचरा इकट्ठा कर रहा है।

लेकिन तुम्हारी नजर भी कचरे पर लगी है। तुम कहते हो, 'देखो, उसके पास कचरे का कितना ढेर लग गया है! हमारे पास बिलकुल नहीं है। यहां कोई कचरा डालता ही नहीं है! हम बैठे रहते हैं सड़क के किनारे, यहां कोई कचरा डालता नहीं। बेईमानों के पास लोग कचरा डाल रहे हैं।'

नहीं, तुम्हारी नजर खराब है। तुम बेईमान हो। और कायर हो! तुम बेईमानी की हिम्मत भी नहीं करना चाहते और तुम, बेईमान को जो मिलता है बेईमानी से, वह भी पाना चाहते हो। तुम बिना दौड़े प्रतियोगिता में प्रथम आना चाहते हो। तुम कहते हो : 'देखो, हम तो बैठे हैं, फिर भी प्रथम नहीं आ रहे! और ये लोग दौड़ रहे हैं और प्रथम आ रहे हैं!' तो जो दौड़ेंगे, वे प्रथम आएंगे, लेकिन दौड़ने की तकलीफ, दौड़ने की परेशानी, दौड़ने का पसीना, जद्दोजहदह्लवे झेलते हैं। तुम बैठे-बैठे प्रथम आना चाहते हो। तुम चाहते हो कि परमात्मा कोई चमत्कार करे। क्यों? क्योंकि तुमने रिश्वत नहीं ली है।

रिश्वत लेना पाप हो, न लेना कोई पुण्य नहीं है। चोरी करना पाप हो, न करना कोई पुण्य नहीं है। इसको खयाल में रखो। इतने से कुछ नहीं होगा कि तुमने चोरी नहीं की। चोरी नहीं की तो ठीक है, तुम चोरी करने की तकलीफ से बच गए। और चोरी करने की तकलीफ से जो थोड़े-बहुत सुख का प्रलोभन मिलता है, आशा बंधती है, उससे भी तुम बच गए। तुम झंझट के बाहर रहे। बस इतना क्या कम है? इतना फल क्या थोड़ा है?

मैं जब तुमसे कहता हूं जागो, तो मेरा मतलब यह है कि तुम जीवन की सारी स्थिति को आंख भर कर देखो। फिर उस देखने से ही क्रांति घटनी शुरू होती है। तुम देखते हो कि जो व्यर्थ है वह दुख देता है। अभी देता है, यहीं देता है, तत्क्षण देता है। धीरे-धीरे उस दुख से तुम्हारा छुटकारा होने लगता है। और जब तुम्हारे जीवन के सारे दुख खो जाते हैं तो सुख का सितार बजता है। सुख का सितार तो तुम्हारे भीतर बज ही रहा है। ये जो दुख के नगाड़े तुम बजा रहे हो, इनकी वजह से सितार सुनाई नहीं पड़ता; उसकी आवाज धीमी, बारीक है। सूक्ष्म रस तो बह ही रहा है, लेकिन तुम्हारे आस-पास दुख के इतने परनाले बह रहे हैं, ऐसी बाढ़ आई है दुख की, कि वह जो रस की क्षीण धार है उसका पता नहीं चलता। वह जो एक किरण है परमात्मा की तुम्हारे भीतर, तुम्हारे कृत्य के अंधकार में खो गई है; तुम्हारे अहंकार की अंधेरी रात में दब गई है।

तुम जरा जागो तो तुम्हारे जीवन में क्रांति अपने आप आ जाएगी। रिश्तेदार न छोड़ने पड़ेंगे और न नौकरी से भागना पड़ेगा। यह तो मैं पहली बात कहता हूं। लेकिन मैं यह नहीं कह रहा हूं कि तुम्हारे जीवन में रूपांतरण न होगा। हो सकता है, साक्षी-भाव में जागने पर ऐसी स्थिति आ जाए कि तुम्हारा सारा प्राणपण से जंगल जाने का भाव उठे। वह भगोड़ापन नहीं है फिर।

मैं कहता हूं: सब भगोड़े जंगल पहुंच जाते हैं, लेकिन सब जंगल पहुंचने वाले भगोड़े नहीं हैं। कभी-कभी तो कोई सहज स्वभाव से जंगल जाता है। एक सहज आकांक्षा, कोई भगोड़ापन नहीं है। जिंदगी से ऊब कर नहीं, डर कर नहीं, किसी पुण्य पुरस्कार के लिए नहींह्नजंगल का आवाहन! वह जंगल की हरियाली किसी को बुलाती है! जंगल का रस किसी को खींचता है।

'कृष्ण मोहम्मद' यहां पीछे बैठे हैं। वे मिलानो में थे, बड़ी नौकरी पर थे, छोड़ कर आ गए। भगोड़े नहीं हैं, जीवन से भागे नहीं हैं। तो जब यहां आए तो जंगल जा रहे थे, इरादा था कि कहीं पंचगनी में दूर जाकर कुटी बना कर बैठ जाएंगे। इधर बीच में उन्हें मैं मिल गया तो मैंने कहा: 'कहां जाते हो?' तो वे राजी हो गए। भगोड़े होते तो राजी न होते। उन्होंने कहा: 'ठीक है, आप आज्ञा देते हैं तो यहीं रह जाऊंगा।' भगोड़े में तो जिद्द होती है। शांति की तलाश थी। मैंने कहा: 'पंचगनी पर क्या होगा? मैं यहां मौजूद हूं, इससे बड़ा पहाड़ तुम्हें मिलना मुश्किल है! तुम यहीं रुक जाओ! तुम्हारी कुटिया यहीं बना लो।' एक बार भी 'ना' न कहा। 'हां' भर दी कि ठीक, यहीं रुक जाते हैं। भागे नहीं हैं, लेकिन शांति की तरफ एक बुलावा आ गया है, एक निमंत्रण आ गया हैह्नशांत होना है!

तो मैं यह नहीं कहता कि तुम अगर शांत हो जाओ, साक्षी बन जाओ, आनंद से भर जाओ तो जरूरी नहीं कह रहा हूं कि तुम रहोगे ही घर में। हो सकता है तुम चले जाओ; लेकिन उस जाने का गुणधर्म अलग होगा। तब तुम कहीं भाग नहीं रहे हो, कहीं जा रहे हो। फर्क समझ लो। भगोड़ा कहीं से भागता है। उसकी नजर, कहां जा रहा है, इस पर नहीं होती; कहां से जा रहा है, इस पर होती है। घर, परिवार, पत्नी, बच्चेह्नयह भगोड़ा है। लेकिन अगर तुम साक्षी हो तो कभी हिमालय की पुकार आती है। तब तुम हिमालय की तरफ जा रहे हो। तब एक अदम्य पुकार है, जिसे रोकना असंभव है। तब कोई खींचे लिए जा रहा है; तुम भाग नहीं रहे, कोई खींचे लिए जा रहा है। कोई सेतु जुड़ गया है। पुकार आ गई। स्वभाव से अगर तुम जाओ तो सौभाग्यशाली हो। भाग कर गए तो दुख पाओगे।

मैं तुमसे कहता हूं: अगर तुम कभी भाग जाओ और जंगल में बैठ जाओ झाड़ के नीचे, तुम रास्ता देखोगे कि कोई आता ही नहीं। रिश्वत का रास्ता नहीं देखोगे; अब

रास्ता देखोगे कि कोई भक्त आ जाए, पैर पर कुछ चढ़ा जाए। वह मतलब वही है। चढ़ौतरी कहो कि रिश्वत कहो। राह देखोगे कि कोई भक्त आ जाए, कोई मित्र आ जाए, कोई शिष्य बन जाए तो छप्पर डाल दे। अब वर्षा करीब आ रही है, अब यहां झाड़ के नीचे कैसे बैठेंगे! तुम यही सब चिंता-फिकर में रहोगे। और देर न लगेगी, कोई न कोई बोतल लिए आ जाएगा। क्योंकि जो मांगो इस जगत में, मिल जाता है। यही तो मुश्किल है। एक दिन तुम देखोगे चले आ रहे हैं कोई बोतल लिए, क्योंकि शराब-बंदी हुई जा रही है तो जिनको भी बोतलें भरनी हैं वे भी जंगल की तरफ जा रहे हैं। वहीं जंगल में बनेगी अब शराब। अब तुम कहोगे, यह भी बड़ी मुसीबत हो गई, अब ये आ गए एक सज्जन लेकर बोतल, अब न पीयो तो भी नहीं बनता, शिष्टाचारवश पीनी पड़ती है! साधु-संन्यासी आ जायेंगे गांजा-भांग लिए, तुम वह पीने लगोगे। अब साधु कहे तो इनकार भी तो करते नहीं बनता। और कोई हो तो इनकार भी कर दो; अब साधु ने चिलम ही भर कर रख दी, अब वह कहता है: 'अब एक कश तो लगा ही लो! और बड़ा आनंद आता है! यह तो ब्रह्मानंद है! और भगवान ने ये चीजें बनाईं क्यों? और फिर शिव जी से लेकर अब तक सभी भक्त इनका उपयोग करते रहे हैं। तुम क्या शिव जी से भी अपने को बड़ा समझ रहे हो?' तो मन हो जाता है।

तुम भाग कर न भाग सकोगेह्लजागोगे तो ही...। जाग कर अगर न गए तो भी गए; गए तो भी ठीक, न गए तो भी ठीक। मगर तब जीवन में एक सहज स्फुरणा होती है।

और मैं तुमसे कहता हूं: अगर तुम जागे रहो तो कालिख से भरी कोठरी से भी निकल जाओगे और कालिख तुम्हें न लगेगी। क्योंकि कालिख शरीर को ही लग सकती है और शरीर तुम नहीं हो; वस्त्रों को लग सकती है, वस्त्र तुम नहीं हो। तुम तो कुछ ऐसे हो जिस पर कालिख लग ही नहीं सकती। तुम्हारा तो स्वभाव ही निर्दोष है। तुम तो सदा से शुद्ध-बुद्ध चिन्मय-मात्र, चैतन्यरूप निराकार हो!

कूटस्थ रहने से कुछ नहीं बनेगा, न तटस्थ रहने से
समष्टि को जीने से, सहने से, जीता है आदमी
अकेला तो सूरज भी नहीं है,
उससे ज्यादा अकेलापन तुम चाहोगे?
मृत्यु तक तटस्थता निभाओगे?
सिमट कर बहते हुए जीवन में उतरो
घाट से हाट तक,
हाट से घाट तक
आओ-जाओ

तूफान के बीच गाओ
मत बैठो ऐसे चुपचाप तट पर
तटस्थ हो या कूटस्थ हो, इससे फर्क नहीं पड़ता।
सिमट कर बहते हुए जीवन में उतरो
घाट से हाट तक,
हाट से घाट तक
आओ-जाओ
तूफान के बीच गाओ
मत बैठो ऐसे चुपचाप तट पर!

परमात्मा इतने गीत गा रहा है, तुम भी सम्मिलित होओ। यह परमात्मा का उत्सव जो चल रहा जगत में, यह जो सृष्टि का महायान चल रहा है, यह महोत्सव जो चल रहा हैह्लइसमें तुम दूर-दूर मत खड़े रहो; नाचो, गुनगुनाओ, भागीदार बनो! और भागीदार बन कर भी द्रष्टा बने रहो, यही मेरी शिक्षा है। क्योंकि द्रष्टा में कुछ भेद नहीं पड़ता है। तुम किनारे पर बैठ कर ही द्रष्टा बनोगे तो यह द्रष्टा बड़ा कमजोर हुआ। नदी की धार में और तूफान से खेलते हुए द्रष्टा बनने में क्या अड़चन है? द्रष्टा ही बनना है नह्लपहाड़ पर बनोगे, बाजार में नहीं बन सकते? जब द्रष्टा ही बनना है तो बाजार का भय कैसा? देखना ही है और इतना ही जानना है कि मैं देखने वाला हूं, तो तुम पहाड़ देखो कि वृक्ष देखो कि नदी-झरने देखो कि लोग देखो, दुकानें देखोह्लक्या फर्क पड़ता है? द्रष्टा तो द्रष्टा है, कुछ भी देखे। और जो भी तुम देखो, अगर जानते रहो सपना हैह्लतो फिर क्या अड़चन है?

ऐसा हुआ, रमण महर्षि को अरुणाचल की पहाड़ी से बड़ा लगाव था। वे दिन में कई दफा उठ-उठ कर चले जाते थे पहाड़ी पर। कई दफा! नाश्ता किया और गए! भोजन किया और गए! सोकर उठे और गए। बीच में सत्संग चल रहा और वे कहेंगे, बस! गए पहाड़ी पर! दिन में कई दफा चले जाते थे। फिर भी पहाड़ी तो बड़ी थी, तो पूरी पहाड़ी पर कई हिस्से थे जहां तक नहीं पहुंच पाते थे।

तो एक दिन अपने भक्तों को कहा कि 'कल तो मैं उपवास करूंगा ताकि लौटना न पड़े। कल तो दिन भर भूखा रहूंगा और सांझ तक खोज करूंगा; कई जगह खाली रह गई हैं जहां मैं नहीं पहुंचा इस पहाड़ी पर। दूर से कहीं कोई झरना दिखाई पड़ता है, उसके पास नहीं जा पाया। तो कल तो मैं भोजन नहीं करूंगा।'

तो भक्तों ने कहा: 'यह बड़ी झंझट की बात है।' तो रात को खूब उनको भोजन करवा दिया, खूब करवा दिया! उन्होंने बहुत रोका कि भई, बस अब रुको; कल मुझे पहाड़ पर जाना है और तुम इतना करवाए दे रहे हो कि चलना मुश्किल हो जाएगा।

लेकिन भक्त न माने, तो उन्होंने कर लिया। साक्षी-भाव वाले आदमी की ऐसी दशा है। ठीक, पहले इनकार करते हैं, फिर कोई नहीं मानता तो वे कहते हैं, चलो ठीक। सुबह उठ कर गए तो एक भक्त को मन में भाव रहा कि ये जा तो रहे हैं, लेकिन दिन भर भूखे रहेंगे, तो वह कुछ नाश्ता बना कर दूर जरा रास्ते के बैठ गया था। सुबह जब ब्रह्ममुहूर्त में वे वहां से जाने लगे तो उसने पैर पकड़ लिए। उसने कहा कि नाश्ता ले आया हूं। उन्होंने कहाः 'हद हो गई! अरे, मुझे घूमने जाना है, अब तुम देर करवा दोगे!' तो उसने कहा कि जल्दी से कर लें आप! वे नाश्ता करके चले कि थोड़ी दूर पहुंचे थे कि पांच-सात स्त्रियां चली आ रही हैं। वे कहें कि ये रहे हमारे स्वामी। उन्होंने कहाः 'क्या मामला?' उन्होंने कहाः 'हम भोजन बना कर ले आए।' उन्होंने कहाः 'यह तो हद हो गई! अब इनको दुखी करना भी ठीक नहीं, ये न मालूम कितनी रात से आकर यहां बैठी हैं!' भोजन कर लिया। स्त्रियों ने कहाः 'आप घबड़ाना मत। हम दोपहर में फिर आएंगे, दोपहर का भोजन ले कर।' उन्होंने कहाः 'तुम आना मत, क्योंकि मैं दूर निकल जाऊंगा। तुम खोज न पाओगे।' उन्होंने कहाः 'आप फिकर न करो। एक स्त्री आपके पीछे लगी रहेगी।' वह एक स्त्री पीछे लगी रही। उन्होंने कहाः 'यह भी मुसीबत हुई!' और दोपहर को वे आ गईं खोज-खाज कर, उनको फिर भोजन करवा दिया। अब तो उनकी ऐसी हालत हो गई कि लौटें कैसे!

लौट कर किसी तरह आए। वहां तक भी न पहुंच पाए जहां रोज पहुंच जाते थे। किसी तरह लौट कर आए तो भक्तों ने खूब भोजन तैयार कर रखा था कि लौट कर प्रभु आएंगे...। तो उन्होंने कहाः 'कसम खाई अब कभी उपवास न करूंगा। यह तो बड़ा...उपवास तो बड़ा महंगा पड़ गया!' फिर कहते हैं, रमण ने कभी उपवास नहीं किया। उन्होंने कहाः 'कसम खा ली, यह उपवास बड़ा महंगा है। इससे तो हम जो रोज भोजन करते रहते थे, वही ठीक था।'

एक साक्षी की दशा हैः जो होता है होता है। उपवास किया तो भी जिद्द नहीं है। तुमने अगर उपवास किया होता तो तुम कहतेः 'क्या समझा है तुमने? मेरा उपवास तोड़ने आए! ये मालूम होती हैं, स्त्रियां नहीं हैं, इंद्र की भेजी अप्सराएं हैं। तुम अकड़ कर खड़े हो गए होते, शीर्षासन लगा लिया होता, आंख बंद कर ली होती कि छूना मत मुझे, दूर रहना, उपवास किया है! यह भ्रष्ट करने का उपाय है! लेकिन रमण ने कहाः बेचारी स्त्रियां हैं, इतनी रात आई हैं, अब चलो ठीक है।'

एक साक्षी की दशा है, जो देखता चला जाता है। रमण के हाथ में कैंसर हो गया। जो आश्रम का डाक्टर था, कुछ बहुत समझदार नहीं था। आश्रम के ही डाक्टर! उसने उनको बाथरूम में ले जाकर आपरेशन ही कर दिया। उन्होंने कहा भी कि भई तू

कुछ खोज-खबर तो कर ले, कि मामला क्या है! उसने कहा: 'कुछ नहीं, जरा सी गांठ है।' उसने भी सोचा नहीं कि कैंसर होगा कि कुछ होगा। गांठ ऊपर-ऊपर थी, उसने निकाल दी; लेकिन फिर और बड़ी गांठ पैदा हो गई। सैप्टिक हुआ अलग, बड़ी गांठ हो गई अलग। फिर गांव केहृऔर वह गांव भी छोटा-मोटाहृगांव के डाक्टर ने आकर आपरेशन कर दिया। फिर मद्रास के डाक्टर आए, ऐसे धीरे-धीरे...कलकत्ते के डाक्टर आए। आपरेशन साल भर चले। कोई चार-पांच दफा आपरेशन हुए। और वे बार-बार कहते कि तुम प्रकृति को अपनी प्रक्रिया पूरी करने दो, तुम क्यों पीछे पड़े हो? मगर उनकी कौन सुनता! उनसे लोग कहते: 'तुम चुप रहो! भगवान, तुम चुप रहो! तुम बीच में न बोलो। ये डाक्टर जानते हैं।' वे कहते, ठीक है। साल भर में उनको करीब-करीब मार डाला। साल भर के बाद जब डाक्टर थक गए और उन्होंने कहा, हमारे किए कुछ न होगा। तो रमण हंसने लगे। उन्होंने कहा: मैं तुमसे पहले कहता था, तुम नाहक परेशान हो रहे हो। जो होना है होने दो। अब साल भर के बाद इतने आपरेशन करके मेरे मुझे बिस्तर पर भी लगा दिया, सब तरफ से काट-पीट भी कर दीहृअब तुम कहते हो, हमारे किए कुछ भी न होगा! मैं तुमसे तभी कहता था, आदमी के किए कहीं कुछ होता है! जो होता है होता है। होने दो!

मरने के क्षण भर पहले किसी ने पूछा कि आप फिर लौटेंगे? तो रमण ने कहा: 'जाऊंगा कहां? आया कब? तो जाऊंगा कैसे? और फिर आने की बात उठा रहे हो! और जिंदगी भर मैंने तुम्हें यही समझाया कि न आत्मा आती और न आत्मा जाती।'

साक्षी-भाव में किसी कृत्य का कोई मूल्य नहीं है। ऐसा भी हो सकता है कि साक्षी-भाव में कोई शराब भी पी ले तो भी कोई अंतर नहीं पड़ता। मैं यह नहीं कह रहा हूं कि तुम पीना, मैं तुमसे यह कह रहा हूं कि आत्यंतिक अर्थों में शराब भी कोई पी ले साक्षी-भाव में तो भी कोई अंतर नहीं पड़ता। लेकिन साक्षी-भाव पर ध्यान रखना। नहीं तो तुम सोचो, चलो ठीक, हम तो साक्षी हो गए, पी लें शराब! पीने की जब तक कामना रहे तब तक तुम साक्षी नहीं हुए। साक्षी का इतना ही अर्थ होता है: जो होता है, उसे हम होने देते हैं और देखते हैं। हम देखने वाले हैं, कर्ता नहीं हैं। भगोड़ा कर्ता हो जाता है।

चांदनी फैली गगन में, चाह मन में
दिवस में सबके लिए बस एक जग है
रात में हरेक की दुनिया अलग है
कल्पना करने लगी अब राह मन में
चांदनी फैली गगन में, चाह मन में
मैं बताऊं शक्ति है कितनी पगों में
मैं बताऊं नाप क्या सकता डगों में

पंथ में कुछ ध्येय मेरे तुम धरो तो!
आज आंखों में प्रतीक्षा फिर भरो तो!
चीर वन घन भेद मरु जलहीन आऊं
सात सागर सामने हों, तैर जाऊं
तुम तनिक संकेत नयनों से करो तो!
आज आंखों में प्रतीक्षा फिर भरो तो!
राह अपनी मैं स्वयं पहचान लूंगा
लालिमा उठती किधर से, जान लूंगा
कालिमा मेरे दृगों की तुम हरो तो!
आज आंखों में प्रतीक्षा फिर भरो तो!

थोड़ी सी आंख की कालिख हट जाए तो तुम साक्षी हो गए।

तुम तनिक संकेत नयनों से करो तो!
आज आंखों में प्रतीक्षा फिर भरो तो!

प्रभु की जरा प्रतीक्षा शुरू हो जाए तो तुम साक्षी हो गए।

जब तक तुम वासना कर रहे हो वस्तुओं की, तब तक कर्ता रहोगे। जब तुम प्रभु की प्रतीक्षा करने लगोगे, वस्तुओं की कामना नहीं, तब तुम साक्षी होने लगोगे। आंख में जरा प्रतीक्षा आ जाए तो तुम शांत होने लगोगे।

कालिमा मेरे दृगों की तुम हरो तो!
आज आंखों में प्रतीक्षा फिर भरो तो!

जरा सी आंख की कालिख अलग करनी है! कर्ता से मत उलझो। दृष्टि को सुधार लो, साफ कर लो।

ऐसा ही समझो कि तुम्हारे आंख में एक किरकिरी पड़ गई है, जरा सा तिनका पड़ गया है। और उसके कारण कुछ दिखाई नहीं पड़ता। किरकिरी अलग हो जाए आंख से, दृष्टि फिर साफ हो जाती है, सब दिखाई पड़ने लगता है। हिमालय जैसी बड़ी चीज भी आंख में जरा सा रेत का कण पड़ जाए तो हिमालय भी छिप जाता है। रेत का कण हिमालय को छिपा लेता है। रेत का कण हट जाए, हिमालय फिर प्रकट हो गया।

विराट को छिपा लिया है जरा सी बात ने कि तुम साक्षी नहीं रह गए। इसे तुम जगाना शुरू करो। जैसे-जैसे तुम जागोगे, तुम्हारे भीतर सब मौजूद है, सब लेकर ही आए हो, उसका स्वाद फैलने लगेगा। तुम्हें कुछ पाना नहीं है।

अष्टावक्र का परम सूत्र यही है कि तुम जैसे हो ऐसे ही परिपूर्ण हो। जैसे तुम यहां बैठे हो इस क्षण, परमात्मा तुम्हारे भीतर विराजमान है, अपनी परिपूर्ण लीलाओं में मौजूद है।

श्री रमण को किसी ने पूछा कि क्या आप दावा करते हैं कि अवतार हैं? तो श्री रमण ने कहा: 'अवतार तो आंशिक होता है, ज्ञानी पूर्ण होता है। अवतार का तो मतलब थोड़ासा परमात्मा उतरा! ज्ञानी तो पूरा परमात्मा होता है। क्योंकि ज्ञानी जानता है परमात्मा के अतिरिक्त कोई भी नहीं है।'

पूछने वाला तो शायद यही पूछने आया था कि शायद रमण दावा करें कि मैं अवतार हूं। वह तो विवाद करने आया था, पंडित था! और रमण ने कहा: 'अवतार! छोटी-मोटी बात क्या उठानी! अवतार नहीं हूं, पूर्ण ही हूं!'

मैं तुमसे कहता हूं: तुम भी पूर्ण हो। प्रत्येक पूर्ण है। पूर्ण से पूर्ण ही पैदा होता है। हम परमात्मा से पैदा हुए हैं, अपूर्ण हो भी कैसे सकते हैं!

उपनिषद कहते हैं: पूर्ण से पूर्ण को निकाल लो, फिर भी पीछे पूर्ण शेष रह जाता है। पूर्ण को पूर्ण में डाल दो, फिर भी पूर्ण उतना का ही उतना है।

हम सब पूर्ण हैं और पूर्ण से ही निकले हैंह्लऔर निकल कर भी पूर्ण हैं। इस बोध के अनुभव का नाम ब्रह्मज्ञान, बुद्धत्व, कैवल्य या जो तुम चाहो।

पर ध्यान रखना, लड़ने-झगड़ने में मत उलझ जाना। यह छोड़ना, यह त्यागना, इससे भागना, इससे बचना...तुम मरोगे, फांसी लग जाएगी! फिर तो जीवन में बहुत झंझटें हैं। फिर झंझटें बहुत विराट हो जाएंगी। इधर से छूटोगे, उधर फंसा पाओगे। उधर से छूटोगे, इधर फंसा पाओगे। तुम तो जहां खड़े हो, एक ही बात कर लो, शांति से देखने लगो जो हो रहा है। बच्चे, पत्नी, मित्र, प्रियजन, कामधाम, दूकान, बाजार, सबके बीच तुम शांत होने लगो और देखते रहो। जो होता है होने दो। जैसा होता है वैसा ही होने दो। अन्यथा की मांग न करो। प्रभु जो दिखाए देखो। प्रभु जो कराए करो।

अष्टावक्र कहते हैं: धन्यभागी है वह, जो इस भांति सब छोड़ कर समर्पित हो जाता है। छोटी-छोटी चीजों से शुरू करो। बड़ी-बड़ी चीजों को शुरू मत करना। मन बड़ा उपद्रवी है। मन कहता है: बड़ी चीज पर प्रयोग करो। मैं कहता हूं: साक्षी बनो। तुम कहते हो: अच्छा चलो, साक्षी बनेंगेह्लकामवासना के साक्षी बनेंगे। अब तुमने एक बड़ी झंझट उठा ली शुरू से। यह तो ऐसा हुआ कि जैसे पहाड़ चढ़ने गए तो सीधे एवरेस्ट पर चढ़ने पहुंच गए। थोड़ा पहाड़ चढ़ने का अभ्यास पूना की पहाड़ियों पर करो। फिर धीरे-धीरे जाना। एवरेस्ट भी चढ़ा जाता है; आदमी चढ़ा तो तुम भी चढ़ सकोगे। जहां आदमी पहुंचा वहां तुम भी पहुंच सकोगे। एक पहुंच गया तो सारी मनुष्यता पहुंच गई।

इसलिए तुमने देखा, जब एडमंड हिलेरी पहुंच गया एवरेस्ट पर तो सारी दुनिया प्रसन्न हुई। प्रसन्नता का कारण? तुम तो नहीं पहुंचे। तुम तो जहां थे वहीं के वहीं थे। लेकिन जब एक मनुष्य पहुंच गया तो भीतर सारी मनुष्यता पहुंच गई। इसलिए तो जब

कोई बुद्ध हो जाता है तो जिनके पास भी आंखें हैं वे आह्लादित हो जाते हैंह्ननहीं कि वे पहुंच गए, मगर एक पहुंच गया तो हम भी पहुंच सकते हैं, इसका भरोसा हो गया। अब बात कल्पना की न रही, सपना न रहीह्नसत्य हो गई।

छोटी-छोटी चीजों से शुरू करना। राह पर चलते हो, साक्षी बन जाओ चलने के। इसमें कुछ बड़ा दांव नहीं है। कोई झंझट भी नहीं है। घूमने गए हो सुबह, साक्षी-भाव से घूमो। शरीर चलता है, ऐसा देखो। तुम देखते हो, ऐसा देखो। भोजन कर रहे हो, साक्षी बन जाओ। बिस्तर पर पड़े हो, अब इसमें तो कुछ अड़चन नहीं है, कोई झंझट नहीं है। आंख बंद करके तकिए पर पड़े हो, नींद नहीं आ रही, साक्षी बन जाओ। पड़े रहो, देखते रहो जो हो रहा है। बाहर राह पर आवाज होती है, कार गुजरती है, हवाई जहाज निकलता है, बच्चा रोता हैह्नकुछ हो रहा है, होने दो; तुम सिर्फ साक्षी बने रहो। ऐसी छोटी-छोटी पहाड़ियां चढ़ो। फिर धीरे-धीरे बड़ी पहाड़ियों पर प्रयोग करना। जैसे-जैसे हाथ में बल आता जाएगा, तुम पाओगे, फिर क्रोध, लोभ, मोह, माया, काम, सब पर प्रयोग हो जाएगा।

लेकिन मैं देखता हूं, लोग क्या करते हैं। उलटा ही करते हैं। साक्षी की बात मैंने कही। वे जाकर एकदम बड़े पहाड़ से जूझ जाते हैं। हारते हैं! हारते हैं तो फिर साक्षी का भाव उठा कर रख देते हैं। कहते हैं, यह अपने बस का नहीं! यह तुम्हारे मन ने तुम्हें धोखा दे दिया। मन तुमसे हमेशा कहता है: 'लड़ जाओ जाकर दारासिंह से।' कुछ थोड़ा अभ्यास करो। नाहक हाथ-पैर तुड़वाने में कुछ सार नहीं। और सीधे दारासिंह से लड़ गए जाकर तो फिर लड़ने की बात ही छोड़ दोगे जिंदगी भर के लिए। फिर कहोगे, यह बड़ा झंझट का है, इसमें हाथ-पैर टूट जाते हैं और मुसीबत होती है। हड्डी-पसली टूट गई, फ्रैक्चर हो गयाह्नअब यह करना ही नहीं। मन तुमसे कहता है: एकदम कर लो बड़ा! मन बड़ा लोभी है। वह कहता है: अच्छा साक्षी में आनंद है, तो फिर चलो कामवासना से छुटकारा कर लें। वह तुमसे न होगा अभी। अभी तुम इतनी बड़ी छलांग मत भरो। अभी कोई छोटी सी बात चुनो, बड़ी छोटी सी बात चुनो। इतना बड़ा नहीं।

सिगरेट पीते हो, वह चुन लो। धुआं बाहर-भीतर करते हो, साक्षी-भाव से करो। बैठे, सिगरेट निकालीह्नसाक्षी-भाव से निकालो। आमतौर से सिगरेट पीने वाला बिलकुल बेहोशी में निकालता है। तुम देखो सिगरेट निकालने वाले को, निकालेगा, डब्बी पर बजाएगा, माचिस निकालेगा, जलाएगा। जरा देखते रहो, वह सब आटोमेटिक है, वह सब यंत्रवत हो रहा है। उसे कुछ होश नहीं है। ऐसा सदा उसने किया है, इसलिए कर रहा है। इस सबको तुम होशपूर्वक करो। मैं नहीं कहता, एकदम से सिगरेट पीना छोड़ दो। होशपूर्वक करो। डब्बी को आहिस्ता से निकालो। जितनी जल्दी से निकाल लेते थे, उतनी जल्दी नहीं; थोड़ा समय लो। और तुम चकित

होओगे: जितने तुम धीरे से निकालोगे उतने ही तुम पाओगे, धूम्रपान करने की इच्छा क्षीण हो गई। एक दफा ठोंकते हो सिगरेट को, सात दफा ठोंको। धीरे-धीरे ठोंको, ताकि ठीक से देख लो। क्या कर रहे हो! तुम्हें खुद ही मूढ़ता मालूम पड़ेगी कि यह भी क्या कर रहा हूं! आहिस्ता से जलाओ माचिस को। धीरे-धीरे धुआं भीतर ले जाओ, धीरे-धीरे बाहर लाओ। इस पूरी प्रक्रिया को गौर से देखो कि यह तुम क्या कर रहे हो। धुआं भीतर ले गए, खांसे; फिर धुआं बाहर लाए, फिर खांसेह्नइसमें पैसा भी खर्च किया। डाक्टर कहते हैं, कैंसर का भी खतरा है, तकलीफ भी होती है, फेफड़े भी खराब हो रहे हैं! जरा गौर से देखो, सुख कहां मिल रहा है। फिर धुएं को भीतर ले जाओ, फिर धुएं को बाहर लाओ। और गौर से देखो कि सुख कहां है! है कहीं?

मैं तुमसे नहीं कह रहा हूं कि नहीं है। यही मुझमें और तुम्हारे दूसरे साधु-संतों में फर्क है। वे कहते हैं, नहीं है। और बड़ा मजा यह है कि उन्होंने खुद भी पी कर नहीं देखा है। उनसे पूछो कि 'महाराज, आपने सिगरेट पी? तुम्हें कैसा पता चला कि नहीं है?' मैं तुमसे यह कह ही नहीं रहा कि नहीं है। मैं तो कहता हूं: हो सकता है हो, और तुम्हें पता चल जाए तो मुझे बता देना। मगर तुम गौर से देखो पहलेह्नहै या नहीं? पहले से निर्णय मत करो। गौर से देखोगे तो तुम हैरान हो जाओगे कि तुम कैसा मूढ़तापूर्ण कृत्य कर रहे हो! यह तुम कर क्या रहे हो? हाथ रुक जाएगा। ठिठक जाओगे। इसी ठिठकाव में क्रांति है। इसी अंतराल में से क्रांति की किरण उतरती है।

ऐसा छोटे-छोटे कृत्यों को करो। जाग कर करो। जल्दी रोकने की मत करना, पहले तो जाग कर करने की करना। फिर रुकना अपने से होता है। रुकना परिणाम है। तुम्हारे करने की बात नहीं; जैसे-जैसे बोध सघन होता है, चीजें बदलती हैं।

जहां से खुद को जुदा देखते हैं
खुदी को मिटा कर खुदा देखते हैं
फटी चिंदियां पहने भूखे भिखारी
फकत जानते हैं तेरी इंतजारी
बिलखते हुए भी अलख जग रहा है
चिदानंद का ध्यान-सा लग रहा है
तेरी बाट देखूं चने तो चुगा जा
हैं फैले हुए पर, उन्हें कर लगा जा
मैं तेरा ही हूं, इसकी साखी दिला जा
जरा चुहचुहाहट तो सुनने को आ जा
जो यूं तू इछुड़ने-बिछुड़ने लगेगा
तो पिंजरे का पंछी भी उड़ने लगेगा

जरा-जरा...! अभी पिंजरे के एकदम बाहर होने की जरूरत भी नहीं है। जरा पिंजरे में ही तड़फड़ाने लगो।

जो यूं तू इछुड़ने-बिछुड़ने लगेगा
तो पिंजरे का पंछी भी उड़ने लगेगा
हैं फैले हुए पर, उन्हें कर लगा जा
मैं तेरा ही हूं, इसकी साखी दिला जा

धीरे-धीरे साक्षी-भाव से तुम्हें परमात्मा की यह आवाज सुनाई पड़ने लगेगी कि तुम मेरे हो, कि मैं ही तुममें समाया हूं, कि तुम मेरे ही फैलाव, मेरे ही विस्तार, कि मैं सागर और तुम मेरी लहर! साक्षी-भाव से परमात्मा तुम्हारा गवाह होने लगेगा। और वहीं है जीवन-रूपांतरण का सूत्र, वहीं है अमृत की धारह्लजहां से मृत्यु विदा हो जाती है; जहां से देह से संबंध छूट जाते हैं; जहां सपना विसर्जित हो जाता है और उस परम चैतन्य में अलख जग जाती है; उस परम चैतन्य के साथ सदा के लिए संबंध जुड़ जाता है!

आखिरी प्रश्न :
बात भी आपके आगे न जुबां से निकली
लीजिए आई हूं सोच के क्या-क्या दिल में
मेरे कहने से न आ, मेरे बुलाने से न आ
लेकिन इन अश्कों की तो तौहीन न कर।
क्योंकि मैं तो रजनीश की दुलहनियां!

जिसने पूछा है, भाव से पूछा है।

प्रश्न दो तरह के होते हैंह्लएक तो बुद्धि के और एक हृदय के। बुद्धि के प्रश्नों का तो कोई मूल्य नहीं हैह्लदो कौड़ी के हैं; खुजलाहट जैसे हैं। जैसे खाज खुजलाने का मन होता है ऐसे ही बुद्धि को भी खुजलाने का मन होता है। लेकिन हृदय के प्रश्नों का बड़ा मूल्य है। क्योंकि वे भाव के हैं और आत्मा के ज्यादा करीब हैं। विचार आत्मा से बहुत दूर; कर्म और भी दूर। कर्म सर्वाधिक दूर, विचार उससे कम दूर, भाव उससे कम दूरह्लऔर फिर भाव के बाद तो स्वयं का होना है। तो भाव निकटतम है।

जिसने पूछा है, बड़े प्रार्थना के भाव से पूछा है।

'बात भी आपके आगे न जुबां से निकली।'

जिसने पूछा है, मिलने को आया था। पूछा मैंने : 'कुछ कहना है?' नहीं कुछ कह सके। आंख से आंसू भर बहे। बस कहना हो गया। जो कहना था, कह दिया।

शब्दों से ही थोड़े कहा जाता है; और भी तो कहने के ढंग हैं; और भी तो कहने के महिमापूर्ण ढंग हैं। शब्द तो सबसे सस्ते ढंग हैं। आंसुओं से कह दी!

'बात भी आपके आगे न जुबां से निकली
लीजिए आई हूं सोच के क्या-क्या दिल में!'

पूछा तो है पुरुष ने, लेकिन पंक्तियों से शायद तुम्हें लगे किसी स्त्री का प्रश्न है। लेकिन भाव स्त्रैण है। भाव सदा स्त्रैण है। पुरुष का भाव भी स्त्रैण होता है और स्त्री की बुद्धि भी पुरुष की होती है। तर्क पुरुष का, भाव स्त्री का। तो जब कभी कोई पुरुष भी भाव से भरता है तो भी स्त्रैणता गहन हो जाती है।

इसलिए तो भक्तों ने कहा कि परमेश्वर ही एकमात्र पुरुष है; हम तो सब उसकी सखियां हैं।

'बात भी आपके आगे न जुबां से निकली
लीजिए आई हूं सोच के क्या-क्या दिल में!'

भक्त हजार बातें सोच कर आता है, हजार-हजार ढंग से सोच कर आता है ह्न'ऐसा कह देंगे, ऐसा कह देंगे!' प्रेमी हजार बातें सोचता है कि ऐसा कह देंगे, ऐसा कह देंगे। और प्रेमी के सामने खड़े होकर जुबान बंद हो जाती है। यही तो प्रेम का लक्षण है। तुमने जो रिहर्सल कर रखे थे, अगर प्रेमी के सामने खड़े होकर तुम सबको पूरा करने में सफल हो जाओ तो असफल हो गए। तो व्यर्थ गया सब मामला। तो तुम नाटक में ही रहे। फिर तुम अपना रिहर्सल दुहरा लिए; तुम जो-जो याद करके आए थे, पाठ पूरा कर दिया।

इसलिए तो मैं देखता हूं कि अभिनेता अच्छे प्रेमी नहीं हो पाते। उनको अभिनय करने में इतनी कुशलता आ जाती हैह्नइसीलिए। अभिनेता प्रेमी हो ही नहीं पाते। और तुम चकित होओगे, क्योंकि प्रेम का ही धंधा करते हैं, प्रेम का ही अभिनय करते हैं, चौबीस घंटे प्रेम की ही बात करते हैं, लेकिन डायलाग इतने याद हो जाते हैं कि अपनी प्रेयसी के सामने खड़े होकर वे अपने दिल की कह रहे हैं कि डायलाग ही बोल रहे हैं, कुछ पक्का नहीं होता। अभिनेता प्रेम में बिलकुल असफल हो जाते हैं, क्योंकि प्रेम की बात में बड़े सफल हो जाते हैं। ढंग सीख लेते हैं, आत्मा मर जाती है। यह तो सदा होता है। अगर सच में तुम्हारा प्रेम है तो अचानक तुम सब सोच कर आए, वह कचरा जैसा हो जाएगा। प्रेमी की आंख में आंख डालते ही तुम पाओगे, सोचा-समझा सब बेकार हो गया। नहीं, वह काम नहीं आता; कंकड़-पत्थर हो गए। अब उनकी बात भी उठाना ठीक नहीं है। शब्द छोटे पड़ जाते हैं, प्रेम बड़ा है। इसलिए प्रेम मौन से ही प्रकट होता है।

'बात भी आपके आगे न जुबां से निकली
लीजिए आई हूं सोच के क्या-क्या दिल में!
मेरे कहने से न आ, मेरे बुलाने से न आ
लेकिन इन अश्कों की तौहीन तो न कर!'

आंसुओं की तौहीन कभी होती ही नहीं। आंसुओं का निमंत्रण तो सदा स्वीकार ही हो जाता है। जिन्होंने रोना सीख लिया उन्होंने तो पा लिया। आंसू से बहुमूल्य आदमी के पास कुछ भी नहीं है। तुम प्रभु के मंदिर में जाकर अगर दो आंसू चढ़ा आए तो तुमने सारे संसार के फूल चढ़ा दिए। और तुम्हारे आंसुओं की राह से ही परमात्मा तुममें प्रवेश कर जाएगा।

जान कर अनजान बन जा
पूछ मत आराध्य कैसा
जबकि पूजा-भाव उमड़ा
मृत्तिका के पिंड से कह दे
कि तू भगवान बन जा!
जान कर अनजान बन जा!

तुम किसी भक्त को देखते हो, बैठा है झाड़ के किनारे, पत्थर के एक पिंड से प्रार्थना कर रहा है! तुम्हें हंसी आती है। तुम समझे नहीं। तुम बाहर हो उसके अंतर्जगत के। यह सवाल नहीं है। उसके लिए पत्थर पत्थर नहीं है।

पूछ मत आराध्य कैसा
जबकि पूजा-भाव उमड़ा
मृत्तिका के पिंड से कह दे
कि तू भगवान बन जा!

भक्त का भाव जहां आरोपित हो जाता है, वहां भगवान पैदा हो जाता है। भगवान तो सब जगह है; भाव के आरोपित होते ही प्रकट हो जाता है।

तो अगर तुम्हारी आंखों में आंसू आ गए हैं तो ज्यादा देर न लगेगी। तुम्हारी आंखें आंसुओं से धुल जाने दो। उन्हीं धुली आंखों में, उन्हीं नहाई हुई आंखों में, सद्यःस्नात आंखों में, जिसे तुमने पुकारा है उसका प्रवेश हो जाएगा। तुम्हारी आंखें ही द्वार बन जाएंगी।

रोओ, मन भर कर रोओ!

खयाल रखना, जिसका यह प्रश्न है उसके लिए अष्टावक्र की गीता सहयोगी न होगी। उसके लिए तो नारद के सूत्र हैं। अष्टावक्र की गीता तो आंख से आंसुओं को विदा कर देती है; आंखें बिलकुल सूख जाती हैं आंसुओं से। अष्टावक्र की गीता में

भाव को कोई जगह नहीं है। अष्टावक्र की गीता में भक्ति को, प्रेम को, आराध्य को, पूजा को कोई जगह नहीं है।

तो जिसका प्रश्न है, उससे मैं कहता हूं: जो भी मैं कह रहा हूं अष्टावक्र के संबंध में, तुम्हारे लिए नहीं है। तुम्हारी राह और भी दूसरी है। तुम्हारी राह फूलों-भरी है। तुम्हारी राह पर खूब हरियाली है और पक्षियों के गीत हैं। अष्टावक्र की राह तो रेगिस्तान की है। रेगिस्तान का भी अपना सौंदर्य है। विराट शांति! दूर तक सन्नाटा! लेकिन अष्टावक्र के मार्ग पर वैसी हरियाली नहीं है जैसी भक्त के मार्ग पर। वहां कृष्ण की बांसुरी नहीं बजती।

जिसका प्रश्न है, उसके लिए राह नारद के सूत्रों में है, मीरा के भजनों में है, कबीर की उलटबांसियों में है।

'लेकिन इन अश्कों की तौहीन तो न कर
क्योंकि मैं तो रजनीश की दुलहनियां!'

यह जो प्रेम का वचन है, यह तुम्हें बहुत कुछ देगा। लेकिन इसके लिए तुम एक बात खयाल रखना, इस वचन को पूरा करने के लिए तुम्हें बिलकुल मिट जाना पड़ेगा। यही फर्क है भक्ति में और ज्ञान में। ज्ञानी 'तू' को बिलकुल भूल जाता है और 'तू' के भूलते ही 'मैं' मिट जाता है। भक्त 'मैं' को भूल जाता है और 'मैं' के मिटते ही 'तू' मिट जाता है। दोनों एक ही परम शून्य को उपलब्ध हो जाते हैं या परम पुण्य को।

लेकिन दोनों की राहें अलग हैं। भक्त अपने 'मैं' को परमात्मा के चरणों में समर्पित करते-करते शून्य हो जाता है। ज्ञानी परमात्मा को भी भूल जाता है; पर को ही भूल जाता है तो परमात्मा की जगह कहां! इसलिए तो बुद्ध और महावीर की भाषा में परमात्मा के लिए कोई जगह नहीं है। परमात्मा यानी पर, दूसरा, अन्य। अन्य तो कोई भी नहीं है। ज्ञानी तो आत्मा में डूबता है और परमात्मा को छोड़ता चला जाता है।

लेकिन आत्यंतिक घड़ी में दोनों रास्ते एक ही जगह पहुंच जाते हैं। या तो तुम इतने 'मैं' हो जाओ कि 'तू' न बचे, तो पहुंच गए। या 'तू' को इतना कर लो कि 'मैं' न बचे, तो पहुंच गए। दो में से कोई एक बचे तो पहुंच गए।

जिसका प्रश्न है उससे मेरा कहना है: अष्टावक्र पर बहुत ध्यान मत देना। उससे अड़चन हो सकती है। पीड़ा भी होगी। लेकिन भक्त के मार्ग पर पीड़ा भी मधुर है।

तृप्ति क्या होगी अधर के रस-कणों से
खींच लो तुम प्राण ही इन चुंबनों से
प्यार के क्षण में मरण भी तो मधुर है
प्यार के पल में जलन भी तो मधुर है।

फिर विकल हैं प्राण मेरे!

तोड़ दो यह क्षितिज, मैं भी देख लूं उस ओर क्या है?

जा रहे जिस पंथ से युग-कल्प, उसका छोर क्या है?

फिर विकल हैं प्राण मेरे!

भक्त तो विकल होगा, रोएगा, विरह की अग्नि में जलेगा, आंसुओं से भरेगा, क्षार-क्षार हो जाएगा, खंड-खंड होकर बिखर जाएगा। लेकिन इस पीड़ा में बड़ा मधुर रस है। यह पीड़ा दुख नहीं है, यह पीड़ा सौभाग्य है। और अगर तुम राजी रहे तो एक दिन वसंत भी आता है। अगर तुम चलते ही रहे तो पतझड़ से गुजर कर एक दिन वसंत भी आता है।

जब मैंने मरकत पत्रों को पीराते मुरझाते देखा
जब मैंने पतझर को बरबस मधुबन में धंस जाते देखा
तब अपनी सूखी लतिका पर पछताते मुझको लाज लगी
जब मैंने तरु-कंकालों को अपने से भय खाते देखा
पर ऐसी एक बयार बही, कुछ ऐसा जादू-सा उतरा
जिससे विरवों में पात लगे, जिससे अंतर में आह जगी
सहसा विरवों में पात लगे, सहसा विरही की आग लगी
पर ऐसी एक बयार बही, कुछ ऐसा जादू-सा उतरा

एक बार तुम उतर जाओ इस पीड़ा की अग्नि में, भक्ति की अग्नि में, जल जाओ, दग्ध हो जाओह्नआता है वसंत, निश्चित आता है। इस पीड़ा को सौभाग्य समझना। धन्यभागी हैं वे जो प्रेम में मिट जाने की सामर्थ्य रखते हैं। परमात्मा उनसे बहुत दूर नहीं है। वे परमात्मा के मंदिर बनने के लिए प्रतिपल तैयार हैं। द्वार खुले और परमात्मा प्रवेश कर जाता है।

नहीं, तुम्हारे आंसुओं की कभी भी तौहीन न होगीह्नकभी हुई नहींह्नकभी भी नहीं हुई है। शब्द चाहे व्यर्थ चले गए हों, आंसू कभी व्यर्थ नहीं गए हैं। और जो परमात्मा के चरणों में आंसू लेकर पहुंचा है, खाली नहीं लौटा है। क्योंकि आंसू लेकर जो गया, वह खाली गया और भर कर लौटा है। जल्दी ही बयार चलेगी, फिर पत्ते लगेंगे, फिर फूल खिलेंगे! वसंत निश्चित आता है!

हरि ॐ तत्सत्!

* * *

प्रवचन : 47

साक्षी आया, दुख गया

27 नवंबर, 1976

अष्टावक्र उवाच।

हेयोपादेयता तावत्संसार विटपांकुरः।
स्पृहा जीवति यावद्वै निर्विचार दशास्पदम्।।152।।
प्रवृत्तौ जायते रागो निवृत्तौ द्वेष एव हि।
निर्द्वंद्वो बालबद्धीमानेवमेव व्यवस्थितः।।153।।
हातुमिच्छति संसारं रागी दुःखजिहासया।
वीतरागो हि निर्दुःखस्तस्मिन्नपि न खिद्यते।।154।।
यस्याभिमानो मोक्षेऽपि देहेऽपि ममता तथा।
न च ज्ञानी न वा योगी केवलं दुःखभागसौ।।155।।
हरो यद्युपदेष्टा ते हरिः कमलजोऽपि वा।
तथापि न तव स्वास्थ्यं सर्वविस्मरणादृते।।156।।

हेयोपादेयता तावत्संसार विटपांकुरः।
स्पृहा जीवति यावद्वै निर्विचार दशास्पदम्।।

'जब तक तृष्णा जीवित है—जो कि अविवेक की दशा है—तब तक हेय और उपादेय, त्याग और ग्रहण भी जीवित हैं, जो कि संसाररूपी वृक्ष का अंकुर हैं।'

तृष्णा मनुष्य की उलझन की मूल भित्ति है। तृष्णा को ठीक से समझ लिया तो सारे धर्मों का अर्थ समझ में आ गया। तृष्णा को समझ लिया तो दुख का कारण समझ में आ गया। और जिसे दुख का कारण समझ में आ जाए, उसे दुख से मुक्त होते क्षण भर भी नहीं लगता। दुख से नहीं मुक्त हो पाते हैंह्नसिर्फ इसीलिए कि कारण समझ में नहीं आता। और कारण समझ में न आए तो हम लाख उपाय करें, हम दुख को बढ़ाए चले जाएंगे। अंधेरे में तीर चला रहे हैं; निशाना लगेगा, संभव नहीं है। रोशनी चाहिए। और रोशनी कारण को समझने से तत्क्षण पैदा हो जाती है। इस बात को खयाल में लें।

शरीर में कोई बीमारी हो तो पहले हम निदान की फिकर करते हैं। निदान हो गया तो आधा इलाज हो गया। अगर निदान ही गलत हुआ तो इलाज खतरनाक है, इलाज करना ही मत। क्योंकि दवाएं लाभ पहुंचा सकती हैं, नुकसान भी। जो दवाएं लाभ पहुंचा सकती हैं वे ही नुकसान भी पहुंचा सकती हैं। निदान ठीक न हो, बीमारी पकड़ में न आई हो तो इलाज बीमारी से भी महंगा पड़ सकता है। बीमारी से तो शायद चुपचाप बैठे रहते तो प्राकृतिक रूप से भी छूट जाते, लेकिन अगर गलत औषधि शरीर में पड़ गई तो प्राकृतिक रूप से छुटकारा न हो सकेगा। इसलिए पहले हम चिंता करते हैं निदान की।

शरीर के संबंध में यह सच है कि ठीक निदान हो तो पचास प्रतिशत इलाज हो गया; लेकिन मन के संबंध में तो और अदभुत बात है, वहां तो निदान ही सौ प्रतिशत इलाज है। शरीर के संबंध में पचास प्रतिशत, मन के संबंध में सौ प्रतिशत। क्योंकि मन की बीमारियां तो भ्रांति की बीमारियां हैं; जैसे किसी ने दो और दो पांच गिन लिया, फिर सारा हिसाब गलत हो जाता है। मन की बीमारी कोई वास्तविक बीमारी नहीं है; भ्रांति है, भूल है। समझ में आ गया कि दो और दो चार होते हैं, उसी क्षण सब भ्रांति मिट गई।

मन की बीमारी तो ऐसी है जैसे मरुस्थल में किसी को सरोवर दिखाई पड़ गया। वह धोखा है। वह तुम्हारी प्यास से ही पैदा हुआ है। वह तुम्हारी प्यास का ही देखा गया सपना है। तुम इतने प्यासे थे कि मान लिया। तुम इतने घबड़ाए थे पानी के लिए कि जरा सा सहारा मिल गया कि तुमने पानी की कल्पना कर ली। भूखा आदमी, कहते हैं, अगर पूर्णिमा के चांद को भी देखे तो उसे लगता है रोटी आकाश में तैर रही है। भूख प्रक्षेपित होती है।

मन की बीमारियां प्रक्षेपण हैं, प्रोजेक्शन हैं। शरीर की बीमारी का तो आधार है; मन की बीमारी निराधार है। एक बार तुम्हें ठीक-ठीक गणित दिखाई पड़ गया तो फिर ऐसा नहीं है कि मन की बीमारी का निदान होने के बाद तुम पूछोगे, अब औषधि क्या? निदान ही औषधि है।

सुकरात का बड़ा प्रसिद्ध वचन है: ज्ञान ही मुक्ति है।

जीसस की भी बड़ी प्रसिद्ध घोषणा है: सत्य को जान लो और सत्य तुम्हें मुक्त कर देगा। फिर ऐसा नहीं कि सत्य को जानने के बाद तुम्हें मुक्ति के लिए कोई उपाय करना पड़ेगा; जानते ही सत्य को, मुक्ति हो जाती है।

इसलिए तो महावीर ने यहां तक कहा है कि अगर तुम सत्य को जानने वाले की बात ठीक से सुन लो तो श्रवण से ही मुक्ति हो जाती है। इसलिए एक तीर्थ का नामह्नश्रावक। सुन कर ही जो मुक्त हो जाता है, वह श्रावक है। जो सुन कर मुक्त नहीं होता और जिसे कुछ करना पड़ता है, वह साधु। मेरे हिसाब में साधु श्रावक से नीची स्थिति में है; ऊंची स्थिति में नहीं। सुन कर ही मुक्त न हो सका, कुछ करना भी पड़ा। उसका बोध प्रगाढ़ नहीं है। सुन कर ही न समझ सका, कुछ करना पड़ा, तब समझ में आया। समझ बहुत गहरी नहीं है। समझ गहरी होती तो सुन कर समझ लेता। समझ गहरी होती तो महावीर को देख कर समझ लेता। देखना काफी था। आंख खोल कर महावीर को देख ले, आंख खोल कर बुद्ध को देख ले या आंख खोल कर कृष्ण को देख लेह्नक्या बाकी रह जाता है? खुली आंख कि सब साफ हो जाता है।

तो पहला सूत्र है: 'जब तक तृष्णा जीवित हैह्नजो कि अविवेक की दशा हैह्नतब तक हेय और उपादेय, त्याग और ग्रहण भी जीवित हैं, जो कि संसाररूपी वृक्ष का अंकुर हैं।'

तुम संसार से न छूट सकोगे जब तक तृष्णा है। तृष्णा संसार है।

अब बड़ा मजा होता है, बिना समझे लोग संसार से छूटना चाहते हैं! संसार से भी छूटना चाहते हैं, उसके पीछे भी कारण तृष्णा ही हैह्नस्वर्ग का सुख मिलेगा, कि मोक्ष का परम आनंद बरसेगा, कि समाधि की गहन शांति की दशा में प्रवेश होगा! यह सब तृष्णा है।

मेरे पास लोग आते हैं, वे कहते हैं: 'शांत होना है। ध्यान की कोई विधि बता दें कि हम शांत हो जाएं।' उनसे मैं कहता हूं: शांत होना हो तो तृष्णा को जानो। ध्यान की विधि से तुम शांत न हो सकोगे। क्योंकि ध्यान की विधि भी करने तुम तृष्णा के कारण ही आए हो। शांत होना हैह्नयह लोभ तुम्हें ले आया है। लोभ के कारण तुम ध्यान करोगे कैसे? जहां तृष्णा का अभाव, वहां ध्यान। फिर ध्यान करना नहीं पड़ता, ध्यान हो जाता है। जो करना पड़े, वह ध्यान ही नहीं। जो हो जाए, वही ध्यान है। जहां तृष्णा न रही, मन की तरंगें अपने आप शांत हो जाती हैं।

ऐसा समझो कि हवा के झकोरों में, हवा के झोंकों में झील की लहर उठती है, झील की छाती पर लहरें उठती हैं, तुम चेष्टा करते हो एक-एक लहर को शांत करने की, तुम पागल हो जाओगे। हवा रुक जाए तो एक-एक लहर को शांत न करना पड़ेगा, हवा के रुकते ही लहरें अपने से शांत हो जाएंगी। अब मजा यह है कि हवा दिखाई नहीं

पड़ती। जो नहीं दिखाई पड़ता, उसको हम भूल जाते हैं। तृष्णा भी दिखाई नहीं पड़ती; हवा जैसी है। है, बहुत गहन है, लेकिन अदृश्य है, हाथ में पकड़ में नहीं आती।

तो जब तुम झील की छाती पर लहरों का तूफान देखते हो तो तुम सोचते हो, लहरों को कैसे शांत करें। और जो मूल कारण है वह अदृश्य है। तुम एक-एक लहर को शांत करने बैठ जाना, एक-एक लहर को लोरी सुनाना कि सो जा, कि प्यारी बिटिया सो जा, मंत्र पढ़ना राम-राम, अल्लाह-अल्लाह या नमोकार और बीच-बीच में आंख खोल कर देखना कि मंत्र का असर हो रहा कि नहींह्नलहरें तुम्हारे मंत्रों को सुनने वाली नहीं हैं। लहरें इसलिए नहीं उठी हैं कि मंत्र का अभाव है। अगर मंत्र के अभाव के कारण उठी होतीं तो मंत्र के बोलते ही चुप हो जातीं, बैठ जातीं। लहरें इसलिए उठी हैं कि उनकी छाती पर एक अदृश्य हवा चल रही है, जो हवा उन्हें कंपा रही है। अब पानी कोई पत्थर थोड़े ही है। पत्थर पर लहरें नहीं उठतीं, पानी पर लहरें उठती हैं। पानी तरल है, तरंगित होता है। अदृश्य हवा के झोंके भी उसे हिला जाते हैं।

तुम्हारे मन में जो तरंगें उठ रही हैं, वे तृष्णा की हवा से उठ रही हैं। अब बहुत लोग हैं जो मन को शांत करना चाहते हैं। एक-एक विचार को शांत करना चाहते हैं। किसी को क्रोध का विचार आता है, वह कहता है, किस तरह शांत हो जाए? किसी को कामवासना उठती है, कहता है, कैसे शांत हो जाए? किसी को लोभ है, किसी को मोह हैह्नसबको शांत करने में लगे हैं। इससे कभी तुम शांत न हो पाओगे। संभावना यही है कि विमुक्त तो न हो, विक्षिप्त हो जाओ।

मेरे देखे सांसारिक आदमी ही ज्यादा शांत होता है तुम्हारे तथाकथित धार्मिक आदमियों की बजाय। तो मेरी बात को जरा गौर से सुनना और जरा फिर से जाकर तुम अपने साधु-संन्यासियों को देखना। तुम्हें शायद बाजार में कुछ लोग शांत मिल जाएं, तुम्हारे साधु-संन्यासी शांत नहीं हैं। क्योंकि बाजार में तो आदमी को एक ही अशांति है, क्योंकि संसार की ही लहर उसके ऊपर बह रही है; यह जो मंदिर में बैठा है, यह जो आश्रम में बैठा है, यह जो साधु है, महात्मा हैह्नइस पर एक और अशांति सवार हो गई है, शांत होने की तृष्णा जाग गई, मोक्ष पाने की तृष्णा!

सांसारिक तो ऐसी चीजों के पीछे दौड़ रहा है जो ठीक से कोशिश करो तो मिल भी जाएं। जिसको तुम धार्मिक कहते हो, ऐसी चीजों के पीछे दौड़ रहा है जो दौड़ने से मिलती ही नहीं; दौड़ना ही जहां बाधा है; जो रुकने से मिलती हैं। धन के पीछे अगर ठीक से दौड़ोगे तो धन मिल जाएगा; ऐसी कुछ अड़चन नहीं है। तुमसे भी ज्यादा बुद्धुओं को मिल गया तो तुम्हें क्यों न मिल जाएगा! ठीक से मेहनत करोगे तो संसार के विजेता हो सकते हो; सिकंदर हो गया है तो तुम क्यों न हो जाओगे! दौड़ते ही रहे पागल की तरह तो कुछ न कुछ पा ही लोगे; कहीं न कहीं बैंक में बैलेंस हो ही जाएगा; कोई न कोई बड़ा मकान बना ही लोगे।

लेकिन परमात्मा तो दौड़ने से मिलता ही नहीं और सत्य तो दौड़ने से मिलता नहीं। शांति तो दौड़ने से मिलती नहीं। क्योंकि दौड़ने में ही अशांति है। समझो! दौड़ने में ही अशांति है। जैसे ही कोई नहीं दौड़ता, तृष्णा चुप हो गई। तृष्णा यानी दौड़। तृष्णा यानी कहीं और है सुख, यहां नहीं; अभी नहीं, कल है, परसों है, अगले जन्म में है, स्वर्ग में है, कहीं और है! 'कहीं और है सुख'ह्नयही धारणा तृष्णा है। जब यहां नहीं है, कहीं और हैह्नतो कहीं दौड़ना पड़ेगा। यहां तो है नहीं, बैठने से क्या होगा! दौड़ो, भागो! आपाधापी करो! श्रम करो! नहीं दौड़े तो हार जाओगे। आज को कुर्बान करो कल के लिए। आज को बलिदान करो भविष्य के लिए। आज तो है नहीं।

तुम जैसे हो, ऐसे तो सुखी हो नहीं सकते, तो कुछ और बनने की कोशिश करो। ज्यादा धन हो पास, बड़ा मकान हो पास, प्रतिष्ठा हो या पुण्य हो, चरित्र हो, शील हो, ध्यान होह्नकुछ करो!

तृष्णा का अर्थ है: तुम जैसे हो वैसे संतोष नहीं मिल रहा। और तृष्णा छोड़ने का इतना ही अर्थ है कि अभी, यहीं, तुम जैसे हो ऐसे ही आनंदित हो जाओ! तृष्णा छोड़ने का अर्थ है: आनंदित अभी होने की कला! तुम जानते हो आनंदित कभी होने की वासना; अभी नहीं! अभी तो कैसे हो सकता है!

अष्टावक्र की सारी घोषणा यही है। यह महा क्रांतिकारी उदघोषणा है कि तुम अभी जैसे हो ऐसे ही आनंद को उपलब्ध हो सकते हो, क्योंकि आनंद तुम्हारा स्वभाव है। इसे तुमने क्षण भर को खोया नहीं है। इससे तुम च्युत नहीं हुए हो। ये लहरें अभी शांत हो सकती हैंह्नयहीं! लहर के प्राण अदृश्य हवा में हैं; वह जो अदृश्य हवा दौड़ रही है छाती पर, उसमें हैं।

तुम्हारी छाती पर कौन सी अदृश्य हवा दौड़ रही है? उसी से तुम कंप रहे हो। वह हवा रुक जाए...और हवा तुम्हीं चला रहे हो। तुम्हीं उस हवा को प्राण दे रहे हो, गति दे रहे हो।

तृष्णा का अर्थ है: असंतोष। तृष्णा का अर्थ है: अतृप्ति। तृष्णा का अर्थ है: भविष्य, वर्तमान नहीं। जिसके जीवन से भविष्य विदा हो जाता है उसके जीवन से तृष्णा विदा हो जाती है। तृष्णा को फैलने के लिए भविष्य चाहिए।

देखो इस सत्य को! मैं जो कह रहा हूं, यह कोई सिद्धांत नहीं हैमसीधा तथ्य है।

भविष्य का कोई अस्तित्व नहीं है। जो अभी आया नहीं है, हो कैसे सकता है! आएगा, तब होगा। जब होगा, तब होगा; अभी तो नहीं है। अतीत जा चुका है, भविष्य आया नहींह्नइन दोनों के बीच में जो छोटा सा क्षण है वर्तमान का, वही अस्तित्ववान है। उसके अतिरिक्त सब कल्पना है। अतीत है स्मृति, भविष्य है सपना। जो है अभी इस क्षण, वर्तमान का जो छोटा सा क्षण, जो झरोखा खुलता हैह्नवही है।

तुम इसमें ही तल्लीन हो जाओ! इसमें ही डुबकी लगा लो। वही डुबकी तुम्हारी परमात्मा में डुबकी बन जाती है। शांत हो जाते होह्नकुछ बिना किए! प्रसादरूप!

ऐसे ही मैं शांत हुआ, जैसा मैं तुमसे कह रहा हूं। ऐसे ही तुम शांत हो सकते हो। लेकिन भविष्य की आकांक्षा मत करो। भविष्य की आकांक्षा से तनाव पैदा होता है, खिंचाव पैदा होता है। आज तो दुखी रहते हो, कल की आशा खींचे रखती है। कल भी जब आएगा आज की तरह आएगा। कल तो कभी आता नहीं। जब आता है आज आता है। और तुमने एक गलत आदत सीख लीह्नआज दुखी होने की आदत सीख ली। तुम सदा ही दुखी रहोगे। क्योंकि जब भी आएगा, आज आएगा। और आज से तो तुम्हारे संबंध-नाते ही गलत हो गएह्नदुख के। जो नहीं आएगा वह कल हैह्नऔर कल तुम सुखी होना चाहते हो! और जो आता है वह आज हैह्नऔर आज तुम दुखी होने का अभ्यास कर रहे हो!

तृष्णा का अर्थ है : कल में होना; भविष्य में होना; जहां हो वहां न होना, कहीं और होना। और दुखी तो होओगे ही। यह जो तनाव पैदा होगा, यह जो बेचैनी पैदा होगी, ये जो तरंगें उठेंगीह्नये तुम्हारे प्राण को छेद जाएंगी। तुम्हारे जीवन से नृत्य और संगीत खो जाए तो आश्चर्य क्या! तुम्हारी आंखों में शांति न हो और तुम्हारे हृदय में परमात्मा का सितार न बजे तो आश्चर्य क्या! तुम्हारे रग-रोएं में, हृदय की धड़कन में, यह जो विराट महोत्सव चल रहा है, इसके साथ सब संबंध छूट जाए, इसका पता-ठिकाना ही भूल जाएह्नतो आश्चर्य क्या!

वृक्ष अभी सुखी हैंह्नइसी क्षण! और पक्षी अभी गीत गा रहे हैं; कल के लिए स्थगित नहीं किया है। सूरज अभी निकला है, कल नहीं निकलेगा। और आकाश अभी फैला है; कल का आकाश को कुछ पता ही नहीं। यह सारा जगत मनुष्य को छोड़ कर अभी है, और मनुष्य कभी हैह्नकभी, कहीं और। बस इस अभी और कभी के बीच जो तनाव है, वहां तृष्णा है।

तृष्णा अशांति लाती है। फिर जितनी बड़ी तृष्णा हो उसी मात्रा में अशांति होती है।

इसलिए मैं तुमसे कहता हूं : सांसारिक आदमी की अशांति धार्मिक आदमी से ज्यादा बड़ी नहीं, कम है। उसकी तृष्णा ही छोटी चीजों की है, क्षुद्र चीजों की है। एक कार खरीदनी हैह्नयह भी कोई बड़ी तृष्णा है! थोड़ा-बहुत अशांत होगा। एक बड़ा मकान बनाना हैह्नयह भी कोई बड़ी बात है! इतने बड़े मकान हैं ही, बनते ही रहे हैं, बनते-गिरते रहेह्नयह कोई नई बात नहीं, कुछ बड़ी विशेष बात नहीं। इसकी तृष्णा तो बड़ी छोटी है, क्षणभंगुर है। इसकी तृष्णा का तनाव भी भारी नहीं होने वाला है। लेकिन किसी को मोक्ष जाना है, इसकी तृष्णा बड़ी कठिन है।

तुमने कभी किसी को मोक्ष जाते देखा? बड़े मकान बनाते लोग तुमने देखे, संसार को जीत लेने वाले लोग देखे, धन की राशियां लगा देने वाले लोग देखेह्नतुमने कभी किसी को मोक्ष जाते देखा? असल में मोक्ष जाने की भाषा ही अज्ञानी की भाषा है।

अष्टावक्र कहते हैं: आत्मा न कहीं जाती न आती। जाना कैसा! जाओगे कहां!

रमण मरने लगे तो किसी ने पूछा कि अब आप जा रहे हैं! उन्होंने आंख खोली, कहा: 'जाऊंगा कहां! आना-जाना कैसा!' फिर आंख बंद कर ली। पता नहीं सुनने वाले ने समझा कि नहीं। जाना-आना कैसा! जाना-आना होता ही नहीं। आकाश कहीं जाता-आता?

अष्टावक्र ने कहा कि तुम मिट्टी का घड़ा ले आते हो, तो मिट्टी का घड़ा आता-जाता है; मिट्टी के घड़े के भीतर का जो आकाश है वह कहीं आता-जाता? तुम चलते हो, तुम्हारी आत्मा थोड़े ही चलती है!

संसार चलता है, परमात्मा ठहरा हुआ है। परमात्मा कील है संसार के चाक की। सब चलता रहता है, परमात्मा ठहरा हुआ है। मोक्ष जाना नहीं पड़ता। मोक्ष तो अनुभव है इस बात का कि मैं जहां हूं वहीं मोक्ष है; मैं जैसा हूं, ऐसे ही मोक्ष है।

तुम्हें बड़ी अजीब धारणाएं लोगों ने सिखा दी हैं और जिन्होंने सिखाई हैं वे तृष्णातुर लोग हैं। निश्चित ही उन्होंने तृष्णा का पाठ पढ़ा दिया है। ऐसे ही तुम पागल थे, पागलपन को उन्होंने और सजावट दे दी है, और व्याख्या-परिभाषा दे दी है। तुम पागल थे धन पाने को, उन्होंने कहा: 'इस धन के पीछे क्या पड़े हो, अरे परम धन को पाओ!' मगर पाने की भाषा जारी है। तुम स्त्रियों के पीछे दौड़ रहे थे, उन्होंने कहा: 'इन स्त्रियों में क्या रखा है, आज नहीं कल सूख कर अस्थिपंजर रह जाएंगी!'

मुल्ला नसरुद्दीन एक स्त्री के प्रेम में था। उस स्त्री ने कहा कि विवाह के पहले मैं तुमसे एक बात पूछ लेना चाहती हूं। अभी तो मैं जवान हूं, सुंदर हूं, जब मैं चालीस वर्ष की हो जाऊंगी और मेरे गाल पिचक जाएंगे और बाल सफेद होने लगेंगे और चेहरे पर झुर्रियों के पहले दर्शन होने लगेंगे और मैं बूढ़ी होने लगूंगी, तब भी तुम मुझे प्रेम करोगे?

मुल्ला ने कहा: 'अरे तो चालीस वर्ष में तुम्हारा ऐसा होने का इरादा है? तो वह बात ही खत्म करो! इस झंझट में पड़ें ही क्यों! अगर चालीस वर्ष में तुम्हारे ऐसे इरादे हैंह्नइस चेहरे पर झुर्रियां डाल देने के और बाल सफेद कर लेने के और गाल पिचक जाने के, तो क्षमा करो! अच्छा किया, पहले ही बता दिया शादी के पहले, नहीं तो अभी शादी में उलझ जाते तो और झंझट होती। यह बात ही भूल जाओ।'

तुम्हारा धार्मिक आदमी तुमसे क्या कह रहा है? वह कह रहा है: कहां अस्थिपंजरों के पीछे पड़े हो! स्वर्ग में अप्सराएं हैं, स्वर्ण की उनकी काया है, उन्हें खोजो! पद के पीछे पड़े हो! ये दिल्लियां बनती-बिगड़ती रहती हैं! तुम इस झंझट में न पड़ो। ऊपर

एक बड़ी दिल्ली है; वहां जो पहुंच गया, पहुंच गया। यहां की दिल्ली का तो कुछ भरोसा नहींह्नआज तख्त पर, कल नीचे! जो तख्त पर है वह गिरता ही है। दिल्ली पहुंच-पहुंच कर होता क्या हैह्नराजघाट पर कब्र बन जाती है! आखिरी परिणाम हाथ में क्या लगता है? एक और दिल्ली है ऊपरह्नपरमपद! वहां पहुंचो।

यह तुम्हारी तृष्णा को फैलाने की बात हो रही है। तुमसे कहा जाता है क्षणभंगुर को छोड़ो, शाश्वत को खोजो! मगर बात वही है, भाषा वही है, दौड़ वही है, तृष्णा वही है। और बड़े अंधड़ चढ़ेंगे तुम्हारी छाती पर, और बड़ी लहरें उठेंगी! तुम और अशांत हो जाओगे।

मेरे पास जब कोई साधु-संन्यासी आ जाता है तो उसे मैं जितना कंपते और परेशान देखता हूं, उतना सांसारिक आदमी को कंपते परेशान नहीं देखता। क्योंकि तुम तो शक्य की खोज में लगे हो, वह तो अशक्य की खोज में लगा है। तुम तो संभव के पीछे पड़े हो, वह असंभव के पीछे पड़ा है। तुम्हारी घटना तो घट सकती है, इसके हजार प्रमाण हैं; उसकी घटना तो कभी घटी, इसका एक भी प्रमाण नहीं है। कौन ने किसको मोक्ष जाते देखा? मैं तुमसे कहता हूं: कोई कभी मोक्ष गया ही नहीं। महावीर मुक्त हुए, मोक्ष थोड़े ही गए। महावीर मोक्ष थोड़े ही गएह्नजाना कि मुक्त हैं; पहचाना कि मुक्त हैं। इस क्षण में, इस वर्तमान में, इस अस्तित्व के स्वाद में डूब कर पाया कि कैसे पागल थे! उसे खोजते थे जो मिला ही हुआ है!

बुद्ध को जब ज्ञान हुआ और किसी ने पूछा: 'क्या पाया?' तो उन्होंने कहा: 'मत पूछो! पूछो ही मत। क्योंकि जो पाया, वह मिला ही हुआ था। भूल गए थे, विस्मरण हो गया था, याद न रही थी। अपनी जेब में ही पड़ा था और याददाश्त खो गई थी।'

यह विस्मरण हुआ है, पाना थोड़े ही है! पाया तो हुआ ही है। जानो न जानो, मोक्ष तुम्हारा स्वभाव है। जानो न जानो, तुम परमेश्वर हो, परमात्मा हो!

तो तृष्णा के कारण बाधा पड़ रही है। रुको तो अपने से मिलन हो जाए। तुम भागे-भागे हो, अपने से मिलना नहीं हो पाता। और सबसे मिलना हो जाता है, बस अपने से चूकते चले जाते हो।

हेयोपादेयता तावत्संसार विटपांकुरः।

और तृष्णा में बीज है संसार का। फिर जहां तृष्णा है वहां स्वभावतः चुनाव पैदा होता हैह्नक्या करें, क्या न करें! क्योंकि तृष्णा जिसको करने से भर जाए, वही करें। स्वभावतः भेद पैदा होता है। वही करें, जिससे तृष्णा पूरी हो; वह न करें, जिससे पूरी न हो; उस रास्ते पर चलें, जिससे पहुंच जाएंगे भविष्य की मंजिल पर; उस रास्ते पर न चलें जिससे भटक जाएंगे।

और यहां कोई मार्ग नहीं है। अष्टावक्र कोई मार्ग प्रस्तावित ही नहीं करते। अष्टावक्र तो कहते हैं कि तुम जरा भीतर आंख खोलो; तुम जहां हो, मंजिल पर हो!

रिंझाई, एक झेन फकीर, जापान के एक तीर्थ-पहाड़ पर तीर्थ थाह्नउसके नीचे ही राह के किनारे विश्राम कर रहा था। एक दिन, दो दिन, वर्षों हो गए। यात्री आते-जाते। फिर तो लोग पहचानने लगे, जानने भी लगे कि वह वहीं पड़ा रहता है वृक्ष के नीचे। लोग उससे पूछते कि रिंझाई, तुम पहाड़ पर ऊपर नहीं जाते तीर्थयात्रा को? रिंझाई हंसता और वह कहता: 'आए तो हम भी तीर्थयात्रा को थे, लेकिन इस झाड़ के नीचे बैठे-बैठे पता चला कि तीर्थ भीतर है; फिर हम यहीं रुक गए, अब कहीं जाने को न रहा।' लोग कहते कि चलो हम तुम्हें ले चलें वहां। लोगों को दया आती कि कहीं ऐसा तो नहीं कि बूढ़ा हो गया फकीर, पहाड़ चढ़ नहीं सकता। लोग कहते: 'कांवर कर दें? कंधे पर उठा लें?' प्यारा आदमी था, लेकिन वह कहता कि नहीं, तुम्हीं जाओ, क्योंकि हम तो वहां हैं ही। तुम जहां जा रहे हो, हम वहीं हैं। और तुम जाकर वहां कभी न पहुंचोगे। अगर तुम्हें भी पहुंचना हो तो कभी लौट कर आ जाना, यहीं बैठ जाना।

तीर्थ भीतर है। सत्य भीतर है, क्योंकि सत्य स्वभाव है। इस बात को जितनी बार दोहराया जाए, उतना कम है। क्योंकि तृष्णा का अर्थ है: सत्य मिला नहीं है, पाना है। और जिन्होंने पाया उनकी घोषणा है: सत्य तुम्हारा स्वभाव है; पाना नहीं है, मिला हुआ है। बस इसकी प्रत्यभिज्ञा, रिकग्नीशन, इसकी पहचान पर्याप्त है।

स्पृहा जीवति यावद्वै निर्विचार दशास्पदम्।

और जब तक तृष्णा रहती है, स्पृहा रहती है, वासना रहती है, तब तक निश्चित ही मनुष्य में विवेक पैदा नहीं होता, बोध पैदा नहीं होता। अविवेक की दशा रहती है।

'अविवेक' शब्द को भी समझ लो। अविवेक का अर्थ है: चंचल मन, आंदोलित मन; लहरों से भरा हुआ चित्त; झील पर लहरें और तरंगें। चंचल अवस्था अविवेक है। अचंचल दशाह्नलहर खो गई, शांत हो गई, हवा न चली, मौन हो गया, झील दर्पण बन गईह्नबोध की दशा है, बुद्धत्व की दशा है।

बुद्ध ने कहा है: जिस दिन तुम दर्पण की भांति हो जाओ, कुछ कंपे न, तो फिर जो है वही तुम में झलकने लगेगा; फिर जो है, वही तुम्हारी प्रतीति में आने लगेगा। अभी तो तुम इतने कंप रहे हो कि जो है वह कुछ पकड़ में आता नहीं; कुछ का कुछ पकड़ में आ जाता है।

ऐसा ही समझो कि कोई आदमी कैमरा लेकर दौड़ता चले और चित्र उतारता चले। फिर जब चित्र निकाले जाएं, देखे जाएं, तो कुछ पकड़ में न आए, सब चीजें गड्ड-बड्ड हों, कुछ साफ न होह्नऐसी हमारी दशा है। हम दौड़ते हुए, भागते हुए,

जीवन को देखने की कोशिश कर रहे हैं। रुको, ठहरो। दौड़ो-भागो मत! ऐसे रुक जाओ कि क्षण भर को सब रुक जाए, सब गति ठहर जाए; अगति का क्षण आ जाए। तो उसी क्षण जो है तुम्हें दिखाई पड़ जाएगा।

संसार की परिभाषा है: भागते-भागते परमात्मा को देखाह्नसंसार। रुक कर संसार को देखाह्नपरमात्मा। ठीक-ठीक चित्र बन जाए, जो है उसका, तो परमात्मा। गलत-सलत चित्र बन जाए, तो संसार।

संसार और परमात्मा दो नहीं हैं। संसार परमात्मा है, परमात्मा संसार है। तुम्हारे देखने के दो ढंग हैं। एक भागते हुए आदमी ने देखा, तृष्णा के पीछे दौड़ते आदमी ने देखाह्नठीक से देखा नहीं, देखने की फुरसत भी न थी, उपाय भी न था, अवकाश भी न था। और एक किसी ने शांत बोधिवृक्ष के नीचे बैठ कर देखा, बिलकुल ठहर कर देखा।

तुम देखते हो बुद्धों की प्रतिमा हमने बनाई है, तीर्थंकरों की प्रतिमा बनाई हैं! तुमने किसी की चलती हुई प्रतिमा देखी है, चलते हुए? किसी की बैठी बनाई है, किसी की खड़ी बनाई है; लेकिन एक बात तय है: सब रुके हैं। जाओ जैन मंदिरों में, बौद्ध मंदिरों में, खोजोह्नसब रुके हैं। ठहरे हैं। इस ठहराव में ही सत्य का अनुभव है।

'प्रवृत्ति में राग, निवृत्ति में द्वेष पैदा होता है। इसलिए बुद्धिमान पुरुष द्वंद्वमुक्त बालक के समान जैसा है वैसा ही रहता है।'

सुनो इस अदभुत वचन को!

प्रवृत्तौ जायते रागो निवृत्तौ द्वेष एव हि।
निर्द्वंदो बालबद्धीमानेवमेव व्यवस्थितः।।

अब अगर तुम्हारे मन में तृष्णा है तो दो बातें पैदा होंगी।

यावत् स्पृहा यावत् निर्विचार दशास्पदम्।

जहां चित्त में तरंगें हैं वहां तुम्हारी बोध की दशा खो गई; तुम गहन अंधकार में भर गए; जो है वह दिखाई नहीं पड़ता; तुम्हारी आंखें सुस्पष्ट न रहीं; स्वच्छता खो गई; आंखों का कुंवारापन खो गया; आंखें दूषित हो गईं। तुम्हारी आंख पर विकृति का चश्मा लग गया। तुम्हारी आंखें अब वही नहीं दिखलातीं जो है; या तो वह दिखलाती हैं जो तुम चाहते हो, या दौड़ के कारण जो विकृति छलकती है वह दिखलाती हैं। छाया दिखाई पड़ती है, अब सत्य दिखलाई नहीं पड़ता। परछाइयां घूमती हैं अब, प्रतिबिंब उठते हैं; लेकिन इन प्रतिबिंबों से सत्य का कोई भी पता लगाना संभव नहीं है। शोरगुल पैदा होता है, लेकिन संगीत खो गया।

संगीत और शोरगुल में तुमने कोई बहुत फर्क देखा? इतना ही फर्क है कि शोरगुल में व्यवस्था नहीं है और संगीत में व्यवस्था है। शोरगुल में व्यवस्था आ जाए

तो संगीत हो जाता है; संगीत की व्यवस्था खो जाए तो शोरगुल हो जाता है। संगीत का इतना ही अर्थ है कि स्वर लयबद्ध हो गए; सब स्वरों के बीच एक सामंजस्य आ गया, एक समवेतता आ गई। अगर सभी स्वर अनर्गल हों, असंगत हों, एक-दूसरे के विपरीत हों, एक द्वंद्व चला रहे, एक कोलाहल पैदा हो—तो संगीत पैदा नहीं होगा; सिर खाने की अवस्था हो जाएगी; विक्षिप्त करने लगेगा, पागल कर देगा।

परमात्मा इस जगत के शोरगुल में संगीत की खोज है; उसे जान लेना है जो इस सबके बीच समस्वर है; जो एक स्वर सारे स्वरों के बीच व्याप्त है।

यावत् स्पृहा यावत् निर्विचार दशास्पदम्।

और जहां-जहां जब तक तृष्णा है तब तक अविवेक रहेगा।

तावत् जीवति च हेयोपादेयता संसार विटपांकुरः।

और तब तक वह जो संसार का मूलबीज है, अंकुर जिससे पैदा होता है, वह भेद करने की बुद्धि भी रहेगी कि यह ठीक और यह गलत।

नीति और धर्म का यही भेद है। नीति कहती है : यह ठीक, यह गलत। और धर्म कहता है : जो है सो है; न कुछ गलत न कुछ ठीक।

अक्सर तुम नैतिक आदमी को धार्मिक आदमी समझ लेते हो और बड़ी भूल में पड़ जाते हो। नैतिक आदमी सज्जन है, संत नहीं। सज्जन का अर्थ है जो ठीक ठीक है, वही करता है। संत का अर्थ है जिसे अब ठीक और गलत कुछ भी न रहा; जो होता है, वही होने देता है। अब कुछ करता नहीं। सज्जन तो कर्ता है, संत अकर्ता है। अक्सर सज्जन को ही संत समझने की भूल हो जाती है। इसलिए तुम सज्जनों को महात्मा कहने लगते हो। महात्मा बड़ी और बात है।

पश्चिम का एक बहुत बड़ा विचारक लेन्झा देलवास्तो पूरब आया—गुरु की खोज में। सुनी थी उसने खबर रमण महर्षि की, तो वहां गया, लेकिन वहां कुछ उसे बात जंची नहीं। उसने अपने संस्मरणों में लिखा है कि मैं वहां गया, लेकिन वहां मुझे कुछ बात जंची नहीं। क्योंकि वहां कुछ भेद ही न मालूम पड़ा कि अच्छा क्या है, बुरा क्या है; क्या होना चाहिए, क्या नहीं होना चाहिए। रमण से उसने पूछा भी कि मैं क्या करूं, क्या न करूं—तो रमण ने यह कहा : 'देखो करने में मत पड़ो, साक्षी बनो!' साक्षी! फिर-फिर उसने पूछा कि मुझे कुछ ठीक-ठीक दिशा-निर्देश दें कि मैं चरित्र को कैसे निर्माण करूं, शुभ वृत्ति कैसे बढ़े? क्योंकि शुभ हुए बिना तो कोई कभी परमात्मा तक पहुंच नहीं सकता।

और रमण ने कहा : परमात्मा की बात ही छोड़ो। वहां तुम पहुंचे ही हुए हो। शुभ भी पहुंचा हुआ है, अशुभ भी पहुंचा हुआ है। सब वहीं पहुंचे हुए हैं; क्योंकि अशुभ भी उसके बिना जी नहीं सकता; शुभ भी उसके बिना जी नहीं सकता। बुरे में भी वही बैठा है। रावण में भी वही और राम में भी वही। तो तुम तो साक्षी बनो और कर्ता छोड़ो।

उसने लिखा कि आदमी तो भले लगे, लेकिन जमे नहीं। वहां से वह गया वर्धा, वहां महात्मा गांधी उसे जमे। उसने लिखा कि यह है गुरु कि एक-एक बात को कहता है कि चाय न पीयो, कि सिगरेट न पीयो, कि कितने बजे उठो, कि कितने बजे बैठो, कि कितने कपड़े पहनो और कितने कपड़े न पहनो, कैसा भोजन करो, कैसा भोजन न करोह्नछोटी-छोटी चीज से ले कर, चटनी से लेकर ब्रह्म तक सारा विचार! चटनी भी नीम की खाना, गांधी जी कहते थे, ताकि स्वाद मरे। यह बात जंची। भोजन में स्वाद मत लेना, रस मत लेना। इसलिए किसी चीज में सुख मत लेना। तो बिना नमक की खा लेना। अगर उसमें भी थोड़ा स्वाद आता हो तो नीम की चटनी मिला लेना।...ये जंचे। गुरु बना लिया गांधी को।

रमण को छोड़ कर गांधी को गुरु बना लिया! तो आश्चर्य मत करना; तुम्हारी भी संभावना यही है। लेन्झा देलवास्तो ने ही कुछ ऐसा नहीं कर लिया; तुम्हारे भी मन की समझ इतनी ही है। तुम भी रमण को न पहचान सकोगे। रमण की तस्वीरें कितने घरों में लगी हैं? रमण की कौन चिंता करता है! गांधी की तस्वीरें कितने घरों में हैं? घर-घर में हैं, दफ्तर-दफ्तर में हैं! गांधी महात्मा हैं!

तुम तो चकित होओगे यह जान कर कि एक आदमी ने जहां रमण बैठे रहते थे वहां भी उनके पीछे गांधी की तस्वीर टांग दी थी। रमण तो उनमें से थे कि उन्होंने यह भी न कहा कि यह क्या कर रहे हो! उन्होंने कहा, ठीक है, टांग रहे हो तो टांग दो। रमण के पीछे भी गांधी की तस्वीर टंगी थी!

सज्जन हमें पहचान में आ जाता है। वह हमारी भाषा बोलता है। तुम्हें भोजन में रस है, वह विरस की भाषा बोलता हैह्नएकदम समझ में आ जाता है। तुम्हें स्त्री में रस है, वह ब्रह्मचर्य की बात करता हैह्नएकदम समझ में आ जाता है। तुम्हें धन की पकड़ है, वह त्याग की बात करता हैह्नएकदम समझ में आ जाता है। भाषा वही है, जरा भी भेद नहीं है। तुम्हारी और सज्जन की भाषा में जरा भेद नहीं है। तुम्हारी दुर्जन की भाषा; उसकी सज्जन की। तुम इधर को जा रहे हो, वह तुमसे विपरीत जा रहा है; लेकिन रास्ता एक ही है। तुम सीढ़ी पर नीचे की तरफ जा रहे हो, वह सीढ़ी पर ऊपर की तरफ जा रहा है; लेकिन सीढ़ी एक ही है। संत तुम्हें बिलकुल समझ में नहीं आता। संत बेबूझ है।

प्रवृत्तौ जायते रागो...।

पहले तो लोग प्रवृत्ति में राग रखते हैंह्नयह कर लें, यह कर लें, यह कर लें! फिर जब बार-बार करके पाते हैं कि सुख नहीं मिलता तो सोचने लगते हैं, निवृत्ति कर लें। वह भी प्रवृत्ति की आखिरी सरणी है। पहले सोचते हैं, भोग लें; और जब भोग में कुछ नहीं मिलता तो सोचते हैं, चलो अब त्याग कर लें, अब त्याग को भोग लें! देख लिया संसार में, कुछ न पाया; अब संन्यासी हो जाएं, अब त्यागी हो जाएं;

स्त्रियों के पीछे दौड़ कर देख लिया, अब स्त्रियों के विपरीत दौड़ कर देख लें; शायद सुख वहां हो। भोजन की खूब-खूब आकांक्षा करके देख ली, कुछ भी न मिला, देह जीर्ण-जर्जर हो गई, अब उपवास करके देख लें!

'प्रवृत्ति में राग और निवृत्ति में द्वेष...।'

जिस-जिस से राग था प्रवृत्ति में, जहां-जहां हार हो गई, विषाद आया, जीवन का स्वाद खराब हुआह्लवहां-वहां द्वेष पैदा हो गया।

तो तुम देखो, तुम्हारा साधु स्त्री को गाली देता रहता है, स्वाद को गाली देता रहता है, भोग को गाली देता रहता है। यह हुआ क्या? यह द्वेष हो गया। जहां राग था, वहां द्वेष हो गया। पहले आग में हाथ डालने का मन होता था; डाल कर देख लिया, हाथ जल गएह्लअब आग से दुश्मनी हो गई। पहले आकर्षण था, अब विकर्षण हो गया। लेकिन संबंध जुड़ा है, संबंध नहीं जाता।

संत वही है जिसका संबंध ही गया। भोग तो व्यर्थ हुआ ही हुआ, त्याग भी व्यर्थ हुआ। भोग के साथ ही त्याग भी व्यर्थ हो जाए तो तुम्हारे जीवन में क्रांति घटित होती है। अनीति के साथ ही साथ नीति भी व्यर्थ हो जाए और अशुभ के साथ साथ शुभ भी व्यर्थ हो जाए; क्योंकि वे दोनों एक ही सिक्के के दो पहलू हैं, उनमें भेद नहीं है। दुर्जन और सज्जन एक-दूसरे के साथ खड़े हैं। दुर्जन और सज्जन सहयोगी हैं, एक ही दुकान में पार्टनर हैं।

तुम जरा एक ऐसी दुनिया की कल्पना करो जिसमें कोई दुर्जन न हो, क्या वहां सज्जन होंगे? एक ऐसी दुनिया की कल्पना करो कि जहां राम ही राम हों और रावण न होंह्लराम बचेंगे? राम के बचने के लिए रावण का होना एकदम जरूरी है। रावण के बिना राम हो नहीं सकते। यह भी क्या राम होना हुआ! यह तो बड़ी मजबूरी हुई। यह तुम थोड़ा सोचो। यह तो राम रावण पर निर्भर है। रावण भी न हो सकेगा राम के बिना। ये दोनों ही पात्र रामलीला में जरूरी हैं।

तुम जरा रामलीला खेल कर दिखा दो बिना रावण के! लीला चलेगी नहीं, इंच भर आगे न चलेगी। कथा पहले से ही गिर जाएगी। और जनता पहले से उठ जाएगी कि फिजूल की बकवास है, जब रावण ही नहीं है तो रामलीला होगी कैसे! सीता चुराई जानी चाहिए, युद्ध होना चाहिएह्लयह कुछ भी नहीं होने वाला है। रामचंद्र जी बैठे हैं वहां, थोड़ी देर भक्त बैठे रहेंगे, राह देखेंगे कि कुछ हो; कुछ भी नहीं होगा, क्योंकि होने के लिए द्वंद्व चाहिए।

शुभ और अशुभ एक साथ हैं। रामलीला में दोनों सहयोगी हैं। और तुम्हें अगर ठीक-ठीक देखना हो तो कभी-कभी रामलीला देख कर रामलीला के पीछे भी जाकर देखनाह्लपर्दे के पीछेह्लतुम राम-रावण को, दोनों को चाय पीते पाओगे, गपशप

करते। इधर लड़ रहे थे पर्दे के इस पार, पीछे गपशप कर रहे हैं। ये सब एक ही नाटक-मंडली के सदस्य हैं।

अष्टावक्र का सूत्र यह कह रहा है कि तुम्हें अगर नाटक के बिलकुल बाहर होना है तो तुम्हें सदस्यता छोड़नी पड़ेगी, तुम्हें यह मंडली ही छोड़ देनी पड़ेगीह्न राम न रावण। तुम्हें दोनों के द्वंद्व के पार होना पड़ेगा।

प्रवृत्तौ जायते रागो...।

प्रवृत्ति तो है राग।

निवृत्तौ द्वेष एव ही...।

और निवृत्ति है द्वेष। मगर द्वेष भी तो बंधन है। जिस चीज से द्वेष होता है उससे हम बंधे रह जाते, अटके रह जाते हैं। एक खटक बनी रह जाती है। यह कोई मुक्ति तो न हुई।

निर्द्वंद्वो बालबद्धीमानेवमेव व्यवस्थितः।

यह सूत्र अदभुत है, स्वर्णसूत्र है।

'बुद्धिमान पुरुष द्वंद्वमुक्त बालक के समान है; जैसा है वैसा ही है।'

कुछ बनने की चेष्टा नहीं है। बालक का अर्थ होता है : जो जैसा है वैसा है। जब उसे क्रोध आ जाता है तो बालक यह नहीं सोचता, करूं कि न करूं! जब उसे प्रेम आ जाता है तो भी यह नहीं सोचता कि प्रकट करना उचित कि नहीं। वह हिसाब नहीं लगाता।

एक अंग्रेज साधक चाडविक ने रमण के संस्मरणों में लिखा है कि वह बड़ा हैरान हुआ। एक दिन ऐसा हुआ कि एक संन्यासी, पुराणपंथी संन्यासी, विवाद करने आ गया। रमण ने उसे, जो वह पूछता था बार-बार, कहा। लेकिन वह तो सुनने को राजी न था, वह तो अपनी बुद्धि से भरा था, अपने शास्त्र से भरा था। वह तो बड़े उल्लेख, शास्त्रों के उदाहरण दे रहा था और बड़ी तर्क-वितंडा फैला रहा था। रमण सीधे-साधे! वे उसे सुनते, आधा घंटा उसे सुनते, फिर कहते कि साक्षी-भाव रखो! विवाद में उतरे नहीं। वह संन्यासी और जलने लगा, और क्रोध से भरने लगा। वह खींचना चाहता था विवाद में! शिष्य थोड़े परेशान हुए कि यह व्यर्थ की बात हो रही है, व्यर्थ का समय खराब हो रहा है और व्यर्थ को महर्षि को परेशान किया जा रहा है। लेकिन करें क्या! वह अपने तकिए से टिके महर्षि उसे सुनते। जब बहुत देर हो गई, उन्होंने उसे बार-बार कहा कि मेरी बात थोड़ी सी है, वह मैंने तुमसे कह दी। जब वह न हुआ सुनने को राजी तो उन्होंने उठा लिया अपना डंडा, भागे उसके पीछे! वह तो घबड़ा कर बाहर निकल गया। उसने सोचा कि यह तो मारपीट की नौबत...। उसने सोचा न था कि ज्ञानी पुरुष ऐसा करेगा! लौट कर, डंडा रख कर वह फिर अपना लेट गए। और कोई दूसरे भक्त ने कुछ पूछा, उसका उत्तर देने लगे।

चाडविक ने लिखा है: उस दिन उनका रूप देख कर मन मोह गया! बालवत! छोटे बच्चे जैसे! यह भी न सोचा कि लोग क्या कहेंगे, कि आप और क्रोधित! क्रोधित हुए भी नहीं, क्योंकि क्रोध अगर हो जाए तुम्हें, तो सरकता है। घटना तो बीत जाती है, लेकिन क्रोध का धुआं एकदम से थोड़े ही चला जाता है; घड़ियों रहता है, दिनों रहता है, कभी तो वर्षों रहता है। डंडा लेकर दौड़ भी गए, वापस आकर फिर बैठ गए। वह आदमी चला भी गया। वे फिर वैसी बात करने लगे जैसी बात चल रही थी, जैसे कुछ हुआ ही नहीं है।

गुरजिएफ के संबंध में ऐसे बहुत से उल्लेख हैं, जब वह बिलकुल पागल हो जाता और एक क्षण में ऐसा ठंडा हो जाता कि भरोसा ही नहीं आता लोगों को कि एक क्षण में कोई इतना उत्तप्त हो सकता है और इतना ठंडा हो सकता है! छोटे बच्चे की भांति!

जीसस का बड़ा प्रसिद्ध उल्लेख है। वे तो कहते थे कि सभी को क्षमा करो, किसी का निर्णय न करो, दुश्मन को भी प्रेम करो। यही उन्होंने अपने शिष्यों को समझाया था। और एक दिन उन्होंने अचानक कोड़ा उठा लिया मंदिर में और मंदिर में जो लोग रुपये-पैसे ब्याज पर देने का धंधा करते थे उनके तख्ते उलट दिए। और अकेले आदमी, ऐसे पागल की तरह हो गए कि भीड़ की भीड़ को बाहर खदेड़ दियाह्नएक आदमी ने! शिष्य तो बड़े हैरान हुए, क्योंकि वे तो सुनते रहे थे: 'दुश्मन को प्रेम करो और जो तुम्हारे गाल पर एक चांटा मारे, दूसरा उसके सामने कर देना!' यह जीसस को हो क्या गया! और जब इन सबको खदेड़ कर जीसस मंदिर के बाहर वृक्ष के नीचे आकर बैठ गए तो वे वैसे के वैसे थे, जैसे कोई रेखा नहीं खिंची। ईसाई इसको समझा नहीं पाए। ईसाइयों को बड़ी अड़चन रही है इस घटना को समझाने में; क्योंकि अगर यह सच है तो फिर ईसा के वचनों का क्या हो? अगर वचन सच हैं तो फिर ईसा के इस व्यवहार का क्या हो?

एक वृक्ष के नीचे ईसा रुके। भूखे थे। वृक्ष पर देखा कि शायद फल लगे हों; वृक्ष पर फल नहीं थे। तो ईसा ने कहा कि देख, हम आए और तूने फल न दिए तो तू सदा-सदा के लिए बे-फल रहेगा, अब तुममें फल पैदा न होंगे। बर्ट्रेंड रसेल ने लिखा है जीसस के खिलाफ, कि यह आदमी बातें तो करता है शांति की, लेकिन वृक्ष पर नाराज हो गया! अब वृक्ष का क्या कसूर है? अगर फल नहीं लगे तो वृक्ष का कोई कसूर है? इसमें नाराज हो जाना और इतना नाराज हो जाना कि सदा के लिए कह देना अभिशाप कि कभी तुझ पर फल न लगेंगे! यह तो बात ठीक नहीं मालूम पड़ती।

रसेल का तर्क भी ठीक है। रसेल ने एक किताब लिखी है: 'व्हाय आइ एम नाट ए क्रिश्चियन? मैं ईसाई क्यों नहीं?' उसमें जो दलीलें गिनाई हैं, उनमें एक दलील यह

भी है कि जीसस का व्यवहार उच्छृंखल है और जीसस के व्यवहार में शांति नहीं है, अशांति है। निश्चित ही ऐसे उल्लेख हैं जो कि कहते हैं कि अशांति मालूम होती है। इसमें तो नाराजगी क्या होनी?

लेकिन अगर तुम पूरब के मनीषियों से पूछो तो वे कहेंगे : वृक्ष पर नाराज कोई बच्चा ही हो सकता है। थोड़ा सोचना। छोटे बच्चे को देखो, टेबल से धक्का लग जाता है तो टेबल को एक चांटा लगा देता है कि अपनी जगह रह, अगर ज्यादा गड़बड़ किया तो बहुत पिटाई हो जाएगी! दीवाल से सिर टकरा जाता है तो दीवाल को मारने लगता है। यह छोटे बच्चे का व्यवहार है।

रसेल की बात बड़ी विचारपूर्ण है, लेकिन रसेल को कोई पता नहीं है कि एक ऐसी भी दशा है परम मुक्ति की, एक ऐसी दशा है परम कैवल्य की जहां व्यक्ति पुनः बच्चे की भांति हो जाता है। और जीसस का तो प्रसिद्ध वचन है कि जो छोटे बच्चों की भांति होंगे, वे ही मेरे प्रभु के राज्य में प्रवेश कर सकेंगे, दूसरे नहीं। बहुत कठिन है यह बात स्वीकार करनी, क्योंकि हम संत से तो बहुत संयोजित व्यवहार की आशा रखते हैं। संत से तो हम आशा रखते हैं कि उसके व्यवहार में कोई कमी-खामी न होगी, कोई त्रुटि न होगी। संत से तो हम पूर्ण होने की आशा रखते हैं। क्योंकि संत तो हमारे लिए आदर्श हैं, उसका तो हम अनुकरण करेंगे।

लेकिन तुम सुनो, अष्टावक्र कहते हैं कि परम संत वही है जो बालवत है। पूर्ण नहीं है, समग्र है। पूर्ण और समग्र के भेद को समझ लेना। बच्चा सदा समग्र होता है, पूर्ण कभी नहीं होता। एक समग्रता होती है। बच्चा जब क्रोध करता है तो क्रोध हो जाता है। फिर कुछ नहीं बचता है उसमें, वह आग होता है। इसलिए बच्चे को क्रोधित देखो तो एक सौंदर्य होता है बच्चे में। तुमने न देखा हो, गौर करके देखना। तुम अपने छोटे-मोटे और दूसरे विचार एक तरफ रख देना। जब एक छोटा बच्चा नाराज होता है तो छोटा सा प्राण, लेकिन ऐसा लगता है सारी दुनिया को हिला देगा। पैर पटकता है पृथ्वी पर जोर से। उसकी नाराजगी में एक बल है, एक सौंदर्य है, एक कौमार्य है, एक कोमलताह्नऔर फिर भी एक महाशक्ति! और क्षण भर बाद भूल गया। क्षण भर पहले तुम पर क्रोधित हुआ था और कहता था : ङ्मअब कभी तुम्हारी शक्ल न देखेंगे, दोस्ती खत्म!ङ्ख कट्टी कर ली थी। क्षण भर बाद तुम्हारी गोद में बैठा है। याद ही न रही। बड़ा असंगत व्यवहार है बच्चे का! लेकिन समग्र है। जब क्रोध में था तो पूरा क्रोध में था; जब प्रेम में है तो पूरा प्रेम में है। उसके प्रेम को उसका क्रोध आकर खराब नहीं करता और उसके क्रोध को उसका प्रेम आकर खराब नहीं करता; जब होता है तब समग्र होता है, पूरा-पूरा होता है। जो होता है वही होता है; उससे अन्यथा नहीं होता। उसके जीवन में एक प्रामाणिकता है।

बच्चा बिलकुल चरित्रहीन होता है; उसका कोई चरित्र नहीं होता। चरित्र होने के लिए तो बड़ी चालाकी चाहिए। चरित्र होने के लिए तो आयोजन चाहिए, व्यवस्था चाहिए। चरित्र होने के लिए तो बड़ी कुशलता चाहिए, होशियारी चाहिए, तर्क चाहिए, गणित चाहिए। चरित्र का तो अर्थ होता है : सम्हल-सम्हल कर चलो। चरित्र का तो अर्थ होता है : देख-देख कर करो; जो करना हो वही करो, जो न करना हो वह मत करो। सोच कर करो कि कल इसका क्या परिणाम होगा? परसों क्या परिणाम होगा? आज तुम ऐसा कहोगे तो क्या प्रतिक्रिया होगी? आज तुम ऐसा करोगे तो क्या प्रतिक्रिया होगी?

तो चरित्रवान व्यक्ति कभी समग्र नहीं होता; हिसाबी होता है, किताबी होता है। उसके बही-खाते होते हैं। छोटा बच्चा चरित्रहीन है। 'चरित्र-मुक्त' कहना चाहिए; 'हीन' कहना ठीक नहीं, चरित्र-मुक्त। अभी चरित्र पैदा ही नहीं हुआ। अभी समग्र है। अभी तो जो भीतर की सचाई है वही बाहर प्रकट होती है। अगर भीतर क्रोध है तो बाहर क्रोध है। अगर भीतर प्रेम है तो बाहर प्रेम है। अभी भीतर और बाहर में द्वंद्व पैदा नहीं हुआ। अभी भीतर और बाहर में एकरसता है।

संत पुनः बच्चे की भांति हो जाता है। अब फिर बाहर और भीतर में एकरसता है। संत का कोई चरित्र नहीं होता। चौंकना मत जब मैं ऐसा कहता हूं! संत का कोई चरित्र हो ही नहीं सकता। सज्जन का चरित्र होता है, दुर्जन में दुश्चरित्रता होती है। संत तो चरित्र के पार होता हैह्नचरित्रातीत।

'बुद्धिमान पुरुष द्वंद्वमुक्त है।'

उसके पास दो का भाव नहीं रह जाता। यह ठीक और यह सही; यह हेय, यह उपादेय; यह शुभ, यह अशुभ; यह माया, यह ब्रह्मह्नऐसा कुछ नहीं रह जाता। जो है, है।

'...द्वंद्व मुक्त बालक के समान जैसा है वैसा ही रहता है।'

संत होना सहज होना है।

तुमने तीन शब्द सुने हैंह्नसविकल्प समाधि; निर्विकल्प समाधि; सहज समाधि। सविकल्प समाधि में विचार रहता है। निर्विकल्प समाधि में विचार चला जाता है; लेकिन विचार चला गया है, इसका बोध रहता है। सहज समाधि में वह बोध भी चला जाता है; न विचार रहता, न निर्विचार रहता। सहज समाधि का अर्थ है : आ गए अपने घर, हो गए स्वाभाविक; अब जैसा है वैसा है; जो है वैसा है; उससे अन्यथा की न कोई चाह है न कोई मांग है। इस 'जैसे हो वैसे ही' के साथ राजी हो जाने में ही तृष्णा का पूर्ण विसर्जन है। फिर तृष्णा कैसी! फिर तृष्णा नहीं बच सकती है।

निर्द्वंद्वो बालवत धीमान् एवं एव व्यवस्थितः।

वही है बुद्धिमान जो निर्द्वंद्व बालक की भांति हो गया। वही है धीमान, उसी के पास प्रतिभा है। जैसा है वैसा ही उसमें ही स्थित, अन्यथा की कोई मांग नहीं, जरा भी तरंग नहीं उठती अन्यथा की!

बहुत कठिन है यह बात समझनी। है तो बहुत सरल, लेकिन समझनी कठिन है। क्योंकि हमें जो समझाया गया है वह इसके बिलकुल विपरीत पड़ता है। हमें तो समझाया गया है चोरी छोड़ो, अचोर बनो; झूठ छोड़ो, सच बोलो। यह सच के ऊपर जा रही है बात।

कबीर के जीवन में ऐसा उल्लेख है, कि वे रोज उनके घर भजन करने लोग इकट्ठे होते थे। कबीर तो सहज समाधि में थे, बालवत थे। जब लोग इकट्ठे हो जाते और भोजन का समय होता तो वे उनसे कहते : 'चलो भोजन करके जाना! अब कहां जाते हो, भोजन कर जाओ!' पति तो ऐसा कहे, लेकिन पत्नी बड़ी मुश्किल में पड़ गई। अब यह कहां से रोज-रोज भोजन लाओ! इतना भोजन! कबीर तो गरीब आदमी थे, कपड़ा बुन कर बेच लेते थे जो थोड़ा-बहुत, वह भी जो भजन इत्यादि से समय बच जाता कभी तो बुन लेतेह्नउसी में काम चलाना था। तो पत्नी ने कहा कि मैं तो न कह सकूंगी, क्योंकि मैं कैसे कहूं कि घर में कुछ भी नहीं है, मैं कैसे खिलाऊं, कहां से लाऊं! उधारी बढ़ती जाती है। बेटे को कहाह्नकमाल कोह्नकि तू अपने बाप को समझा कि अब यह कहना बंद कर दो, हमारे पास सुविधा नहीं है। लोग भजन करें, जाएं, तो जाने दो, उनको रोको मत। हाथ पकड़-पकड़ कर रोकते हो कि बैठो, भोजन करके जाना, कहां जाते हो! लोग जाना भी चाहते हैं, क्योंकि लोगों को पता है कि घर में भोजन की सुविधा नहीं है।

तो कमाल ने कबीर से कहा, एक दफा कहा, दो दफा कहा, तीन दफा कहा, चौथी दफा कमाल नाराज हो गया। कमाल भी कमाल का ही बेटा था। उसने कहा : अब बंद करते हो कि नहीं? क्या हम चोरी करने लगें? उधारी चढ़ गई सिर पर, चुकती नहीं। अब तो एक ही उपाय बचा है। अगर तुमने यह जारी रखा तो हम चोरी करने लगेंगे।

कबीर तो खिल गए जैसे कमल खिल जाए। कबीर ने कहा : अरे पागल तो पहले क्यों न सोचा! इतने दिन खुद परेशान, तू परेशान, तेरी मां परेशान! और इतने दिन मुझे भी परेशान कर रहे हो! तो पहले क्यों न सोचा?

कमाल तो चौंका। उसने कहा : हद हो गई! इसका क्या अर्थ हुआ! क्या चोरी के लिए भी स्वीकृति! लेकिन कमाल भी कमाल था। उसने कहा : 'तो ठीक। तो आज चोरी करने जाएंगे। लेकिन आपको मेरे साथ चलना पड़ेगा।' उसने सोचा कि यह

मजाक ही होगी; जब बात मुद्दे की आएगी और चोरी करने की बात उठेगी तो शायद इनकार कर जाएंगे। लेकिन कबीर ने कहा : 'हां-हां, चलूंगा।'

कमाल भी कमाल ही था! रात आ गया उठ कर आधी रात, कहा कि चलो। अभी भी सोचता था कि आखिरी वक्त में वे नट जाएंगे कि चोरी और कबीर! बात कुछ मेल खाती नहीं। लेकिन कबीर उठ गए, हाथ-मुंह धोकर चल पड़े। कहने लगे : 'कहां चलना है, चल।' मगर कमाल भी कमाल ही था। उसने जाकर सेंध लगा दी एक मकान में। उसने कहा, हो सकता है अब रुक जाएं। वह भी आखिरी दम तक देखना चाहता था कि मामला कहां तक जाता है। सेंध भी खुद गई। उसने कहा : 'तो मैं अंदर चला जाऊं?' कबीर ने कहा : 'अब इधर आए किसलिए! तो पागल, आधी रात नींद वैसे ही खराब की! तो जल्दी कर, क्योंकि ब्रह्ममुहूर्त हुआ जाता है और थोड़ी देर में भजन करने वाले लोग आते होंगे!'

बड़ी अनूठी कहानी है। अनूठी, क्योंकि उसके फिर मुकाबले में कोई कहानी पूरे संत-साहित्य में नहीं है। तो कमाल भीतर चला गया। कमाल भी कमाल ही था। उसने कहा कि ठीक है; शायद जब मैं ले आऊंगा धन तब वे इनकार कर देंगे। वह भी आखिरी दम तक देख लेना चाहता था। बाप का ही बेटा था। कबीर का ही बेटा था। कहा कि तुम अगर आखिरी दम तक कस रहे हो तो मैं भी...। वह ले आया खींच कर अशर्फियों से भरी एक बोरी। बोरी बाहर निकाल रहा था, तभी कबीर ने कहा कि 'सुन, घर के लोगों को जगा दिया कि नहीं, बता दिया कि नहीं?' तो उसने कहा : 'क्या मतलब?' कहा : 'घर के लोगों को बता तो दे भाई कम से कम। सुबह भटकेंगे, यहां-वहां खोजेंगे, उनको पता तो होना चाहिए, कौन ले गया! शोरगुल कर दे!' तो कमाल तो कमाल ही था, उसने शोरगुल कर दिया। और जब कबीर कह रहे हैं तो कर दो शोरगुल! शोरगुल कर दिया तो पकड़ लिया गया। सेंध में से निकल रहा था, घर के लोगों ने पीछे से पैर पकड़ लिए। तो उसने पूछा कबीर से : 'अब क्या करना? लोगों ने पैर पकड़ लिए हैं।' तो कबीर ने कहा : 'पकड़े रहने दे पैर। पैर का करना भी क्या है! सिर मैं तेरा लिए जाता हूं।' कहते हैं सिर काट लिया, सिर ले गए। घर के लोगों ने पीछे खींच लिया कमाल को। बिना सिर का था तो पहचानना मुश्किल हो गया कि कौन है, क्या है। लेकिन कुछ रंग-ढंग से लगता था कि अपूर्व व्यक्ति है! गंध कुछ ऐसी थी, हाथ-पैर का सौंदर्य ऐसा था, शरीर का अनुपात ऐसा था, कोमलता ऐसी थी, प्रसाद ऐसा था! बिना सिर के भी था तो भी!

किसी ने कहा कि हमें तो ऐसा लगता है कि कबीर का बेटा कमाल है, तो इसे बाहर खंभे पर लटका दें, पहचान हो जाएगी। क्योंकि थोड़ी ही देर में कबीर की मंडली निकलेगी भजन करते, कोई न कोई पहचान लेगा। तो उन्होंने खंभे पर लटका

दिया बाहर। थोड़ी देर बाद मंडली निकली कबीर की भजन करते। पकड़े गए, क्योंकि कमाल का शरीर वहां लटका था। रोज की आदत, पुरानी आदत, ऐसी जल्दी तो छूटती नहींह्नजब लोगों को भजन करते देखा तो वह ताली बजाने लगा! वह जो लाश लटकी थी, वह ताली बजाने लगी।

कहानी तो कहानी ही है; सच होनी चाहिए, ऐसा नहीं है। लेकिन बड़ी प्रतीकात्मक है कि कबीर चोरी को भी राजी हो गए; बेटे का सिर काटने को भी राजी हो गए; न चोरी से डरे न हिंसा से डरे। ऐसा हुआ है, ऐसा मैं कह नहीं रहा; लेकिन ऐसा भी हो तो भी आश्चर्य नहीं है। क्योंकि हमारे जो द्वंद्व हैंह्नचोरी बुरी और अचोरी अच्छी, और हिंसा बुरी और अहिंसा अच्छीह्नये हमारे चंचल चित्त की लहरों से उठी हुई धारणाएं हैं। हेयोपादेय! यह अच्छा, यह बुरा; यह शुभ, यह अशुभ! कहीं तो कोई एक दशा होगी, न जहां कुछ शुभ रह जाता, न अशुभ। कहीं तो कोई एक दशा होगी निर्द्वंद्व! कहीं तो एक सरलपन होगा, जहां भेद नहीं रह जाता! कहीं तो कोई एक स्थान होना चाहिए, एक स्थिति होनी चाहिएह्नजहां सब द्वंद्व खो जाते हैं, द्वैत लीन हो जाता है, अद्वैत का जन्म होता है! उसी अद्वैत की बात है।

निर्द्वंद्वो बालवत धीमान् एवं एव व्यवस्थितः।

हो जाए जो बच्चे जैसा निर्द्वंद्व, द्वंद्व के पार...।

एक बात और यहां समझ लेना। बच्चे जैसा कहा है; बच्चा ही नहीं कहा है। क्योंकि अगर ऐसा हो तो सभी बच्चे संतत्व को उपलब्ध हो गए। लेकिन बच्चे संतत्व को उपलब्ध नहीं हैं। बच्चे तो अभी भटकेंगे। बच्चे तो भटकने की पहली दशा में हैं, भटकने के पूर्व। संत है भटकने के बाद। वर्तुल पूरा हो जाता है। जहां से चले थे, वहीं आ जाते हैं। अगर तुम्हारा जीवन ठीक-ठीक विकासमान हो, ठीक-ठीक वर्द्धमान हो, अगर तुम्हारा जीवन ठीक से चलेह्नतो जब तुम पैदा हुए, जैसे तुम बच्चे थे वैसे ही मरते वक्त पुनः तुम्हें बच्चे हो जाना चाहिए। तो वर्तुल पूरा हो गया। जहां से चले थे वहीं वापस आ गए; मूलस्त्रोत उपलब्ध हो गया।

यह अंतिम बालपन की बात हो रही है। बच्चों जैसे का अर्थ है : बच्चे नहीं; जो गुजर चुके जीवन के सारे अनुभवों से और फिर भी बच्चे जैसी सरलता को उपलब्ध हो गए हैं! बच्चे तो बिगड़ेंगे, बच्चे तो बिगड़ने को बने हैं। बच्चे तो अभी तैयार हो रहे हैं बिगड़ने के लिए। अभी निकाले जाएंगे बहिश्त के बाहर। अभी स्वर्ग खोएगा। अभी उनकी जो निर्दोषता है, वह कोई उपलब्धि नहीं है, वह प्रकृति की भेंट है। सभी बच्चे सुंदर, सभी बच्चे शांत, सभी बच्चे समग्र पैदा होते हैं। फिर धीरे-धीरे विसंगतियां पैदा होती हैं, विरोध पैदा होते हैं। धीरे-धीरे बच्चे का बचपन खोता चला जाता है। पाप पैदा होता है। पाप का इतना ही अर्थ है : भेद शुरू हो गया। कपट पैदा होता है।

कपट का इतना ही अर्थ है : हिसाब आ गया। सरलता चली गई। जैसे थे वैसे न रहे। जैसे नहीं हैं, वैसा बतलाने लगे। राजनीति आ गई। कूटनीति आ गई।

बच्चा तो भटकेगा। बच्चे को भटकना ही पड़ेगा, क्योंकि बिना भटके जगत के अनुभव से गुजरने का कोई उपाय नहीं। इस जगत के बीहड़ बन में भटकना पड़ेगा। संत वह है जो इस बीहड़ बन से गुजर गया; इस सबको देख लियाह्नअच्छे को भी, बुरे को भीह्नऔर दोनों को असार पाया। जिन्होंने बुरे में सार देखा, वे दुर्जन; जिन्होंने अच्छे में सार देखा, वे सज्जन; जिन्होंने दोनों में सार नहीं देखा, वे संत। जो दोनों के पार हो गए, जिन्होंने दोनों को देख लिया, दोनों को देखा, खूब देख लिया, भरपूर देख लियाह्नऔर दोनों को थोथा पाया...!

मैंने ऐसी दुनिया जानी।
इस जगती के रंगमंच पर
आऊं मैं कैसे क्या बन कर
जाऊं मैं कैसे क्या बन कर
सोचा, यत्न किया जी भरकर
किंतु कराती नियति-नटी है
मुझसे बस मनमानी।
मैंने ऐसी दुनिया जानी।
आज मिले दो, यही प्रणय है
दो देहों में यही हृदय है
एक प्राण है एक श्वास है
भूल गया मैं यह अभिनय है
सबसे बढ़ कर मेरे जीवन
की थी यह नादानी।
मैंने ऐसी दुनिया जानी।

देखा बुरा, भूल गए कि नाटक है। देखा भला, भूल गए कि नाटक है। बुरे में जो भटक गया, हो गया रावण। भले में जो भटक गया, हो गया राम। जिसने बुरे को ओढ़ लिया, हो गया पापी। जिसने भले को ओढ़ लिया, हो गया पुण्यात्मा। जिसने बुरे में जड़ें जमा लीं, हो गया हीनात्मा। और जिसने भले में जड़ें जमा लीं, हो गया महात्मा। लेकिन जिसने दोनों में जानाह्न

सोचा, यत्न किया जी भर कर
किंतु कराती नियति-नटी है
मुझसे बस मनमानी।

मैंने ऐसी दुनिया जानी।
भूल गया मैं यह अभिनय है
सबसे बढ़ कर मेरे जीवन
की थी यह नादानी।
मैंने ऐसी दुनिया जानी।

और जिसने देखा कि सब नाटक हैह्नबुरा भी, भला भी; रावण भी रामलीला के पात्र, राम भी! जिसने जीवन को अभिनय जाना; जो साक्षी होकर पार खड़ा हो गया; जिसने कहा, न मैं रावण हूं न मैं राम हूंह्नवह पार हो गया!

मेरे पास बहुत मित्र पत्र लिख कर भेज देते हैं कि आप कृष्ण पर बोले, बुद्ध पर बोले, जीसस पर बोले, कबीर, नानक, दादू, सहजो, फरीद, सूफियों पर बोले, झेन फकीरों पर बोले; राम को क्यों छोड़ जाते हैं? तुलसी की रामायण को क्यों छोड़ जाते हैं? तुलसीदास पर क्यों नहीं बोलते? राम पर क्यों नहीं बोलते?

कारण है। सज्जन में मेरी बहुत रुचि नहीं है। संत में मेरी रुचि है। राम मर्यादापुरुषोत्तम हैं। मर्यादा के जो पार है, उसमें मेरी रुचि है। कृष्ण में मेरी रुचि है, क्योंकि कृष्ण मर्यादा-शून्य हैं। कृष्ण से ज्यादा चरित्रहीन व्यक्ति पाओगे संसार में! कृष्ण से ज्यादा गैर-भरोसे योग्य व्यक्ति पाओगे कहीं! किसी बात का पक्का नहीं है। छोटे बच्चे जैसा व्यवहार है। कसम खा ली थी कि शस्त्र न उठाऊंगा, फिर उठा लिया! कसमों का कोई हिसाब रखे! किसको याद रहे कसम! छोटे बच्चे जैसा व्यवहार है!

मुझसे लोग पूछते हैं कि कृष्ण के इस व्यवहार में आप क्या देखते हैं? कुछ भी नहीं देखता हूंह्नयह सीधा-सरल व्यवहार है। खा ली थी कसम किसी क्षण में; अब वह क्षण गया, नया क्षण आ गया। अब इस नये क्षण की नई स्थिति है। इस नये क्षण का नया संवेग है! इस नये क्षण के लिए नया उत्तर चाहिए! पुरानी कसम से बंधे रहते तो मर्यादा होती। बंधे न रहे। अस्तित्व के नये ढंग के साथ नये हो लिए।

तुमने कृष्ण का एक नाम सुना रणछोड़दास जी! भगोड़ादास जी! भाग खड़े हुए! किसी मौके पर देखा कि भागने में ही सार है तो फिर ऐसा नहीं कि जिद की तरह अड़े रहेंगे कि चाहे जान रहे कि जाए, झंडा ऊंचा रहे हमारा! भाग गए, कि देखा कि परिस्थिति भागने की है, तो इसमें अकड़ न रखी। उनके भक्तों ने भी खूब नाम बना लियाह्नरणछोड़दास जी!

कृष्ण में एक मर्यादा-पार की प्रभा है। कृष्ण को समझना थोड़ा कठिन है। राम सीधे-साफ हैं। राम में कुछ विशिष्ट नहीं। महिमापूर्ण हैं, मगर विशिष्ट नहीं। महात्मा हैं, लेकिन संत नहीं। इसलिए जान कर छोड़ता रहा हूं। जब परम की ही बात करनी हो तो राम वहां नहीं आते। और इसी की सूचना हिंदुओं ने भी दी। उन्होंने भी राम को

अंशावतार कहा; पूर्णावतार कहने की हिम्मत नहीं की, क्योंकि बात गलत हो जाएगी। कृष्ण को पूर्णावतार कहा। कहा कि यह पूरा-पूरा परमात्मा। पूरा-पूरा परमात्मा का अर्थ हुआ : अब मर्यादा भी नहीं। मर्यादा भी आदमी की होती है। सीमा आदमी की होती है। तो ठीक है राम के लिए मर्यादापुरुषोत्तम नाम, कि पुरुषों में उत्तम मर्यादा वाले, सबसे बड़ी मर्यादा वाले। लकीर के बिलकुल फकीर हैं। यह किसी धोबी ने कह दिया अपनी पत्नी से कि ञ्तू रात भर कहां रही? तू मुझे राम समझी है कि वर्षों रह गई सीता रावण के घर और फिर ले आए? छोड़ ये बातें, निकल घर से।ङ्क बस यह बात काफी हो गई कि यह तो मर्यादा टूटती है। तो मर्यादा टूटती है, सीता की अग्नि-परीक्षा भी ले ली, सब तरह उसे कोरा, उसको पूरा पक्का-खरा पाया, फिर भी उसे जंगल छुड़वा दिया। मर्यादा टूटती है!

कृष्ण बड़े और ढंग के हैं। कोई मर्यादा नहीं है। मर्यादा मात्र शून्य है। इसलिए कृष्ण को पूर्णावतार कहा है; परमात्मा जैसे पूरा-पूरा उतरा! परमात्मा संत में पूरा-पूरा उतरता है; महात्मा में बंधा-बंधा उतरता है। और दुर्जन में तो पड़ गया गड्ढे में, कीचड़-कबाड़ में। जैसे शराबी पड़ा होता है नाली में, ऐसा दुर्जन में परमात्मा नाली में पड़ जाता है; सज्जन में खड़ा हो जाता है; संत में उड़ने लगता है। संत की ही बात मैंने की है अब तकह्लइस आशा में कि जहां जाना है, जो होना है, उसकी ही बात करनी उचित है; बीच के पड़ावों की क्या बात करनी!

राम एक सराय हैं, मंजिल नहीं। रुक जाना रात भर, अगर कृष्ण समझ में न आते हों तो राम पर रुक जाना, बिलकुल ठीक है। बाहर पड़े रहने की बजाय खुले आकाश के नीचे, धर्मशाला में ठहर जाना, लेकिन धर्मशाला मंजिल नहीं है। इसलिए तुलसी का मेरे मन में कोई बहुत मूल्य नहीं है। स्थिति-स्थापक हैं। कबीर की बात और! कबीर क्रांति हैं! तुलसी-परंपरा। पिटा-पिटाया है। कुछ नया नहीं। कोई मौलिक नहीं। कोई क्रांति का स्वर नहीं है। क्रांति के स्वर सुनने हों तो कबीर में सुनो या नानक में सुनो या फरीद में या अष्टावक्र में सुनो। अष्टावक्र तो महास्रोत हैं क्रांति के। जगत में जितने भी आध्यात्मिक क्रांतिकारी हुए, सब की मूल सूचनाएं अष्टावक्र में मिल जाएंगी। अष्टावक्र जैसे मूल स्रोत हैं, हिमालय हैं, जहां से सारी क्रांति की गंगाएं निकलीं।

'रागवान पुरुष दुख से बचने के लिए संसार को त्यागना चाहता है, लेकिन वीतराग दुख-मुक्त होकर संसार के बीच भी खेद को प्राप्त नहीं होता है।'

'रागवान पुरुष दुख से बचने के लिए संसार को त्यागना चाहता है!'

हातुमिच्छति संसारं रागी दुःखजिहासया।

पहले तो रागी व्यक्ति दुख से बचने के लिए संसार को पकड़ता है; धन को पकड़ता है ताकि दुख से बच जाए; मित्र को पकड़ता है, दुख से बच जाए; परिवार

को पकड़ता है, दुख से बच जाए। पहले तो कोशिश करता है संसार की चीजों को पकड़ कर दुख से बचने की; फिर पाता है कि यह पकड़ से तो दुख ही पैदा हो रहा है, दुख से बचना नहीं हो रहाह्नतो फिर संसार की चीजों को त्यागने लगता है, लेकिन कामना पुरानी अब भी वही है कि दुख से बच जाऊं। पहले पकड़ता था, अब त्यागता है; लेकिन दुख से बचने की वासना वही की वही है।

'रागवान पुरुष दुख से बचने के लिए संसार को त्यागना चाहता है, लेकिन वीतराग पुरुष दुख-मुक्त होकर संसार के बीच में भी रहे तो भी खेद को उपलब्ध नहीं होता।'

रागी दुख से ही भागता रहता हैह्नसंसार में भागे तो, मंदिर जाए तो, दुकान जाए तो, मस्जिद जाए तोह्नदुख से ही भागता रहता है। वीतरागी जाग कर दुख से मुक्त हो जाता है; साक्षी बन कर दुख से मुक्त हो जाता है। दुख से भागता नहीं; दुख को देख लेता है भर आंख और दुख खो जाता है।

मुल्ला नसरुद्दीन को उसके मालिक ने एक दिन कहा कि जरा बाहर जाकर देख, सूरज निकला कि नहीं? वह बाहर गया, फिर भीतर आया और कुछ करने लगा जाकर कमरे में। मालिक ने पूछा : 'क्या हुआ? सूरज निकला कि नहीं?' उसने कहा : 'मैं लालटेन जला रहा हूं। बाहर बहुत अंधेरा है, दिखाई कुछ पड़ता नहीं।'

अब सूरज को देखने के लिए कोई लालटेन जलानी पड़ती है! और जो सूरज लालटेन जला कर दिखाई पड़े, वह सूरज होगा?

जैसे ही व्यक्ति को दुख को देखने की क्षमता आ जाती है, दुख खो जाता है। सूरज उगा, रात गई, अंधेरा गया। साक्षी जागा, दुख गया। दुख पैदा ही इसलिए हो रहा है कि हम तादात्म्य के अंधकार में खो गए हैं। सोचते हैंह्नमैं शरीर, मैं मन, मैं यह, मैं वहह्नइस वजह से सारी तकलीफ है। जैसे ही साक्षी जागा, मैं न देह रहा, न मैं मन रहा, मैं तो चिन्मात्र हो गया, चैतन्यमात्र हो गया। उसी क्षण दुख गया।

'वीतराग दुख-मुक्त होकर संसार के बीच बना रहता है और किसी खेद को प्राप्त नहीं होता है।'

वीतरागो हि निर्दुःखस्तस्मिन्नपि न खिद्यते।

फिर कहीं भी रहे वीतराग पुरुष, संसार में कि संसार के बाहर...और संसार के बाहर कहां जाओगे! जहां है, वहां संसार ही है। आश्रम में भी संसार है, मंदिर में भी संसार है, हिमालय पर भी संसार हैह्नसंसार से जाओगे कहां! जो है, संसार है। इसलिए भागने से तो कोई राह नहीं है। तुम जहां हो वहीं जागने से राह है।

'जिसका मोक्ष के प्रति अहंकार है और वैसा ही शरीर के प्रति ममता है, वह न तो ज्ञानी है और न योगी है। वह केवल दुख का भागी है।'

यस्याभिमानो मोक्षेऽपि देहेऽपि ममता तथा।

जिसकी ममता लगी है देह में वह दुख पाएगा।

यस्याभिमानो मोक्षेऽपि...।

और जिसका अहंकार मोक्ष से जुड़ गया, वह भी दुख पाएगा।

देहेऽपि ममता तथा...।

और जो शरीर से जुड़ा वह भी दुख पाएगा। धन को तुमने समझा मेरा है, तो दुख पाओगे। धर्म को समझा कि मेरा है, तो दुख पाओगे। संसार को कहा कि जीत लूंगा, तो दुख पाओगे। कहा कि परमात्मा को पा कर रहूंगा, तो दुख पाओगे। तुम हो तो दुख है। तुम दुख के साकार रूप हो। अहंकार दुख की गांठ है। अहंकार कैंसर है; गड़ता रहेगा, चुभता रहेगा, सड़ता रहेगा।

न च योगी न वा ज्ञानी केवलं दुःख भागसौ।

ऐसा व्यक्ति जिसका शरीर से मोह लगा है या मोक्ष से मोह लग गया, संसार से लगा मोह या परमात्मा सेह्नऐसा व्यक्ति न तो योगी है, न ज्ञानी है, केवल दुख का भागी है।

अष्टावक्र कह रहे हैंः तुम शरीर से तो छूट ही जाओ, परमात्मा से भी छूटो। संसार की तो भाग-दौड़ छोड़ ही दो, मोक्ष की दौड़ भी मन में मत रखो। तृष्णा के समस्त रूपों को छोड़ दो। तृष्णा मात्र को गिर जाने दो। तुम तृष्णा-मुक्त होकर खड़े हो जाओ। इसी क्षण परम आनंद बरस जाएगा। बरस ही रहा है; तुम तृष्णा की छतरी लगाए खड़े हो तो तुम नहीं भीग पाते।

'यदि तेरा उपदेशक शिव है, विष्णु है अथवा ब्रह्मा है, तो भी सबके विस्मरण के बिना तुझे स्वास्थ्य नहीं होगा।'

सुनते हो इस क्रांतिकारी वचन को! छोटे-मोटे गुरुओं की तो बात छोड़ो, स्वयं अगर शिव भी उपदेश कर रहे हों और ब्रह्मा और विष्णु, तो भी कुछ न होगाह्नजब तक तुम जागोगे नहीं। स्वयं परमात्मा भी खड़े होकर तुम्हें समझाए तो भी तुम समझोगे नहीं, क्योंकि बाहर से समझ आती ही नहीं। समझ का तो भीतर अंकुरण होना चाहिए। कोई दूसरा थोड़े ही तुम्हें जगा सकता है! जागोगे तो तुम जागोगे।

तुम्हारी हालत ऐसी है जैसे जागा हुआ आदमी बन कर पड़ा है कि सो रहा है; अब उसको तुम हिलाओ-डुलाओ, वह करवट बदल लेता है। सोया होता तो शायद जाग भी जाता; मगर वह जागा हुआ पड़ा है, आंख बंद किए हुए पड़ा है, उठना नहीं चाहता है, उठने की आकांक्षा नहीं हैह्नतो तुम कैसे जगाओगे? जो सोने का धोखा दे रहा है वह कैसे जागेगा? और तुम सोने का धोखा दे रहे हो। तुम्हारे भीतर का जो आत्यंतिक केंद्र है वह जागा ही हुआ है; वह कभी सोया नहीं; सोना वहां घटता नहीं,

घट नहीं सकता; उसका स्वभाव जागना है। चैतन्य का अर्थ जागना है। तो तुम सोने का बहाना कर रहे हो। अब बहाने कर रहे हो, तुम्हारी मर्जी!

अष्टावक्र कहते हैं :

हरो यद्युपदेष्टा ते हरिः कमलजोऽपि वा।
तथापि न तव स्वास्थ्यं सर्वविस्मरणादृते।।

जब तक तू सब न भूल जाए जो बाहर से सीखा, तब तक स्वास्थ्य, शांति, सत्य का अनुभव न होगा।

शिव का अर्थ है : जिनके हाथ में जगत के विध्वंस की क्षमता है। विष्णु का अर्थ है : जिनके हाथ में जगत को चलाने की क्षमता है। ब्रह्मा का अर्थ है : जिनके हाथ में जगत को बनाने की क्षमता है। जिसने जगत बनाया वह भी सत्य को नहीं बना सकता तुम्हारे लिए। जगत तो माया है, सपना हैह्नसपना बना लिया ब्रह्मा ने, लेकिन सत्य न बना सकेंगे। और जो इस सपने को चला रहा है, सम्हाले हुए है, साधे हुए है, विष्णु, इस विराट लीला को जो चला रहा हैह्नवह भी सत्य को जगाने में समर्थ न हो सकेगा। इतना विस्तार जिसके वश में है, तुम्हारे ऊपर उसका कोई वश नहीं। तुम उसके पार हो। और जो सारे जगत को नष्ट कर सकता है, वह भी तुम्हारे अज्ञान को नष्ट नहीं कर सकताह्नशिव भी तुम्हारे अज्ञान को नष्ट नहीं कर सकता। अष्टावक्र यह कह रहे हैं कि तुम्हें बाहर से सब भांति मुक्त हो जाना पड़ेगा।

सदगुरु वही है जो तुम्हें बाहर से मुक्त कर दे; जो तुम्हें तुम्हारे ऊपर फेंक दे; जो तुम्हें तुम्हारे ऊपर छोड़ दे; जो तुमसे कहे, भूल जाओ जो बाहर से सीखा, छोड़ दो शास्त्र जो बाहर के हैं, छोड़ दो सिद्धांत जो बाहर के हैं, न रहो हिंदू न मुसलमान न ईसाई न जैन न बौद्ध। तुम तो भीतर उतर जाओ, जहां कोई सिद्धांत नहीं, कोई शास्त्र नहीं, कोई शब्द नहीं। तुम तो उस निर्विचार में डूब जाओ। तुम तो वहां जागो जहां तुम्हारी आत्यंतिक प्रज्ञा का दीया जल रहा है। वहीं सेह्नकेवल वहीं से और केवल वहीं सेह्नरूपांतरण संभव है।

यह सुनते हैं! इसलिए मैं कहता हूं बार-बार कि कृष्णमूर्ति जो आज कह रहे हैं वह अष्टावक्र की प्रतिध्वनि है। कृष्णमूर्ति कहते हैं : कोई गुरु नहीं! अनेक लोगों को लगता है कि यह तो बड़ी शास्त्र-विपरीत बात है! कहां शास्त्र-विपरीत बात है? शास्त्रों का शास्त्र कह रहा है : 'कोई गुरु नहीं! ब्रह्मा, विष्णु, महेश भी नहीं।'

लेकिन इसका यह अर्थ मत समझ लेना कि अष्टावक्र की गीता का कोई उपयोग नहीं। यही उपयोग है। शास्त्र वही जो तुम्हें शास्त्र से भी मुक्त करा दे। गुरु वही जो तुम्हें गुरु से भी मुक्त करा दे।

फ्रेडरिक नीत्शे के महाग्रंथ 'दस स्पेक जरथुस्त्रा' में, जब जरथुस्त्र अपने शिष्यों से विदा होने लगा तो उसने कहा : 'आखिरी संदेश! जो मुझे कहना था कह चुका; जो तुम्हें समझाना था समझा चुका। आखिरी बात याद रखना। इस महामंत्र को कभी मत भूलना। जो मैंने कहा उसे भूल जाना, मगर इसे मत भूलना।'

वे सब चौंक कर खड़े हो गए। उन्होंने कहा : 'क्या शेष रहा है बताने को?' तो उसने कहा : 'एक बातह्वबिवेयर आफ जरथुस्त्रा! मैं जा रहा हूं, मुझसे सावधान!' यह सदगुरु का लक्षण है। जो भी मैंने तुमसे कहा, भूल जाना, कोई चिंता नहीं; लेकिन यह बात कभी भूल कर मत भूलना कि खतरा है कहीं जरथुस्त्र से मोह-आसक्ति न बन जाए; नहीं तो तुम फिर बाहर से उलझ गए। कोई बाहर की स्त्री से उलझा, कोई बाहर के धन से उलझा, कोई बाहर के परमात्मा से उलझा, कोई बाहर के गुरु से उलझ गयाह्वउलझन जारी रही।

मुक्ति है भीतर। मुक्ति है स्वयं में। तुम्हारा स्वभाव मुक्ति है।

हरो यद्युपदेष्टा ते हरिः कमलजोऽपि वा।

ब्रह्मा, विष्णु, महेश जैसे गुरु भी मिल जाएं तो भी...

तथापि न तव स्वास्थ्यं सर्वविस्मरणादृते।

...तो भी जब तक सब न भूल जाए जो सीखा, शब्द न भूल जाए, सिद्धांत न भूल जाए, विचार न भूल जाए; जब तक निर्विचार निःशब्द मौन में प्रतिष्ठा न हो जाएह्वतब तक स्वास्थ्य की उपलब्धि नहीं है। स्वास्थ्य यानी मोक्ष। स्वास्थ्य यानी निर्वाण या कहो परमात्मा, परात्पर ब्रह्म, मोक्ष, मुक्तिह्वजो भी नाम देना चाहो। नाम का कोई मूल्य नहीं है। लेकिन जो है तुम्हारे भीतर है और बाहर से दबा है। बाहर को हटा दो तो भीतर का जो दबा हुआ फूल है, प्रकट हो जाए। बाहर की कीचड़ में दबा तुम्हारा कमल है। कीचड़ को हटा दो तो कमल खिल जाए। उस खिलने में ही तृप्ति है, संतोष है, महातोष है। उसके बिना असंतोष है।

हरि ॐ तत्सत्!

* * *

प्रवचन : 48

प्रेम, करुणा, साक्षी और उत्सव-लीला

28 नवंबर, 1976

पहला प्रश्नः क्राइस्ट का प्रेम, बुद्ध की करुणा, अष्टावक्र का साक्षी और आपकी उत्सव-लीला, इन चारों में क्या फर्क है? क्या ये अलग-अलग चार मार्ग हैं?

अलग-अलग मार्ग नहीं, वरन एक ही घटना की चार सीढ़ियां हैं, एक ही द्वार की चार सीढ़ियां हैं।

क्राइस्ट ने जिसे प्रेम कहा है वह बुद्ध की ही करुणा है, थोड़े से भेद के साथ। वह बुद्ध की करुणा का ही पहला चरण है। क्राइस्ट का प्रेम ऐसा है जिसका तीर दूसरे की तरफ है। कोई दीन है, कोई दरिद्र है, कोई अंधा है, कोई भूखा है, कोई प्यासा है, तो क्राइस्ट का प्रेम बन जाता है सेवा। दूसरे की सेवा से परमात्मा तक जाने का मार्ग है; क्योंकि दूसरे में जो पीड़ित हो रहा है वह प्रभु है। लेकिन ध्यान दूसरे पर है। इसलिए ईसाइयत सेवा का मार्ग बन गई।

बुद्ध की करुणा एक सीढ़ी और ऊपर है। इसमें दूसरे पर ध्यान नहीं है। बुद्ध की करुणा में सेवा नहीं है; करुणा की भाव-दशा है। यह दूसरे की तरफ तीर नहीं है, यह अपनी तरफ तीर है। कोई न भी हो, एकांत में भी बुद्ध बैठे हैं, तो भी करुणा है। फर्क समझ लेना।

राह से तुम गुजरे। एक अंधा आदमी भीख मांग रहा है तो तुमने जो दो पैसे दिए वह करुणा नहीं है; सेवा है। क्षण भर पहले, जब तक तुमने अंधे भिखारी को नहीं

देखा था तब तक तुम्हारे मन में कोई करुणा का उदय न हुआ था। अंधे भिखारी को देख कर हुआ, यह तुम्हारी अवस्था नहीं है; सांयोगिक घटना है। अगर अंधा भिखारी न मिलता तो सेवा का भाव पैदा न होता, सहानुभूति पैदा न होती। यह प्रेम दूसरे पर निर्भर है; यह दया है। बुद्ध ने करुणा उस दशा को कहा है जब कोई हो न हो, तुम्हारे भीतर करुणा की तरंग उठती ही रहती है। अंधे को देख कर तो उठती ही है, आंख वाले को देख कर भी उठती है; बीमार को देख कर तो उठती ही है, स्वस्थ को देख कर भी उठती है; गरीब को देख कर तो उठती ही है, अमीर को देख कर भी उठती है।

इस फर्क को खयाल में ले लेना। अमीर को देख कर दया नहीं उठती; स्वस्थ आदमी को देख कर दया उठने का क्या कारण है? शायद ईर्ष्या उठती है, जलन उठती है, द्वेष उठता है। अंधे को देख कर दया उठती है। बुद्ध कहते हैं, करुणा होनी चाहिए चैतन्य की दशा; इसका दूसरे से संबंध न हो। और इस भेद को समझना। यही भेद पूरब और पश्चिम का भेद बन गया।

ईसाई को समझ में नहीं आता कि पूरब के धर्म सेवा-उन्मुख क्यों नहीं हैं? जैसा ईसा ने अंधों को आंखें दीं, कोढ़ियों के पैर दबाए, भूखों को रोटी दी, ऐसा बुद्ध या महावीर करते दिखाई नहीं पड़ते। ईसाई को लगता है कि कुछ चूक हो रही है; बुद्ध और महावीर में कुछ कमी मालूम पड़ती है ईसाई को। सचाई और है। सचाई यह है कि बुद्ध और महावीर के लिए करुणा किसी के प्रसंग में नहीं है; अप्रासंगिक है। करुणा भाव-दशा है। अंधा हो तो, न हो तो, आदमी हो तो, वृक्ष हो तो, पहाड़ हो पर्वत हो तो, कोई न हो तो, शून्य में भी करुणा बरसती रहेगी। जैसे कि एकांत में, निर्जन में किसी वृक्ष पर एक फूल खिला, न कोई यात्री वहां से गुजरता, न कोई प्रशंसक आता, न कोई संभावना है कि चित्रकार आएगा और चित्र बनाएगा, न कोई गायक आएगा और गीत गाएगा, लेकिन फिर भी फूल की सुरभि तो फैलती ही रहेगी, शून्य एकांत में फैलती रहेगी। बुद्ध की करुणा एकांत में खिले फूल जैसी है। कोई आए तो ठीक, न आए तो ठीक। बुद्ध की करुणा में किसी का पता-ठिकाना नहीं लिखा है; वह किसी की तरफ उन्मुख नहीं है। वह चित्त की दशा है। यह एक कदम ऊपर है।

क्योंकि जो करुणा दूसरे से बंधी हो, वह करुणा बहुत गहरी नहीं है। समझो, अगर दुनिया में कोई दुख न रह जाए तो फिर ईसाई मिशनरी क्या करेगा? उसकी करुणा तिरोहित हो जाएगी। तो यह तो बड़ी उलझन की बात हुई। इसका मतलब हुआ कि तुम्हें करुणावान बनाए रखने के लिए अंधों और कोढ़ियों का होना जरूरी है। तब तो तुम्हारी करुणा बड़ी महंगी हो गई। तब तो तुम्हारी सेवा के लिए बीमार चाहिए, नहीं तो अस्पताल कैसे खोलोगे? तब तो तुम्हारे परमात्मा तक जाने के लिए अंधे-लूले-लंगड़े भिखारी सीढ़ी की तरह काम कर रहे हैं। नहीं, बुद्ध की करुणा

एक कदम ऊपर है। इसका कोई संबंध किसी के दुख से नहीं है। इसका कोई संबंध ही किसी से नहीं है। यह असंबंधित है, असंग है। इसके लिए दूसरे की जरूरत ही नहीं है। इसलिए यह ऊपर है।

जहां तक दूसरे की जरूरत है वहां तक हम संसार के बहुत करीब हैं; बहुत दूर नहीं गए। जहां दूसरे से संबंध मुक्त हो गया, असंग हुए, वहां हम उड़ने लगे आकाश में, पृथ्वी से नाता टूटा। मगर थोड़ी सूक्ष्म है। जीसस की दया, जीसस का प्रेम, जीसस की करुणा सभी की समझ में आ जाएगी; जो बिलकुल अंधे हैं उनको भी समझ में आ जाएगी। कम्युनिस्ट को भी समझ में आ सकती है। जिसके पास बोध की कोई धारणा नहीं है; जिसके पास ध्यान की कोई किरण नहीं हैह्नउस भौतिकवादी को भी समझ में आ सकती है। क्योंकि बुद्ध की करुणा तो बड़ी अभौतिक है, और जीसस की करुणा बड़ी भौतिक है। इसलिए ईसाई मिशनरी अस्पताल बनाएगा, स्कूल खोलेगा, दवा बांटेगा।

बौद्ध भिक्षु कुछ और बांटता है; वह दिखाई नहीं पड़ता। वह जरा सूक्ष्म है। वह ध्यान बांटेगा, समाधि की खबर लाएगा। वह भी आंखें खोलता है, लेकिन कहीं गहरी; बाहर की नहीं। और वह भी स्वास्थ्य के विचार को तुम तक लाता है, लेकिन आंतरिक स्वास्थ्य के, असली स्वास्थ्य के। क्योंकि वह जानता है, शरीर तो बीमार हो कि स्वस्थ, शरीर तो बीमारी ही है। इसे तुम स्वस्थ भी रखो तो वह भी तो बीमारी है। और आज नहीं कल जाएगा। मौत आने को है। इसलिए पानी पर लकीरें खींचने का कोई बहुत प्रयोजन नहीं है। लिखना ही हो कुछ तो आत्मा पर लिखो। अस्पताल क्या बनाना; बनाना हो कुछ तो मंदिर बनाओ; बनाना हो कुछ तो चैत्यालय बनाओ। ध्यान की कोई लकीरें खींचो जो साथ जाएंगी, जिनको मौत मिटा न पाएगी।

तो प्रेम...क्राइस्ट जिसे प्रेम कहते हैं, वह पहली सीढ़ी है।

बुद्ध जिसे करुणा कहते हैं वह दूसरी सीढ़ी है। लेकिन अभी भी करुणा है। गंध का पता नहीं है अब किस पते पर जा रही है, लेकिन जा रही है। किस तक पहुंचेगी, इसका पता नहीं है; लेकिन किसी तक पहुंचेगी, फैल रही है, बिखर रही है।

अष्टावक्र का साक्षी और एक कदम आगे है। अब कहीं कुछ आता-जाता नहीं, सब ठहर गया है, सब शांत हो गया है। जाने में थोड़ी सी लहर तो होगी ही। अष्टावक्र कहते हैं: आत्मा न जाती है न आती है; अब गंध अपने में ही रम गई है। यह जो आत्मरमण है। क्राइस्ट की करुणा दूसरे के प्रति निवेदित है; बुद्ध की करुणा अनिवेदित, असंग है, लेकिन फिर भी उड़ती हुई हवाओं में किसी नासापुट तक पहुंच जाएगी। न भी पहुंचे, लेकिन उड़ रही है। साक्षी-भाव जाता ही नहीं, ठहर गया, सब शून्य हो गया। क्राइस्ट के प्रेम में दूसरा महत्वपूर्ण है; बुद्ध की करुणा में स्वयं का होना

महत्वपूर्ण है; साक्षी में न दूसरा रहा न स्वयं रहा; मैं-तू दोनों गिर गए। जाग कर देखा कि मैं भी झूठ है, तू भी झूठ है।

और पूछा है कि 'और आपकी उत्सव-लीला में... ?'

वह आखिरी बात है। साक्षी में सब ठहर गया, लेकिन अगर यह ठहरा रहना ही आखिरी अवस्था हो तो परमात्मा सृजन क्यों करे? परमात्मा तो ठहरा ही था! तो यह लीला का विस्तार क्यों हो? तो यह नृत्य, यह पक्षियों की किलकिलाहट, ये वृक्षों पर खिलते फूल, ये चांद-तारे, यह विराट विस्फोट! परमात्मा तो साक्षी ही है! तो जो साक्षी पर रुक जाता है वह मंदिर के भीतर नहीं गया। सीढ़ियां पूरी पार कर गया, आखिरी बात रह गई। अब न तू बचा न मैं बचा, अब तो नाच होने दो। अब तो नाचो। कभी तू के कारण न नाच सके, कभी मैं के कारण न नाच सके। अब तो दोनों न बचे, अब तुम्हें नाचने से कौन रोकता है? अब कौन सा बंधन है? कौन सी कारागृह की दीवाल तुम्हें रोकती है? अब तो नाचो; अब तो रचाओ रास; अब तो होने दो उत्सव! अब क्यों बैठे हो? अब लौट आओ!

यह लौट आना बिलकुल नये ढंग का है। वहीं लौट आओ जहां से गए थेह्नउसी बाजार में। लेकिन अब तुम शून्य की भांति आ रहे हो। साक्षी तुम्हारे भीतर है, बुद्ध की करुणा तुम्हारे भीतर है, क्राइस्ट का प्रेम तुम्हारे भीतर है। और एक नई घटना घट गई है: अब तुम्हारे भीतर दुख है ही नहीं, अशांति है ही नहीं, अब तो नाचो। पहले तो नाचने से थक जाते थे और नाचने में भी ज्वर था, ताप था, अब तो सब शीतल हो गया है, अब तो सब चंदन हो गया है, अब तो नाचो! यह जो विराट नृत्य चल रहा है परमात्मा का, इसमें सम्मिलित हो जाओ। अब किनारे क्यों बैठे हो? जरूरी था एक दिन किनारे बैठ जाना, नहीं तो तुम पागल ही बने रहते। एक दिन किनारे बैठ जाना जरूरी थाह्नतटस्थ हुए, कूटस्थ हुए। लेकिन अब!

बहुत से धर्म रुके हैं। जैसे ईसाइयत जीसस के प्रेम पर रुक जाती है; बहुत गहरी नहीं जाती। बुद्ध का धर्म करुणा पर रुक जाता है। जैन कूटस्थ भाव पर रुक जाते हैं, साक्षी पर रुक जाते हैं। इसलिए तुम पूछो कि जैनों के मोक्ष में क्या हो रहा है? सब पहुंचे हुए सिद्ध पुरुष अपनी-अपनी सिद्धशिलाओं पर बैठे हैं। मगर जरा सोचो इस हालत को, कब से बैठे हैं, और बैठे ही हैं, बैठे ही हैं...।

बर्ट्रेंड रसेल ने बड़ा मजाक उड़ाया है; उसने कहा है कि अगर ऐसा सदा बैठे रहना हो अनंत काल तक तो मैं नहीं जाता। इसको तुम थोड़ा विचार करो, सिद्धशिला पर पहुंच गए, आखिरी अवस्था आ गई, अब बैठे हैं, न कोई तरंग उठती है, न कोई गीत, न कोई गुनगुनाहट, न कोई नृत्य, न कोई वीणा बजती है, कुछ भी नहीं होता है।

अब कुछ होता ही नहीं है। अब बस बैठे हैं; अब बस बैठे हैं। और यह अब रहेगा अनंत काल तक, अब इससे लौटना संभव नहीं है। यह तो हो गई बात।

जैन कहते हैं, बस पहुंच गए। अब लौटना संभव नहीं है। यह तो फांसी लग गई। अगर इसे गौर से देखोगे तो यह तो संसार से क्या छूटे, और मुश्किल में पड़ गए। रसेल ने ठीक लिखा है कि इससे तो मैं नरक जाना पसंद करूंगा; कम से कम वहां से छूटने का उपाय तो है। कम से कम वहां कुछ तो होता होगा; गपशप तो चलती होगी; समाचार-पत्र तो निकलते होंगे; कुछ होता तो होगा! लेकिन यह मोक्ष तो बड़ा जड़ मालूम पड़ता है।

इसलिए मैं तुमसे कहता हूं, मोक्ष के बाद भी एक अवस्था है; वही परमात्मा की पूरी अवस्था है। वही कृष्ण की दशा है; वहां लीला-उत्सव शुरू हो जाता है। तुम्हारी धारणा यह है कि लीला-उत्सव तो अज्ञानी के लिए है। यह तो अज्ञानी है जो अभी राग-रंग कर रहा है। तो तुमने अभी राग-रंग का पूरा अर्थ नहीं जाना। अज्ञानी करने की कोशिश करता हो भला, हो कहां पाता है? राग-रंग में ही तो कांटे चुभ जाते हैं; फूल खिलते कहां? आशा है, सपना है; होता कहां है? देखते हो भोगी को, कुछ सुखी दिखाई पड़ता है? चेष्टा कर रहा है; चेष्टा में ही दबा जा रहा है, टूटा जा रहा है, बिखरा जा रहा है। नाचना चाहता है, नाच कहां पाता है? हजार बाधाएं आ जाती हैं। सोचता है, कल नाचूंगा, परसों नाचूंगा। बाधाओं का अंत नहीं होता; रोज बाधाएं बढ़ती जाती हैं। और आखिर में पाता है कि यह तो मौत द्वार पर खड़ी हो गई। नाचने का समय ही न मिला; तैयारी ही करने में समय बीत जाता है। तैयारी कभी हो नहीं पाती। भोगी भोग कहां पाता?

उपनिषद कहते हैं: तेन त्यक्तेन भुंजीथा; उन्होंने ही भोगा जिन्होंने छोड़ा। यह किसी भोग की नई धारणा की बात है। जिसने पकड़ा वह क्या खाक भोगेगा? वह भोगता कहां दिखाई पड़ता है?

फिर योगी हैं; वे डर गए भोग से और भाग कर खड़े हो गए। अब वे चलते ही नहीं; हिलते ही नहीं। उनको तुम टस से मस नहीं कर सकते; वे अपनी जगह पत्थर होकर बैठ गए हैं। वे कहते हैं, हिलने में डर है; हिल गए, कंप गए, लहर आ गई; फिर क्या होगा? फिर संसार शुरू हो जाएगा। यह तो भयभीत अवस्था है और भय में अगर कोई ठहर भी गया है तो इस ठहरने में बहुत आनंद नहीं हो सकता। हो सकता है सांसारिक दुख न हो, सांसारिक अशांति न हो, लेकिन इस ठहरने में तो एक तरह की जड़ता होगी। गत्यात्मकता खो गई, गति खो गई। धार नहीं बहती अब, रस नहीं बहता अब।

नहीं, आखिरी अवस्था में जब तुम सबसे पार हो गए, तब फिर एक नृत्य की दशा हैह्नवह जो भोगी चाहता है और नहीं कर पाता और वह जो योगी चाहता है और

भोग में कहीं उतर न जाए, इस डर से रुका रहता है, और नहीं कर पाता है। भोगी और योगी के पार कोई दशा होनी चाहिए जहां योगी और भोगी दोनों की आकांक्षाएं पूरी हो जाती हैं। अन्यथा जगत में कोई अर्थ न होगा, अर्थहीन होगा जगत। भोगी अकड़ा खड़ा है डर के मारे, वह भी नहीं भोग पाता; योगी अकड़ा खड़ा है। भोगी भाग-दौड़ में है, ज्वर में है; वह भी नहीं भोग पाता; भाग-दौड़ के कारण नहीं भोग पाता। फुरसत कहां? और योगी डर के मारे नहीं भोग पाता है। फुरसत तो बहुत है। चौबीस घंटे खड़ा है। समझ में नहीं आता क्या करें। माला फेरता है; कुछ समझ में नहीं आता तो माला ही फेरता रहता है। कुछ न कुछ करता रहता है, जिसमें उलझा रहे। राम, राम, राम, राम जपता रहता है। दोनों नहीं कर पाते।

होना तो चाहिए किसी घड़ी में; नहीं तो जगत अर्थहीन है। फिर इसमें कोई प्रयोजन नहीं है; फिर यह एक वितंडा-जाल है। ए टेल टोल्ड बाय एन इडिएट; फुल ऑफ फ्यूरी एंड न्वाइज़, सिग्निफाइंग नथिंग। कोई मूर्ख कहता है कहानी; शोरगुल बहुत मचाता है, हाथ-पैर बहुत तड़फड़ाता है, लेकिन अर्थ कुछ नहीं निकलता। फिर इस जगत में कोई परमात्मा नहीं, फिर कोई सत्य नहीं।

इसलिए चौथी बात : उत्सव-लीला। पहुंच गए। योगी रुकने के कारण नहीं नाच पाता था, भोगी भागने के कारण नहीं नाच पाता था। अब न तो भागना रहा, न रुकना रहा। अब न तो तू रहा, न मैं रहा। अब तो सिर्फ ऊर्जा रही; अब इस ऊर्जा को नाचने से कौन रोके? क्यों रोके? कौन है रोकने वाला? अब एक नये ढंग का नृत्य शुरू होता है। इस नृत्य को ही हमने रास कहा है। यह नृत्य बड़ा अनूठा है। इसमें नाचने वाला होता ही नहीं, सिर्फ नाच होता है। इसमें भोगने वाला होता ही नहीं, भोग ही होता है; सिर्फ रस बहता है शुद्ध। और ऐसी दशा में ही तुम परमात्मा हुए। तो जीवन सार्थक हुआ; यात्रा कहीं पहुंची, कोई मंजिल मिली।

मगर ये चारों एक-दूसरे से जुड़े हुए हैं। तुम्हारी जितनी हिम्मत हो उतना चलना। सबसे कमजोर के लिए ईसाइयत है। वह वहां रुक जाए, दबाता रहे हाथ-पैर मरीजों के, गरीबों को रोटी बांटता रहे; उस तरह के काम में लगा रहे। इसलिए ईसाइयत राजनीति से बहुत दूर नहीं जा पाती, क्योंकि संसार के बहुत करीब है। ईसाइयत वस्तुतः एक तरह की राजनीति ही हो गई हैह्नसंसार से बहुत दूर नहीं। बस एक ही कदम तो; संसार बहुत करीब है। खिंच-खिंच आती है संसार में। इसलिए ईसाइयत धन भी बांटती, दवा भी बांटती, सेवा भी करती और इसी तल पर जीती है। ईसाइयत के पास ध्यान जैसी कोई प्रक्रिया नहीं बची। खो गया ध्यान; समाज-सेवा रह गई। समाज-सेवा बुरी बात नहीं है, लेकिन जो समाज-सेवा में ही समाप्त हो गया, उस पर दया करना। वह बहुत कुछ पा सकता था, नहीं पाया; बहुत कुछ हो सकता था, नहीं हुआ। वह क्षुद्र से तृप्त हो गया।

और तुम्हें ऐसा व्यक्ति महात्मा भी मालूम पड़ेगा; क्योंकि तुम्हें भी लगेगाः कितना काम कर रहा है। गरीबों के लिए कितना काम कर रहा है, बीमारों के लिए! अशिक्षितों को शिक्षित कर रहा है, रुग्णों का इलाज कर रहा है; अस्पताल खोल रहा है; स्कूल खोल रहा है; धर्मादय चला रहा है; प्याऊ खोल रहा है; प्यासों को पानी पिला रहा है। सीधी बात है; अच्छा काम कर रहा है।

अच्छा काम निश्चित ही है, लेकिन धर्म अच्छे काम पर समाप्त नहीं हो जाता। धर्म जरा ऊंची उड़ान है; अच्छे के भी पार है। इसलिए अगर तुम्हारी महात्मा की यही धारणा हो गई तो तुम्हारा महात्मा बस ईसाई मिशनरी के तल का हो जाएगा, इससे ज्यादा नहीं। तुमने गांधी को महात्मा कहा इसी अर्थ में।

तुम्हें जान कर यह हैरानी होगी कि गांधी ने कई बार अपने जीवन में यह सोचा कि ईसाई हो जायें। जब वे अफ्रीका में थे तो एक बार तो बिलकुल ही तैयार हो गए थे ईसाई होने को। उनके ऊपर ईसाइयत का बड़ा प्रभाव था। वे कहते भला हों कि गीता उनकी माता है, वह सच नहीं है बात। अगर उनके जीवन की धारणा को पूरा समझा जाए तो वे ईसाई ही हैं। क्योंकि उनके जीवन की सारी धारणा ईसाइयत से ही पैदा हुई है। उनके असली गुरु टाल्सटाय, रस्किन, थोरो, तीनों ईसाई हैं। इन तीन को उन्होंने गुरु कहा है। उनके ऊपर ईसाइयत का भारी प्रभाव है।

बुरा नहीं है ईसाइयत में कुछ भी। यह मैं कह नहीं रहा हूं। ध्यान से सुनना। लेकिन यात्रा वहां समाप्त नहीं होती; शुरू होती है। और जिसने समझ लिया कि यहां समाप्त हो गई, वह अटक गया। खूब करो सेवा, लेकिन सेवक बनकर अगर समाप्त हो गए तो तुमने कुछ पाया नहीं। ध्यानी कब बनोगे?

गांधी के शिष्य विनोबा कहते हैं, सेवा धर्म है। यह जरा गलत पर्याय है। यह तो गलत जोड़ है, गलत गणित है। मैं कहता हूं, धर्म सेवा है, पर सेवा धर्म नहीं। धार्मिक व्यक्ति सेवा कर सकता है, लेकिन सेवा ही करने से कोई धार्मिक नहीं हो जाता। सेवा बड़ी छोटी बात है। तो धार्मिक व्यक्ति के जीवन में सेवा भी हो, यह ठीक है। समझ में आती है बात। लेकिन कोई सिर्फ सेवक हो गया हो तो धार्मिक हो गया, तो तुमने धर्म को बड़े संकीर्ण दायरे में बंद कर दिया। तब तो फिर नास्तिक भी अगर सेवा करता हो तो धार्मिक हो गया। क्योंकि सेवा करने के लिए ईश्वर को मानना तो जरूरी नहीं है। बीमार के पैर दाबने में कोई ईश्वर की मान्यता बाधा डालती है? कि ईश्वर को मानोगे तब दाबोगे पैर! तब तो कम्यूनिस्ट भी धार्मिक है, शायद ज्यादा धार्मिक है। अगर सेवा ही धर्म है तो मार्क्स, एंजिल्स, लेनिन, स्टेलिन, माओ, ये बड़े ही धार्मिक लोग हैं।

लेकिन सेवा पर धर्म को समाप्त करने की बात ही भ्रांत है। धर्म बड़ा है; सेवा एक छोटा अंग बन सकती है। और धर्म के बड़े विस्तार के साथ सेवा जुड़ी हो तो सेवा

में भी एक सुगंध होती है। अन्यथा सेवा में भी कोई अर्थ नहीं रह जाता। बड़े के साथ जुड़ कर छोटा भी महत्वपूर्ण हो जाता है, लेकिन छोटे को ही बड़े करने का दावा करना तो बड़े को भी व्यर्थ कर देना है।

बुद्ध की करुणा सेवा से विराट है, बड़ी है। एक और कदम आगे उठा। अब तुम दूसरे से नहीं बंधे हो; अब तुम मुक्त हो। और तुम्हारे भीतर से मुक्त अहर्निश वर्षा होती है। लेकिन इतने पर ही समाप्त धर्म नहीं हो जाता। आधी यात्रा हो गई, लेकिन अभी आधी बाकी है।

फिर तीसरा चरण हैह्नजो कि करीब-करीब लगता है कि धर्म की अंतिम मंजिल आ गई; लेकिन फिर भी अंतिम नहीं हैह्नसाक्षी-भाव। अब न तो दूसरा न मैं, बस दोनों को देखने वाला, दोनों के पार जो अतिक्रमण कर जाता, अनुभवातीत साक्षी, वही रहा। यहां लगता है कि धर्म की आखिरी पराकाष्ठा हो गई। नहीं हुई; अभी एक कदम और बाकी है। अभी वर्तुल पूरा नहीं हुआ। जहां से चले थे, अभी वहीं वापस नहीं आए तो वर्तुल पूरा नहीं हुआ। स्रोत ही मंजिल है। बीज चला, पौधा बना, वृक्ष बना, फूल लगे, फल लगे, फिर बीज आए; तब वर्तुल पूरा हुआ, तब यात्रा पूरी हुई। जहां से चले वहीं आ गए। बच्चा पैदा हुआ, जवान हुआ, बूढ़ा हुआ, हजार-हजार उपद्रवों में पड़ा, और फिर बालवत हो गया; यात्रा पूरी हो गई।

स्रोत ही मंजिल है। जहां से चले थे वहीं पहुंच जाना है। कहां से चलती है यात्रा? संसार से, बाजार से, भीड़-भाड़ से। फिर एक दिन तुम उसी भीड़-भाड़ में आ जाओ। भीड़-भाड़ वही रहेगी, तुम वही नहीं रह गए। फिर तुम नाचो।

अब यह नाच गुणात्मक रूप से और है। इसको मैं उत्सव-लीला कहता हूं। लीला का यही अर्थ होता है। और परमात्मा नाच रहा है। अगर साक्षी पर परमात्मा रुक गया होता तो जगत में इतना नृत्य नहीं हो सकता था। इस रासलीला को देखते हो? चांद नाच रहा, सूरज नाच रहे, पृथ्वी नाच रही, तारे नाच रहे, पूरा ब्रह्मांड नाच रहा है। किसी गहन अहोभाव में लीन, किसी प्रार्थना में डूबा सारा अस्तित्व नाच रहा है। सुनो इसकी झनकार, जगत के पैरों में बंधे घूंघर की आवाज सुनो! तो मीरा ठीक कहती है: पद घुंघरू बांध नाची!

यह चौथी अवस्था हुई। चैतन्य नाचने लगे; मीरा नाचने लगी। बाउल नाचते हैं, पागल होकर नाचते हैं। भीतर कोई बचा नहीं, भीतर शून्य हो गए। साक्षी तो शून्य पर ले आता है: जब तुम नाचोगे तब पूर्ण होओगे। साक्षी तो तुम्हें कोरा कर देता है, खाली कर देता है। तुम गए। अब परमात्मा उतरेगा तो नाचेगा।

ध्यान रखना। या फिर परमात्मा को रोकना, उतरने मत देना। इसलिए जैन परमात्मा को इनकार करते हैं। वह लीला से बचने की व्यवस्था है। नहीं तो तुम शून्य

हो गए; अब क्या करोगे? अब परमात्मा उतरेगा, और जैसा कि उसकी आदत है नाचने की, वह नाचेगा। वह गीत गाएगा; वह हजार खेल करेगा। लीला उसका स्वभाव है। वह माया रचेगा। माया उसकी छाया है। तो अगर तुम डर गए तो अटक गए। साक्षीभाव में एक तरह का सूखापन रह जाएगा; रसधार न बहेगी, फूल न खिलेंगे, हरियाली न उगेगी, नये-नये अंकुर न आएंगे, वसंत की ऋतु न आएगी।

साक्षी तो एक तरह का पतझड़ है; वह पतझड़ की अवस्था है। फिर वसंत तो आने दो। पतझड़ तो उसी की तैयारी थी; उस पर रुक मत जाना। हां, पतझड़ में भी कभी-कभी वृक्ष सुंदर लगते हैं। नग्न खड़े वृक्ष, आकाश की पृष्ठभूमि में, कभी नग्न वृक्षों के पीछे उगता सूरज, उनकी नंगी शाखाएं फैली आकाश में, कभी सुंदर लगती हैं। माना, उनका भी अपना सौंदर्य है। लेकिन वह सौंदर्य रुकने जैसा नहीं है। आने दो पत्ते, उगने दो नये पल्लव, फिर गाने दो पक्षियों को, बनाने दो घोंसलों को, लेकिन अब बड़े और ढंग से बनेगी बात। अब कोई चिंता न होगी, अब कोई तनाव न होगा। यह सब सहज होगा।

मेरी सीमाएं बतला दो
यह अनंत नीला नभमंडल
देता मूक निमंत्रण प्रतिपल
मेरे चिर चंचल पंखों को
इनकी परिमिति परिधि बता दो
मेरी सीमाएं बतला दो

आदमी सदा सीमा चाहता है; कहीं न कहीं सीमा आ जाए। यह आदमी की चाह सीमा की उसे रोक लेती है। मैं तुमसे कहता हूं; तुम असीम हो, तुम्हारी कोई सीमा नहीं है। आकाश की सीमा ही तुम्हारी सीमा हैह्नअगर आकाश की कोई सीमा हो। आकाश की कोई सीमा नहीं है; तुम्हारी भी कोई सीमा नहीं है। तुम कहीं रुकना मत। तुम जहां रुके वहीं सीमा बन जाएगी! तुम चलते ही रहना, तुम बहते ही रहना। तुम्हारी कोई सीमा नहीं है। तुम असीम से असीम की ओर, पूर्ण से पूर्ण की ओर चलते ही रहना।

यह यात्रा अनंत है। परमात्मा यात्रा है। इसमें बहुत पड़ाव पड़ते हैं, पर यात्रा रुकती नहीं। और आगे, और आगे! और जो आखिरी घटना है वह घटना है लीला की। जब तुम्हें यह दिखाई पड़ता है कि सब खेल है तो तनाव खो जाता है। फिर तुम खेल की तरह लीन हो जाते हो। फिर तुम्हारे भीतर कोई गंभीरता नहीं रह जाती, तुम बालवत हो जाते हो, छोटे बच्चे की तरह खेलने लगते हो।

वह जो साक्षी पर रुक गया, खतरा है उस रुकने में। उस रुकने में अहंकार फिर खड़ा हो सकता है। मेरे देखे तुम जहां रुके वहीं अहंकार खड़ा हो जाएगा। रुकने का नाम

अहंकार है। अहंकार का अर्थ है : सीमा बन गई। यह आ गई जगह, पहुंच गए। जहां तुमने कहा पहुंच गए, वहीं अहंकार है। तुमने कहा नहीं पहुंचे, पहुंचना होता ही नहीं यहां, चलो-चलो, बहो, पहुंचना होता ही नहीं, तो फिर अहंकार निर्मित नहीं हो सकता।

सोचते हो, कोई तुम्हें इस हरी घास पर अकेला बैठा हुए देखे?
सारी दुनिया से तुमको कुछ अलग लेखे!
उठो इस एकांत से दामन छुड़ाओ, इस महज शांत से
चलो उतर कर नीचे की सड़क पर
जहां जीवन सिमट कर बह रहा है साहस की दिशा में
जहां अतर्कित प्रेम कठोरताओं पर तरल है
सबके बीच में जीवन सरल है
उठो इस एकांत से दामन छुड़ाओ, इस महज शांत से
जो न शक्ति देता है, न श्रद्धा, सिर्फ उदास बनाता है।

तुमने देखा, जो आदमी साक्षी पर अटका, वह उदास हो जाएगा, सूखे लक्कड़ की भांति हो जाएगा। पल्लव उसमें नहीं फूटते, गीत उसमें नहीं पैदा होते, उसके प्राणों में कोई रुनझुन नहीं रह जाती। मुर्दे की भांति महज शांत है, लेकिन शांति में कोई संगीत नहीं है। शांति निर्जीव है। जीवन नहीं है। कब्र की शांति, मरघट की शांति। ऐसी शांति नहीं जो बोलती है; ऐसी शांति नहीं जो नाचती है। क्या तुम मरघट की भांति शांत होना चाहते हो?

कन्फ्यूशियस से उसके एक शिष्य ने पूछा कि मुझे शांत होना है। तो कन्फ्यूशियस ने पूछा : कैसी शांति चाहता है, मरघट की शांति? तो वह तो तू मर कर हो ही जाएगा, उसकी जल्दी क्या है? वह तो हो ही जाएगा। अपनी कब्र में जब पड़ जाएगा तो शांत हो जाएगा, उसकी जल्दी क्या है? ऐसी क्या जल्दी मरने की? अभी दूसरी शांति खोज, जीवंत!

इस भेद को समझना। मुर्दा शांति को तुम वास्तविक शांति मत समझ लेना। मुर्दा शांति तो एक जड़ अवस्था है। भय के कारण तुमने अपने को सब भांति सिकोड़ लिया; हिलते-डुलते भी नहीं। कभी-कभी तुमने भय में देखा, ऐसा हो जाता है। अक्सर ऐसा होता है कि जब सिंह किसी जानवर पर हमला करता है तो वह जानवर वैसे का वैसा ठिठुर कर खड़ा हो जाता है, जैसे बर्फ जम गई। जो लोग इसका अध्ययन करते रहे हैं वे बड़े हैरान होते हैं कि मामला क्या है। यह मौका तो भागने का था और इस वक्त तो जड़ हो जाना खतरनाक है। लेकिन भय इतना है कि भागने में घबड़ाहट है; भय इतना है कि जड़ हो गया है।

कभी तुमने भी देखा होगा, गहरे भय में तुम एकदम ठहरे रह जाते हो, अवाक; हिलडुल भी नहीं पाते। कभी भय इतना जोर से पकड़ लेता है जैसे पक्षाघात लग गया, लकवा मार गया; खड़े रह गए, हिल भी नहीं पाते। जो लोग भयभीत हो गए हैं संसार की अशांति से, वे भय के कारण खड़े रह जाते हैं। तुम्हारे तथाकथित साधु-संन्यासी भय के कारण बैठे रह गए हैं; पद्मासन में बैठे हैं। उसे तुम पद्मासन मत समझना; उस पद्मासन में पद्म तो है ही नहींह्लपद्म यानी कमलह्लवह खिलाव तो है ही नहीं, फूल तो है ही नहीं, सुवास तो है ही नहीं, कहने को पद्मासन है, कमल कहां खिल रहा! कमल के खिलने से तो वे घबड़ा गए हैं; उन्होंने सब पंखुड़ियां समेट ली हैं।

एक साधु मेरे पास मेहमान हुए। सुबह तीन बजे उठ कर वे पद्मासन में ध्यान करने बैठ गए। मैंने उनसे पूछा : क्या कर रहे हैं? उन्होंने कहा कि पद्मासन में बैठ कर ध्यान कर रहा हूं। मैंने कहा : यह पद्मासन है ही नहीं। तुमने कभी किसी कमल को किसी आसन में बैठे देखा है? डोलता है हवा के साथ, सूरज की किरणों के साथ खुलता, जीवंत होता है। आसन में देखा किसी कमल को कभी? आसन में चट्टानें होती हैं; फूल कहीं आसन में होते हैं; डोलते हैं। तो मैंने कहा, अगर कमल जैसा होना है तो डोलो थोड़ा, नाचो थोड़ा, गीत गुनगुनाओ, ऐसे जड़ होकर मत बैठ जाओ। अगर ऐसा जड़ होकर ही बैठना है तो कम से कम पद्मासन तो मत कहो, कुछ और नाम खोज लोह्लजड़ासन।

उठो इस एकांत से दामन छुड़ाओ, इस महज शांत से।

महज शांत भी कोई शांति है? तुम फर्क समझते हो? एक हरियाली शांति होती हैह्लहरी-भरी, फुदकती-नाचती, धड़कती, श्वास चलती। जगत को देखो, यहां शांति बहुत है! ये वृक्ष शांत खड़े हैं, लेकिन फिर भी जड़ नहीं हैं। हवाएं निकलेंगी इनके बीच से और ये डोलेंगे मस्ती में। अस्तित्व शांत है, फिर भी एक गुनगुन है, एक गीत है। झरने शांत हैं, फिर भी एक नाद है, एक नृत्य है। तुम्हारी शांति अगर मुखर न हो, तुम्हारा मौन अगर बोले नहीं, तो सावधान रहना कि यह तुमने एक नई जड़ता पकड़ी। फिर तुम अकड़ कर बैठते हो। उस बैठने में भी तुम बैठे नहीं हो; तुम प्रतीक्षा कर रहे हो कि तुम्हें कोई विशिष्ट समझे।

सोचते हो कोई तुम्हें इस हरी घास पर अकेला बैठा हुआ देखे?

सारी दुनिया से तुमको कुछ अलग लेखे!

इसलिए मैं कहता हूं, जब तक संन्यासी वापस संसार में न आ जाए, भूल ही जाए अलग होना कि कोई अलग लेखे, यह बात ही मिट जाए, तब तक परम संन्यासी न हुआ। इसलिए महावीर की मैं तुमसे बात करता हूं, लेकिन कृष्ण की प्रशंसा करता हूं। महावीर को तुम्हें समझाता हूं, लेकिन अभीप्सा यही करता हूं कि किसी दिन तुम

कृष्ण जैसे हो सकोगे। बाकी सब पड़ाव हैं। वहां से डेरा उखाड़ लेना पड़ेगा; वहां तंबू बांध कर सदा के लिए घर मत बांध लेना। तंबू गड़ा लेना, रात रुक जाना, थक जाओ विश्राम कर लेना; लेकिन चल पड़ना।

चलो उतर कर नीचे की सड़क पर
जहां जीवन सिमट कर बह रहा है साहस की दिशा में
जहां अतर्कित प्रेम कठोरताओं पर तरल है।
सबके बीच में जीवन सरल है।

वह जो दूर-दूर भाग कर बैठा है जंगल में, वह सरल नहीं हो सकता। वह तो जटिल है। उसकी जटिलता ही उसे यहां ले आई है। अब वह यहां जो अकड़ कर बैठा है, यह भी अहंकार है। लौट चलो वहां जहां साधारण जन हैंह्नसीधे-साधे, जरा भी विशिष्ट नहीं।

आदमी विशिष्टता खोज रहा है। कोई विशिष्टता खोजता है धन के द्वारा कि मेरे पास करोड़ों रुपये हैं तो विशिष्ट हो जाता हैह्नस्वभावतः। क्योंकि करोड़ों रुपये बहुत लोगों के पास नहीं हैं, कुछ लोगों के पास हैं। आकांक्षा होती है धनी की कि वह इतना धनी हो जाए कि आखिरी हो जाए, उसके ऊपर कोई न रहे।

एण्ड्रू कारनेगी की आत्मकथा मैं पढ़ता था। वह अमरीका का सबसे बड़ा धनपति आदमी था। वह अपने सेक्रेटरी से एक दिन पूछता है कि मैं बार-बार सुनता हूं कि यह निजाम का हैदराबाद दुनिया में सबसे बड़ा धनी है, इससे मुझे चोट लगती है। तुम पता लगाओ, इसके पास है कितना?

अब यह जरा मुश्किल बात थी। क्योंकि निजाम हैदराबाद के पास धन तो नहीं था, हीरे-जवाहरात थे; उनका कोई हिसाब-किताब नहीं कि वे कितने के हैं। एण्ड्रू कारनेगी कहता है, जरा पता लगाओ कि कितना है इसके पास तो मैं इसे भी हरा कर बता दूं। मगर कुछ पता तो चले कि है कितना! बस यह कोरी बात चलती है कि सबसे ज्यादा है।

दस अरब रुपया छोड़ कर मरा एण्ड्रू कारनेगी, लेकिन फिर भी उसके मन में एक जरा सी खटक रह गई थी कि निजाम हैदराबाद, पता नहीं इसके पास ज्यादा हो!

आदमी धन की चेष्टा करता है ताकि विशिष्ट हो जाए। कोई पद की चेष्टा करता है कि राष्ट्रपति हो जाऊं, प्रधानमंत्री हो जाऊं, तो विशिष्ट हो जाऊं। साठ करोड़ के देश में राष्ट्रपति एक ही होगा तो विशिष्ट हो जाता है। कोई ज्ञान इकट्ठा करता है और विशिष्ट हो जाता है। कोई नोबल प्राइज पा लेता है और विशिष्ट हो जाता है। तुम इतना तो कर ही सकते हो न कि किसी पहाड़ पर जाकर आंख बंद करके बैठ जाओ, पद्मासन लगा लो। इतना तो कर ही सकते हो, तो भी विशिष्ट हो जाते हो। और

कभी-कभी तो ऐसा होता है, मजेदार है यह दुनिया, राष्ट्रपति तुम्हारे चरण छूने आ सकते हैं, और एण्ड्रू कारनेगी तुम्हारी प्रशंसा कर सकते हैं।

साक्षी होने में भी कहीं विशिष्ट होने का ही भाव न बना रहे। इसलिए मैं तुमसे आखिरी बात कहता हूंः लौट आओ। साक्षी तक जाओ, फिर तो कोई डर न रहा लौटने का। अब तो तुमने जान लिया कि तुम्हारी निष्कलुषता परम है, उसमें कलुष हो ही नहीं सकता। अब तो तुमने जान लिया कि तुम्हारी पवित्रता आत्यंतिक है, तुम पापी हो ही नहीं सकते। अब तो तुमने जान लिया कि तुम किसी कालकोठरी से भी गुजरो तो भी कालिख तुम्हें लग नहीं सकती। अब तो तुम जानते हो; अब तो तुमने देख लिया भीतर का खुला निरभ्र आकाश; अब तो तुमने परम से पहचान कर ली; अब तो तुम्हें स्वास्थ्य के दर्शन हो गए, स्वयं के दर्शन हो गए; अब क्या भय है? अगर तुम रुके हो अभी भी तो शक है कि तुम्हें अभी भी भय है और अभी भी तुमने स्वभाव को पूरा नहीं देखा। अभी भी कहीं कुछ डर किसी कोने-कातर में बैठा है जो कहता है, जाना मत वहां, कहीं उलझ न जाओ, कहीं फिर जंजाल में, संसार में न पड़ जाओ। तो मैं परम ज्ञानी उसी को कहता हूं जिसका यह भी भय चला गया। अब जो लौट आता है जगत में वह सरल हो जाता है, सहज हो जाता है।

जापान का एक सम्राट किसी ज्ञानी की तलाश करता था अपनी वृद्धावस्था में। तो वह गया, जिन-जिन के बड़े नाम थे उन-उन के दर्शन करने गया। लेकिन कहीं उसे तृप्ति न हुई। उसका बूढ़ा वजीर उसके साथ जाता था। एक दिन उसने कहा कि ऐसे तो आप भटकते रहेंगे और कभी भी तृप्ति न होगी, क्योंकि जिनके पास आप जाते हैं इनमें से कोई भी सरल नहीं है। ये सब चेष्टारत हैं, प्रयास अभी भी इनका जारी है, भय अभी भी मौजूद है। मैं एक आदमी को जानता हूं, लेकिन मैंने कभी आपसे कहा नहीं है क्योंकि शायद आप मानेंगे भी न। वह राजधानी में ही रहता है, आपके पड़ोस में ही। आपके महल में कई दफे काम भी कर गया है। गरीब आदमी है, मगर मैं कहता हूं कि अगर तुम सच में ही गुरु की तलाश में हो तो उसके चरण गहो।

सम्राट ने कहा, तो मुझे अब तक पता कैसे नहीं चला? और उसकी किसी को खबर क्यों नहीं है?

उस वजीर ने कहा, वह इतना सरल है कि खबर भी कैसे हो! और वह संसार में लौट आया है, इसलिए भोगी तो उसको गिनती में ही नहीं लेते और योगी उसकी निंदा करते हैं। वह वापस आ गया है। अब योगी होने का भी दंभ नहीं है उसके पास।

सम्राट उसके पास गया। उसे तो कुछ भी दिखाई न पड़े कि इसमें खूबी क्या है! क्योंकि वह बिलकुल वैसा साधारण आदमी दिखाई पड़ा जैसे साधारण आदमी होते हैं। वह अपने वजीर से कहने लगा, मुझे कुछ खूबी नहीं दिखाई पड़ती है।

वजीर ने कहा, यही खूबी है। तुम इसी खूबी को जरा गौर से देखो। तुमने कभी आदमी देखा है जो बिलकुल साधारण हो? साधारण से साधारण आदमी भी चेष्टा तो यही करता है कि मैं असाधारण हूं। साधारण से साधारण आदमी भी दंभ तो यही पालता है कि मैं साधारण नहीं हूं। यह आदमी बिलकुल साधारण है। इसकी साधारणता आत्यंतिक है। इसके भीतर विशिष्ट होने की धारणा नहीं रही है। यही इसका संतत्व है।

सबके बीच में जीवन सरल है
उठो इस एकांत से दामन छुड़ाओ, इस महज शांत से,
जो न शक्ति देता है, न श्रद्धा, सिर्फ उदास बनाता है,
न, तटस्थ होने लायक कमजोर तुम अभी नहीं हुए
लहरें गिनने के दिन भी आ सकते हैं
मगर हाथ जब तक पतवार उठा सकते हैं
कंठ-स्वर जब तक हैया-हो गा सकते हैं
तब तक ऐसी अनंत तटस्थता शर्मनाक है
तटस्थता की तुम्हारे मन पर कैसी बुरी धाक है
उठो सिमट कर बहते हुए जीवन में उतरो
घाट से हाट तक, हाट से घाट तक आओ-जाओ
तूफान के बीच में गाओ
मत बैठो ऐसे चुपचाप तट पर
परमात्मा हैया-हो गा रहा है
तुम्हें उसकी आवाज सुनाई नहीं पड़ती!
माना कि तुम बहरे हो मगर इतने तो नहीं,
और अंधे हो मगर इतने तो नहीं,
परमात्मा सब तरफ हैया-हो गा रहा है
पतवार चला रहा है।

और मैं तुमसे कहता हूंह्लइस कविता के लेखक ने तो कहा: न, तटस्थ होने लायक कमजोर तुम अभी नहीं हुएह्लमैं तुमसे कहता हूं, कभी नहीं होओगे।

लहरें गिनने के दिन भी आ सकते हैं,
मगर हाथ जब तक पतवार उठा सकते हैं

मैं तुमसे कहता हूं, कभी नहीं ऐसा होता है कि लहरें गिनने के दिन आयें। तुम सदा ही ऊर्जा से भरे हो; तुम परमात्म-स्वरूप हो; लहरें गिनने के दिन आते ही नहीं।

किनारे पर बैठने का भी एक मजा है। मैं तुमसे कहता नहीं कि उसे तुम मत लो; लेकिन किनारे पर बैठे मत रह जाना। जब किनारे पर बैठ कर तुम अपने स्वभाव को

पहचान लो, तटस्थ होकर जब तुम अपने को जान लो, कूटस्थ होकर जब भीतर की प्रत्यभिज्ञा हो जाए, तो लौट आना, उठा लेना पतवार!

मगर हाथ जब तक पतवार उठा सकते हैं,
कंठ-स्वर जब तक हैया-हो गा सकते हैं,
तब तक ऐसी अनंत तटस्थता शर्मनाक है।

और मैं तुमसे कहता हूं, सदा ही हाथ पतवार उठा सकते हैं। और अगर साक्षी के हाथ न उठा सके तो किसके उठायेंगे? क्योंकि साक्षी नहीं उठाताह्नसाक्षी तो देखता हैह्नपरमात्मा उठाता है। साक्षी नहीं नाचताह्नसाक्षी तो देखता हैह्नपरमात्मा नाचता है। लेकिन अब वह परमात्मा को रोक नहीं रखता है। वह कहता है, नाचो; हैया-हो करना है हैया-हो करो। अब जैसा हो हो। इसी को अगर तुम ठीक से समझो तो अष्टावक्र बार-बार कहते हैं : जो होता है हो; जैसा होता है वैसा होह्नबालवत। खयाल रखना, छोटे बच्चे जैसा होना साक्षी के पार चले जाना है। फिर लीला में उतर आना है।

चलो प्रेम से; रुको करुणा पर; बढ़ो साक्षी तक। साक्षी-भाव में रुक जाने की, ठहर जाने की बड़ी प्रबल आकांक्षा पैदा होती है। खयाल रखना। क्योंकि बड़ा सुखद है साक्षी-भाव; परम शांत है; कोई लहर नहीं उठती; जन्मों-जन्मों का सताया हुआ आदमी जब वहां पहुंचता है तो सोचता है आ गए! मगर मैं तुमसे कहता हूं, अभी भी नहीं आए। अगर सोचा कि आ गए तो अभी भी नहीं आए।

यह आने का जो भाव पैदा होता है, यह बहुत-बहुत जन्मों की पीड़ा, चक्कर, उपद्रव, शोरगुल के कारण होता है। यह उसकी प्रतिक्रिया है। थोड़ी देर जब बैठोगे साक्षी की छाया में, विश्राम कर लोगे थोड़ाह्नअष्टावक्र कहते हैं चित्तविश्रांतिह्नजब चैतन्य में विश्राम कर लोगे, विराम कर लोगे, फिर ऊर्जा उठेगी। विश्राम का अर्थ ही होता है कि तुम फिर श्रम करने को तैयार हो गए। जिस विश्राम से श्रम करने की क्षमता न आए वह विश्राम नपुंसक है। वह विश्राम ही नहीं है। तुम रात भर सोए, तुम कहते हो रात गहरी नींद आई, बड़ा विश्राम हुआ। इसका प्रमाण क्या है? इसका प्रमाण है कि सुबह तुम गड्ढा खोदने लगे, कि लकड़ियां काटने लगे। तुम कहते हो रात भर खूब विश्राम किया, अब ऊर्जा भर गई, अब कुछ करने का मन होता है।

साक्षी विश्राम है। लेकिन विश्राम का प्रमाण क्या कि तुम वस्तुतः विश्राम को उपलब्ध हुए? जो आदमी रात विश्राम को उपलब्ध होता है, सुबह काम पर चला जाता है, और जो आदमी रात भर करवट बदलता है, सुबह भी उठने का मन नहीं करता; वह आदमी कहता है विश्राम हो ही नहीं पाया, कैसे जाऊं काम पर? आज तो पूरे दिन बिस्तर में पड़े रहने का मन होता है। जो आदमी सुबह बिस्तर में ही पड़ा रहे,

क्या तुम यह कहोगे कि इसने विश्राम कर लिया! तुम भी मानोगे यह बात कि इसका विश्राम पूरा नहीं हो पाया, इसीलिए पड़ा है। जो उठ गया सुबह, उठा ली कुदाली, उठा लिया फावड़ा, चल पड़ा काम पर, तुम भी कहोगे कि रात खूब विश्राम कर लिया मालूम होता है। गीत गुनगुनाते हो और गड्ढा खोदने चले हो!

साक्षी तो विश्राम है। इसका प्रमाण कहां मिलेगा? तुम्हारी लीला में; तुम्हारे जगत में फिर वापस लौट आने में। तुम्हारा नृत्य सबूत होगा, गवाही होगा कि साक्षी का भाव उपलब्ध हुआ। और वर्तुल पूरा हो जाता है।

दूसरा प्रश्न : बाल-बोध और सम्यक बोध को कृपा करके समझाइए।

तीन शब्द खयाल में लो : अबोध, सम्यक बोध और बाल-बोध।

छोटा बच्चा अबोध है; उसके पास अभी कोई बोध नहीं है। अभी उसे होश नहीं है, बेहोश है। अभी उसका यह अबोध उसे खतरे में ले जाएगा, झंझटें पालेगा; झंझटें पालने के दिन करीब हैं। धन कमाएगा; महत्वाकांक्षा में दौड़ेगा; पागल होगा पद के लिए। प्रेम में पड़ेगा; विवाह करेगा। हजार तरह की झंझटें आने वाली हैं, क्योंकि अबोध है। अभी कुछ बोध तो नहीं है।

फिर जैसे-जैसे झंझटें गहरी होने लगेंगी, वैसे-वैसे समझ बढ़ेगी, प्रौढ़ता आएगी और धीरे-धीरे यह दिखाई पड़ेगा कि क्या करने से झंझट हो जाती है ज्यादा और क्या करने से झंझट कम होती है। तो सम्यक बोध पैदा होगा। तब वह चुनाव करने लगेगा। वह कहेगा : यह करूं और यह न करूं; यह शुभ है, यह अशुभ है; यह ठीक, यह गलत। सम्यक का अर्थ है ठीक, जो ठीक है वह करूं। ठीक क्या है? जिससे झंझट नहीं बढ़ती, शांति रहती है, सुख रहता है। गैर ठीक क्या है? जिससे झंझट बढ़ती है, उपद्रव बढ़ते हैं और जीवन की शांति छिन जाती है, चैन छिन जाता है। तो सम्यक बोध पैदा हुआ।

सम्यक बोध ऐसा हो गया गहन कि अब चुनाव भी नहीं करना पड़ता। अब तो जो ठीक है वह सहज ही होता है। अब सम्यक बोध ऐसे गहरे उतर गया प्राणों में, रोएं-रोएं में समा गया, श्वास-श्वास में भिद गया कि अब तो जो ठीक है वही होता है। अब गलत होता ही नहीं। अब चुनाव नहीं करना पड़ता है कि यह गलत और यह ठीक; यह ठीक है इसको करूं और यह गलत इसको न करूं। जब तक चुनाव करना पड़े तब तक सम्यक बोध; जब तक चुनाव की क्षमता ही न हो तब तक अबोध; और जब चुनाव के बिना ठीक होने लगे, सहज ही ठीक होने लगे, तब स्व-बोध, या बाल-बोध, या सहज बोधह्नजो भी नाम देना चाहो।

तब एक खयाल में ले लेना। जैसा छोटा बच्चा है, उसे कुछ पता नहीं है कि क्या करना क्या नहीं करना, ऐसे ही संत को भी कुछ पता नहीं है कि क्या करना और क्या नहीं करना। इसलिए दोनों में एक समानता है। मगर एक बड़ा भेद भी है। छोटे बच्चे को पता नहीं है कि क्या करना और क्या नहीं करना, क्योंकि वह अबोध है, अभी बुद्धि जागी नहीं है, अभी भेद आया नहीं है। संत को भी पता नहीं कि क्या करना और क्या नहीं करना; बुद्धि जाग भी गई और गई भी। अब जागरण ऐसा स्वाभाविक हो गया है कि जो होता है होता है, जो होता है वही ठीक होता है। सम्यक बोध में हमें ठीक करना पड़ता है और सहज बोध में ठीक होता है।

जैसे तुमने देखा कि दरवाजा है, निकल गए; ऐसा सोचते थोड़े ही हो खड़े होकर कि निकलें दरवाजे से कि दीवाल से निकलें, कि दीवाल से निकलेंगे तो याद है पहले निकले थे तो सिर में ठोकर खाई थी और निकल भी न पाए थे, और दरवाजे से जब भी निकले तो निकल भी गए, ठोकर भी न खाई, इसलिए चलो दरवाजे से ही निकलना ठीक है। ऐसा तुम इतना हिसाब थोड़े ही करते हो दरवाजे के सामने खड़े होकर! और जो ऐसा हिसाब करे उस पर तुम्हें शक होगा कि यह निकलेगा दरवाजे से कि नहीं? निकल पाएगा कि नहीं? क्योंकि यह बात ही ऐसी सोच रहा है जिससे शक होता है, इसके मन में दीवाल से निकलने का अभी आकर्षण है।

यह समझा रहा है। यह कहता है, क्रोध बुरा है, पाप है, नरक जाना पड़ता है, क्रोध करना ठीक नहीं है। लेकिन जिसका बोध परिपूर्ण हो गया, वह ऐसा थोड़े ही कहता है कि क्रोध करना ठीक नहीं, कि क्रोध करने से नरक जाना पड़ता है, वह क्रोध करता नहीं है; जैसे दीवाल से नहीं निकलता। वहां सिर्फ सिर टकराता है, कुछ सार नहीं है। सारे अनुभवों का निचोड़ हाथ आ गया है, कुंजी मिल गई है। तुम सुनते हो इस तरह की बातें कि बुद्ध ने कभी क्रोध नहीं किया, कि महावीर ने कभी क्रोध नहीं किया, मगर ये हमारे वक्तव्य हैं। ऐसा कहना कि महावीर ने कभी क्रोध नहीं किया, ठीक नहीं है। इससे तो ऐसा लगता है, क्रोध करना चाहते थे और नहीं किया। जैसे कि करने का दिल था और रोक लिया, सम्हाल लिया। अगर रोक लिया, सम्हाल लिया, तो महावीर अभी कहीं पहुंचे ही नहीं। नहीं, क्रोध हुआ नहीं। ऐसी चैतन्य की एक दशा है जहां क्रोध होता नहीं है, जहां तुम्हारा चैतन्य ही इतना गहरा होता है कि यह असंभव हो जाता है कि क्रोध करो या सोचो भी या विचार भी करो।

अबोध; बोध; सहज बोध। अबोध अज्ञान की अवस्था है; बोध मध्य की, ज्ञान और अज्ञान मिश्रित; सहज बोध शुद्ध ज्ञान की। और जहां से चीजें चलती हैं वहीं पहुंच जाती हैं। फिर संत छोटे बच्चे जैसा हो जाता हैह्नबड़े नये अर्थों में।

तुम कभी पहाड़ गए? पहाड़ कभी चढ़े? गोल-गोल चढ़ता है रास्ता। कई दफे तुम उसी जगह फिर आ जाते हो थोड़ी ऊंचाई पर आते। वही दृश्य, वही खाई, लेकिन थोड़ी ऊंचाई पर। नीचे तुम देख सकते हो रास्ता। तुम ट्रेन से जाते हो माथेरान, चढ़ने लगती तुम्हारी छोटी सी गाड़ी; कई बार तुम्हें नीचे की पटरियां दिखाई पड़ती हैं जहां से तुम अभी गुजर गए थोड़ी देर पहले। थोड़े ऊपर आ गए, मगर जगह वही, ऊंचाई बदल गई।

संत शिखर पर पहुंच जाता है, बच्चा खाई में खड़ा होता है; लेकिन दृश्य दोनों एक ही देखते हैं। बच्चा अज्ञान के कारण देखता है; संत ज्ञान के कारण देखता है।

जान सकता हूं अगर साहस करूं
श्रृंखला वह जो पवन में वह्नि में तूफान में है
और चल उत्ताल सागर में
जान सकता हूं अगर साहस करूं
चेतना का रूप वह
जिसमें वृक्ष से झर कर
मही पर पत्ते गिरते हैं
सातवें के बाद और पहले के रंग के पहले
अंधेरा ही अंधेरा है
शब्द के उपरांत केवल स्तब्धता है
गूंज उसकी जतुक सुनते हैं
कि सुनते मीन सागर के हृदय के
इंद्रियों की स्पर्श रेखा के पार
घूमते हैं चक्र अणुओं तारकों परमाणुओं के
जिंदगी जिनसे बुनी जाती
जिन अगम गहराइयों से भागते हैं
छोड़ कर उनको कहीं आश्रय नहीं मिलता।

भागना भर मत। बचपन से भागना भर मत। जीवन की अबोध अवस्था से भागना भर मत। जाग कर देखना, अनुभव करना; भागना किसी चीज से मत। जिस चीज से भी भागोगे उससे कभी मुक्त न हो पाओगे। क्योंकि जिससे भी भाग जाओगे अधूरा अनुभव होगा, अपरिपक्व अनुभव होगा, कच्चा अनुभव होगा। तुम तो जो जीवन दिखाए उसे पूरा-पूरा देख लेना, पूरा कर लेना, पक जाना। और फिर तुम्हें लौट कर देखने की जरूरत न रहेगी; फिर तुम जब छोड़ दोगे एक जगह तो छोड़ दोगे, लौट

कर देखोगे भी नहीं। कुछ बचा ही नहीं, तुमने सब सार-सार ले लिया। जो छूट गई जगह, अब वहां कुछ बचा ही न था पीछे लौटने को, देखने की कोई बात नहीं। उसकी तुम्हें याद भी न आएगी, स्मरण भी न होगा।

तो हर जीवन की स्थिति को ठीक-ठीक देख लेना। अंततः हाथ में, जो तुम बार-बार ठीक-ठीक देखते रहे, ठीक-ठीक देखते रहे तो ठीक देखना बच रहता है, और सब चला जाता है। ठीक देखने की कला बच रहती है और सब चला जाता है। वही ठीक देखने की कला का नाम सम्यक बोध है। लेकिन उसको भी तभी तक हम ठीक कहते हैं जब तक गलत होने की थोड़ी सी संभावना शेष है। जिस दिन गलत होने की संभावना गिर गई, पूरी की पूरी गिर गई, अब गलत की वासना उठती ही नहीं, उस दिन तो सिर्फ बोध रह गया। सहज बोध, सहज समाधिह्नबालवत!

तीसरा प्रश्नः इस देश में राम की लीला को रामलीला कहते हैं और कृष्ण की लीला को रासलीला। रामलीला और रासलीला में क्या भेद है?

रामलीला में राम महत्वपूर्ण हैं; रासलीला में कोई महत्वपूर्ण नहीं। रामलीला राम का चरित्र है; राम की गरिमा है वहां; राम मध्य में हैं, केंद्र पर हैं। वे मर्यादा, अनुशासन, धर्म, संस्कार, संस्कृतिह्नइन सबसे घिरे बीच में खड़े हैं। कृष्ण की लीला में कृष्ण नहीं हैंह्नकोई नहीं है। कृष्ण की लीला में परमात्मा है; राम की लीला में राम हैं। कृष्ण की लीला रासलीला है। यह जो अनंत रास चल रहा है परमात्मा का, यह जो अनंत रस बह रहा है, यह जो अनंत नृत्य चल रहा हैह्नइस नृत्य में राम की तो अपनी पसंदगियां-नापसंदगियां हैं; कृष्ण की कोई पसंदगी-नापसंदगी नहीं है।

इसलिए मैं फिर से दोहराऊंः राम का चरित्र है; कृष्ण का कोई चरित्र नहीं। चरित्र का अर्थ होता हैः योजना, व्यवस्था, चुनाव। राम ने एक ढंग से जीवन को बनाना चाहा है और सफल हुए; जीवन को वैसा बना कर दिखा दिया है। लाख कठिनाइयां थीं, लाख कुर्बानी करनी पड़ी, कुर्बानी कर दी। पिता का घर छोड़ना पड़ा, तो पिता का घर छोड़ दिया। लेकिन पिता ने आज्ञा दी तो आज्ञा का उल्लंघन न किया। जानते हुए भी कि अन्याय हो रहा है, फिर भी अन्याय का प्रतिकार न किया।

राम परंपरागत हैं। रघुकुल रीत सदा चली आई, प्राण जाएं पर वचन न जाई! दे दिया वचन तो पूरा करना है। जैसा सदा होता रहा है वैसा ही करनाह्नकुल के अनुसार चलना! राम के पास एक समादृत व्यक्तित्व हैह्नपरंपरागत! राम में कोई बगावत नहीं है, कोई क्रांति नहीं है। राम ट्रेडिशनल हैं। राम परंपरा हैं; जैसा होना चाहिए वैसा ही किया है। जो समाज को स्वीकार है वैसा ही किया है, उससे अन्यथा नहीं गएह्नचाहे

कुछ भी, कितनी ही पीड़ा भीतर झेलनी पड़ी हो। सीता को छोड़ा होगा जंगल में जिस दिन तो पीड़ा हुई होगी, लेकिन स्वयं को कुर्बान किया है समाज के लिए। इसलिए समाज ने भी खूब मूल्य चुकाया! समाज ने भी खूब याद किया। जैसा राम का समादर है वैसा किसी का समादर नहीं है। राम ने समाज को समादर दिया, समाज ने राम को समादर दिया।

मुझसे लोग पूछते हैं कि राम के प्रति लोगों का इतना भाव क्यों है? करोड़-करोड़ जनों का राम के प्रति इतना भाव क्यों है? यह पारस्परिक है। राम ने भीड़ के प्रति समादर दिखाया, भीड़ राम के प्रति समादर दिखा रही है। यह लेन-देन है, यह सीधा हिसाब है, यह सौदा है। इसमें कुछ खूबी नहीं है। राम ने अपने को समर्पित कर दिया समाज के लिए। सही और गलत की भी बात न उठाई। यह भी न पूछा कि समाज जो कहता है, वह ठीक है? ठीक की बात उठाओ तो समाज नाराज होता है। राम ने समाज को नाराज किया ही नहीं। उनमें क्रांति का कोई स्वर नहींह्नमर्यादा है, व्यवस्था है, शील है।

तो राम की लीला में राम बहुत महत्वपूर्ण हैं, चरित्र है। ठीक ही तुलसी ने अपनी राम की कथा को नाम दिया है: रामचरितमानस। वह राम के चरित्र की कथा है। चरित्र का अर्थ होता है: लोगों की मान्यता के अनुसार।

कृष्ण का कोई चरित्र नहीं है। कृष्ण तो मान्यताओं के बिलकुल विपरीत हैं; किसी मान्यता को मानने का कोई आग्रह नहीं है। राम ने अपनी पत्नी छोड़ दी जंगल में; कृष्ण दूसरे की पत्नियों को भी ले आएह्नजो अपनी थीं भी नहीं! तो समाज इसको क्षमा तो कर नहीं सकता। तो कृष्ण का लोग नाम भी लेते हैंह्नतो भी कभी श्री कृष्ण भारत की अंतर्धारा नहीं बन पाए; कभी भीड़ कृष्ण के प्रति बहुत आदर नहीं रखती। और अगर कभी तुम कृष्ण को थोड़ाह्नबहुत आदर भी देते हो तो वह इसीलिए कि राम उबाने वाले हैं। तो कृष्ण...राम हैं भोजन; कृष्ण चटनी हैं। थोड़ा...। मगर रस राम में है, पुष्टि उन्हीं से लेते हो। ऐसा कृष्ण का भी थोड़ा रस ले लेते हो कभी-कभी, लेकिन ये राह के किनारे हैं, ये राह पर नहीं पड़ते। राजपथ तो राम का है। कृष्ण तो ऐसा हैह्नपगडंडी जंगल में खो जाने वाली; कभी-कभी टहलने चले जाते हो, कभी रस भी ले लिया। लेकिन खतरनाक हैं कृष्ण!

और जो कृष्ण को मानता है, वह भी कभी ध्यानपूर्वक नहीं देखता कि कृष्ण का जीवन क्या कह रहा है। कृष्ण का जीवन कह रहा है: चरित्र से मुक्त होने की सूचना। कृष्ण के सारे जीवन की प्रस्तावना इतनी है कि चरित्र से मुक्त हो जाओ। चरित्र बंधन है। इसको तो कौन समाज मानेगा! कृष्ण का भक्त भी नहीं मान सकता। वह तो तुम कृष्ण की पूजा कर लेते हो घर में मोरमुकुट बांध कर और सब...लेकिन कृष्ण अगर

आ जाएं एक दिन अचानक तो तुम एकदम घबड़ा जाओगे। राम आएंगे तो तुम बिलकुल स्वागत कर लोगे, पैर पर गिर पड़ोगे; कृष्ण आ जाएंगे तो तुम थोड़े दिग्भ्रमित हो जाओगे, किंकर्तव्यविमूढ़ कि अब क्या करना, इस आदमी को घर में ले चलना कि नहीं! क्योंकि तुम्हारी पत्नी को लेकर भाग जाए...। यह भरोसे का नहीं है। तुम दफ्तर जाओ और यह रास रचाने लगे। एक मूर्ति बना कर पूजा कर लेना एक बात है। लेकिन तुम थोड़ा सोचो, कृष्ण तुम्हारे घर आ जाएं तो तुम ठहरा सकोगे? तुम कहोगे : 'महाराज आप ब्लू डायमंड में ठहर जाइए, खर्चा हम उठा लेंगे। मगर हमें बक्शो! बाल-बच्चे वाले हैं! अब आप...।'

पूजा एक बात है। राम की पूजा से तुम्हारा मेल है। राम से तुम्हारा मेल है। राम परंपरागत हैं; सामाजिक हैं; भीड़ के पीछे हैं। तो भीड़ ने राम का खूब आदर किया। राम ने भीड़ का खूब आदर किया। राम में कोई क्रांति नहीं है। राम क्रांति-विरोधी हैं। और स्वभावतः जब कोई व्यक्ति अपने को समाज के लिए बलिदान कर देता है तो समाज उसके व्यक्तित्व को खूब ऊपर उठाता है। तुम्हारे लिए जो मर जाए, स्वभावतः तुम कहोगे शहीद है। तुम भरोसा दिलाते हो लोगों को कि ङ्कअगर तुम समाज के लिए मरे तो स्वर्ग निश्चित है। शहीदों की चिताओं पर जुड़ेंगे हर बरस मेले! तुम घबड़ाओ मत, मर जाओ, हम मेला चलाते रहेंगे! कुंभ मेला भर देंगे तुम्हारी चिता पर।ङ्ख सदियों-सदियों तक तुम उन्हें चुकाते हो।

लेकिन कृष्ण कोई शहीद नहीं हैं। और कृष्ण ने तुम्हारे लिए कोई कुर्बानी नहीं की है। तुम उनको पूजते हो जो तुम्हारे लिए मरने को राजी हैं। कृष्ण जीए हैं। कृष्ण जीए हैं। जैसा जीवन सहज भाव से प्रगटा है; जो हुआ है होने दिया है। तुम्हारी दो कौड़ी की धारणाओं का कोई मूल्य नहीं माना है। तुम्हारी सब धारणाएं तोड़ दी हैं। तुम्हारी धारणा तुम्हारी है, कृष्ण उसके लिए झुके नहीं। तुम्हारी लकीर पर चलने के लिए कृष्ण राजी नहीं हुए। अमर्याद हैं। उनकी लीला व्यक्ति की लीला नहीं है; उनकी लीला प्रभु-लीला है; वह रासलीला है।

दो ही बातें हैंङ्खया तो कृष्ण लंपट हैं, या तो कृष्ण अपराधी हैं; और या कृष्ण स्वयं परमात्मा हैं। दो के बीच में तुम कहीं नहीं रख सकते उनको। राम बीच में हैं। निश्चित ही बुरे तो हैं ही नहीं। लेकिन तुम ठीक परमात्मा की जगह भी नहीं रख सकते। इसलिए हिंदुओं ने उन्हें कभी पूर्ण अवतार नहीं कहा, कह भी नहीं सकते; क्योंकि पूर्ण अवतार हमारी धारणाओं को मान कर चलेगा? पूर्ण की कोई सीमा होती है? पूर्ण पर कोई हम अपना ढांचा बिठा सकेंगे? पूर्ण तो बहेगा बाढ़ की तरह, हमें तोड़ देगा। पूर्ण कोई नहर थोड़े ही हैङ्कबाढ़ आई गंगा है!

राम तो नहर हैंह्नसरकारी नहर! जितना पानी चाहो, बहाओ; और जहां बहाना चाहो वहां बहाओ। वे आज्ञा के अनुसार चलते हैं। सरकार भी प्रसन्न, समाज भी प्रसन्न! व्यवस्था, स्थिति-स्थापक हैं। जो व्यवस्थित है, जिसके हाथ में स्वार्थ है, न्यस्त स्वार्थ है, उसके पक्ष में हैं। वह कोई भी हो...।

तो राम की तो अस्मिता है। राम अहंकार के पार नहीं हैं। क्योंकि अहंकार के अगर पार हों तो कौन मान कर चले, किसकी मान कर चले! अहंकार के जो पार हो उसका कैसा चरित्र होगा? बिंदु ही नहीं, केंद्र ही नहीं, तो उसके आस-पास चरित्र का चाक कैसे चलाओगे? उसकी कील ही टूट गई तो चाक कैसे चलेगा?

कृष्ण अहंकार-शून्य हैं। अपूर्व हैं! बहुत पार के हैं! बहुत दूर हैं! तुम जब तक अपनी क्षुद्र धारणाओं से मुक्त न होओह्नचरित्र की, शुभ की, अशुभ की, द्वंद्व की, द्वैत की; जब तक तुम्हारी तार्किक धारणा न छूटे; जब तक तुम जीवन जैसा है उसको वैसा ही न देखने को समर्थ हो जाओह्नतब तक कृष्ण तुम्हारी पकड़ में न आयेंगे। इसलिए कृष्ण की लीला को रासलीला कहा है। वह परमात्मा की लीला है। वह अबूझ है, रहस्यमय है।

राम बिलकुल बूझ के भीतर हैं। राम बिलकुल गणित और तर्क की तरह साफ-सुथरे हैं। तुम इंच भर गलत न पाओगे और इंच भर बेबूझ न पाओगे। राम की कथा बहुत साफ कथा हैह्नस्वच्छ, धुआं बिलकुल नहीं है। कृष्ण की कथा बड़ी रहस्यपूर्ण है, सब उलझा-उलझा है। कृष्ण की कथा तो जैसे परमात्मा की ही छोटी सी झलक है।

तुम परमात्मा को देखो, परमात्मा में तुम्हें कोई चरित्र दिखाई पड़ता है? अगर परमात्मा में चरित्र हो तो बुरे आदमी दुनिया में जीने ही नहीं चाहिए।

एक सूफी फकीर बायजीद हुआ। उसके गांव में एक बड़ा दुष्ट आदमी था। सारा गांव उससे परेशान था और फकीरों को तो वह खास तौर से सताता था। एक दिन बायजीद ने रात प्रार्थना की कि 'हे प्रभु, किसी चीज की सीमा होती है! इतनों को उठाता है, भलों को उठा लिया, अच्छे-भले आदमी हट गए, उठ गए, नरक चले गए, कहां गए कुछ पता नहींह्नयह कहीं नहीं जाता! तू इसको भेज। इसको क्यों रोक रखा है? और भले सताए जा रहे हैं और यह बुरा फल रहा है। एक सीमा होती है।'

कहते हैं, बायजीद ने आवाज सुनी हृदय के अंतर्तम से आती कि बायजीद, मैं उसे साठ साल से बरदाश्त कर रहा हूं और जब मैं उसे बर्दाश्त कर रहा हूं तो तू शिकायत करने वाला कौन? तू भी उसे स्वीकार कर।

अगर परमात्मा बुरों के विपक्ष में हो तो बुरे मिट जाने चाहिए, क्योंकि उसकी तो मर्जी काफी है। तुम कहते हो न कि उसकी बिना मर्जी के पत्ता नहीं हिलता, तो रावण

कैसे सीता चुरा ले गया? पत्ता नहीं हिलता उसकी बिना मर्जी के तो रावण के पीछे उन्हीं की सांठ-गांठ रही, उन्हीं का इशारा रहा कि रावण चला जा। इशारा कर दिया होगा कि...। अगर उसकी बिना मर्जी के कुछ भी नहीं होता तो बुरा भी उसकी मर्जी से हो रहा है, यह तो मानोगे न! इसको कैसे इनकार करोगे?

इससे बचने के किए धर्मों ने बड़ी तरकीबें खोजी हैं। पारसियों ने दो तत्व मान लिए हैं: एक शुभ का तत्व-परमात्मा; एक अशुभ का तत्व, वह परमात्मा का विरोधी है। वह कर रहा बुरे काम। लेकिन वह जो परमात्मा का विरोधी तत्व है, वह परमात्मा की बिना मर्जी के है? तब तो परमात्मा की सर्वशक्तिमत्ता खत्म हो गई। यह कोई तरकीब हुई बचने की?

ईसाई कहते हैं: यह जो बुरा काम हो रहा है, यह शैतान कर रहा है। यही मुसलमान कहते हैं कि बुरा काम शैतान कर रहा है और भले काम परमात्मा कर रहा है। अगर तुमने चोरी की तो यह शैतान ने तुम्हारे दिमाग में रख दिया! मगर शैतान को किसने इस अस्तित्व में रखा है? चलो यह भी मान लो कि शैतान ने तुम्हारे दिमाग में रख दिया, उन्होंने यह दफ्तर उनके हाथ में छोड़ दिया होगा; लेकिन शैतान को किसने इस अस्तित्व में रखा दिया है? शैतान को रखा जाना चाहिए, परमात्मा की खोपड़ी में यह किसने रख दिया है?

तुम इससे भाग न सकोगे। कहीं तो तुम्हें परमात्मा की आत्यंतिक जिम्मेदारी स्वीकार करनी पड़ेगी। तुम्हें यह मानना ही पड़ेगा कि किसी न किसी अर्थ मेंह्नया तो परमात्मा सर्वशक्तिमान नहीं है, उसकी शक्ति सीमित है; और अगर उसकी शक्ति सीमित है तो पूजा इत्यादि बंद करो। फिर तो बेहतर है शैतान को ही राजी कर लो, क्योंकि हजारों-हजारों साल, करोड़ों-करोड़ों साल से शैतान अभी तक हारा नहीं है; हारेगा कभी, दिखाई नहीं पड़ता। और दुनिया में राम को मानने, परमात्मा को मानने वाला तो एक चलता होगा; शैतान को मानने वाले करोड़ों हैं। उसके अनुयायी ज्यादा हैं निश्चित। उसका धर्म बड़ा है। उसकी शक्ति भी बड़ी दिखाई पड़ती है। फिर तो कोई सार नहीं है परमात्मा की पूजा करने में। अगर सब शक्ति उसकी नहीं है तो जगत में द्वंद्व है, द्वैत है; और दूसरा जो है शैतान, वह बड़ा शक्तिशाली है। या तो यह मानो कि परमात्मा शक्तिशाली नहीं। अगर मानते हो कि परमात्मा शक्तिशाली है, सर्वशक्तिशाली है, सर्वशक्तिमान है तो फिर यह स्वीकार करो कि उसका कोई चरित्र नहीं।

कृष्ण की लीला में उसी परमात्मा की चरित्रहीनता का पूरा प्रतिबिंब है। शुभ को भी वही जिला रहा, अशुभ को भी वही जिला रहा। दिन भी वही बनाता रात भी वही। और जन्म भी वही देता और मौत के द्वार से भी वही तुम्हें ले जाता है। सुख भी वही

बरसाता और दुख भी वही। फूल भी उसके हैं और कांटे भी उसके। समग्र उसका है। मगर यह बड़ी खतरनाक बात हो गई। इसका मतलब यह हुआ कि तुम्हारी सब धारणाएंह्नशुभ और अशुभ कीह्नव्यर्थ हैं। अगर परमात्मा को जानना है तो धारणाओं से मुक्त हो जाना जरूरी है।

कृष्ण का पूरा जीवन धारणा-मुक्त है। और जिसको कृष्ण के पीछे चलना हो, उसको सारी धारणाओं से मुक्त हो जाना जरूरी है। धारणा-शून्य होकर ही तुम आह्लाद से भर सकोगे। और तब तुम देखोगे कि जो हो रहा है, ठीक है। बुरा भी ठीक है अपनी जगह। वह भी चाहिए। उसके बिना भी जीवन विरस हो जाएगा। उसके बिना भी जीवन नहीं हो सकेगा। कांटे भी चाहिए। कांटों के बिना फूल इतने सुंदर न रह जाएंगे। कांटों के कारण ही फूल इतने सुंदर हैं। फूल ही फूल हों तो बेस्वाद हो जाएंगे। कुरूपता भी चाहिए, तो ही सौंदर्य में कुछ अर्थ है। संसार भी चाहिए, तो ही मोक्ष में कुछ रस है, अन्यथा कोई रस न रह जाएगा अगर मोक्ष ही मोक्ष हो। जीवन में जो संगीत है वह विपरीत स्वरों के बीच सामंजस्य से है।

कृष्ण की लीला कृष्णलीला नहीं कही जाती, रासलीला कही जाती है। वह परम सत्य है। उसमें कृष्ण का कोई चरित्र नहीं है, इसलिए कृष्ण को बीच में नहीं रखा जा सकता। उसमें कृष्ण के नाम से परमात्मा ही बीच में है।

मगर कृष्ण को स्वीकार करना बड़ा कठिन मामला हैह्नउतना ही कठिन मामला है जितना परमात्मा को स्वीकार करना कठिन है। इसलिए तो तुमने छोटी-छोटी मूर्तियां बना ली हैं परमात्मा कीह्नअपने-अपने हिसाब से, क्योंकि पूरे परमात्मा को तो स्वीकार करना बहुत कठिन है। सबने अपने-अपने घर-घूले बना लिए हैं। अपना-अपना घर में ग्रामोद्योग खोल लिया है भगवान बनाने का। अपना बना लिया, मिट्टी के गणेश जी रख लिए, पूजा इत्यादि कर ली, सिरा भी आए, झंझट मिटाई। तुमने अपना भगवान बना लिया है, क्योंकि पूरा भगवान तुम्हें घबड़ाता है, तुम्हें कंपाता है, तुम्हारे प्राण संकट में पड़ जाते हैं!

गांधी कहते थे, गीता उनकी मां है। लेकिन कृष्ण को वे कभी पूरा स्वीकार नहीं कर पाए। और उन्होंने कभी गीता के अलावा कृष्ण की कोई बात नहीं की। चुन लिया। भागवत के कृष्ण नहीं, क्योंकि वहां तो बड़ा उपद्रव है, वहां तो गांधी को बड़ी अड़चन होगी। वहां तो मोरमुकुट बांधे हुए बांसुरी बजाते कृष्ण से गांधी का क्या मेल होगा! जरा गांधी के ओठों पर बांसुरी रख कर देखो, तो तुम खुद ही कहोगे कि आप कृपा कर बांसुरी वापस देंह्नया तो आप बांसुरी को नहीं जंचते या आपको बांसुरी नहीं जंचती, मगर बांसुरी वापस करिए।

गांधी के साथ बांसुरी का कोई मेल नहीं होगा। गीता की वे बात करते थे, लेकिन वह राजनीतिक चाल थी। क्योंकि गीता पर इतने लोगों का भाव है, इसलिए उसे छोड़ नहीं सकते थे। कहते थे 'गीता-माता'! लेकिन जब मरे तो मुंह से जो नाम निकला, वह था: हे राम! उस वक्त कृष्ण नहीं निकला। कृष्ण की कोई जगह नहीं थी हृदय में।

अब तुम थोड़ा सोचो, जीवन भर कहा: अल्ला ईश्वर तेरे नाम। मरते वक्त अल्लाह भी नहीं निकलाह्ननिकला: हे राम! जिन्ना ने फौरन सोचा होगा: 'देख लो! यही तो मैं कह रहा था जिंदगी भर से कि 'अल्लाह ईश्वर तेरे नाम', यह सब राजनीति है, क्योंकि मरते वक्त अल्लाह क्यों न निकला? 'हे राम' क्यों निकला?'

मरते वक्त आदमी में राजनीति नहीं रह जाती। मरते क्षण में तो वही निकल आता है जो भीतर था। राजनीति तो जिंदा होने का खेल है, हिसाब-किताब हैह्नअब गोली लग गई, अब कहां फुरसत सोचने की कि क्या निकले! सोचने का मौका मिलता अगर गांधी खाट पर मरते, बीमारी से मरते, साधारणतः मरतेह्नतो 'अल्ला ईश्वर तेरे नाम' कहते हुए मरते। लेकिन गोली ने सब मामला गड़बड़ कर दिया। हिंदू की गोली थी और वहां भी हिंदू को प्रकट कर गई: हे राम! अनजाने क्षण में निकल गया। उस वक्त कृष्ण भी नहीं निकला। क्यों राम?

गांधी की पकड़ भी मर्यादा की थीह्नऐसी छोटी-छोटी चीज में मर्यादा! ऐसी छोटी-छोटी चीज में मर्यादा कि तुम कभी हंसोगे भी। उनके सेक्रेटरीज़ को यह भी खयाल रखना पड़ता था छोटी-छोटी चीजों का। जिस सेविका ने उनके कपड़े धोए, चादर धोई, वह रस्सी पर डाल आती तो वह पीछे जाकर बता आते कि इसको कैसा डालो। चादर रस्सी पर कैसी डालनी, इरछी-तिरछी न होह्नउसकी भी मर्यादा है! उसको सीधा करके डालो। किचिन में पहुंच जाते और समझाते कि सब्जी भी कैसे काटोह्नउसकी भी मर्यादा है।...टमाटर को ऐसा सीधा नहीं काट देना चाहिए, क्योंकि हो सकता है जहां से टमाटर वृक्ष से जुड़ा होता है वहां कोई छोटा-मोटा कीड़ा-मकोड़ा छिपा हो, हत्या हो जाएगी! तो पहले उस हिस्से को अलग काट कर करो।...ऐसी छोटी-मोटी मर्यादा। हर चीज का हिसाब। चिट्ठी आए तो लिफाफे को फेंक मत दो; खोल कर उलटा जोड़ कर फिर लिफाफा बना लो!

ये बातें लोगों को खूब जंचीं। जंचने वाली हैं, क्योंकि यही तुम्हारी बुद्धि है। लगा कि यह आदमी तो बड़ा गजब का है! कैसा चरित्र!

कृष्ण बेबूझ हैं। गांधी में सीधा तर्क हैह्नवे राम की ही श्रृंखला में हैं। वे उसी परंपरा में आते हैं। कृष्ण बेबूझ हैं। कृष्ण की लीला परमात्मा की लीला का छोटा सा प्रतिबिंब है। अगर तुम कृष्ण को समझ पाए तो तुम सारे अस्तित्व की कथा को

समझ लोगे। अगर राम को समझ पाए तो तुम इतना ही समझ पाओगे कि अच्छे आदमी का जीवन कैसा होता है। रावण को समझो तो बुरे आदमी का जीवन कैसा होता है, यह समझ में आ जाएगा। राम को समझो तो अच्छे आदमी का जीवन कैसा होता है, यह समझ में आ जाएगा। कृष्ण को अगर समझो तो तुम समझोगे पारमात्मिक जीवन कैसा होता है, भागवत जीवन कैसा होता है! अच्छा-बुरा दोनों वहां मिलते हैं। अच्छा-बुरा दोनों ही किनारे की तरह हैं; परमात्मा की नदी दोनों के बीच बहती है, दोनों को छूती बहती है। कृष्ण के जीवन में अच्छा भी है, बुरा भी है। कृष्ण का जीवन समग्र है, खंडित नहीं, चुना हुआ नहीं, पूरा का पूरा है, कच्चा है! इसमें चुनाव नहीं है, अनगढ़ है।

इसलिए कृष्ण के चरित्र को हम चरित्र भी नहीं कहतेह्नरासलीला, खेल! और खेल भी कृष्ण का नहीं; जिसका सारा रास चल रहा है, उसी का! उसी बड़ी रासलीला की यह छोटी सी अनुकृति है।

आखिरी प्रश्नः प्रभु आप मिले और 'किती सांगू मी सांगू तुम्हाला, आज आनंदी आनंद झाला!' कितना बताऊं, आज आनंद ही आनंद घटित हुआ है!

यह तो बस शुरुआत है। बढ़े चलें तो जो अभी बूंद की तरह घटा है, कल सागर की तरह हो सकता है। इतने से तृप्त मत हो जाना, राजी मत हो जाना। यह तो केवल भूमिका है। जो मैं तुमसे कह रहा हूं उसे सुन कर तुम्हें जो आनंद होता है, यह तो केवल भूमिका है; असली किताब तो अभी शुरू ही नहीं हुई है। असली किताब तो अनुभव की है। मेरे शून्य को सुनोगे तो समझ में आएगी। मेरे शब्द को सुनने से इतना ही हो जाए कि तुम्हें भरोसा बैठे कि हां, इस आदमी के साथ थोड़ी देर चलें, कि चलें देखें थोड़ी देर इस आदमी की आंखों से, कि जिन दृश्यों की यह बात कर रहा है शायद सच हों! इतना भी पैदा हो जाए तुम्हारे भीतर तो भी महाआनंद मालूम होगा, क्योंकि एक किरण उतरी, एक बूंद गिरी। लेकिन यह शुरुआत है।

और जल्दी से अपने को बंद मत कर लेना, क्योंकि बहुत, मैं जानता हूं, शब्द में ही उलझे रह गए हैं। उन्हें आनंद हुआ था, फिर वे सुनने में ही आनंद ले रहे हैं। मेरे पास आते हैं। वे कहते हैं कि हमें तो आपको सुनने में आनंद आता है; ध्यान इत्यादि में हमारा कोई रस नहीं है।

अब यह बड़े मजे की बात हो गई। यह तो ऐसा हुआ कि तुम डाक्टर के पास गए और तुमने कहाः 'आप जो प्रिस्क्रिप्शन लिखते हैं, आपके हस्ताक्षर बड़े प्यारे हैं! बड़ा मजा आ जाता है। सम्हाल कर फाइल में रखते हैं। दवा इत्यादि लेने में हमें कोई

रस है ही नहीं।' तो डाक्टर भी सिर फोड़ लेगा। तो क्यों मेहनत करवा रहे? प्रिस्क्रिप्शन सम्हाल कर रख लेते हैं, फाइल में जड़वा लेते हैं फोटो। तुम कहते हो: दवा इत्यादि में हमें कोई रस नहीं।

मैं तुमसे बोल रहा हूं सिर्फ इसलिए, ताकि तुम ध्यान कर सको। मैं तुमसे बोल रहा हूं सिर्फ इसलिए, ताकि तुम प्रेम कर सको। मैं बोलने के लिए नहीं बोल रहा हूं। यह बात जरूर सच है कि जब डाक्टर किसी बीमार को देखने आता है तो डाक्टर को देखते ही बीमार पचास प्रतिशत ठीक हो जाता है। वे हमारे डाक्टर ललित बैठे हैं, उनसे तुम पूछ सकते हो। मरीज डाक्टर को देखने से पचास प्रतिशत ठीक हो जाता है। डाक्टर का आना ही पर्याप्त है, भरोसा आ गया।

गुरु के मिलते ही पचास प्रतिशत तो सब ठीक हो जाता हैह्लमिलते ही! मगर यहीं मत रुक जाना। जब शब्द सुन कर ऐसा हो सकता है तो सत्य के अनुभव से कैसा होगा! याद रखना, भूलना मत। अनेक शब्द में ही उलझ कर रह जाते हैं, इसलिए तुम्हें चेताता हूं।

यह एक रश्मि!
पर छिपा हुआ है इसमें ही
ऊषा बाला का अरुण रूप
दिन की सारी आभा अनूप
जिसकी छाया में सजता है
जग राग-रंग का नवल साज
यह एक रश्मि!
यह एक बिंदु!
पर छिपा हुआ है इसमें ही
जल श्यामल मेघों का वितान
विद्युत बाला का बज्र गान
जिसको सुन कर फैलाता है
जग पर पावस निज सरस राज
यह एक बिंदु!

जो कहा जा रहा है, वह तो एक बूंद है। जिसकी तरफ बूंद इशारा कर रही है, वह महासागर है। बूंद तो निमंत्रण है, बुलावा है। अगर बूंद का बुलावा तुम्हें सुनाई पड़ गया तो चल पड़ना नाचते हुए सागर की तरफह्लअनुभव के सागर की तरफ! तब बहुत होगा, अपार होगा। तुम सम्हाल न सकोगे, इतना होगा। इतना होगा कि तुम उसमें बह जाओगे। तुम बचोगे ही नहीं, इतना होगा।

और एक बूंद भी सुख देती है। गर्मी के उत्ताप के बाद, जब भूमि फट गई होती है, दरारें पड़ गई होती हैं, और प्रतीक्षा होती है आषाढ़ की और आकाश में पहले बादल घिरते हैं और छोटी सी बूंदा-बांदी हो जाती है, तो भी एक तृप्ति की लहर फैल जाती है। अभी प्राणों तक पहुंच भी तो नहीं सकती बूंद, क्योंकि बूंद अभी नई-नई आई, थोड़ी सी आई; अभी तो ऊपर की धूल को भी गीला न कर पाएगी; अभी तो पृथ्वी के प्राणों तक कैसे पहुंचेगी! लेकिन खबर आ गई, वर्षा करीब है।

यह भूमि भली
यह बहुत जली
यह और न अब
जल को तरसे
घन बरसे
घन बरसे
भीग धरा गमके
घन बरसे
पर्वत भीगे
घर छत भीगे
भीगे बन
खेत कुटी झरसे
घन बरसे
घन बरसे
भीग धरा गमके
घन बरसे!

बूंद पर रुकना मत। बूंद की आहट सुन कर खोल देना अपने प्राण मेघों के लिए, घनों के लिए। बूंद आ गई है तो मेघ करीब हैं। हो जाना नग्न, ताकि दूर-दूर तक, गहरे-गहरे तक, तुम्हारे अंतरतम तक प्रवेश हो जाए!

जो भेंट चला था मैं ले कर
हाथों में, कबकी कुम्हलाई
नैनों ने सींचा उसे बहुत
लेकिन वह फिर भी मुरझाई
तब से पथ पुष्पों से निर्मित
कितनी मालाएं सूख चुकीं

जिस पग से मैं आया उस पर
पाओगे बिखरी बिखराई
कुम्हला न सकी मुरझा न सकी
लेकिन अर्चन की अभिलाषा!
मैं चुनता हूं हर फूल
अटल विश्वास लिए
ये पूज न पाएं प्रेय चरण
लेकिन दुनिया इनकी श्रद्धा को
एक समय पूजेगी ही!

बहुत-बहुत जन्मों से तुम न मालूम कितने पूजा के थाल बना कर चल रहे हो, सजा कर चल रहे हो! बहुत जन्मों से न मालूम कितनी जलती आकांक्षाएं लेकर तुम खोज रहे हो! जब कभी प्रभु का कोई मंदिर करीब तुम्हें दिखाई पड़ेगा, मंदिर का घंटनाद सुनाई पड़ेगा, मंदिर से उठती हुई धूप की धुएं की रेखा तुम्हारी नासापुटों को छुएगीह्नतुम नाच उठोगे! तुम्हारी सदा से अर्चना की जो अभिलाषा थीह्नहारी बहुत बार, पर हार न पाईह्नपुनरुज्जीवित हो उठेगी; नये प्राण पड़ जाएंगे।

लेकिन वहीं रुक मत जाना। मंदिर के बाहर बहुत रुक गए हैं, इसलिए कहता हूं। मंदिर के भीतर प्रवेश करना। बाहर इतना है तो भीतर कितना न होगा! शब्द में इतना है तो निःशब्द में कितना न होगा! शब्द तो उधार है। मैं कितना ही कहूं, लाख तुम्हें ठीक से कहूं, तो भी ठीक-ठीक तुम तक पहुंचेगा नहीं। शब्द मार डालता है। शब्द सीमा दे देता है असीम को। शब्द के भीतर सिकुड़ना पड़ता है सत्य को। लेकिन अगर तुम आनंदित होने लगो मेरे साथ; सच ही मेरे और तुम्हारे बीच एक रास रचने लगे; मेरा शून्य तुम्हारे शून्य से मिलने लगे; मेरे शून्य के हाथ में तुम हाथ डाल कर नाचने लगोह्नतो अपूर्व आनंद घटित होगा! महाआनंद होगा!! सच्चिदानंद घटित होगा!!!

छोटे से तृप्त मत होना। इस सूत्र को सदा याद रखना : संसार में तृप्ति; परमात्मा में अतृप्ति। संसार में जो मिले राजी हो जाना। यहां कुछ परेशान होने को है नहीं। रोटी-रोजी मिल जाए, छप्पर मिल जाएह्नबहुत! खूब प्रसन्न हो जाना। तृप्त हो जाना। और परमात्मा में कितना ही मिले, राजी मत होना, क्योंकि और-और मिलने को है। तुम जहां राजी हो जाओगे, वहीं रुक जाओगे। परमात्मा में तो अतृप्त ही बने रहना। संसार में तृप्त और परमात्मा में अतृप्तह्नऐसी साधक की परिभाषा है। परमात्मा में तृप्त और संसार में अतृप्तह्नऐसी संसारी की परिभाषा है।

लोग परमात्मा में बिलकुल तृप्त मालूम होते हैं। इतने लोग हैं दुनिया में, उनको परमात्मा से कुछ लेना-देना नहीं। वे कहते हैं : 'बिलकुल तृप्ति है। आप वहां भले,

हम यहां भले! सब ठीक चल रहा है। परमात्मा ऊपर, हम पृथ्वी पर; सब ठीक चल रहा है। अब और करना क्या है। आप भले हम भले।' कभी जरूरत पड़ती है तो मंदिर में दो फूल चढ़ा देते हैंह्नऔपचारिक कि कोई झंझट खड़ी न करना। सब ठीक ही चल रहा है आपकी कृपा से। लेकिन परमात्मा से कोई अतृप्ति नहीं है कि और मिले कि और मिले; कि बूंद बरसी, अब सागर बरसे! नहीं, कोई जरूरत ही नहीं है।

संसार में बड़ी अतृप्ति है। हजार हैं तो दस हजार हों; दस हजार हों तो लाख हों; लाख हों तो करोड़ होंह्नवहां अतृप्ति की कोई सीमा नहीं है। कितना ही हो जाए, तो और हो!

तुमसे मैं कहता हूं: साधक का लक्षण हैह्नसंसार में तृप्ति और परमात्मा में निरंतर अतृप्ति। ऐसा दिव्य असंतोष तुममें जग जाए तो परमात्मा तुमसे ज्यादा देर दूर नहीं रह सकता। जो इतने प्राणों से पुकारता है, उससे मिलना ही होगा, मिलना ही होता है!

हरि ॐ तत्सत्!

* * *

प्रवचन : 49

सहज ज्ञान का फल है तृप्ति

29 नवंबर, 1976

अष्टावक्र उवाच।

> तेन ज्ञानफलं प्राप्तं योगाभ्यासफलं तथा।
> तृप्तः स्वच्छेन्द्रियो नित्यमेकाकी रमते तु यः।।157।।
> न कदाचिज्जगत्यस्मिंस्तत्त्वज्ञो हन्त खिद्यति।
> यत एकेन तेनेदं पूर्णं ब्रह्मांडमंडलम्।।158।।
> न जातु विषयाः केऽपि स्वारामं हर्षयन्त्यमी।
> सल्लकीपल्लवप्रीतिमिवेमं निम्बपल्लवाः।।159।
> यस्तु भोगेषु भुक्तेषु न भवत्याधिवासितः।
> अभुक्तेषु निराकांक्षी तादृशो भवदुर्लभः।।160।।
> बुभुक्षुरिह संसारे मुमुक्षुरपि दृश्यते।
> भोगमोक्षनिराकांक्षी विरलो हि महाशयः।।161।।
> धर्मार्थकाममोक्षेषु जीविते मरणे तथा।
> कस्याप्युदारचित्तस्य हेयोपादेयता न हि।।162।।
> वांछा न विश्वविलये न द्वेषस्तस्य च स्थितौ।
> यथा जीविकया तस्माद्धन्य आस्ते यथासुखम्।।163।।

तेन ज्ञानफलं प्राप्तं योगाभ्यासफलं तथा।
तृप्तः स्वच्छेन्द्रियो नित्यमेकाकी रमते तु यः।।

'जो पुरुष तृप्त है, शुद्ध इंद्रिय वाला है और सदा एकाकी रमण करता है, उसी को ज्ञान और योगाभ्यास का फल प्राप्त हुआ है।'

एक-एक शब्द को ध्यानपूर्वक समझना।

पहली बात : साधारणतः लोग सोचते हैं, एकाकी रमेंगे तो ज्ञान उपलब्ध होगा। यह सूत्र उलटा है। यह कहता है : जो एकाकी रमने में सफल हो गया उसे ज्ञान का फल मिल गया। एकाकी रमने से कोई ज्ञान को नहीं पाता; ज्ञान को पाने से एकाकी होने की क्षमता आती है। अकेले भाग जाने से तुम ज्ञान को उपलब्ध न हो जाओगे; हिमालय की कंदराओं में बैठ कर ज्ञान को उपलब्ध न हो जाओगे। तुम तो तुम ही रहोगे; जो बाजार में था वही हिमालय की गुफा में बैठ जाएगा। बाहर की स्थिति को बदलने से भीतर कोई क्रांति न हो जाएगी। घर में हो कि मंदिर में हो, क्या फर्क पड़ेगा? और भीड़ में हो कि अकेले, क्या फर्क पड़ेगा? तुम तो तुम ही रहोगे। यह तुम्हारा होना इतनी आसानी से नहीं बदलता। तो कोई संसार को छोड़ कर चला गया है; सोचता है, संसार को छोड़ने से बदलाहट हो जाएगी। बदलाहट हो जाए तो संसार छूट जाता है; लेकिन संसार को छोड़ने से बदलाहट नहीं होती।

यह सूत्र अत्यधिक महत्वपूर्ण है। मेरी पूरी देशना यही है। लोगों ने अक्सर कारण को कार्य समझ लिया है, कार्य को कारण समझ लिया है। लोग सोचते हैं : भोग छूट जाए तो त्याग फलित हो जाएगा। नहीं, ऐसा नहीं है। त्याग फलित हो जाए तो भोग छूट जाता है। त्याग का रस आ जाए तो भोग विरस हो जाता है। जिसके हाथों में हीरे-जवाहरात आ गए, वह कंकड़-पत्थर नहीं बीनता। लेकिन तुम सोचते हो कि कंकड़-पत्थर बीनना बंद कर देने से हीरे-जवाहरात हाथ में आ जाएंगे, तो तुम बड़ी गलती में पड़े हो। कंकड़-पत्थर न बीनने से केवल कंकड़-पत्थर न हाथ में रहेंगे; हीरे-जवाहरातों के आने का क्या संबंध है?

तुमसे कोई कहता है : धन छोड़ दो तो ज्ञान उपलब्ध हो जाएगा। जैसे कि धन ज्ञान को रोक सकता है! धन की सामर्थ्य क्या? कोई कहता है : परिवार, बच्चे, पत्नी-पति को छोड़ दो तो परमात्मा उपलब्ध हो जाएगा। जैसे पति, परिवार, घर, ये परमात्मा और तुम्हारे बीच आड़ बन सकते हैं! परमात्मा को ऐसी क्षुद्र चीजें रुकावट डाल सकती हैं? ऐसी व्यर्थ की बातों में मत पड़ना। हां, परमात्मा मिल जाए तो तुम्हारा रस इन चीजों से छूट जाता है। छूट जाता है; छोड़ना नहीं पड़ता। फल का अर्थ होता है : अपने से हो जाता है; करना नहीं पड़ता।

वृक्ष पर फल लगते हैं, कोई लगाता है? लगते हैं, अपने से लगते हैं। तुम्हारी किसी चेष्टा का परिणाम नहीं हैं। तुम खींच-खींच कर फल नहीं लाते हो। और बाजार से ला कर तुम फल वृक्षों पर लटका दो तो तुम किसको धोखा दे रहे हो? वे फल सत्य नहीं हैं। तो कोई आदमी संसार से चला जाए, बैठ जाए गुफा में, ऊपर से दिखे बड़ा शांत हैह्लफल बाजार से खरीद लाया हैह्लभीतर तो बाजार का कोलाहल होगा।

बायजीद के पास एक युवक आया और उसने कहा कि मुझे अपने चरणों में ले लें; मैं सब छोड़ कर आ गया हूं। बायजीद ने कहा ः ङ्कचुप, बकवास बंद! भीड़ तू पूरी साथ ले आया है।ङ्ख वह युवक चौंका। उसने अपने चारों तरफ देखा, पीछे देखाह्लकोई भी नहीं है, भीड़ कहां है? यह बायजीद पागल तो नहीं है! उसने कहा ः 'कैसी भीड़? किस भीड़ की बात कर रहे हैं? मैं सब छोड़ आया, भीड़ भी छोड़ आया। वे लोग मुझे पहुंचाने आए थे गांव के बाहर तक, मेरे परिवार के लोग रोते भी थे, पत्नी छाती पीटती थी; पर कड़ा जी करके सबको छोड़ आया हूं।' बायजीद ने कहा ः 'इधर-उधर मत देख; आंख बंद कर, भीतर देख! वे सब वहीं के वहीं खड़े हैं।'

उस युवक ने आंख बंद की, भीड़ मौजूद थी। पत्नी अभी भी रो रही थी भीतर। अभी भी वह अपने को समझा रहा था; कड़ा कर रहा था जी; बच्चों की याद आ रही थी; मित्रों के चेहरे, जिनको पीछे छोड़ आया है, वे खींच रहे थे। तब उसकी समझ में आया। यहां-वहां भीड़ नहीं थी, आगे-पीछे भीड़ नहीं थीह्लभीड़ भीतर है।

तुम भाग जाओ जंगल में। भीड़ अगर बाहर ही होती तो तुम अकेले हो जाते, लेकिन भीड़ भीतर है। भीड़ तुम्हारे चित्त में है। तुम्हारा चित्त ही भीड़ है। तो कभी ऐसा भी होता है कि कोई भीड़ में भी अकेला होता है और कभी ऐसा भी कि कोई अकेला बैठा भी भीड़ में होता है। इसलिए ऊपर-ऊपर की बातों में बहुत आग्रह मत करना; बात भीतर की है; बात गहरे की, गहराई की है।

'जो पुरुष तृप्त है, शुद्ध इंद्रिय वाला है और सदा एकाकी रमण करता है, उसी को ज्ञान का और योगाभ्यास का फल प्राप्त हुआ है!'

यह फल हैह्लकान्सिक्वेंस। कारण नहीं, कार्य है। सहज फल जाता है। तो जीवन की अंतर्दृष्टि बदलनी चाहिए।

तेन ज्ञानफलं प्राप्तं...।

उसे मिल गया ज्ञान का फल, उसे मिल गया योग का फल! किसे? तो परिभाषा की है ः तृप्तः! जो तृप्त है! सब भांति तृप्त है! जिसके जीवन में अतृप्ति का कोई स्वर न रहा! जिसके मन में किसी चीज की कोई आकांक्षा न रही! ऐसा कब घटेगा?

तुमने कहावत सुनी है ः 'संतोषी सदा सुखी।' उससे भी ज्यादा महत्वपूर्ण बात है ः 'सुखी सदा संतोषी।' 'संतोषी सदा सुखी' से ऐसा लगता है कि किसी तरह संतोष

कर लो तो सुखी हो जाओगे। किसी तरह किया गया संतोष पहले तो संतोष ही नहीं। किसी तरह किया गया संतोष, संतोष का धोखा है। समझा लिया, बुझा लिया मन को, कह दिया कि क्या रखा है संसार में! जब तुम समझाते हो मन को कि क्या रखा है संसार में, तो एक बात पक्की है कि तुम्हारा मन अभी कहता है कि कुछ रखा है संसार में, अन्यथा समझाते किसे? समझाते किसलिए? समझाना सूचक है कि मन अभी कहता है: रखा है बहुत कुछ संसार में।

तुम अपने को समझाते हो: 'क्या रखा कामिनी-कांचन में? कुछ भी नहीं है, सब मिट्टी है!' मगर यह क्यों दोहराते हो? यह तुम्हारा बोध है? ऐसा तुमने देख लिया? ऐसी तुम्हारी दृष्टि का अनुभव हो गया? ऐसी तुम्हारी प्रतीति हो गई? तो अब क्या दोहराना कामिनी-कांचन! बात खत्म हो गई।

सुबह जाग कर तुम ऐसा थोड़े ही बार-बार दोहराते हो कि जो सपना देखा है, झूठ है; जो सपना देखा है, झूठ है। और ऐसा तुम दोहराओ तो स्वभावतः शक होगा कि तुम्हें सपने पर बहुत भरोसा आ गया। अभी तक, अभी तक तुम कहे चले जा रहे हो कि सपना झूठ है! अभी तक सच होने की लकीर तुम्हारे भीतर मौजूद है। अभी तक तुम्हारे भीतर सपने पर भरोसा है। उस भरोसे को काटने के लिए तुम कह रहे हो सपना झूठ है।

हम उन्हीं बातों को समझाते हैं जिनके विपरीत हमारी दशा होती है। तुम समझाते हो कि स्त्री के शरीर में क्या रखा है, सब मल-मूत्र है! मगर यह क्यों समझाते हो? यह किसको कह रहे हो? किसलिए कह रहे हो? थोड़ा इसमें झांक कर देखो, तुम्हें जरूर स्त्री के शरीर में रूप दिखाई पड़ रहा है, सौंदर्य दिखाई पड़ रहा है। वह सौंदर्य तुम्हें बुला रहा है। वह रूप तुम्हें निमंत्रण दे रहा है। उस निमंत्रण से तुम घबड़ा गए हो, डर गए हो। उस निमंत्रण को काटने के लिए तुम समझा रहे हो कि सब...जरा गौर से देखो मल-मूत्र भरा है!

अब यह बड़े आश्चर्य की बात है कि तुम्हारे जो ऋषि-मुनि शास्त्रों में लिख गए कि स्त्री के शरीर में मल-मूत्र भरा है, इनमें से कोई भी यह नहीं लिखता कि मेरे शरीर में भी मल-मूत्र भरा है! जैसे कि इनके पास कुछ सोने का शरीर है! और बड़े मजे की बात है कि इनमें से कोई भी नहीं लिखता कि स्त्री के शरीर से ही ये पैदा हुए हैं। तो मल-मूत्र से ही पैदा हुए हैंह्नऔर गए-बीते मल-मूत्र होंगे। क्योंकि मल-मूत्र से कोई सोना नहीं आ जाता। इनमें से कोई भी नहीं लिखता कि मेरे शरीर में मल-मूत्र भरा है! स्त्री के शरीर में मल-मूत्र भरा है!

स्त्री के शरीर में आकर्षण है, उस आकर्षण को काटने के लिए ये उपाय कर रहे हैं। ये उपाय सब झूठे हैं। इस तरह आकर्षण कटता नहीं। ऐसे तुम समझा-बुझा कर

संतोष कर लो, यह संतोष बस माना हुआ है। इस संतोष से क्रांति न होगी; दीया न जलेगा; तुम रूपांतरित न हो जाओगे; तुम्हारे जीवन में प्रकाश न छा जाएगा; और न ही अमृत की वर्षा होगी।

'तृप्तः!'

देखो जीवन को गौर से! यहां अतृप्त होने का कारण ही नहीं है। इस क्षण देखो, अभी देखो! यही अष्टावक्र का जोर है कि जो देखना है, अभी देखो, इस क्षण देखो।

अभी तुम मेरे सामने बैठे हो। इस क्षण जरा गौर से अपने भीतर झांको : 'कहीं कोई अतृप्ति है? कहीं कोई आकांक्षा है? कहीं कोई और होने का मन है? कुछ और होने का मन है?' अगर शांत होकर भीतर देखोगे तो पाओगे कि तृप्ति ही तृप्ति लहरें ले रही है। जिसने भी भीतर झांका, उसने पाया कि तृप्ति का सागर है! गहन परितोष! सब भरा-पूरा है! जो चाहिए, मिला हुआ है! जैसा होना चाहिए वैसा है। इससे अन्यथा की मांग में उपद्रव शुरू होता है। तुम जितनी चीज से तृप्त हो सकते थे उतनी परमात्मा ने दी है, उससे ज्यादा दी है। जितने से तुम आनंदित हो सकते थे उतना सारा आयोजन तुम्हारे लिए है। अब तुम देखो ही न और तुम कहीं दौड़े चले जाओ, भागे चले जाओ, तुम्हारी आंखें कोल्हू के बैल की तरह एक दिशा में देखती रहें, और तुम चारों तरफ न देखो, और यह जो महोत्सव चल रहा है इससे तुम्हारा कोई संबंध ही न बनेह्नतो तुम अभागे हो, और कारण तुम्हीं हो!

'तृप्तः!'

तृप्ति सहज ज्ञान का फल है, जागरण का फल है। जाग कर जिसने देखा, उसने अपने को तृप्त पाया। सोए-सोए जिसने अपने को टटोला, उसने अपने को अतृप्त पाया।

मेरे पास लोग आते हैं। वे कहते हैं : 'हम तृप्त कैसे हो जाएं? संतुष्ट कैसे हो जाएं?' मैं कहता हूं : यह गलत सवाल न पूछो। संतुष्ट और तृप्त होने की तुम चेष्टा कर ही रहे हो, करते ही रहे हो, वह नहीं हो पाया। मैं तुमसे कहता हूं, यह बात छोड़ो। तुम इतना तो देखो कि तुम कौन हो? क्या हो? बस! पहली बात पहले, प्रथम प्रथम। फिर दूसरे को हम दूसरा सोच लेंगे। तुम एक बात से परिचित हो जाओ कि तुम कौन हो।

रमण महर्षि के पास पाल ब्रंटन जब गया तो वह बहुत से प्रश्न लेकर गया था। लेकिन रमण ने कहा : 'बस एक ही प्रश्न सार्थक है। यही पूछना सार्थक है कि मैं कौन हूं। बाकी सब प्रश्न अपने से हल हो जाएंगे। तू एक ही प्रश्न पूछ ले।' तो उसने कहा : 'अच्छी बात, यही पूछता हूं कि मैं कौन हूं!' रमण ने कहा, 'यह भी तू मुझसे पूछता है! आंख बंद कर और अपने से पूछ ले कि मैं कौन हूं। पूछता जा, खोजता जा। तू है,

इतना तो पक्का है। तू है और चेतन है, इतना भी पक्का है। नहीं तो मुझसे पूछने कैसे आता! जीवित है, चैतन्य है, अब और क्या चाहिए? दो महाघटनाओं का मिलन तेरे भीतर हो रहा है।'

चैतन्य और जीवन मिला, अब और क्या चाहिए तृप्ति के लिए! तुम्हें जीवन के वरदान का कोई स्मरण नहीं है। तुम भूल ही गए हो कि तुम्हारे पास क्या है। जीवन है!

सिकंदर जब भारत से वापस लौटता था, एक फकीर को मिलने गया। और फकीर से उसने कहा कि ॠजानते हैं, मैं कौन हूं? सिकंदर महान! सारी दुनिया का विजेता!ॡ वह फकीर हंसने लगा। उसने कहा: 'कभी ऐसे ही सपने मैंने भी देखे थे, मगर मैं समय के पहले जाग गया। तू अभी जागा कि नहीं?'

कौन सपने नहीं देखता सिकंदर होने के! उस फकीर ने कहा: 'यह कोई नई बात है! हर आदमी यही सपना लेकर पैदा होता है।' सिकंदर ने कहा: 'मैं समझा नहीं।' उस फकीर ने कहा: 'ऐसा सोच, रेगिस्तान में तू खो जाए और प्यास लगे जोर से और कोई आदमी कहे कि एक गिलास जल मैं तुझे दे सकता हूं, कितना साम्राज्य तू देने को राजी होगा एक गिलास जल के लिए?' उसने कहा: 'आधा दे दूंगा उस क्षण में तो।' फकीर ने कहा: 'और वह जिद्दी हो और कहे कि मैं तो पूरा लूंगा, तो तू पूरा साम्राज्य देने को राजी होगा एक गिलास के लिए?' सिकंदर ने थोड़ा सोचा और उसने कहा कि ऐसी घड़ी होगी, मरुस्थल में भटका होऊंगा तो पूरा साम्राज्य भी दे दूंगा। वह फकीर खूब खिलखिला कर हंसने लगा। उसने कहा: 'तो तुमने कमाया क्या, एक गिलास पानी! मौका पड़ जाए तो एक गिलास पानी खरीद लेना। यह साम्राज्य, इसका कुल मूल्य कितना है? गला जरा अतृप्त होगा तो उसको भी तृप्त न कर पाएगा, तो आत्मा को तो तृप्त कैसे करेगा? गले की प्यास भी न बुझ पाएगी इससे, तो हृदय की प्यास तो कैसे बुझेगी! देह की क्षुधा भी न मिटेगी तो आत्मा की क्षुधा तो कैसे मिटेगी!'

उस फकीर ने कहा: 'बहुत हो गया पागलपन! अब उतर नीचे सपने से! जाग!'

एक ही प्रश्न महत्वपूर्ण हैह्नऔर वह पूछना है कि मैं कौन हूं। और ऐसा मत सोचना कि तुम पूछते रहोगे मैं कौन हूं, मैं कौन हूं, तो उत्तर आ जाएगा; जैसे कि परीक्षा की कापियों में उत्तर आते हैं! नहीं, जब तुम पूछते ही रहोगे, पूछते ही रहोगे, उत्तर तो नहीं आएगा, एक दिन प्रश्न भी रुक जाएगा। अनुभूति आएगी, उत्तर नहीं। अनुभव आएगा! जीवन और चैतन्य, तुम्हारे भीतर जो मिल रहे हैं, जो महामिलन हो रहा; जीवन और चैतन्य हाथ में हाथ डाल कर जो नाच कर रहे हैं, जो नृत्य चल रहा हैह्नउसकी प्रतीति आएगी, उसका साक्षात्कार होगा। उसी साक्षात्कार में तृप्ति है।

तेन ज्ञानफलं प्राप्तं योगाभ्यासफलं तथा।

जानना कि उन्होंने ही पा लिया ज्ञान का फल और जानना कि उन्होंने ही पा लिया योग का फल...।

तृप्तः स्वच्छेन्द्रियो।

जो तृप्त हो गए और जिनकी इंद्रियां स्वच्छ हो गईं।

यह भी समझने जैसा है। स्वच्छेन्द्रिय! फर्क को खयाल में लेना। अक्सर तुम्हारे धर्मगुरु तुम्हें समझाते हैंः 'इंद्रियों की दुश्मनी। तोड़ो, फोड़ो, इंद्रियों को दबाओ, मिटाओ! किसी भांति इंद्रियों से मुक्त हो जाओ!' अष्टावक्र का वचन सुनते होः स्वेच्छन्द्रिय! इंद्रियां स्वच्छ हो जाएं, और भी संवेदनशील हो जाएंगी।

ज्ञान का फल! यह वचन अदभुत है। नहीं, अष्टावक्र का कोई मुकाबला मनुष्य-जाति के इतिहास में नहीं है। अगर तुम इन सूत्रों को समझ लो तो फिर कुछ समझने को शेष नहीं रह जाता है। इन एक-एक सूत्र में एक-एक वेद समाया है। वेद खो जाएं, कुछ न खोएगा; अष्टावक्र की गीता खो जाए तो बहुत कुछ खो जाएगा।

स्वच्छेन्द्रिय! ज्ञान का फल हैः जिसकी इंद्रियां स्वच्छ हो गईं; जिसकी आंखें साफ हैं!

तुमने सुना, सूरदास की कथा है! मैं मानता नहीं कि सच होगी। मानता इसलिए नहीं कि सूरदास से मेरा थोड़ा लगाव है। कि एक स्त्री को देख कर उन्होंने आंखें फोड़ लींह्नइस भय से कि आंखें गलत रास्ते पर ले जाती हैं। अगर सूरदास ने ऐसा किया हो तो दो कौड़ी के हो गए। हां, जिन्होंने कहानी गढ़ी है, उनकी बुद्धि ऐसी ही रही होगी। आंखें फोड़ लोगे, इससे स्त्री के रूप से छुटकारा हो जाएगा? रात सपने में तो आंख बंद होती है तो क्या स्त्री के रूप से छुटकारा हो जाता है? स्त्री तो और रूपवान होकर प्रकट होती है। सपने में जैसी सुंदर होती हैं स्त्रियां वैसी कहीं जाग कर तुमने पाईं? यही तो जिंदगी की तकलीफ है कि सपने में मिल जाती हैं और जिंदगी में नहीं मिलतीं। और जिंदगी में जो भी मिलती है वह सपने की स्त्री से छोटी पड़ती है, इसलिए तृप्त नहीं कर पाती। या पुरुष जीवन में जो मिलता है, वह सपने के पुरुष से छोटा पड़ता है। सपने हमारे बड़े और यथार्थ बड़ा छोटा है। यथार्थ बड़ा फीका है; सपने हमारे बड़े रंगीन हैं, बड़े रुपहले! इंद्रधनुषी हैं सपने; और जिंदगी बस काली-सफेद, इसमें कुछ बहुत रंग नहीं है!

आंख बंद कर लेने से कोई रूप मिटेगा? आंख फोड़ लेने से कुछ रूप की कल्पना खो जाएगी? काश, इतना सस्ता होता तो आंख फोड़ लेते, कान फोड़ लेते, हाथ काट देते! और ऐसा लोगों ने किया है। रूस में ईसाइयों का एक संप्रदाय था जो जननेंद्रियां काट लेता था। अब यह भी कोई बात हुई! स्त्रियां स्तन काट लेती थीं। यह भी कोई बात हुई! जननेंद्रियां काट लेने से कामवासना चली जाएगी? काम की क्षमता चली

जाएगी, लेकिन क्षमता जाने से कहीं वासना गई है? तो तुम बूढ़ों से पूछ लो, जिनकी क्षमता चली गई हैह्नवासना चली गई है? सच तो यह है कि बुढ़ापे में वासना जैसा सताती है वैसा जवानी में भी नहीं सताती। क्योंकि जवानी में तो तुम कुछ कर सकते हो वासना के लिए; बुढ़ापे में कुछ कर भी नहीं सकते, सिर्फ तड़फते हो। बूढ़े मन में जिस बुरी तरह वासना पीड़ा बन कर आ जाती है, कांटे की तरह चुभती है, वैसे जवान मन में नहीं चुभती। शरीर तो बूढ़ा हो जाता है, वासना थोड़े ही बूढ़ी होती है कभी! वासना तो जवान ही रहती है। उसका स्वभाव जवानी है। शरीर थक जाता है; वासना थोड़े ही रुकती है, वह तो दौड़ती ही रहती है। तुम जब थक कर भी गिर जाते हो राह पर, तब भी तुम्हारी वासना अनंत-अनंत यात्राओं पर निकलती रहती है। अगर ऐसा न होता तो दुबारा जन्म ही क्यों होता! अगर बूढ़े की वासना भी बूढ़ी हो गई, शरीर भी क्षीण हो गया, वासना भी क्षीण हो गई, तो मुक्त हो जाएगा, दुबारा जन्म नहीं होगा।

दुबारा जन्म क्यों होता है? वह जो वासना जवान है, वह नये शरीर की मांग करती है। वह कहती है: 'खोजो नई देह! यह देह तो गई, खराब हुई। अब कुछ नया माडल खोजो। यह पुराना माडल अब काम का न रहा। लेकिन अभी मैं नहीं मरी हूं। नई देह पकड़ो! नई देह के सहारे चलो। लेकिन चलो! फिर से खोजो! इस जीवन में तो नहीं पा पाए, अगले जीवन में शायद मिलन हो जाए, शायद तृप्ति मिले, सुख मिले। फिर खोजो।'

इधर बूढ़ा मरा नहीं कि उधर जन्मा नहीं। मरने और जन्मने में जरा सी देर नहीं लगती। अक्सर तो ऐसा होता है कि तुम जब बूढ़े आदमी की लाश लेकर मरघट जा रहे हो तब तक वह किसी गर्भ में प्रवेश कर चुका; तुम जिसकी अब अरथी सजा रहे हो, वह पैदा हो चुका। इतनी फुरसत कहां है! वासना इतनी प्रगाढ़ है कि तुम्हारी राह थोड़े ही देखेंगे कि अब तुम अरथी सजाओ, फूल-पत्ती बांटो, मोहल्ले-पड़ोस के लोगों को इकट्ठा करो, बैंड-बाजा बजाओ, मरघट ले जाओह्नतुम्हें तो कुछ वक्त तो लगेगा! रोने-धोने में, उपद्रव करने में, तुम्हें कुछ तो समय लगेगा! पहुंचते-पहुंचते...लेकिन बूढ़े को इतनी फुरसत कहां है कि तुम्हारी राह देखे! तुम सड़ी-सड़ाई लाश को ही जला रहे हो। वहां अब कोई नहीं है। वह तो किसी नये गर्भ में प्रविष्ट हो चुका। वासना क्षण भर की देर नहीं मांगती।

तुमने देखा, जब वासना तुम्हें पकड़ती है, तुम क्षण भर रुक सकते हो? जब क्रोध तुम्हें पकड़ता है, तब तुम यह कहते हो कि चलो कल कर लेंगे? जब क्रोध तुम्हें पकड़ता है, तुम उसी क्षण आगबबूला हो जाते हो। और जब वासना तुम्हें पकड़ती है तो तुम सोचते हो कि चलो, कल, परसों, अगले जन्म में, जल्दी क्या है? जब वासना तुम्हें पकड़ती है तो तुम उतावले हो जाते हो। उसी क्षण होना चाहिए! क्षण में होना

चाहिए! एक क्षण की भी देरी सालती है, खटकती है। इधर बूढ़ा मरा, उधर उसकी वासना उसे नई यात्रा पर ले गई।

तो साधु-संत तुम्हें समझाते रहे हैं: 'इंद्रियों को काटो, जलाओ, खराब करो।' नहीं, ज्ञानी ऐसा नहीं कहते। 'स्वच्छेन्द्रिय!' तुम्हारी इंद्रियां और सेंसिटिव और संवेदनशील हो जाएंगी। तुमसे लोगों ने कहा है: स्वाद को मार डालो।

महात्मा गांधी के आश्रम में व्रतों में एक व्रत था: अस्वाद! स्वाद को मार डालो! अष्टावक्र के वचन का क्या अर्थ होगा? स्वच्छेन्द्रिय का अर्थ अस्वाद हो सकता है? स्वच्छेन्द्रिय का अर्थ होगा: परम स्वाद। ऐसा स्वाद कि भोजन में भी ब्रह्म का अनुभव होने लगेह्नस्वच्छेन्द्रिय का अर्थ होता है। स्वाद मार डालो! तो जीभ से, रसना से, जो परमात्मा की अनुभूति हो सकती थी वह मर जाएगी।

पश्चिम का बड़ा विचारक लुई फिशर गांधी जी को मिलने आया। वह उनके ऊपर किताब लिख रहा था। अपने साथ ही उसे उन्होंने भोजन पर बिठाया। वे नीम की चटनी खाते थे, उसकी थाली में भी नीम की चटनी रख दीह्नस्वाद खराब करने को! अस्वाद का व्रत चल रहा है तो नीम की चटनी, ताकि थोड़ा-बहुत स्वाद अगर भोजन में से आ जाए तो नीम की चटनी उसको खराब कर दे। फिशर ने सौजन्यतावश जरा सा चख कर देखा कि यह चीज क्या है! कड़वा जहर! उसने सोचा कि अब कुछ कहना ठीक नहीं। उसको किसी ने चेताया भी था कि सावधान रहना, वे नीम की चटनी देंगे! तो यही है नीम की चटनी! उसने यह सोचा कि बजाय पूरा भोजन खराब करने के इसको एक ही दफा, इस अंटे को गटक जाओ, तो फिर कम से कम पूरा भोजन तो ठीक से हो जाएगा, यह झंझट मिटेगी। तो वह पूरी चटनी एक साथ गटक गया। गांधी जी ने कहा कि और लाओ, फिशर को चटनी बहुत पसंद आई!

तुम स्वाद को मार ले सकते हो। कभी-कभी स्वाद अपने से भी मर जाता है, लेकिन तुमने उसमें कुछ महिमा देखी? बुखार के बाद तुम्हारी रसना क्षीण हो जाती है, क्योंकि रसना के जो स्वाद को देने वाले छोटे-छोटे अंकुर हैं वे रोग में शिथिल हो जाते हैं। तो तुम मिठाई भी खाओ तो मीठी नहीं मालूम पड़ती, भोजन में कोई स्वाद नहीं आता, सब तिक्त-तिक्त मालूम होता है, उदास-उदास! लेकिन उससे कुछ महिमा आती है? उससे कुछ आत्मा का अनुभव होता है? और अगर इतना सस्ता हो तो जीभ पर ऐसिड डलवा कर खराब ही कर लो एक बार, बार-बार नीम की चटनी क्या खानी! एक दफा साफ करवा लो, चले जाओ डाक्टर से, वह छील कर अलग कर देगा! बहुत थोड़े से स्वाद के अनुभव को लेने वाले बिंदु हैं जीभ पर, वह अलग कर देगा। आपरेशन करवा लो। मगर इससे क्या तुम किसी आत्म-अनुभव को उपलब्ध हो जाओगे?

नहीं, न तो आंख के फूटने से रूप में रस जाता, न स्वाद के मिटने से स्वाद में रस जाता। स्वाद ऐसा गहन हो जाए कि भोजन तो मिट जाए और परमात्मा का स्वाद आने लगे। 'अन्नं ब्रह्म'ह्नउपनिषद कहते हैं कि अन्न ब्रह्म है। तो स्वाद को बढ़ाओ, स्वच्छ करो। स्वाद को विराट करो। स्त्री को देखा, आंख मत फोड़ो; और जरा गौर से देखो कि स्त्री में ब्रह्म दिखाई पड़ने लगेह्नतो आंख स्वच्छ हो गई। ब्रह्म के अतिरिक्त जब तक तुम्हें कुछ और दिखाई पड़ रहा है, उसका अर्थ इतना ही है कि आंख अभी पूरी स्वच्छ नहीं हुई। जब आंख पूरी स्वच्छ हो जाएगी तो ब्रह्म ही दिखाई पड़ेगा, एक ही दिखाई पड़ेगा। जब सारी इंद्रियां स्वच्छ होती हैं तो सभी तरफ से उसी एक का अनुभव होता है। छुओ तो वही हाथ में आता है। चखो तो वही जीभ पर आता है। देखो तो उसी के दर्शन होते हैं। सुनो तो उसी की पगध्वनि सुनाई पड़ती है। कुछ भी करो...श्वास लो, तो वही तुम्हारी श्वास में भीतर जाता। सूरज उगता तो वही उगता। रात आकाश तारों से भर जाता तो उसी से आकाश भर जाता है। फूल खिलते हैं तो वही खिलता है। पक्षी चहचहाते हैं तो उसी की चहचहाट है।

जब सारी इंद्रियां स्वच्छ होती हैं तो सभी तरफ से उस एक का अनुभव होने लगता है। जितनी इंद्रियां अस्वच्छ होती हैं उतना ही अनुभव नहीं हो पाता।

यह सूत्र खयाल रखना:

तृप्तः स्वच्छेन्द्रियो नित्यमेकाकी रमते तु यः।

और जिस व्यक्ति की इंद्रियां स्वच्छ हो गईं और जिसे उस एक का सब तरफ अनुभव होने लगा, वही एकाकी रमण कर सकता है, क्योंकि अब दूसरा बचा ही नहीं।

इस एकाकी रमण का अर्थ भी समझो। एकाकी का अर्थ अकेलापन नहीं होता। एकाकी का अर्थ होता है: एक-पन; अकेलापन नहीं। अकेलेपन का अर्थ होता है: लोनलीनेस। एकाकी का अर्थ होता है: अलोननेस। अकेलेपन का अर्थ होता है: दूसरे की याद आ रही है; दूसरा होता तो अच्छा होता। अकेलेपन का अर्थ होता है: दूसरे की मौजूदगी नहीं है, खल रही है, खाली-खाली लग रही है कोई जगह, बेचैनी हो रही है। बैठे हैं अकेले, लेकिन दूसरे की पुकार उठ रही है। तुम जंगल भाग जाओगे, किसी से बात करने को न मिलेगा तो भगवान से ही बात करोगे; मगर वह तुमने दूसरा पैदा कर लिया। तुम अकेले न रहे। अकेलेपन में आदमी भगवान से ही बात करने लगेगा। उसी को तो तुम प्रार्थना कहते हो। वह बातचीत है। तुमने फिर एक कोई पैदा कर लिया, जिससे बातचीत होने लगी। एक तरह का पागलपन है यह बातचीत।

तुमने पागलखाने में जाकर देखा! तुम देखोगे कि कोई पागल बैठा है अकेला और बात कर रहा है। तुम हंसते हो; लेकिन जब कोई प्रार्थना करता है तब तो तुम नहीं

हंसते! यह किससे बात कर रहा है? पागल पर तुम हंसते हो क्योंकि तुम्हें कोई दिखाई नहीं पड़ता और यह किसी से बात कर रहा है। और तुम जब मंदिर में हाथ जोड़ कर कहते हो कि 'हे पतितपावन, मुझ पर कृपा करो'ह्नतुम किससे बात कर रहे हो? जब तक तुम जानते हो कि परमात्मा दूसरा है, दूजा है जिससे बात हो सकती है, वार्ता हो सकती हैह्नतब तक तो तुम्हें परमात्मा का पता ही नहीं। परमात्मा दूजा नहीं हैह्नतुम्हारा होना है। तुम हो! अहं ब्रह्मास्मि!

तो जब ऐसा अनुभव होता है कि एक ही है, मैं और तू का विभाजन गिर गयाह्नतब जो घटना घटती है, वह जो फूल खिलता है, वह है एकाकी, अलोननेस! तब वहां दूसरे की गैर-मौजूदगी नहीं खलती; वहां अपनी मौजूदगी में रस आता है। अपनी मौजूदगी में उत्सव होता है। तुम कुछ बोलते ही नहींह्नबोलने को कौन बचा? किससे बोलना है? कौन बोले? सब बोल खो जाता है। अबोल हो जाते हो।

तुमने ऐसे वचन सुने होंगे जिनमें कहा गया है कि प्रभु की कृपा हो जाए तो जो बोलते नहीं वे बोलने लगते हैं और जो लंगड़े हैं वे दौड़ने लगते हैं। हालत बिलकुल उलटी है। अष्टावक्र से पूछो, अष्टावक्र कुछ और कहते हैं। अष्टावक्र का सूत्र तुम्हें याद है? कुछ ही दिन पहले हम पढ़ रहे थे। सूत्र है कि जो पहुंच जाता है तो बोलने वाला भी चुप हो जाता है और चलने वाला भी गिर पड़ता है। जो बड़ा उद्यमी था, महाआलसी हो जाता है। आलस्य शिरोमणि! सब दौड़-धाप गई! दौड़ना कहां! जाना कहां! हैं वहीं! वहीं हैं। तो कोई चंचलता न रही। बोलना किससे है! कहना किससे है!

प्रार्थना तभी हैह्नजब कहने को कुछ भी न बचा, कहने वाला न बचा, जिससे कहना था वह भी न बचा। उस मौन के क्षण का नाम है प्रार्थना। बोलकर प्रार्थना को खराब मत कर लेना। कुछ कह कर बात बिगाड़ मत लेना। कुछ कहा कि चूके, क्योंकि कहने में तुमने मान ही लिया कि दो हैं, कि तू है पतितपावन और हम हैं पापी। तुम्हारे भीतर वही बैठा है जिसको तुम पापी कह रहे हो; वही, जिसको तुम पतितपावन कह रहे हो! यह विभाजन तुमने जो खड़ा कर लिया है कि तू ऊपर और हम नीचे; और तू महान और हम क्षुद्रह्नतुम किसको क्षुद्र कह रहे हो? वही तुम्हारे भीतर, वही तुम्हारे बाहर। एक का ही वास है। एक का ही विस्तार है। इस एक के विस्तार की जब गहन प्रतीति होती है तो एकाकी रमण!

इसका यह मतलब मत समझना कि तुमको हिमालय की गुफा ही में बैठे रहना पड़ेगा। अब तुम जहां भी रहो, तुम एक की गुफा में बैठ गए; अब तुम जहां भी रहो, तुम एकाकी हो! तुम भीड़ में जाओ तो, बाजार में जाओ तो, एकांत में जाओ तोह्नवही है! एक ही सागर की लहरें हैं, तुम भी उसमें एक लहर हो।

'जो पुरुष तृप्त है, शुद्ध इंद्रिय वाला है और सदा एकाकी रमण करता है...।'

अब खयाल रखनाह्लसदा एकाकी रमण! तुम अगर गुफा में बैठे हो तो सदा तो एकाकी हो ही नहीं सकते। गांव से कोई भोजन तो लाएगा तुम्हारे लिए? तब उतनी देर को तुम एकाकी न रह जाओगे। और कोई कौआ आकर बैठ गया है गुफा पर और कांव-कांव करने लगा है तो तुम एकाकी नहीं रह गए। अब कौओं का क्या करो! कौए कोई बहुत आध्यात्मिक तो हैं नहीं। संत-पुरुषों का समादर करते हों, ऐसा भी मालूम नहीं पड़ता। संत-असंत में भेद करते हों, ऐसा भी नहीं मालूम पड़ता है। कौए परमज्ञानी हैं; भेद करते ही नहीं; परमहंस की अवस्था में हैं। वे यह थोड़े ही देखेंगे कि आप बड़ा ध्यान कर रहे हैं, माला जप रहे हैं। इसकी जरा भी चिंता न करेंगे। कोई कुत्ता आकर और गुफा में विश्राम करने लगा तो क्या करोगे? अकेले न रहे। अकेले सदा तो कैसे रहोगे? सदा तो अकेले तभी रह सकते हो जब अकेलापन उस परम एकाकी से जुड़ जाए। फिर तुम कहीं भी रहो, कैसे भी रहोह्लकौआ आए तो भी तुम्हारा ही स्वभाव है और कुत्ता आए तो भी तुम्हारा ही स्वभाव है; कोई न आए तो भी वह मौजूद है, कोई आए तो भी वह मौजूद है; कोई न हो तो अरूप की तरह मौजूद है, कोई हो तो रूप की तरह मौजूद हैह्लमगर हर हालत में एक ही मौजूद है। बाहर-भीतर, ऊपर-नीचे, सब आयामों में, दसों दिशाओं में, एक की ही गूंज चल रही है!

'...और सदा एकाकी रमण करता है, उसी को ज्ञान का और योगाभ्यास का फल प्राप्त हुआ है।'

ज्ञान फल है; कांसिक्वेंस; परिणाम। तो तुम शास्त्र को कितना ही पढ़ लो, इकट्ठा कर लोह्लज्ञान न हो जाएगा। खुद के पन्ने उलटो! जरा भीतर चलो। खुद की किताब खोलो। इसको तो कब से बांध कर रखा है, खोला ही नहीं तुमने। जन्म-जन्म हो गए, यह किताब तुम लिए चलते हो, लेकिन कभी खोला नहीं तुमने। तुम दूसरों से पूछते फिर रहे हो कि मैं कौन हूं! तुम हो और तुम्हें पता नहीं, तो दूसरे को क्या खाक पता होगा! तुम्हीं को पता नहीं चल रहा है कि तुम कौन हो, तो दूसरा क्या उत्तर देगा! तुम तो निकटतम हो अपने अस्तित्व के, तुम्हीं चूके जा रहे हो, तो किसी और को तो कैसे पता होगा! दूसरा तो तुम्हें बाहर से देखेगा। भीतर से तो बस अकेले तुम्हीं समर्थ हो तुमको देखने में, कोई दूसरा नहीं। दूसरा तो तुम्हें दृश्य की तरह देखेगा; द्रष्टा की तरह देखने में तो तुम अकेले ही समर्थ हो। और द्रष्टा ही तुम्हारा स्वभाव है।

तो पूछो: 'मैं कौन हूं?' यह एक ही बात ध्यान बन जाती है अगर तुम पूछते रहो: 'मैं कौन हूं?' और ऐसा भी नहीं है कि तुम इसको शब्द में ही पूछो कि मैं कौन हूं। आंख बंद करके यह भाव रहे कि मैं कौन हूं। इस अन्वेषण पर निकल जाओ। उतरो गहरे-गहरे और देखते चलो; जो-जो चीज तुम्हें दिखाई पड़े और लगे कि यह मैं नहीं हो सकता, उसको भूल जाओह्लऔर गहरे उतरो।

सबसे पहले शरीर मिलेगा, लेकिन शरीर तुम नहीं हो सकते। हाथ कट जाता है तो भी तुम नहीं कटते; तुम्हारा होने का भाव पूरा का पूरा रहता है। तुम बच्चे थे, जवान हो, बूढ़े हो गए, लेकिन तुम्हारे होने में कोई फर्क नहीं पड़ता; तुम्हारे होने का भाव ठीक वैसा का वैसा है। शरीर में झुर्रियां पड़ गईं, बूढ़ा हो गया, थक गया, डांवाडोल होने लगा, अब गिरेगा तब गिरेगा; लेकिन भीतर, आंख बंद करते ही तुम्हारे चैतन्य में कोई झुर्रियां पड़ीं? वह तो उतना ही ताजा है जैसा बचपन में था, वैसा का वैसा है। वहां तो कोई समय की रेखा नहीं पड़ी। समय ने वहां कोई चिह्न ही नहीं छोड़े। समय की छाया ही नहीं पड़ी। समयातीत, कालातीत! तुम वैसे के वैसे हो जैसे तुम आए थे। उसमें जरा भी भेद नहीं पड़ा। तुम शाश्वत हो।

शरीर तुम नहीं हो सकते। शरीर तो क्षणभंगुर हैह्नबदल रहा, बदलता जा रहा, प्रतिपल बदल रहा है! शरीर तो नदी की धार है; घूमता हुआ चाक है। तुम तो ठहरी हुई कील हो।

और एक बात निश्चित है : जो भी हम दृश्य की भांति देख लेते हैं, हम उससे अलग हो गए। शरीर को तो तुम दृश्य की भांति देख लेते हो, तुम उससे अलग हो गए। तुम दर्पण के सामने खड़े होते हो, दर्पण में तुम्हारा दृश्य बनता है, तुम्हारा चित्र बनता हैह्नक्या तुम यह कह सकते हो बस यही तुम हो, इससे ज्यादा नहीं? यह शरीर का चित्र बन रहा है, तुम्हारी चेतना का तो जरा भी नहीं बन रहा। ऐसा कोई दर्पण ही नहीं जिसमें चेतना का चित्र बन जाए। हो भी नहीं सकता ऐसा कोई दर्पण। शरीर सामने खड़ा है; शरीर का प्रतिबिंब दर्पण में खड़ा है; दोनों को देखने वाला दोनों से पार है। तुम शरीर को भी देख रहे हो झुक कर, तुम दर्पण में अपना प्रतिबिंब भी देख रहे होह्नतुम कौन हो जो दोनों को देख रहा है? तुम भिन्न हो! तुम इससे अलग हो।

और थोड़े भीतर सरको, फिर विचारों की तरंगें हैं। उनको भी गौर से देखो। पूछो : 'यह हूं मैं?' विचार आया गया, एक आया, दूसरा आया, तीसरा आया, सतत श्रृंखला लगी है, धारा बही हैह्नइनमें से कोई भी तुम नहीं हो सकते, क्योंकि तुम तो बने ही रहते हो। विचार आता है, जाता हैह्नकभी सुंदर कभी असुंदर; कभी शुभ कभी अशुभ; कभी उठता है कि सारी दुनिया को प्रेम कर लूं और कभी उठता है कि सारी दुनिया को नष्ट कर दूं; कभी होता है मन करुणा का और कभी होता है मन क्रोध का; क्रोध का धुआं भी उठता है, करुणा की सुगंध भी उठती हैह्नलेकिन तुम तो इन दोनों के पार खड़े देखते ही रहते हो। तुम तो साक्षी हो! नहीं, मन भी तुम नहीं।

और भीतर चलो! ऐसे चलते, चलते, चलते, एक घड़ी आती है जहां जो तुम नहीं हो वह छूट गया; अब वही बच रहता है जो तुम हो, जिसमें से अब कुछ भी इनकार नहीं किया जा सकता। नेति-नेति कहते-कहतेह्ननहीं यह, नहीं यहह्नआ गए तुम अपने घर में भीतर! अब वही बचा जो अब तक कह रहा था : 'नेति-नेति;

नहीं यह, नहीं यह!' यही तुम हो। कोई उत्तर नहीं मिल जाएगा लिखा हुआ। कहीं कोई भीतर नेमप्लेट रखी नहीं है, एक शिलापट्ट नहीं है कोई जिस पर लिखा है कि यह तुम हो। लेकिन अब तुम्हें अनुभव होगा। हो जाएगी वर्षा अनुभव की। अस्तित्व तुम्हें घेर लेगा। जीवन और चैतन्य दोनों की गहन प्रगाढ़ प्रतीति होगी, साक्षात्कार होगा।

और यही ज्ञान का फल है। इसके होते ही तुम्हारी इंद्रियां स्वच्छ हो जाएंगी। इसके होते ही जीवन तृप्त हो जाएगा। इसके होते ही तुम अकेले हो गए; मगर अकेलापन नहींह्नएकाकी। एकाकी का पन, एकाकीपन। अब परमात्मा ही बचा!

तैर रहीं लहरें
डूब गया सागर
जाग उठे तारे
निंदियाया अंबर
पड़ी रही माटी
चली गई गागर
मुस्का दी बिजुरी
अंसुआया बादर
मुंदे नयन सपने
खुली दीठ दर्पण
फलित हुआ चिंतन
अंखुआया दर्शन।
मुंदे नयन-सपने,
खुली दीठ-दर्पण!

तुम अभी आंख बंद किए-किए जी रहे हो। तुम्हें बड़ी हैरानी होगी। तुम तो कहते हो, हम आंख खोल कर जी रहे हैं। तुम्हारी बाहर आंख खुली है तो भीतर आंख बंद है। जिस दिन तुम बाहर से आंख बंद करोगे, भीतर आंख खुलेगी। इस उलटे गणित को खयाल में ले लेना। अगर बाहर ही आंख खुली रही तो भीतर आंख बंद है; भीतर तुम अंधे हो। थोड़ी बाहर आंख बंद करो तो दृष्टि भीतर मुड़े। वही दृष्टि जो बाहर संलग्न है, भीतर मुक्त हो जाती है। अभी तो भीतर सपने ही सपने हैं। अभी भीतर सच कुछ भी नहीं है।

मुंदे नयन-सपने!
यह जो बाहर खुली आंख है, भीतर तो आंख मुंदी है।
मुंदे नयन-सपने!
खुली दीठ-दर्पण।

जरा बाहर से आंख बंद करो ताकि भीतर आंख खुले। इस ऊर्जा को भीतर बहने दो। यह जो बाहर देखने का चाव है इसी चाव को जरा भीतर की तरफ मोड़ो; समझाओ-बुझाओ, फुसलाओ, राजी करो, कहो कि चल जरा भीतर भी देखें। बाहर बहुत देखा, आंखें थक गईं, पथरा गईंह्नकुछ मिलता तो नहीं। थोड़ा भीतर भी देखें, थोड़ा अपने भीतर भी देखें!

जिसे हम खोज रहे हैं, कौन जाने भीतर ही पड़ा हो! इसके पहले कि तुम सारी दुनिया में खोजने निकल जाओ, अपने घर में खोज लेना। क्योंकि दुनिया बहुत बड़ी है, खोजते-खोजते-खोजते कहीं न पहुंचोगे; कहीं ऐसा न हो कि अंत में पता चले, जिसे हम खोजने चले थे वह घर में ही पड़ा था। और ऐसा ही है। जिन्होंने भीतर खोजा उन्होंने पा लिया और जिन्होंने बाहर खोजा उन्होंने कभी नहीं पाया। निरपवाद रूप से जिन्होंने अब तक खोजा है, पाया है, वे भीतर के खोजी हैं। निरपवाद रूप से जिन्होंने खोजा बहुत और पाया कभी नहीं, वे बाहर के खोजी हैं।

पहली आषाढ़ की संध्या में
नीलांजन बादल बरस गए
फट गया गगन में नील मेघ
पथ की गगरी ज्यों फूट गई
बौछार ज्योति की बरस गई
झर गई बेल से किरण जुही
मधुमयी चांदनी फैल गई
किरणों के सागर बिखर गए।
जरा भीतर चलो-होती है अपूर्व वर्षा।
पहली आषाढ़ की संध्या में
नीलांजन बादल बरस गए
फट गया गगन में नील मेघ
पथ की गगरी ज्यों फूट गई
बौछार ज्योति की बरस गई
झर गई बेल से किरण जुही
मधुमयी चांदनी फैल गई
किरणों के सागर बिखर गए।

तुम्हारे भीतर, तुम्हारे ही भीतर तुम महासूर्यों को छिपाए चल रहे हो। जरा खोलो भीतर की गांठ, जरा भीतर की गठरी खोलो, जरा भीतर की गगरी फोड़ोह्नकिरणें ही किरणें बरस जाएंगी! उन किरणों की वर्षा में ही स्वच्छ हो जाती हैं इंद्रियां। उन किरणों की वर्षा में ही तृप्त हो जाते हैं प्राण। मिल गया फल!

'हंत, तत्वज्ञानी इस जगत में कभी खेद को नहीं प्राप्त होता है, क्योंकि उसी एक से यह ब्रह्मांड-मंडल पूर्ण है।'

दत्तात्रेय के जीवन में उल्लेख है। भीख मांगने एक द्वार पर दस्तक दी। घर में कोई न था; एक क्वांरी लड़की थी। माता-पिता खेत पर काम करने गए थे। उस कन्या ने कहा : 'आप आए हैं, माता-पिता यहां नहीं, आप दो क्षण रुक जाएं तो मैं चावल कूट कर आपको दे दूं, और तो घर में कुछ है नहीं। चावल कूट दूं, साफ-सुथरे कर दूं, और आपकी झोली भर दूं।' तो दत्तात्रेय रुके। उस कन्या ने चावल कूटने शुरू किए तो उसके हाथ में बहुत चूड़ियां थीं, वे बजने लगीं। उसे बड़ा संकोच हुआ। यह शोरगुल, यह छन-छन की आवाज, साधु द्वार पर खड़ाह्लतो उसने एक-एक करके चूड़ियां उतार दीं। धीरे-धीरे आवाज कम होने लगी। दत्तात्रेय बड़े चौंके। आवाज धीरे-धीरे बिलकुल कम हो गई, क्योंकि एक ही चूड़ी हाथ पर रही। फिर जब वह उन्हें देने आई चावल तो उन्होंने पूछा कि एक बात पूछनी है : 'पहले तूने चावल कूटने शुरू किए तो बड़ी आवाज थी, फिर धीरे-धीरे आवाज कम होती गई, हुआ क्या? फिर आवाज खो भी गई!' तो उस लड़की ने कहा कि सोच कर कि आप द्वार पर खड़े हैं, आपकी शांति में कोई बाधा न पड़े, मुझे बड़ा संकोच हुआ, चूड़ियां हाथ में बहुत थीं तो आवाज होती थी, फिर एक-एक करके मैं निकालती गई। आवाज तो कम हुई, लेकिन रही। फिर जब एक ही चूड़ी बची तो सब आवाज खो गई।

तो दत्तात्रेय ने यह वचन कहा :

वासो बहूनां कलहो भवेद्वार्त्ता द्वयोरपि।

एकाकी विचरेद्विद्वान कुमार्या इव कंकणः।।

कहा कि जैसे कुंवारी लड़की के हाथ पर चूड़ियों का बहुत होना शोरगुल पैदा करता है, ऐसे ही जिसके चित्त में भीड़ है, बड़ी आवाज होती है। जैसे कुंवारी लड़की के हाथ पर एक ही चूड़ी रह गई और शोरगुल शांत हो गया, ऐसे ही जो अपने भीतर एक को उपलब्ध हो जाता है, भीड़ के पार, भीड़ जिसकी विसर्जित हो जाती हैह्लवह भी ऐसी ही शांति को उपलब्ध हो जाता है।

कहा : ङ्मबेटी तूने अच्छा किया! मुझे बड़ा बोध हुआ।ङ्ख

जिसे बोध की तलाश है, उसे कहीं से भी मिल जाता है। जिसे बोध की तलाश नहीं है, वह बुद्ध-वचनों को भी सुनता रहे, ठीक बुद्ध के सामने बैठा रहे, तो भी कुछ नहीं है। बांसुरी बजती रहती है, भैंस पगुराती रहती है; उसे कुछ मतलब नहीं है।

न कदाचिज्जगत्यस्मिंस्तत्त्वज्ञो हंत खिद्यति।

यत एकेन तेनेदं पूर्ण ब्रह्मांडमंडलम्।।

'हंत, शिष्य! तत्वज्ञानी इस जगत में कभी खेद को नहीं प्राप्त होता, क्योंकि उसी एक से यह ब्रह्मांड-मंडल पूर्ण है।'

यह वचन सीधा-सादा है, लेकिन बड़ा गहरा!

शायद तुमने ज्यां पाल सार्त्र का प्रसिद्ध वचन सुना हो जिसमें सार्त्र कहता है। 'दि अदर इज़ हेल।' दूसरा नरक है। दूसरे के कारण नरक है। जहां दूसरा है वहां कलह है। दूसरे की मौजूदगी ही कलह है। तो एक तो उपाय है, सस्ता उपाय, कि तुम दूसरे को छोड़ कर भाग जाओ; लेकिन यह बड़ा सस्ता उपाय है, कहीं ज्यादा भाग न सकोगे!

मैंने सुना है एक आदमी भाग गया। वह जाकर बैठा एक झाड़ के नीचे बड़ा निश्‍चिंत कि अब यहां पत्नी भी नहीं, बेटे भी नहीं, अब कोई सताने वाला नहीं, अब परम ध्यान करूंगा! एक कौए ने आकर बीट कर दी। वह खड़ा हो गया नाराजगी में। उसने कहा : ज्ञहद हो गई! घर-द्वार छोड़ कर आए, यह कौआ आ गया।ड्ड

दूसरा तो कहीं भी मौजूद हो जाएगा। जब तक कि दूसरे का भाव ही न मिट जाए, जब तक कि दूसरे में दूसरा दिखाई पड़ना ही बंद न हो जाएह्नतब तक नरक जारी रहेगा।

तुमने कभी खयाल किया, तुम अकेले बैठे हो अपने कमरे मेंह्ननिश्‍चिंत भाव से, विश्राम की एक दशा मेंह्नअचानक किसी ने द्वार पर दस्तक दी, दस्तक होते ही तनाव पैदा हो जाता है। वह विश्राम गया। कोई मेहमान आ गए। अब तुम कहते जरूर हो कि देख कर आपको बड़े दर्शन हुए, बड़ा आनंद हुआ, गदगद हो गए! मगर तुम्हारे चेहरे से गदगदपन बिलकुल पता नहीं चलता, न तुम्हारी आंखों में कुछ स्वागत दिखाई पड़ता है। कहते हो लोकाचार के लिए। बिठा भी लेते हो।

मुल्ला नसरुद्दीन के घर ऐसे ही एक दिन एक मेहमान आ गए। बकवासी हैं। वे घंटों बकवास करते हैं। मुल्ला ऊबने लगा। कई तरह से बहाने किए, कई दफा घड़ी देखी; मगर वे कुछ...! कई दफा जम्हाई ली। मगर जो दूसरों को उबाने में कुशल हो जाते हैं वे इन बातों की चिंता ही नहीं करते। वे तो प्राणपण से अपने कार्य में लगे रहते हैं। वह तो लगा ही रहा, लगा ही रहा। आखिर मुल्ला ने कहा कि अब रात हुई जा रही है, आपको घर पहुंचने में देर होगी। तो बड़ी मजबूरी में वह उठा। उसने कहा कि हां, बात तो ठीक है, पत्नी भी राह देखती होगी, अब मैं चलूं। मुल्ला बड़े प्रसन्न हुए। वह उठा, दो कदम लिए, टेबल के पास पहुंच कर एक किताब उठाकर देखने लगा। मुल्ला ने कहा, फिर एक झंझट! किताब उलट-पुलट कर उसने वहां रखी किताब, फिर पैंतरा बदला और वापस लौट आया और उसने कहा कि याद आता है कुछ कहना चाहता था! मुल्ला ने कहा : ज्ञशायद नमस्ते तो नहीं कहना चाहते?ड्ड

लोग हैं, जिन्हें इसकी जरा भी चिंता नहीं, जिन्हें इसका बोध ही नहीं कि कोई अकेला हो तो उसका अकेलापन मत छेड़ो, मत खराब करो। पूरब में तो यह धारणा

ही नहीं है। पश्चिम में थोड़ा बोध पैदा हुआ है कि कोई अकेला हो तो उसका अकेलापन मत छेड़ो। यह अत्याचार है, अतिक्रमण है। यहां तो कोई इस बात का खयाल ही नहीं है।

क्यों किसी के अकेलेपन को खंडित करना अनाचार है, अनीति है? इसलिए कि अकेलेपन में ही थोड़ा विश्राम है। जैसे ही दूसरा आया कि विश्राम गया। जैसे ही दूसरा मौजूद हुआ कि दूसरे की मौजूदगी तनाव की तरंगें पैदा करने लगती है। तुम स्वस्थ नहीं रह जाते। तुम सरल नहीं रह जाते। कभी-कभी तुम्हारे बाथरूम में तुम थोड़े सरल होते होह्नअकेले! लेकिन अगर तुम्हें पता चल जाए कि कोई कुंजी के छेद से झांक रहा है तो तत्क्षण सब सरलता खो जाती है। हो सकता है क्षण भर पहले तुम आईने में मुंह बिचका रहे थे और मजा ले रहे थे या कोई बचपन की धुन गुनगुना रहे थे; मगर पता चल जाए कि कोई, तुम्हारा बेटा ही, छोटा बेटा ही झांक रहा है कुंजी के छेद से, तो भी तुम रुक गए, तुम सरल न रहे, स्वाभाविक न रहे।

हमारे जीवन का अधिकतम तनाव यही है कि दूसरे की आंख हमें बेचैन कर देती है और दूसरे की आंख हमें मुखौटा ओढ़ने के लिए मजबूर कर देती है। तो जो हम नहीं हैं वह दिखलाना पड़ता है। जैसे हम नहीं हैं वैसा बतलाना पड़ता है। मुस्कुराहट नहीं आ रही है तो खींच-खींच कर लानी पड़ती है। जो नहीं कहना है, कहना पड़ता है। जो भीतर की सरलता और सहजता है, उसे रोकना पड़ता है। और हम भीड़ में ही जीते हैं चौबीस घंटे, तो धीरे-धीरे हमें अपना वास्तविक चेहरा ही भूल जाता है; यही मुखौटे याद रह जाते हैं। दफ्तर जाओ तो मालिक के सामने एक मुखौटा ओढ़ो।

तुमने खयाल किया कि जब तुम दफ्तर जाते हो और चपरासी को पार करते हो, तब तुम एक मुखौटा ओढ़े होते हो चपरासी के पास से गुजरते वक्त! और जब मालिक के कमरे में प्रवेश करते हो, तत्क्षण मुखौटा बदला! अब तो प्रक्रिया इतनी यंत्रवत हो गई है कि तुम्हें पता ही नहीं चलता; जैसे आदमी, होशियार ड्राइवर, गेयर बदलता है, कुछ पता नहीं चलता, बैठने वाले यात्री को भी पता नहीं चलता। तुम गेयर बदलते रहते हो। चेहरा बदल लिया। चपरासी के पास से ऐसे अकड़ कर निकले थे जैसे वह कोई तुच्छ कीड़ा-मकोड़ा है। तब एक चेहरा था। मालिक के सामने खुद ही कीड़े-मकोड़े हो गए, पूंछ हिलाने लगे। एकदम चेहरा बदल लिया।

मुल्ला नसरुद्दीन के पास एक आदमी मिलने आया। नसरुद्दीन को पता नहीं, कौन हैं। तो उसने यह भी नहीं कहा कि बैठिए। हर किसी से तो कोई नहीं कह देता कि बैठिए। लोग तो हिसाब से चलते हैं। उस आदमी ने कहा, शायद आपको पता नहीं कि मैं कांग्रेस का नेता हूं, एम. पी. हूं। मुल्ला ने कहाः 'अरे बैठिए, कुर्सी पर बैठिए।' उठ कर खड़ा हो गया। 'आइए, बड़ी खुशी हुई!' वह आदमी बोला कि

आपको यह भी पता नहीं कि शीघ्र ही मैं कैबिनेट में लिया जाने वाला हूं। तो मुल्ला ने कहा : 'अरे दो कुर्सी पर बैठिए! एक से कैसे काम चलेगा!'

आदमी को देख कर चौबीस घंटे हम चेहरे बदलते हैं। घर आए तो पत्नी को देख कर एक चेहरा, बेटे को देखकर एक चेहरा। इन सब चेहरों की भीड़ में हमें भूल ही जाता है कि असली चेहरा क्या है।

झेन फकीर अपने साधकों को कहते हैं : सबसे पहले अपना असली चेहरा खोजो, ओरिजिनल फेस! तब काम शुरू होगा। ये झूठे चेहरों से काम नहीं चलेगा, क्योंकि झूठे चेहरों से तुम परमात्मा तब नहीं पहुंच सकते हो। असली चेहरा खोजो। असली चेहराह्नजो जन्म के पहले तुम्हारे पास था और मौत के बाद फिर तुम्हारे पास होगा! यह बीच की भीड़ हटाओ।

असली चेहरा! असली चेहरा तो सिर्फ एकांत में ही खुलता है। लेकिन हम एकांत को बिलकुल भूल गए हैं और परम एकांत तो तभी उपलब्ध होता है जब हमें यह पता चल जाए कि एक ही है। फिर कोई चेहरा नहीं बदलना पड़ता। इसलिए संत पुरुष बालवत हो जाता है, छोटे बच्चे जैसा हो जाता है। यहां कोई दूसरा है ही नहीं, छिपाना किससे है! बचाना किससे है! धोखा किसको देना, कपट किससे करना! कूटनीति कैसी! राजनीति कैसी! यहां एक ही है।

यह तो ऐसे हुआ कि अपने बाएं हाथ से दाएं हाथ को कोई धोखा दे। ऐसे लोग भी हैं कि बाएं हाथ से दाएं हाथ को धोखा दे लें।

तुमने कभी किसी को ट्रेन में देखा। मैं अक्सर यात्रा करता था तो मुझे कई दफे ऐसा मौका आ जाता कि सज्जन अकेले ही ताश खेल रहे हैं, दोनों तरफ से चाल चल रहे हैं और इसमें भी सोच रहे हैं कि जीत-हार होगी। अब हद हो गई। अब तुम्हीं खेल रहे हो दोनों तरफ से, तुम्हें दोनों चालें पता हैंह्नतुम किसको धोखा दे रहे हो? और बायां हाथ जीता कि दायां हाथ जीता, क्या फर्क पड़ेगा! कौन जीता, कौन हारा! लेकिन व्यस्त हैं।

जीवन हमारा एक प्रवंचना है। और प्रवंचना का मूल कारण यह हैह्नदूसरे की मौजूदगी। अब दूसरे की मौजूदगी हटाने के दो उपाय हैं। सस्ता उपाय है कि तुम जंगल भाग जाओ, वह काम नहीं आता है। अष्टावक्र कहते हैं : एक गहरा उपाय है और वह है कि तुम अपने को पहचान लो और अपनी पहचान से तुम्हें पता चल जाए कि तुम्हीं सबके भीतर व्याप्त हो। एक ही है। यह मैं और तू में जो प्रकट हो रहा है, बाएं-दाएं हाथ की तरह है। ये एक ही अस्तित्व के दो पंख हैं। फिर कोई धोखा नहीं है। फिर तुम निर्दोष हो जाओगे।

'हंत, तत्वज्ञानी इस जगत में कभी खेद को नहीं प्राप्त होता, क्योंकि उसी एक से यह ब्रह्मांड-मंडल पूर्ण है।'

फिर खेद कैसा! खेद है दूसरे से। दुख है दूसरे की मौजूदगी में; क्योंकि दूसरे की मौजूदगी हमें सीमित करती है, और दूसरे की मौजूदगी हमें झूठे व्यवहार के लिए मजबूर करती है, और दूसरे की मौजूदगी हमारी छाती पर पत्थर की तरह पड़ जाती है।

दूसरा है तो दुख है। अब दूसरे को कैसे मिटा दें! हम उपाय करते हैं जिंदगी में कई तरह से दूसरे को मिटाने के। तुम चाहे जान कर करते हो, चाहे अनजाने। तुमने देखा, पति चेष्टा करता है पत्नी को बिलकुल मिटा दे; उसका कोई अस्तित्व न रह जाए; दासी बना दे। पतियों ने समझाया है सदियों से कि हम परमेश्वर हैं, तुम दासी! पत्नियां भी कहती हैं कि ठीक। चिट्ठी वगैरह लिखती हैं तो उसमें लिखती हैं आपकी दासी। मगर उसका जो बदला लेती हैं, चौबीस घंटे पति को दिखलाती रहती हैं कि समझ लो कौन है दास! कि आप तो परमेश्वर हो, कहती यही हैं और खींचती रहती हैं टांग।

एक दिन मुल्ला और उसकी पत्नी में झगड़ा हो गया। भागी पत्नी मुल्ला के पीछे; जैसी उसकी आदत है मार दे, चीजें फेंक दे। तो वह घबड़ा कर जल्दी से बिस्तर के नीचे घुस गया। तो पत्नी ने कहा : ञ्निकल बाहर, कायर कहीं का!ङ्ख मुल्ला ने कहा : ञ्छोड़, कौन मुझे निकाल सकता है! इस घर का मालिक मैं हूं, जहां मर्जी होगी वहां बैठेंगे। देखें कौन मुझे निकालता है!ङ्ख पत्नी है जरा मोटी-तगड़ी, वह बिस्तर के नीचे घुस नहीं सकती।

पत्नी की पूरी चेष्टा है पति को मिटा दे। क्यों? यह चेष्टा क्यों है? इसके पीछे बड़ा गहरा कारण है। दूसरे की मौजूदगी खतरनाक है और दूसरा है तो डर है कि कहीं वह मालिक न हो जाए; इसके पहले कि वह मालिक हो जाए, उसे गुलाम बना दो, उसकी गर्दन दबा दो!

बच्चा तुम्हारे घर में पैदा होता है, कहते हो तुम बच्चे को तुम प्रेम करते हो; लेकिन मां-बाप दोनों मिल कर बच्चे को मिटाने में लग जाते हैं। जल्दी लीप-पोत कर इसको खत्म कर दोह्नइसके पहले कि यह उदघोषणा करे अपने स्वातंत्र्य की, अपनी स्वच्छंदता की! तुम कहते हो, हम प्रेम करते हैं; लेकिन तुम्हारे प्रेम में कुछ बहुत सचाई नहीं है। तुम प्रेम के नाम पर ही जहर पिलाते हो। पत्नी भी पति से कहती है कि हमें तुमसे प्रेम है। अगर प्रेम है तो मुक्त करो! प्रेम सदा मुक्त करता है। पति भी कहता है कि मुझे तुमसे प्रेम है। यह प्रेम तो लगता है कि ओट है, इस ओट में ही जहर का सारा खेल चलता है। यह तो ऐसा लगता है कि प्रेम की शक्कर में भीतर जहर छिपाया हुआ है। गटक जाओ प्रेम के नाम से और मरो! बच्चे को हम मार डालते हैं। बाप कोशिश करता है, मां कोशिश करती है, परिवार कोशिश करता है, कि बस बच्चे में कोई स्वतंत्रता न हो। इसलिए हम आज्ञाकारिता को बड़ा मूल्य देते हैं। आज्ञाकारिता का अर्थ : 'तुम अपने जैसे मत होना; हम जैसे कहें वैसे होना!' तुम्हारे बाप तुम्हें मार गए, तुम इनको मार

डालना। ये अपने बेटों को मारेंगे। ऐसे सदियां-सदियां, पीढ़ियां एक-दूसरे को मारती चली जाती हैं और आदमी बिलकुल मुर्दा है। पीछा ही नहीं छूटता।

अगर तुम्हें बच्चे से प्रेम है, सच में प्रेम है, तो तुम बच्चे को स्वीकार करोगे कि तेरी स्वतंत्रता स्वीकार है, अंगीकार है। और यह अन्याय तुम न करोगे क्योंकि तुम जरा ताकतवर हो तो इसकी गर्दन घोट दो।

खलील जिब्रान ने कहा है: प्रेम देना, मगर अपने सिद्धांत मत देना। प्रेम देना, मगर अपना शास्त्र मत देना। प्रेम करना, लेकिन स्वतंत्रता मत छीन लेना। क्योंकि स्वतंत्रता छीन ली तो प्रेम हो ही नहीं सकता। प्रेम स्वतंत्रता देता है। प्रेम का सबूत ही एक है: स्वतंत्रता। प्रेम दूसरे को स्वीकार करता है अपने ही जैसा। प्रेम दूसरे में अपने को ही देखता है।

अपने को तो तुम सदा स्वतंत्र देखना चाहते हो या नहीं? अपने को तो तुम चाहते हो परम स्वातंत्र्य मिले। तो जिससे तुम्हारा प्रेम है उसको भी तुम परम स्वतंत्रता देना चाहोगे। मगर हम हजार तरह से मिटाने की कोशिश करते हैं, क्योंकि हम डरे हुए हैं। इसके पहले कि हमने अगर न मिटाया, कहीं दूसरा हमें न मिटाने लगे! कहीं दूसरा हमारी छाती पर सवार न हो जाए!

हम कंप रहे हैं। हमारे कंपन का कारण क्या है? क्योंकि दूसरा है। और दूसरे को मिटाने का एक उपाय तो यह है कि दूसरे की गर्दन दबा दो। एक तो उपाय हिटलर का है कि मार डालो दूसरे को, मिटा दो बिलकुल, हत्या कर दो; न रहेगा दूसरा, न दूसरे की कोई अड़चन रहेगी। एक उपाय बुद्ध का है कि दूसरे में झांक कर देख लो और अपने को ही पा लो। न तो मिटाना पड़ता है, न हिंसा करनी पड़ती है, न विध्वंस करना पड़ता है। दूसरे में अपनी ही झलक मिल जाती है। फिर दूसरा नहीं रह गया। और जिसके जीवन में दूसरा नहीं रहाह्नअष्टावक्र कहते हैंह्नउसके जीवन में खेद नहीं रहा, उसके जीवन में कोई दुख न रहा।

अगर तुम इस एक की हवा को थोड़ा चलने दो, तुम्हारे जीवन में वसंत आ जाए, तुम्हारे जीवन में बड़ी सुरभि आ जाए!

चल पड़ी चुपचाप
सन सन सन हुआ
डालियों को यों
चितानी-सी लगी
आंख की कलियां
अरी खोलो जरा
हिल स्व-पत्तियों को

जगानी-सी लगी
पत्तियों की चुटकियां
झट दीं बजा
डालियां कुछ
ढुलमुलाने-सी लगीं
किस परम आनंद
निधि के चरण पर
विश्व सांसें, गीत
गाने-सी लगीं
जग उठा
तरु-वृंद जग
सुन घोषणा
पंछियों में चहचहाहट
मच गई
वायु का झोंका
जहां आया वहां
विश्व में क्यों
सनसनाहट मच गई!

जैसे सुबह हवा आती है, फूलों को जगा देती है, पत्तियों को छेड़ देती है, हजार गीत उठा देती है, सोएपन को गिरा देती है, सपने बिखेर देती हैह्नएक जाग आ जाती है सारे जगत में! ठीक ऐसी ही, अगर तुम एक को देख लो तो तुम्हारे जीवन में एक अपूर्व गंध उठेगी, एक अपूर्व पवन आ जाएगा! तुम्हारी गंदगी, तुम्हारी बंधी हुई हवा, सड़ी हुई हवा से छुटकारा हो जाएगा। तुम्हारी सीमा गई। जहां तुमने एक को देखा, असीम आने लगा, असीम की लहरें आने लगीं। उन असीम की लहरों में ही सुख है, शांति है, चैन है।

चिति क्षिति है अद्वैत
द्वैत में केवल उनका दर्शन
रूप-अरूप नहीं प्रतिद्वंद्वी
बंधा बिंब से दर्पण
अचिर भूत में
व्यक्त भूति में
चिर अवधूत निरंजन
शब्द-मुक्त पर शब्द-युक्त है

चिंत्य अचिंत्य चिरंतन
सत्य शिवम् है
सत्य सुंदरम्
संज्ञा स्वयं विशेषण
व्यर्थ व्याकरण
नांत शांत का
क्या होगा संबोधन
अचिर भूत में,
व्यक्त भूति में,
चिर अवधूत निरंजन!
एक ही छिपा है!
रूप-अरूप नहीं प्रतिद्वंद्वी
बंधा बिंब से दर्पण!

हम और तुम ऐसे बंधे हैं जैसे बिंब का दर्पण, दर्पण का बिंब। तुम खड़े हो जाते हो दर्पण के सामने, तुम अलग दिखाई पड़ते हो, दर्पण में बनता प्रतिबिंब अलग दिखाई पड़ता है; तुम हट जाओ, प्रतिबिंब हट गया! तुम और तुम्हारा प्रतिबिंब दो नहीं हैं; एक ही है।

रूप-अरूप नहीं प्रतिद्वंद्वी
बंधा बिंब से दर्पण!

जैसे तुम्हारा प्रतिबिंब तुमसे बंधा है, ऐसे ही परमात्मा संसार से बंधा है; देह आत्मा से बंधी है; मैं तू से बंधा है। यहां जहां तुम्हें द्वैत दिखाई पड़ रहा हैह्नरात दिन से बंधी है, जीवन मौत से बंधा है। यहां सब बंधा है, इकट्ठा है। थोड़े गौर से देखोगे तो तुम एक को ही पाओगे। उस एक को पा लेने वाला व्यक्ति ही खेद के बाहर हो जाता है।

'जैसे सल्लकी के पत्तों से प्रसन्न हुए हाथी को नीम के पत्ते नहीं हर्षित करते हैं, वैसे ही ये कोई भी विषय आत्मा में रमण करने वाले को कभी नहीं हर्षित करते हैं।'

न जातु विषयाः केऽपि स्वारामं हर्षयन्त्यमी।
सल्लकी पल्लव प्रीतमिवेमं निम्बपल्लवाः।।

जैसे सल्लकी के मीठे पत्तों को हाथी ने चबा लिया हो तो अब तुम लाख उपाय करो; तुम नीम के कड़वे पत्ते चबाने को उसे राजी न कर सकोगे। जिसने स्वाद ले लिया ऊपर का वह नीचे से फिर राजी नहीं होता। जिसने थोड़ा राम का रस ले लिया, काम में उसे रस नहीं आता। जिसे थोड़ी समाधि की झलक मिलने लगी, संभोग व्यर्थ

होने लगता है। जिसे थोड़ी ध्यान की हवा आने लगी, धन की पकड़ छूटने लगती है। लेकिन खयाल रखना, विराट पहले आता है, क्षुद्र पीछे जाता है।

'जैसे सल्लकी के पत्तों से प्रसन्न हुए हाथी को नीम के पत्ते नहीं हर्षित करते...।'

अब हमारी हालत उलटी हो गई है। तुम्हारे तथाकथित साधु-महात्मा तुम्हें समझाते हैं : छोड़ो संसार को अगर परमात्मा को पाना है। मैं तुमसे कहता हूं : परमात्मा को पाओ अगर संसार को छोड़ना है। फर्क ठीक से समझ लेना। तुमसे कहा जाता है कि व्यर्थ को छोड़ो अगर सार्थक को पाना है। मैं तुमसे कहता हूं : सार्थक का थोड़ा अनुभव करो अगर व्यर्थ को छोड़ना है। व्यर्थ को छोड़ने को तुम्हें राजी किया ही नहीं जा सकता। जिसने सिर्फ नीम के पत्ते ही चखे हों और सल्लकी के स्वादिष्ट पत्तों का जिसे कुछ पता न हो, उससे तुम लाख कहो, उसे भरोसा नहीं आता। उसने तो एक ही स्वाद जाना है; दूसरा हो भी सकता है, यह बात मन में बैठती ही नहीं, श्रद्धा नहीं उपजती। तुम कितना ही कहो, उसे ऐसा ही लगता है कि 'लगता है तुम्हारी नीम के पत्तों पर नजर है, मुझसे छीन कर तुम कब्जा कर लोगे या कुछ...क्या इरादा है तुम्हारा भगवान जाने! क्यों मेरे पीछे पड़े हो?' और अगर वह छोड़ भी दे नीम के पत्ते, तो भी नीम के पत्तों की जो उसकी आदत पड़ गई है, कड़वेपन का जो अभ्यास हो गया वह इतनी आसानी से न छूट जाएगा। नीम के पत्ते छोड़ भी देगा तो रात सपने में नीम के पत्ते ही खाएगा, विचार में नीम के पत्ते छाया डालेंगे, बच न सकेगा। ऊपर-ऊपर से भागा रहेगा तो भीतर-भीतर से जुड़ा रहेगा। नहीं, क्रांति ऐसे नहीं घटती।

मेरे पास लोग आते हैं। वे कहते हैं : 'हम तो भोगी हैं। हम कैसे संन्यास में उतरें?' मैं उनसे कहता हूं : तुम फिकर छोड़ो, भोग तुम जानो। तुम संन्यास में उतरो, संन्यास में अगर स्वाद लग जाएगा, अगर सल्लकी के पत्तों में रस आने लगा तो फिर तुम सोच लेना। फिर नीम के पत्ते तुम्हें छोड़ने या नहीं छोड़ने, वह भी तुम जानो; मैं क्यों तुम्हारी पंचायत में पड़ूं! तुम्हें नीम के पत्ते छोड़ने चाहिए, यह भी मैं क्यों कहूं! अगर सल्लकी के पत्तों का स्वाद छुड़ा दे तो ठीक; अगर न छुड़ाए तो ठीक। लेकिन ऐसा कभी हुआ नहीं। जैसे ही तुम्हें स्वादिष्ट का अनुभव हो जाता है वैसे ही कड़वे को तुम छोड़ने लगते हो। मैं तुम्हारी झोली हीरे-मोतियों से भर देना चाहता हूं। मैं यह नहीं कहता कि तुम्हारी झोली में तुम जो कंकड़-पत्थर सम्हाले हो, उनको फेंको। तुम खुद ही फेंकने लगोगे। एक बार तुम्हें दिखाई भर पड़ जाएं हीरे-जवाहरात, तुम एकदम झोली खाली कर दोगे; क्योंकि वही जगह तो फिर हीरे-जवाहरात से भरनी होगी। तुम कंकड़-पत्थर पकड़े बैठे न रहोगे।

परमात्मा को पहले पुकारोह्लसंसार अपने से चला जाता है। उसकी तुम चिंता ही न लो। संसार को छोड़ने में लगे तो बड़ी झंझट में पड़ जाओगे। सुख तो मिलेगा ही

नहीं; वह जो दुख मिल रहा था, वह भी न मिलेगा। और ध्यान रखना, आदमी खाली रहने से दुखी रहना पसंद करता है। यह तुम्हें बहुत हैरानी का लगेगा, लेकिन आधुनिक मनोविज्ञान की गहरी निष्पत्तियों में एक निष्पत्ति यह भी है कि आदमी खाली होने की बजाय दुखी होना पसंद करता है, कम से कम कुछ तो है। कुछ तो है, भरे तो हैंह्नदुख से सही!

तुमने कभी खयाल किया, अगर जीवन में कोई समस्या न हो तो तुम बड़े उदास होने लगते हो। तुम कोई समस्या पैदा कर लेते हो। समस्या पैदा हो जाती है तो तुम उलझ जाते हो; कुछ काम मालूम पड़ता है, व्यस्तता मालूम पड़ती है। लगे तो हो! खाली बैठे आदमी घबड़ाने लगता हैह्नकुछ भी नहीं! कुछ भी नहीं हो तो ऐसा लगने लगता है : मैं भी कुछ नहीं! करने से, कृत्य से अपनी कुछ परिभाषा बनती है, अपना कुछ व्यक्तित्व निर्मित होता है। चलो यह हर्जा नहीं, अस्पताल में पड़े हैं, बीमार हैं, दुखी हैं, पागल हैंह्नमगर कुछ तो हैं।

मनोवैज्ञानिक कहते हैं कि खालीपन की बजाय आदमी पागलपन पसंद कर लेता है, क्योंकि पागलपन में आखिर कुछ तो रूपरेखा है, सब खो तो नहीं गया। लोग इतना तो कहते हैं कि यह आदमी पागल है। पागलखाने में तो हैं। डाक्टर आकर फिकर तो करता है। मित्र आकर संवेदना तो बतलाते हैं। लोग बात तो गौर से सुनते हैं। कुछ भी नहीं, ना-कुछ, शून्यवत-स्थिति बहुत घबड़ाती है! प्राण बहुत तड़पते हैं।

मैं इसलिए तुमसे कहता हूं : दुख तुम छोड़ न सकोगे, जब तक तुम्हें सुख का स्वाद न लग जाए। सुख का स्वाद न लगा तो मैं तुमसे दुख छीनना भी नहीं चाहता, क्योंकि दुख तुम्हारी संपदा है अभी। अभी उसको छाती से लगाए तुम बैठे हो। अभी कुछ तो है, तुम एकदम खाली तो नहीं। तुम एकदम शून्य में तो नहीं पड़ गए, रिक्त तो नहीं हो गए हो। चलो धन सही, मकान सही, परिवार सहीह्नकुछ तो पकड़े बैठे हो! हाथ में कुछ तो है। राख ही सहीह्नतुम चाहे उसको विभूति कहोह्नराख ही सही, विभूति कह लो उसको, अच्छे नाम रख लो उसके, मगर हाथ में कुछ तो है! नाव कागज की सही, मगर नाव तो है; नाव जैसी तो लगती है कम से कम! डूबेगी तब डूबेगी, मगर अभी तो नाव का भरोसा है। सपना सही, जब टूटेगा तब टूटेगा; मगर अभी तो सहारा है, अभी तो इसके सहारे को पकड़ कर तैरे चले जाते हैं। अभी तो मत छीनो।

जब तक तुम्हें सत्य न मिल जाए, सपना तुमसे छीना भी नहीं जाना चाहिए। और परम ज्ञानी सदा यही चेष्टा करते रहे हैं : सत्य पहले, फिर असत्य अपने से चला जाएगा।

ऐसा समझो कि कमरे में अंधेरा है। एक तो उपाय है कि अंधेरे को धक्के दे-दे कर निकालो तुम, पगला जाओगे, निकलेगा न अंधेरा। दूसरा उपाय है : दीया लाओ, जलाओ रोशनी, अंधेरा अपने से निकल जाता है।

'जो भोगे हुए भोगों में आसक्त नहीं होता है और अनभोगे भोगों के प्रति निराकांक्षी है, ऐसा मनुष्य संसार में दुर्लभ है।'

दुनिया में दो चीजें आदमी को पकड़े हुए हैंह्नएक तो भोगे हुए भोग। जो तुमने भोग लिया उसका स्वाद लग जाता है। जो तुमने भोग लिया उसकी पुनरुक्ति करने की आकांक्षा पैदा होती हैह्नफिर मिले सुख, फिर मिले सुख, फिर से ऐसा हो! तो एक तो भोगा हुआ सुख पकड़ता है। भोगा हुआ सुख यानी अतीत। और एक अनभोगे सुख की आकांक्षा पकड़े रहती है। अनभोगा सुख यानी भविष्य। जो भोग लिया उसकी पुनरुक्ति चाहता है मन और जो अभी भोगा नहीं वह भी भोगने को मिले; इसकी वासना है। इन दो के बीच आदमी पिसता है। दो पाटन के बीचह्नये दो पाट हैंह्नसाबित बचा न कोय! एक तो जो भोग लिया है, वह बार-बार पीछा करता है कि फिर भोगो। और एक जो अभी नहीं भोग पाए, उसकी प्रबल आकांक्षा है कि मरने के पहले एक बार भोग लें।

'जो भोगे हुए भोगों में आसक्त नहीं और अनभोगे भोगों के प्रति निराकांक्षी है, ऐसा मनुष्य संसार में दुर्लभ है।'

यस्तु भोगेषु भुक्तेषु न भवत्यधिवासितः।
अभुक्तेषु निराकांक्षी तादृशो भव दुर्लभः।।

ऐसा मनुष्य संसार में खोजना बहुत दुर्लभ है जो दोनों पाटों से बच गया हो। और जो बच गया, उसने ही जीवन का सत्य जाना, उसने ही ज्ञान का फल चखा।

तो अतीत से छूटो, अतीत को समझो। जो भोग लिया, उसकी पुनरुक्ति में कुछ सार नहीं। क्योंकि भोग लिया, तब क्या मिला? भोग तो चुके, फिर कुछ मिला तो नहीं; हाथ तो खाली के खाली रहे। अब फिर उसी को भोगना चाहते हो! यह तो बड़ी बेहोशी है। और भोगने से कुछ नहीं मिला। जो आज भोगा हुआ हो गया है, वह भी कल अनभोगा हुआ थाह्नउसको भोग कर देख लिया, कुछ नहीं पाया। अब दूसरे अनभोगे सुख के पीछे भाग रहे हो! बड़ा मकान बना लिया, अब उसमें कुछ सुख नहीं पा रहे हो, अब और बड़े मकान की सोच रहे हो!

मैंने सुना कि मुल्ला नसरुद्दीन एक सम्राट के घर नौकरी पर था। कमरा साफ कर रहा था सम्राट का। उसकी सुंदर शैया देख कर कई दफे मन लुभा जाता था उसका, कि एक दफा तो लेट कर देख लें! कैसा मजा सम्राट न लेता होगा! ऐसी गुदगुदी थी, मखमली थी, बहुमूल्य थी! सोने-चांदी से जड़ी थी! हीरे-जवाहरात लटके थे चारों तरफ। और उस दिन सम्राट दरबार में व्यस्त था तो उसने सोचा कि एक पांच मिनट लेट लें। लेट गया। लेटा तो झपकी लग गई। सम्राट आया कमरे में तो उसे बिस्तर पर

लेटे देखा तो वह बहुत नाराज हुआ। उसे पचास कोड़े मारने का हुक्म दिया गया। कोड़े पड़ने लगे। हर कोड़े पर मुल्ला खूब जोर से खिलखिला कर हंसने लगा।

सम्राट बड़ा हैरान हुआ कि यह पागल है या क्या मामला है! होना चाहिए पागल। एक तो बिस्तर पर लेटा, जानते हुए कि यह अपराध है; और अब हंस रहा है! कोड़े पड़ने लगे और खून की धारें बहने लगीं, चमड़ी उखड़ने लगी और वह खिलखिला कर हंस रहा है! आखिर सम्राट ने पूछा कि 'रुको, मामला क्या है? कोड़े पड़ते हैं, तू हंसता क्यों है?'

उसने कहा कि मैं इसलिए हंस रहा हूं कि मैं तो मुश्किल से पंद्रह मिनिट सोया, आपकी क्या गति होगी! पंद्रह मिनिट में पचास कोड़े! हिसाब तो लगाओ, मैं वही हिसाब लगा रहा हूं भीतर कि इस बेचारे की तो सोचो, आखिर में इसकी क्या गति होगी!

तुम जो सुख भोग लिए हो उनमें से कुछ पाया नहींह्नसिवाय दुख के! जरा लौट कर देखो, तुम्हारे अतीत के चिह्नों को जरा गौर से देखो। घाव ही घाव हैं, पाया क्या? रस की आकांक्षा की थी, मिला कहां? अंगारे मिले! जल गए हो जगह-जगह, सारे प्राण जले पड़े हैं, छिदे पड़े हैंह्नऔर अब तुम उन भोगों की भी आकांक्षा कर रहे हो जो अभी नहीं भोगे। उनको तो देखो जो भोग रहे हैं! तुम उनको देख कर जरा चौंको, जागो। क्योंकि ऐसा तो कभी नहीं होगा कि कुछ अनभोगा न बचे। अगर तुम यह सोचते हो कि सब भोग लेंगे, सब, तभी जागेंगे तो तुम कभी नहीं जागोगे। क्योंकि जगत तो अनंत है। यहां तो ऐसा कभी नहीं हो सकता कि तुम कह सको : सब भोग लिए! थोड़ी तो बुद्धि का उपयोग करना होगा। थोड़ा विचार, थोड़ा ध्यान, थोड़ा देखना सीखना होगा!

'इस संसार में भोग की इच्छा रखने वाले और मोक्ष की इच्छा रखने वाले दोनों देखे जाते हैं। लेकिन भोग और मोक्ष दोनों के प्रति निराकांक्षी कोई विरला महाशय ही है!'

मेरे साथ अत्याचार!
प्यालियां अगणित रसों की सामने रख राह रोकी,
पहुंचने दी अधर तक बस आंसुओं की धार।
मेरे साथ अत्याचार!

हर आदमी यही कह रहा है कि मेरे साथ अत्याचार हो रहा है। इतने रस पड़े हैं और मुझे भोगने का मौका नहीं! इतने रस पड़े हैं और हर जगह दीवाल खड़ी है। और संतरी खड़े हैं, पहरा लगा है। हर जगह रुकावट है।

मेरे साथ अत्याचार!
प्यालियां अगणित रसों की सामने रख राह रोकी,
पहुंचने दी अधर तक बस आंसुओं की धार।
मेरे साथ अत्याचार!

नहीं, कोई तुम्हारे साथ अत्याचार नहीं कर रहा है। और ऐसा भी नहीं है कि प्यालियों को तुम तक कोई नहीं पहुंचने देता। हर रस की प्याली पहुंचते-पहुंचते आंसुओं की धार हो जाती है। कोई कर नहीं रहा है। असल में प्यालियों में आंसू ही भरे हैं। दूर से तुम्हारी वासना के कारण रसधार मालूम पड़ती है। जब पास आते हो, अनुभव में उतरते हो, तो सब आंसू हो जाते हैं। अपने जीवन को जरा देखो, तलाशो। तुम आंसुओं की धार ही धार पाओगे। और किसी ने कोई अत्याचार नहीं किया; किया है तो तुमने ही किया है।

उस दिन सपनों की झांकी में
मैं क्षण भर को मुस्काया था
मत टूटो अब तुम युग युग तक
हे खारे आंसू की लड़ियो!
बदला ले लो सुख की घड़ियो!
मैं कंचन की जंजीर पहन
क्षण भर सपने में नाचा था
अधिकार सदा को तुम जकड़ो
मुझको लोहे की हथकड़ियो!
बदला ले लो सुख की घड़ियो!

एक-एक छोटा-छोटा सुख कितने गहन दुख में उतार जाता है। जरा-जरा सा स्वर्ग कितने नरक दे जाता है।

उस दिन सपनों की झांकी में
मैं क्षण भर को मुस्काया था
सपनों की झांकी में!
मैं क्षण भर को मुस्काया था
मत टूटो अब तुम युग युग तक
हे खारे आंसू की लड़ियो!
बदला ले लो सुख की घड़ियो!

एक-एक सुख गहन बदला लेता मालूम पड़ता है। एक-एक सुख जब टूटता है तो गहरा विषाद छोड़ जाता है।

मैं कंचन की जंजीर पहन
क्षण भर सपने में नाचा था
अधिकार सदा को तुम जकड़ो
मुझको लोहे की हथकड़ियो!
बदला ले लो सुख की घड़ियो!

तुमने जो-जो सुख सोचा, वही-वही तुमसे बदला ले रहा है। तुमने जो-जो चाहा, मिल गया। मिल गया तो दुख है, नहीं मिला तो दुख है। तुमने चाहा तो बस दुख ही चाहा। मिले तो दुख, न मिले तो दुख। तुम अमीर हो जाओ तो दुखी रहोगे। अमीरों को देख लो! तुम गरीब रह जाओ तो दुखी होओगे। तुम कुंवारे रह जाओ तो दुखी होओगे, तुम विवाहित हो जाओ तो दुखी होओगे। तुम विवाहितों को देख लो! जीवन में तुम जरा हारे हुओं को देखो, जीते हुओं को देखोह्नसबको दुखी पाते हो। अगर तुमने कभी किसी आदमी को सुखी पाया होगा तो वह वही आदमी है जो हार-जीत दोनों को छोड़ कर अलग खड़ा हो गया; जो द्रष्टा और साक्षी हो गया। न तो हारने वाले सुखी हैं, न जीतने वाले सुखी हैंह्नदोनों के पार जो अतिक्रमण कर जाता, वही सुखी है।

बुभुक्षुरिह संसारे मुमुक्षुरपि दृश्यते।
भोगमोक्ष निराकांक्षी विरलो हि महाशयः।।

ऐसा कोई विरला ही महाशय है! यह 'महाशय' शब्द बड़ा प्यारा है। हमें इसके साथ-साथ एक और शब्द बना लेना चाहिएः क्षुद्राशय। अगर तुम्हारे मन में कोई वासना है तो तुम क्षुद्राशय हो गए; क्योंकि तुम्हारी वासना तुम्हें संकीर्ण कर देती है, तुम्हारा आशय छोटा हो गया, क्षुद्र आशय हो गए। जिसने धन चाहा, वह छोटा हो गया। उसकी चाह ही तो उसकी परिभाषा होगी। उसको तुम कैसे याद करोगे? ऐसे याद करोगे नह्नधनाकांक्षी! उसकी आकांक्षा धन की है, वह धन से भी छोटा हो गया। धन तो है ठीकरा; वह ठीकरे से गया-बीता हो गया। ठीकरों से गया-बीता ही तो ठीकरों को चाहेगा! किसी ने कुर्सी चाही, वह कुर्सी से छोटा हो गया। क्षुद्राशय! कुर्सी ही चाही न, तो कुर्सी से छोटा ही होगा, तो ही चाहेगा।

मनस्विद कहते हैंः पदाकांक्षी हीन-ग्रंथि से पीड़ित होते हैं। सभी राजनीतिज्ञ हीन-ग्रंथि से पीड़ित होते हैं। कभी अच्छी दुनिया होगी तो राजनीतिज्ञ राजधानियों में नहीं होंगे, पागलखानों में होंगे। उनका इलाज होगा। मैं तुमसे कहता हूं कि अगर पागल पागलखानों से छोड़ दिए जाएं और राजनीतिज्ञ पागलखानों में रख दिए जाएं, दुनिया बेहतर हो। क्योंकि किन्हीं पागलों ने इतना भयंकर नुकसान कभी नहीं किया; कोई पागल इतना पागल नहीं है जितना पदाकांक्षी पागल होता है।

मनस्विद कहते हैं: जितनी ही भीतर हीनता की ग्रंथि होती है, जितना ही इनफीरियारिटी कांप्लेक्स होता है, जैसे ही लगता है कि मैं कुछ भी नहीं, उतना ही आदमी कंपनसेट करना चाहता है, उतना ही आदमी जोर से दावा करना चाहता कि मैं यह, मैं यह! राष्ट्रपति! प्रधानमंत्री! मंत्री! कुछ न कुछ! गवर्नर! कुछ न कुछ मैं हूं! यह दावा करना चाहता है। यह दावा जब तक वह कर न ले, तब तक उसे चैन नहीं मिलता; उसकी हीन-ग्रंथि उसको कीड़े की तरह काटती रहती है। क्षुद्राशय!

महाशय कौन है? महाशय वही है जिसके जीवन में कोई ऐसी वासना नहीं है जो संकीर्ण कर दे; जो सभी आयामों में खुला है! महा-आशय: जिसका आशय महान है! और तुम चकित होओगे, अष्टावक्र कहते हैं: मोक्ष को भी चाहा तो भी क्षुद्राशय हो गए, क्योंकि मोक्ष की चाह भी तो चाह ही है। धन से बड़ी, माना; पद से बड़ी, मानाह्नलेकिन मोक्ष की चाह भी आखिर चाह है। अचाह ही तुम्हें महाशय बनाएगी।

'कोई उदारचित्त ही धर्म, अर्थ, काम, मोक्ष, जीवन और मृत्यु के प्रति हेय और उपादेय का भाव नहीं रखता।'

कोई उदारचित्त! महाशय यानी उदारचित्त। क्षुद्राशय यानी संकीर्णचित्त। तुम उतने ही संकीर्ण हो जितनी संकीर्ण तुम्हारी वासना है। तुम्हारे हाथ में है। तुम उतना ही छोटा कारागृह बना सकते हो जितनी तुम्हारी वासना है। अगर तुम्हें मुक्त होना हो तो तुम सारी वासना को जाने दो। चाहो ही मत कुछ। तुम इसी क्षण मुक्त हो! मोक्ष की चाह नहीं होती; जब कोई चाह नहीं होती तब जो होता है वही मोक्ष है। मोक्ष वासना का बिंदु नहीं है; वासना का विषय नहीं है। वासना के तीर से तुम मोक्ष के लक्ष्य को संधान न कर सकोगे। मोक्ष कोई लक्ष्य ही नहीं है। मोक्ष तो महाशय होने की अवस्था है। विराट हो गया आशय, कुछ चाह न रहीह्नजिस दिन चाह न रही उसी दिन तुम प्रभु हो गए। प्रभु विराजमान हो गया तुम्हारे भीतर। उस परम तृप्ति में स्वच्छ इंद्रियां हो जाती हैं। उस परम तृप्ति में तुम घर लौट आए, यात्रा समाप्त हुई।

जिसमें न धर्म, अर्थ, काम, मोक्ष, जीवन-मृत्यु के प्रति भी कोई हेय-उपादेय का भाव नहीं, वह कोई उदारचित्त विरला...।

धर्मार्थकाममोक्षेषु जीविते मरणे तथा।
कस्याप्युदारचित्तस्य हेयोपादेयता न हि।।

'जिसमें विश्व के नाश की इच्छा नहीं है और उसकी स्थिति के प्रति द्वेष नहीं है, वह धन्य पुरुष इसीलिए यथाप्राप्त आजीविका से सुखपूर्वक जीता है।'

वांछा न विश्वविलये न द्वेषस्तस्य च स्थितौ।
यथाजीविकया तस्माद्धन्य आस्ते यथासुखम्।।

वह धन्य है व्यक्ति जिसको कोई भी आकांक्षा नहीं हैह्नन तो संसार रहे, इसकी; न संसार न रहे, इसकी। संसार के विनाश के लिए भी उत्सुक नहीं है।

अब तुम खयाल करना, जो आदमी मोक्ष की आकांक्षा कर रहा है वह संसार के विनाश में उत्सुक हो गया है। वह चाहता है: संसार न रहे; यह सब छूटे, यह जाल मिटे; यह सपना टूटे!

'जिसमें विश्व के नाश की इच्छा नहीं और उसकी स्थिति के प्रति द्वेष भी नहीं...।'

जैसा है ठीक है। जैसा है वैसा ही रहे, अन्यथा की कोई मांग नहीं है। ऐसा पुरुष धन्य है। जो मिल जाता है उसमें ही धन्य है। जो प्रभु दे देता है, उसमें ही धन्य है। जो मिला है, उसको प्रसादरूप ग्रहण कर लेता है। जो मिल गया है, वह पर्याप्त है।

'...इसलिए यथाप्राप्त से सुखपूर्वक रहता है।'

वह यह सोचता ही नहीं कि इससे ज्यादा मिले, और ढंग से मिले, थोड़ा भिन्न मिले। जो मिला है, उससे अन्यथा की पाने की कोई वासना नहीं है। ऐसी अवस्था है ज्ञानी की। ऐसी अवस्था है साक्षी की।

और इस साक्षी होने में कोई चीज साधनरूप नहीं है। इस साक्षी होने में साक्षी होना ही साधनरूप है। इस साक्षी होने के लिए तुम्हें कुछ आयोजन नहीं करना है। तुम जैसे हो, आयोजन पूरा है; बस आंख बंद करनी है। भीतर उठाना है इस गहन जिज्ञासा को: मैं कौन हूं? उस सबसे संबंध तोड़ते जाना है भीतर जो मैं नहीं हूं। अंततः वही बच रहेगा जो तुम हो और एक बार उसका स्वाद आ गया, वे स्वादिष्ट फल चख लिए, फिर नीम के कड़वे फलों की चखने की कोई आकांक्षा पैदा नहीं होती। जीवन का परम स्वीकार है इसमें।

अष्टावक्र की वाणी में निषेध नहीं है, नकार नहीं है। जो है, यही परिपूर्ण है। जो है, यही ब्रह्मरूप है। जो है, इसमें ब्रह्म का ही विस्तार है। तुम भी इस विस्तार के अंग बन जाओ। तुम भी अपनी सीमा छोड़ो, त्यागो, लीन बनो, एक बनो। एक बनो तो एकाकी। फिर तुम जहां भी रहो, जैसे भी रहो, जो यथाप्राप्त होगा, वही तुम्हारे लिए उत्सव ले आएगा। तुम धन्य, तुम कृतज्ञ रहोगे! तुम्हारे जीवन से अहर्निश धन्यवाद उठता रहेगा। वैसे धन्यवाद के सतत उठते रहने से ही पहचाना जाता है कि कोई आदमी धार्मिक है। जैसे फूल से सुगंध उठती रहती है, दीये से प्रकाश झरता रहता हैह्नऐसे ही धार्मिक व्यक्ति के जीवन में धन्यवाद बरसता रहता है।

हरि ॐ तत्सत्!

* * *

प्रवचन : 50

रसो वै सः

30 नवंबर, 1976

पहला प्रश्न : काम, क्रोध, लोभ, मोह क्या समय की ही छायाएं हैं? समय का सार क्या है? कृपा करके हमें समझाएं।

समय को दो ढंग से सोचा जा सकता है। एक तो घड़ी का समय है, वह तो बाहर है। उससे तुम्हारा कुछ लेना-देना नहीं है। एक तुम्हारे भीतर समय है। उस भीतर के समय से घड़ी का कुछ लेना-देना नहीं है। तो जब भी मैं कहता हूं कि वासना समय है, कामना समय है, तृष्णा समय हैह्नतो तुम घड़ी का समय मत समझना। तुम्हारे भीतर एक समय है। जब हम कहते हैं, बुद्ध और महावीर कालातीत हो गए, तो ऐसा नहीं है कि घड़ी चलती होती है तो उनके लिए बंद हो जाती है। घड़ी तो चलती रहती हैह्नभीतर की घड़ी बंद हो गई। ध्यान में, समाधि में, भीतर का समय शून्य हो जाता है।

तो भीतर के समय को थोड़ा हम पहचान लें।

तुम जब सुख में होते हो तब तुमने देखा होगा घड़ी तो पुरानी ही चाल से चलती है, लेकिन तुम्हारे भीतर का समय जल्दी-जल्दी भागने लगता है। किसी प्रियजन से मिलना हो गया तो घंटे ऐसे बीत जाते हैं जैसे पल बीते। घड़ी तो अब भी वैसी ही चल रही है। जब तुम आनंद में होते हो तो समय सिकुड़ जाता है। जब तुम दुख में होते हो तो समय फैल जाता है। जैसे तुम्हारी मां मृत्यु-शय्या पर पड़ी है और तुम उसके पास बैठे हो तो घड़ी-घड़ी ऐसी बीतती है जैसे सालों लंबी हो गई। पल-पल सरकते मालूम

पड़ते हैं, घसिटते मालूम पड़ते हैं। सुख में तो समय भागता मालूम पड़ता है। दुख में समय घसिटता मालूम पड़ता है; जैसे लंगड़ी चाल चलता हो। दुख में समय लंगड़ाता है, सुख में ओलंपिक के दौड़ने वालों की चाल से चलता है।

इसका अर्थ हुआ : अगर महासुख की घड़ी आ जाए तो समय इतना तेज हो जाता है कि पता ही नहीं चलता है कि चला। महासुख की घड़ी आ जाए तो समय का परिवर्तन पता नहीं चलता। दुख की घड़ी में, महादुख की घड़ी में बड़ी लंबाई हो जाती है।

कहते हैं, नरक अनंतकालीन है। वहां क्षण भी अनंत काल जैसा लगता होगा, क्योंकि बहुत कठिनाई से गुजरता होगा। स्वर्ग में सभी जल्दी भाग रहा होगा; क्षण भर में बीत जाता मालूम होता होगा। इतनी तेज चाल होगी। अगर महासुख की घड़ी आ जाए...।

महासुख का अर्थ है : जहां दुख भी न रह जाए और सुख भी न रह जाए। आनंद की घड़ी आ जाएह्लजहां दुख भी न रहा, सुख भी न रहाह्लतो न तो समय चलता, न दौड़ता। समय होता ही नहींह्लकालातीत, समयातीत! समय-शून्य घड़ी आ जाती है। सब ठहर जाता है।

इस भीतर के समय को ही समझने की बात है। बाहर की घड़ी तो वैसे ही चलती रहेगीह्लतुम ज्ञानी हो जाओ, अज्ञानी हो जाओ; सुख में, दुख में; समाधि में। तुम ध्यान में बैठो, घंटों बीत जाएं, आंख खोलो तो तुम्हें लगे कि कोई समय बीता ही नहीं; लेकिन घड़ी तो बताएगी कि तीन घंटे बीत गए।

रामकृष्ण ध्यान में, गहरी समाधि में चले जाते थे। छह घंटे बीत गए। भक्त तो घबड़ाने लगते, क्योंकि उनका शरीर बिलकुल ऐसा हो जाता जैसे पत्थर हो गया। वे किसी भीतर के लोक में खो गए। भक्त घबराने लगते कि लौटेंगे कि नहीं लौटेंगे, लौट पाएंगे कि नहीं लौटेंगे! एक बार तो छह दिन तक ऐसी ही दशा बनी रही। श्वास भी ऐसी लगे जैसे ठहर गई। सब शून्य हो गया मालूम पड़ने लगा। भक्तों ने तो आशा छोड़ दी। जब वे लौटे तो भक्तों ने कहा : आपको पता है, छह दिन...? तो उन्होंने कहा : आश्चर्य है, क्योंकि मुझे तो ऐसा लगा अभी-अभी गया था, अभी-अभी लौट आया, क्षण भर भी नहीं बीता।

यह जो भीतर की प्रतीति है समय की, यह तृष्णा के कारण है। तुम्हारी जितनी तृष्णा होती है, भीतर समय का उतना ही विस्तार होता है। तृष्णा के फैलने के लिए समय की जगह चाहिए, नहीं तो तृष्णा फैलेगी कहां? बाहर जो घड़ी का समय है उसमें तो एक ही पल मिलता है एक बार; दो पल साथ नहीं मिलते। एक पल में क्या तृष्णा करोगे? एक पल में तो सिर्फ जी सकते हो, वासना नहीं कर सकते। वासना की कि पल तो गया। गीत गुनगुना सकते हो, लेकिन तैयारी नहीं कर सकते कि गीत

गुनगुनाएंगे। क्योंकि अगर गीत गुनगुनाने की तैयारी की तो यह तो समय गया। इतनी देर रुकता कहां है! वह पल तो आया नहीं कि गया नहीं। इतनी फुरसत कहां है! वर्तमान में तुम जी सकते हो, लेकिन जीने की योजना नहीं बना सकते।

इसलिए समस्त ध्यानियों ने कहा है : वर्तमान में जीओ, अभी और यहीं! इसके पार तुम्हारी कोई वासना न हो तो समय समाप्त हो गया। समय की जरूरत पड़ती है, क्योंकि हमें कल तो चाहिए ही। कल न होगा तो कैसे काम चलेगा? फिर कहां, किस कैनवास पर हम अपनी तृष्णा के चित्र फैलाएंगे? कल सुख होगा। आज दुख है, कल की आशा रखते हैं। कल सपना पूरा होगा। कल भी आज की तरह आएगा; तब तुम फिर और आगे कल पर सपने को फैला दोगे। ऐसे तुम्हारा सपना फैलता जाता हैह्नशून्य आकाश में!

भविष्य है थोड़े ही। जो है, वह तो वर्तमान है। जो गया, वह गया। जो आया नहीं, आया नहीं। अभी जो है, भविष्य और अतीत के बीच में जो छोटा सा सेतु है, एक पल काह्नवही है। उस पल में डूब जाओ। जी सकते हो, लेकिन जीने की योजना नहीं बना सकते। सत्य को पा सकते हो, लेकिन सपना नहीं फैला सकते। सत्य तो यहीं खड़ा है द्वार पर, लेकिन तुम्हारी आंखें अगर सपनीली हैं और तुम सपने देख रहे हो, तो तुम्हें समय चाहिए। सपने को देखने के लिए समय चाहिए। सत्य को देखने के लिए समय की कोई भी जरूरत नहीं है। तो जितना बड़ा सपना होगा उतना ही ज्यादा समय चाहिए, उतना ही लंबा समय चाहिए।

तो जितनी वासना होती है उतना ही आदमी मौत से घबराता है। मौत से घबराने का क्या अर्थ होता है? मौत करती क्या है? मौत समय छीन लेती है। मौत करती क्या है? मौत भविष्य का दरवाजा बंद कर देती है। मौत मौका नहीं देती कि अब आगे और समय है। होशियार आदमियों ने और आगे की भी तरकीब निकाल ली है। वे कहते हैं, फिर जन्म होगा; फिर वासना फैलने लगी। इस जन्म में जो नहीं हुआ, अगले जन्म में कर लेंगे! क्या जल्दी है? फिर वासना ने नये अंकुर ले लिए, नये पत्ते खिलने लगे। उन्होंने मौत को भी झुठला दिया। वह जो मौत घबराहट लाती थी, वह भी मिटा दी। उन्होंने मौत में से भी रास्ता निकाल लिया। मौत का डर इसी बात का डर है कि मौत कहती है : अब आगे कल नहीं। जो कल को मिटा दे, उसी को तो हम काल कहते हैं। काल यानी मृत्यु। अब कल नहीं। प्राण घबड़ाने लगे। आज तो कुछ मिला नहीं। आज तो कभी मिला नहीं। आज तो ऐसे ही खाली गया। कल की ही आशा में जीते थे, वह आशा भी मौत ने छीन ली।

मौत तुमसे कुछ भी नहीं छीनतीह्नसिवाय तुम्हारी आशाओं के। इसलिए जिस आदमी ने आशाएं छोड़ दी हैं, उससे मौत कुछ भी नहीं छीनती। फिर उसके पास

छीनने को कुछ है ही नहीं। वह मौत के सामने खड़ा हो जाता है। जिस आदमी ने सपने छोड़ दिए, मौत का उस पर कोई प्रभाव नहीं है। क्योंकि मौत सिर्फ सपनों को मार सकती है, सत्य को नहीं; झूठ को मार सकती है, सच को नहीं। तो जिस आदमी के सपने नहीं हैं उसके लिए मौत का कोई भय न रहा; मौत समाप्त हो गई, वह आदमी अमृत हो गया।

जैसे ही तुम सपने से छूटे, समय से छूटे। समय से छूटे कि अमरत्व को उपलब्ध हुए।

अब यहां भी खयाल रखना, साधारण वासनाग्रस्त आदमी की जो अमरता की धारणा है, वह भी गलत है। उसकी अमरता की धारणा है : खूब लंबा जीवन, कभी खतम न होने वाला जीवन! यह उसकी अमरता की धारणा है। वह कहता है : जीएंगे, जीएंगे; मरेंगे कभी नहीं। और आगे, और आगे, और आगे! उसकी अमरता की धारणा समय का फैलाव है। ज्ञानी जब अमरत्व की बात करता है तो उसका मतलब यह नहीं होता। उसका अर्थ यह नहीं होता कि लंबाई समय की। उसका अर्थ होता है समय की समाप्ति।

इसलिए ज्ञानी और अज्ञानी कभी-कभी एक ही भाषा बोलते हैं, लेकिन उनके अर्थ बिलकुल अलग-अलग होते हैं। ज्ञानी जब कहता है, अमर हो गए तुम, तो वह यह नहीं कह रहा है कि अब तुम सदा रहोगे। अब वह यह कह रहा है बस, वर्तमान ही तुम्हारा रहना है, और कोई रहना नहीं। इस क्षण में तुम हो। बस इतना काफी है। इससे ज्यादा की कोई जरूरत नहीं है। यह क्षण ही शाश्वत हो गया। कोई लंबाई नहीं है, गहराई है। इस क्षण में से ही तुम गहरे उतर गए। उस गहराई का कोई ओर-छोर नहीं है, पारावार नहीं है!

पूछा है तुमने : 'काम, क्रोध, लोभ, मोह क्या समय की ही छायाएं हैं?'

समय की छाया सिर्फ काम है। चाहे काम को समय की छाया कहो या समय को काम की छाया कहो। ज्यादा उचित होगा कि समय काम की छाया है। अगर काम गिर जाता है तो समय गिर जाता है। अगर समय गिर जाए तो काम भी गिर जाता है। लेकिन प्रयास तुम्हें काम को गिराने से ही करना पड़ेगा। क्योंकि बहुत मूल में काम है, कामना है; कुछ चाहिए! जैसा मैं हूं वैसे से राजी नहीं हूं; कुछ और होना चाहिए! बस इसी में काम का बीज है। जो मुझे मिला, काफी नहीं; कुछ और मिलना चाहिए! जैसा जगत है वैसा नहीं; कुछ और अन्यथा होना चाहिए! मेरे सपनों के अनुकूल नहीं है। मेरा मन प्रफुल्लित नहीं।

रत्ती भर भी अतृप्ति है तो कामना उठ गई। उसी कामना के फैलाव में समय भी उठ गया। ज्यादा अच्छा होगा कि हम कहें कि समय और काम एक ही सिक्के के दो पहलू हैं।

जब काम में, तुम्हारी कामना में कोई बाधा डालता है तो क्रोध पैदा होता है। तो क्रोध बहुत मौलिक नहीं है। काम बहुत मौलिक है। क्रोध तो उप-उत्पत्ति, बाई-प्रॉडक्ट है। तुम जो पाना चाहते थे, किसी ने बाधा डाल दी। तुम भागे चले जा रहे थे धन कमाने, कोई दुश्मन बीच में अड़ कर खड़ा हो गया, किसी ने दीवाल बना दी या कोई तुमसे पहले झपट कर ले लिया, जो तुम लेने चले थेह्नक्रोध पैदा हुआ।

खयाल करना, क्रोध कब पैदा होता है? जब तुम्हारी काम की दौड़ में कहीं कोई अड़चन आ जाती है, कोई अड़चन डाल देता है। तो कभी-कभी तुम्हें ऐसी चीजों पर क्रोध आ जाता है कि तुम हंसोगे, खुद ही हंसोगे। तुम पत्र लिखने बैठे थे और फाउंटेन पेन ठीक नहीं चल रहा था, क्रोध में पटक दिया। फाउंटेन पेन को क्रोध में पटक रहे हो, पीछे खुद ही पछताओगे कि यह पारकर कलम खराब हो गई, नुकसान लग गया। इसको पटकने से क्या अर्थ था? लेकिन बात तो प्रतीकात्मक है। तुम पत्र लिखने बैठे थे, अपनी प्रेयसी को पत्र लिख रहे थे, बड़ी कामना का जाल था, बड़े शब्द उतर रहे थे, कविताएं तैर रही थीं मन मेंह्नऔर यह कलम बीच में बाधा डालने लगी? यह कलम दुश्मन बनने लगी?

मैं एक सज्जन को जानता हूं जो क्रिकेट के दीवाने हैं। क्रिकेट का कहीं मैच चलता था, वे रेडियो पर बैठे सुन रहे थे। उनकी पार्टी हार गई, रेडियो उठा कर पटक दिया! अब तुम्हारी पार्टी के हारने से और रेडियो के पटकने से कोई भी तो लेना-देना नहीं है। रेडियो का कोई कसूर भी नहीं है, मगर गुस्सा आ गया। कुछ और सूझा नहीं, वहां कुछ और था भी नहीं।

जो तुम चाहते हो वैसा न हो तो तुम अंधे हो जाते हो। फिर तुम यह देखते ही नहीं कि तुम क्या कर रहे हो। लोग वस्तुओं को गालियां देते हैं। कार स्टार्ट नहीं हो रही है, उसको गाली देते हैं। सोचते भी नहीं क्या कर रहे हैं। जैसे कि कार जान-बूझ कर...तुम तो जा रहे हो दुकान और कार बीच में खड़ी हो गई, चलती नहीं, गुस्सा आता है।

तुम अपने गुस्से को गौर से देखना। गुस्सा मौलिक नहीं है। कामवासना जहां भी अड़चन पाती है वहां क्रोध आ जाता है। कामवासना जो पा लेती है, उस पर मोह आ जाता हैह्नकहीं छूट न जाए!

इसलिए मोह भी मौलिक नहीं है। तुमने धन पा लिया, फिर तुम उसको तिजोरी में बंद करके बैठ जाते हो। कहते हैं, लोग मर जाते हैं तो भी फिर धन पर सांप बन कर कुंडली मार कर बैठ जाते हैं। मर कर बैठते हों न बैठते हों, जिंदा में बैठे हुए हैं। कुंडली मार कर! कोई ले न जाए! मर जाएंगे मगर खर्च न करेंगे।

मुल्ला नसरुद्दीन का बेटा नदी में डूब रहा थाह्नबाढ़ आई नदी में। एक पुलिस वाले ने अपनी जान को जोखिम में डाल कर उसे बचाया। उसे लेकर घर गया। बेटा

दौड़ता हुआ भीतर गया, पुलिस वाला खड़ा रहा कि शायद मां-बाप में से कोई आकर...कम से कम धन्यवाद तो देगा। नसरुद्दीन भीतर से आया और उस लड़के ने इशारा किया पुलिस वाले की तरफ। नसरुद्दीन ने कहा: क्या आपने ही मेरे बेटे को नदी में बचाया? पुलिस वाला प्रसन्न हुआ कि अब धन्यवाद देगा या कुछ भेंट देगा या कुछ पुरस्कार। उसने कहा: जी हां, मैंने ही बचाया, बड़ी खतरनाक हालत थी। उसने कहा: छोड़ो जी खतरनाक हालत, बेटे की टोपी कहां है?

वह टोपी कहीं बह गई है। अब बेटे को बचाया, इसकी चिंता नहीं है, टोपी का मोह...।

कामवासना जो पा लेती है उस पर मोह मार कर बैठ जाती है। उसे छीन न ले कोई! बड़ी मुश्किल से तो पाया, बड़े द्वार-दरवाजे खटकाए, भीख मांगी, दर-दर भटके, राह-राह की धूल फांकी, किसी तरह से पाए, अब कहीं छूट न जाए! तो जो मिल जाता है, उसे आदमी भोगता तक नहीं, उस पर कुंडली मार कर बैठ जाता है।

इसलिए तुम अमीर से ज्यादा गरीब आदमी न पाओगे। गरीब तो भोग भी लेता है। उसके पास ज्यादा है नहीं कुंडली मारने को। कुंडली मारने के लिए कुछ चाहिए। मिल जाता है, रुपये-दो रुपये कमा लिए, मजा कर लेता है। है ही नहीं बचाने योग्य तो बचाना क्या? बच कर भी क्या बचेगा? लेकिन अमीर, जिसके पास है; वह नहीं भोग पाता; कृपणता पैदा होती है। और बचा लो, और बचा लो! यह भूल ही जाता है कि बचाया किसलिए था। जैसे बचाना ही लक्ष्य हो जाता है!

तो मोह भी बाई-प्रॉडक्ट, वह भी मौलिक नहीं है। फिर जो मिल गया, उतने से तृप्ति कहां होती है! तृप्ति तो होती ही नहीं। अतृप्ति का जाल तो फैलता ही चला जाता है। हजार मिल गए तो दस हजार चाहिए। दस हजार मिल गए तो लाख चाहिए। तुम्हारे और तुम्हारे मिलने के बीच अनुपात सदा वही रहता है। उसमें फर्क नहीं पड़ता। एक रुपया तो दस रुपया चाहिए; एक लाख तो दस लाख चाहिए। दोनों के बीच का अनुपात वही का वही है। दस का अनुपात है।

तुम कभी अपने जीवन के गणित को देखना। तुम बड़े चकित होओगे। जब तुम्हारे पास रुपया था तब तुम दस मांग रहे थे। तुम्हारा दुख इतना का इतना था। क्योंकि नौ की कमी थी। अब तुम्हारे पास लाख रुपये हैं, अब तुम दस लाख मांग रहे। अब भी दुख उतना का उतना ही है, क्योंकि नौ लाख की कमी है। वह नौ की कमी बनी ही रहती है। करोड़ हो जाएंगे तो दस करोड़ मांगने लगोगे। तुम्हारी मांग कभी तुम्हारे पास जो है उसके साथ तालमेल नहीं खाती। उसके आगे झपट्टा मारती रहती है। इस झपट्टा मारते हुए कामवासना के दौड़ते हुए रूप का नाम लोभ है।

तो क्रोध, मोह, लोभ, ये मौलिक नहीं हैं। इसलिए इनसे सीधे मत लड़ना। कुछ लोग इनसे सीधे लड़ते हैं और इसलिए कभी नहीं जीत पाते। जब भी लड़ना हो तो बीज से लड़ना, पत्तों से मत लड़ना। जब भी लड़ना हो, जड़ काटना, शाखाएं-प्रशाखाएं मत काटना; अन्यथा कभी कोई लाभ न होगा। तुम क्रोध को काटते रहो, कुछ फर्क न होगा। तुम्हारी वासना के वृक्ष पर नये पत्ते लगने लगेंगे। सच तो यह है, जितना तुम काटोगे उतना वृक्ष घना होने लगेगा। इसलिए इनसे तो उलझना ही मत। यह तो गलत निदान हो जाएगा। मूल को पकड़ना।

काम को काटने से क्रोध, मोह, लोभ तीनों अपने आप क्षीण होते चले जाते हैं। और काम को काटने से धीरे-धीरे समय भी क्षीण हो जाता है। और एक ऐसी दशा आने लगती है जब तुम जहां हो वहां परिपूर्ण रूप से हो; तुम जैसे हो वैसे परम तृप्त, एक गहरा संतोष, लहर भी नहीं उठती! कुछ और होने का भाव भी नहीं उठता। जैसे हैं वैसे! और वैसे ही ठीक! और एक धन्यवाद, एक अहोभाव, प्रभु के प्रति एक अनुकंपा! ऐसी घड़ी में समय नहीं रह जाता। ऐसी घड़ी में तुम कालातीत हो जाते हो।

इसलिए मैं तुमसे कहता हूं बार-बार: तुम जो भी करो, ऐसी तल्लीनता से करना कि उस समय समय मिट जाए। वही ध्यान हो गया। अगर तुम जमीन में गड्ढा खोद रहे हो बगीचे में तो इतनी तल्लीनता से खोदना कि खोदना ही रह जाए। खोदने में ऐसा रस आ जाए, ऐसी तृप्ति मिलने लगे कि जैसे इसके पार कुछ करने को नहीं है, न कुछ होने को है। तो फिर यह गड्ढा खोदना ही ध्यान हो गया। यहीं तुम समय के बाहर हो गए और गड्ढा खोदते-खोदते ही तुम पाओगे ध्यान की रसधार बहने लगी।

जहां समय गया, वहीं ध्यान। जहां समय शून्य हुआ, वहीं समाधि।

दूसरा प्रश्न: आप बार-बार कहते हैं: 'जो है है। उसके स्वीकार में ही सुख है, शांति है, भगवत्ता है।' मुझे भौतिक तल पर अपने 'जो है' को बुढ़ापे को छोड़ कर स्वीकारना बहुत कठिन नहीं लगता। लेकिन मानसिक तल पर मेरे पास महत्वाकांक्षा और तज्जनित द्वेष, अप्रेम, हिंसा, विध्वंसात्मक वृत्ति के सिवाय और क्या है! क्या मुझसे अधिक संकीर्ण चित्तवाला और मुझसे बढ़ कर क्षुद्र आशय वाला कोई और हो सकता है? क्या उसे भी स्वीकारूं? और क्या यह संभव है?

पहली बात: जो है, है; स्वीकारो या न स्वीकारो। जो है, है। उसमें कुछ फर्क नहीं पड़ता। तुम्हारे अस्वीकार से भी फर्क नहीं पड़ता। अगर बुढ़ापा आ गया, आ गया। तुम्हारे अस्वीकार से क्या फर्क पड़ता है? इतना ही फर्क पड़ेगा कि बुढ़ापे का जो मजा ले सकते थे वह न ले पाओगे। बुढ़ापे में जो एक शालीनता हो सकती थी, वह

न हो पाएगी। बुढ़ापे में जो एक प्रसाद हो सकता था, वह खंडित हो जाएगा। बुढ़ापा तो नहीं हट जाएगा। जो है, है। तुम्हारे अस्वीकार करने से मिटता कहां? बदलता कहां? तुम्हारे अस्वीकार करने से कुछ भी तो नहीं होता! तुम्हीं खुद कुछ और गंवा देते हो अस्वीकार में, पाते क्या हो?

जिस व्यक्ति ने अपने वार्धक्य को, अपने बुढ़ापे को परिपूर्ण भाव से स्वीकार कर लिया है, तुम उसके चेहरे पर एक सौंदर्य देखोगे जो कि जवान के चेहरे पर भी नहीं होता। जवानी के सौंदर्य में एक तरह का बुखार है, उत्ताप है। बुढ़ापे के सौंदर्य में एक शीतलता है। जवानी के सौंदर्य में वासना की तरंगें हैं, उद्वेलित चित्त है, चंचलता है। जवानी के सौंदर्य में एक तरह की विक्षिप्तता है, ज्वर है। होगा ही। एक तरह का तूफान है, आंधी है।

बुढ़ापे का सौंदर्य ऐसा है जैसे तूफान आया और चला गया; और तूफान के बाद जो शांति हो जाती है, जो गहन शांति छा जाती है। कभी देखा, बादल घुमड़े, आंधी आई, बिजली चमकी, फिर सब चला गया। उसके बाद जो विराम होता है! सब चुप! सारी प्रकृति मौन! वैसी ही शांति बुढ़ापे की है।

अगर स्वीकार कर लो तो बुढ़ापे में प्रसाद है। वह जो बूढ़े आदमी के सिर के सफेद हो गए बाल हैं, अगर उनको परिपूर्ण भाव से अंगीकार किया गया हो तो जैसे हिमालय के शिखरों पर जमी हुई सफेद बर्फ होती है, ऐसा ही उनका सौंदर्य है।

तो बुढ़ापा तो रहेगा, तुम चाहे इनकार करो चाहे स्वीकार करो। इनकार करने से इतना ही हो जाएगाह्नएक तनाव फैल जाएगा बुढ़ापे पर, एक विकृति आ जाएगी, दरारें पड़ जाएंगी बुढ़ापे में। बुढ़ापा और भी कुरूप हो जाएगा, बदतर हो जाएगा। जब मैं तुमसे कहता हूं, जो है उसे स्वीकार करो, तो मैं यह नहीं कह रहा हूं कि तुम अगर स्वीकार करोगे तो उसे बदल पाओगे। बदल तो कोई कभी नहीं पाया। बदलाहट तो होती ही नहीं। और अगर कोई बदलाहट होती है तो स्वीकार से होती है। क्योंकि दंश चला जाता है, विष चला जाता है और अमृत हो जाता है।

प्राण में जब क्लांति, जीवन में थकन जब व्यापती है।
स्वप्न सारे टूट कर उड्डीण हो जाते
रूख के पत्ते यथा पतझाड़ में
स्वप्न मेरे भी चतुर्दिक टूट कर उड़ने लगे हैं
और मैं दुबली भुजाओं पर उठाए
व्योम का विस्तार, एकाकी खड़ा हूं
इस भरोसे में नहीं कि कोई बड़ा पुरुषार्थ है यह
किंतु केवल इसलिए अब और चारा ही नहीं है।

फिर स्वीकार में एक बात और खयाल रखना। स्वीकार का यह अर्थ नहीं होता कि अब और कोई चारा ही नहीं है। तो फिर स्वीकार नहीं है। फिर तो मजबूरी है। फिर तुमने धन्यभाव से स्वीकार न किया।

जिस स्वीकार में स्वागत नहीं है, उसे तुम स्वीकार मत समझ लेना। जब मैं स्वीकार कहता हूं तो स्वीकार का प्राण है स्वागत। स्वीकार का अर्थ ही है कि ऋमैं धन्यभागी हूं, कि प्रभु तुमने बुढ़ापा भी दिया! तुमने सौंदर्य की आंधी भी दी जवानी में, तुमने यह बुढ़ापे का शांत प्रसादपूर्ण सौंदर्य भी दिया, यह गरिमा भी दी! बचपन की अबोध दशा दी, जवानी की बोध और अबोध की मिश्रित दशा दी; यह बुढ़ापे का शुद्ध बोध भी दिया!

अगर जीवन ऐसे स्वीकार-भाव से चले, जो मिले उसे स्वीकार कर ले, गहरा धन्यवाद हो भीतर, तो तुम पाओगे : तुम्हारे हाथ में एक कुंजी लग गई जो सभी बंद द्वारों को खोल लेगी। जीवन का कोई रहस्य तुमसे छिपा न रह जाएगा। नाहक सिर मारने से, शोरगुल मचाने से कुछ भी नहीं होता। शोरगुल मचाने वाला अगर किसी दिन स्वीकार भी करता है तो वह हारा-थका। कहता है : ठीक है, अब कोई चारा ही नहीं है।

हमारे पास एक शब्द है 'समर्पण'। अंग्रेजी में भी शब्द है 'सरेंडर', लेकिन समर्पण का ठीक-ठीक पर्यायवाची नहीं है। मुझे बड़ी अड़चन होती है जब मैं पश्चिम से आए किसी खोजी को समर्पण समझाना चाहता हूं, क्योंकि उनके पास ठीक-ठीक शब्द नहीं है। सरेंडर का अर्थ तो समर्पण होता है, लेकिन गलत होता है; ऐसे ही होता है जैसे कि कोई देश किसी से हार जाए तो सरेंडर कर देता है। एक सैनिक दूसरे से हार जाए तो अपने शस्त्र सरेंडर कर देता है। यही समर्पण का अर्थ है अंग्रेजी में या पश्चिम की किसी भी भाषा में।

भारत की भाषा में समर्पण का कुछ और भी अर्थ है। प्रेम में भी समर्पण होता है, युद्ध में ही नहीं। युद्ध में भी हार होती है; लेकिन वह सिर्फ हार है। प्रेम में भी हार होती है; लेकिन प्रेम की हार जीत है। प्रेम में जिसने हारना जान लिया उसने जीतने की कला सीख ली।

शिष्य गुरु के पास समर्पण करता है, यह ऐसा नहीं है जैसे कि दुश्मन दुश्मन के पास समर्पण करता है। जैसे पोरस ने सिकंदर के पास समर्पण किया या जर्मनी ने इंग्लैंड के सामने समर्पण कियाह्नयह वैसा समर्पण नहीं है। तो जब मैं किसी पाश्चात्य खोजी को कहता हूं 'सरेंडर', तो वह थोड़ा चौंकता है, सरेंडर! सरेंडर के साथ ही गलत संबंध जुड़े हैं। सरेंडर का मतलब ही यह है कि 'नहीं'। हारने को कौन राजी है! पूरब में जब हम कहते हैं ऋसमर्पणƒ, तो बड़ा और अर्थ है। उसका अर्थ होता है : अब

एक ऐसी जगह आ गई जहां विश्राम करो। अब लड़ो मत। अब लड़ने से हारोगे। अब तो अगर हार जाओ तो जीत जाओ।

लाओत्सु कहता है: मुझे कोई हरा नहीं सकता, क्योंकि मैं हारा हुआ हूं। तुम मुझे जीत न सकोगे, क्योंकि मेरी जीतने की कोई आकांक्षा नहीं है। तुम मुझे हरा न सकोगे, क्योंकि मैंने पहले ही समर्पण कर दिया है।

और लाओत्सु का सौंदर्य! जीवन जैसा है और जीवन जो दिखाए, और जीवन जो ले आए, उसके लिए पूरा खुला हृदय है। कहीं कोई प्रतिरोध नहीं है, विरोध नहीं है। किसी तल पर किसी तरह का संघर्ष नहीं है।

पूछा है: 'आप कहते हैं, जो है, है। उसके स्वीकार में ही सुख है।'

उसका स्वीकार ही सुख है। स्वीकार में ही सुख है, ऐसा नहीं। उसमें तो ऐसा भाव है कि स्वीकार करेंगे, फिर सुख होगा। नहीं, स्वीकार ही सुख है। स्वीकार किया नहीं कि सुख हुआ नहीं। साथ ही साथ घट जाता है। करो और देखो। किसी भी चीज को स्वीकार करके देखो।

अस्वीकार में दुख है। अस्वीकार का मतलब ही है कि वासना का जाल फैल गया। अस्वीकार का अर्थ ही है कि हम कुछ और चाहते थे प्रभु और यह तूने क्या करवा दिया? हमने कुछ और मांगा था, यह तूने क्या दे दिया? अस्वीकार का अर्थ है: शिकायत हो गई। अस्वीकार का अर्थ है: गलत हो गया, यह हमने घोषणा कर दी। स्वीकार का अर्थ है: इस परमात्मा के जगत में गलत होता ही नहीं। गलत हो ही नहीं सकता। उसके रहते गलत हो कैसे सकता है?

एक बहुत बड़े नास्तिक दिदरो ने लिखा है: संसार में इतना गलत हो रहा है कि परमात्मा हो नहीं सकता। यह बात भी जंचती है। मुझे भी जंचती है। अगर तुम मानते हो कि संसार में गलत हो रहा है तो तुम्हारी परमात्मा में श्रद्धा हो ही नहीं सकती। क्योंकि परमात्मा के होते गलत हो कैसे सकता है? दिदरो की दलील यह है कि या तो परमात्मा है तो फिर गलत नहीं हो सकता। या गलत हो रहा है तो कम से कम इतना तो मानो कि परमात्मा नहीं है।

तो जो आदमी कहता है, परमात्मा है और गलत हो रहा है, समझ लेना कि वह झूठा आस्तिक है। उसका परमात्मा बिलकुल झूठा है। अभी गलत तो मालूम हो रहा है। उसी को मैं आस्तिक कहता हूं जो कहता है: गलत तो हो ही कैसे सकता है, परमात्मा है! गलत असंभव है। अगर मुझे गलत दिखाई पड़ता है तो मेरे देखने की कहीं कोई भूल हो रही है। मेरी दृष्टि का, मेरी आंख पर कोई पर्दा है। मेरा देखना साफ-सुथरा नहीं है। मैं कुछ का कुछ देख रहा हूं। मगर गलत हो नहीं सकता। अगर

हत्यारा भी मुझे मारने चला आया है, तो कुछ ठीक ही हो रहा होगा, क्योंकि गलत हो कैसे सकता है? उसकी मर्जी से हो रहा है। उसकी मर्जी के बिना कुछ हो नहीं सकता।

तो मैं तुमसे कहता हूं: स्वीकार ही सुख है। स्वीकार ही शांति है। और जिस दिन तुम ऐसा स्वीकार कर लोगे कि हत्यारे में भी परमात्मा का ही हाथ है, उस दिन क्या तुम यह सोच पाओगे कि तुम्हारे भीतर परमात्मा के अतिरिक्त कोई और है? जब हत्यारे में भी वही दिखाई पड़ेगा, तो तुम अपने में भी उसे देख पाओगे। इसलिए स्वीकार ही भगवत्ता है। तुम भगवान होते हो स्वीकार करके।

पूछा है: 'मुझे भौतिक तल पर अपने ङ्गजो है' को स्वीकार करना कठिन नहीं, लेकिन मानसिक तल पर महत्वाकांक्षा, तज्जनित द्वेष, अप्रेम, हिंसा, विध्वंसक वृत्ति के सिवाय और क्या है? क्या मुझसे अधिक संकीर्ण चित्त वाला और मुझसे बढ़ कर क्षुद्र आशय कोई और हो सकता है?'

अहले-दिल और भी हैं अहले-वफा और भी हैं
एक हम ही नहीं, दुनिया से खफा और भी हैं।
हम पे ही खत्म नहीं मसलके शोरिदासरी
चाक दिल और भी हैं चाक कबा और भी हैं।
सर सलामत है तो क्या संगे-मलामत की कमी
जान बाकी है तो पैकाने-कजा और भी हैं।

नहीं, ऐसा तो भूल कर भी मत सोचना कभी कि तुमसे क्षुद्र आशय कौन होगा! यह सारा संसार, ये सभी लोग कितने ही परमात्मा की बात कर रहे हों, लेकिन इनका परमात्मा बातचीत का है। इनका आशय क्षुद्र है।

विवेकानंद के घर में खाना-पीना नहीं था। बाप मर गए। मां भूखी, खुद भूखे। तो रामकृष्ण ने कहा: 'तू ऐसा कर जाकर प्रभु को क्यों नहीं कह देता? जा मंदिर में, तेरी जरूर सुनेंगे। मुझे पक्का भरोसा है। तू जा और कह। जो मांगेगा, मिल जाएगा।'

विवेकानंद भीतर गए। आधा घंटा बाद आंसुओं से भरे मग्न भाव से डोलते जैसे नशा किया हो, बाहर आए। रामकृष्ण ने कहा: 'मांगा?' विवेकानंद ने कहा: 'क्या?' रामकृष्ण ने कहा: 'तुझे भेजा था कि मांग ले जो तुझे चाहिए। यह दुख-दारिद्रय अलग कर।' विवेकानंद ने कहा: 'मैं तो भूल ही गया। उनके सामने खड़े होकर मांगना कैसा! उनके सामने खड़े होकर तो डोलने लगा। उनके सामने खड़े होकर मांगना कैसा?'

कहते हैं, रामकृष्ण ने तीन बार भेजा और तीनों बार यही हुआ। फिर रामकृष्ण खूब खिलखिला कर हंसने लगे। विवेकानंद ने पूछा कि मैं समझा नहीं परमहंसदेव,

आप हंसते क्यों हैं? रामकृष्ण ने कहा: अगर आज तू मांग लेता तो मुझसे तेरे सब संबंध छूट जाते। आज न मांग कर तू मेरे हृदय के बहुत करीब आ गया। क्योंकि यही भक्त का लक्षण है।

सब मांगें क्षुद्र हैं। मांग के साथ जीने वाला मन क्षुद्राशय है। फिर मांग हमारी क्या है, इससे फर्क नहीं पड़ता। यह सारा जगत भिखमंगों से भरा है। हरेक मांग रहा है। कोई धन मांग रहा है, कोई ध्यान मांग रहा है। मगर मांग जारी है। कोई कहता है, अच्छा मकान हो। कोई कहता है, मकान-वकान में कुछ फर्क नहीं पड़ता; अच्छा मन दे दो, जिसमें द्वेष न हो, ईर्ष्या न हो! मगर बात तो वही रही।

जब मैं कहता हूं स्वीकार, तो मेरा अर्थ परम स्वीकार से है, जो है! अगर उसने द्वेष दिया, ईर्ष्या दी, वह भी स्वीकार! इसी स्वीकार में तुम एक चमत्कार देखोगे। इस स्वीकार में एक चमत्कार छिपा है। जैसे ही तुम स्वीकार करोगे, तुम चकित हो जाओगे। इस स्वीकार के दीये के जलते ही द्वेष कहां खो गया, पता न चलेगा। क्योंकि द्वेष और ईर्ष्या और जलन तो मांग की ही छायाएं हैं। जैसे ही तुम्हारे जीवन में स्वीकार आ गया, तुम अचानक पाओगे अप्रेम कहां चला गया, पता न चला। दीया स्वीकार का जले तो अप्रेम, हिंसा और घृणा का अंधेरा अपने आप मिट जाता है।

अप्रेम का अर्थ क्या है? इतना ही अर्थ है कि जैसा मैं चाहता था वैसा आदमी नहीं है यह, तो अप्रेम हो गया।

जिनको हम प्रेम करते हैं, उनको भी हम कहां पूरा प्रेम कर पाते हैं, क्योंकि उनमें भी हजारों भूलें दिखाई पड़ती हैं, हजार कमियां दिखाई पड़ती हैं। क्षण भर पहले प्रेम करते हैं, क्षण भर में क्रोध आ जाता है, क्योंकि कोई कमी आ गई। पूर्ण तो कहीं कुछ दिखाई पड़ता नहीं। पूर्ण की हमारी ऐसी असंभव कल्पना है, असंभव धारणा है। कोई उसे पूरा कर नहीं सकता। परमात्मा भी तुम्हारे सामने खड़ा हो तो तुम मेरी मानो, तुम कुछ न कुछ भूल-चूक उसमें निकाल लोगे। तुम जरूर निकाल लोगे कुछ न कुछ भूल-चूक। असंभव है। शायद इसी डर से वह तुम्हारे सामने खड़ा नहीं होता है। तुम लाख चिल्लाते कि साक्षात्कार हो, लेकिन छिपा है। छिपता रहता है। तुम्हें जानता है, तुम्हारे सामने प्रकट होकर सिर्फ उपद्रव होगा। तुम हजार कमियां निकाल लोगे।

तुमने कभी इस तरह सोचा कि अगर परमात्मा तुम्हारे सामने खड़ा हो तो तुम क्या-क्या कमियां निकाल लोगे? बुद्ध तुम्हारे पास से गुजरे, तुमने कमियां निकाल लीं। महावीर तुम्हारे बीच से गुजरे, तुमने कमियां निकाल लीं। कृष्ण तुम्हारे बीच रहे, तुमने कमियां निकाल लीं। क्राइस्ट में तो तुमने इतनी कमियां निकाल लीं कि सूली लगा दी। सुकरात से तो तुम ऐसे नाराज हुए कि जहर पिला दिया। मंसूर को तुमने काट डाला। फकीरों को, संतों को, तुमने कैसा व्यवहार किया है!

परमात्मा बहुत बार प्रकट भी हुआ है और हर बार उसने पाया कि तुम कमी निकाल लेते हो।

एक कहानी मैं पढ़ता था कि ईश्वर स्वर्ग में बैठे-बैठे थक गया है। और उसके किसी सलाहकार ने कहा कि आप कहीं थोड़े दिन के लिए छुट्टी पर क्यों नहीं चले जाते? उसने कहा : 'कहां जाऊं? छुट्टी पर कहां जाऊं?' तो उन्होंने कहा : 'बहुत दिन से आप जमीन पर नहीं गए, वहीं चले जाएं।' तो उसने कहा : 'न बाबा! जमीन की भूल गए इतनी जल्दी? दो हजार साल पहले मैंने अपने बेटे को भेजा था, जीसस को, क्या हाल किया? वही वे मेरे साथ भी करेंगे!'

तुम भूल निकाल ही लोगे, जब तक कि तुम्हारे जीवन में पूर्ण स्वीकार न हो। और पूर्ण स्वीकार हो तो तुम क्या कोई ऐसी जगह खोज सकते हो जहां परमात्मा दिखाई न पड़े? तब फूल में भी वही खिलता हुआ मालूम होगा। तब झरने में भी वही बहता मालूम होगा। तब आकाश में भटकते एक शुभ्र बादल में भी तुम उसी को तिरते हुए पाओगे। तब पक्षी की गुनगुनाहट में तुम उसी का उच्चार अनुभव करोगे।

अगर तुम्हारे भीतर स्वीकार है तो तत्क्षण उस स्वीकार की क्रांति में सारा जगत रूपांतरित हो जाता है। तुम बचोगे रूपांतरण से? तुम भी रूपांतरित हो जाते हो।

तो मैं तो तुमसे कहता हूं, यह तुम्हें बहुत कठिन लगेगा, क्योंकि तुम्हारे संतों ने यह तो कहा है कि धन न हो तो स्वीकार कर लेना। तुम्हारे संतों ने तुमसे यह तो कहा है, झोपड़ा हो, महल न हो, तो स्वीकार कर लेना। तुम्हारे संतों ने यह तो कहा है कि बेटा घर में पैदा न हो तो स्वीकार कर लेना। लेकिन तुम्हारे संतों ने तुमसे यह नहीं कहा कि क्रोध को भी स्वीकार कर लेना, ईर्ष्या को भी स्वीकार कर लेना, घृणा को भी स्वीकार कर लेना। मैं तुमसे यह भी कहता हूं। क्योंकि मेरा स्वीकार परिपूर्ण है। मैं तुमसे कहता हूं, जो हो उसे स्वीकार कर लेना। बाहर की ही स्वीकृति अधूरी स्वीकृति होगी।

मैं तुमसे कहता हूं, तुम अपने को भी क्षमा कर दो। तुम्हारे संतों ने कहा है, दूसरों को क्षमा करना। मैं तुमसे कहता हूं, तुम कृपा करो, तुम अपने को भी क्षमा कर दो। और ध्यान रखना, जिसने अपने को क्षमा न किया, वह किसी को क्षमा न कर सकेगा। इस सूत्र को समझो।

अगर तुम अपने पर कठोर हो तो तुम दूसरे पर भी कठोर रहोगे। अगर तुम्हारे भीतर द्वेष है और तुम जानते हो कि द्वेष बुरा है, नहीं होना चाहिए, तो तुम दूसरे आदमी में जब द्वेष देखोगे तो उसे क्षमा कैसे करोगे? कहो, कैसे यह संभव होगा? यह तो गणित में बैठेगा नहीं। अगर तुम्हारे भीतर क्रोध है और तुम अपने क्रोध को क्षमा नहीं कर सकते तो जब तुम किसी दूसरे आदमी में क्रोध की झलक देखोगे तो कैसे क्षमा करोगे?

तुम्हारे संत तुमसे बड़ी व्यर्थ की बात कह रहे हैं। वे कह रहे हैं, क्षमा कर दो दूसरे को।

महात्मा गांधी अपने शिष्यों को कहते थे: अपने साथ कठोर रहना, दूसरे के साथ नम्र। यह असंभव है। यह बात ही गलत है। जो अपने साथ कठोर है, वह जाने-अनजाने दूसरे के साथ भी कठोर होगा। सच तो यह है, जो अपने साथ कठोर है, वह दूसरे के साथ और भी ज्यादा कठोर होगा।

तुम जो अपने साथ करोगे, वही तुम दूसरे के साथ भी करोगे। इससे अन्यथा तुम कर नहीं सकते। तो छोटी-छोटी बातों पर तुम दूसरे की निंदा अपने मन में ले आओगेह्नबड़ी छोटी बातों पर, जिनका कोई मूल्य नहीं! तुम क्षमा न कर सकोगे।

मैं तुम्हें कुछ और ही बात कह रहा हूं। मैं तुमसे कहता हूं: क्षमा करो स्वयं को भी। क्योंकि स्वयं के भीतर भी वही परमात्मा विराजमान है। क्षमा करो! एक बार करो, दो बार करो, हजार बार करो, क्षमा करो! और तुम जैसे हो वैसा ही परमात्मा ने तुम्हें चाहा, ऐसा स्वीकार करो। उसकी यही मर्जी कि तुममें क्रोध हो। अब तुम क्या करोगे? तुम इसे भी स्वीकार कर लो।

और तुम जरा समझना। जैसे ही तुम स्वीकार कर लोगे क्रोध को भी, तुम्हारे भीतर क्रोध बच सकेगा? क्रोध तो अस्वीकार करने से ही पैदा होता है। क्रोध तो तनाव है, बेचैनी है; जब तुम अस्वीकार करते हो तो पैदा होता है।

तुमने फर्क देखा? जिस चीज को तुम स्वीकार कर लो, उसमें क्रोध नहीं होता। एक आदमी आया, उसने जोर से एक धौल तुम्हारी पीठ पर जमाई। क्रोध आ ही रहा था, तुमने लौट कर देखा अपना मित्र है, बात खत्म हो गई। क्रोध आ ही रहा था, आ ही गया था, नाक पर खड़ा था। लौट कर देखा होता कि कोई अजनबी है तो तुम जूझ ही पड़े होते। धौल तो धौल है, मित्र ने मारी कि दुश्मन ने मारी, उसमें कुछ फर्क नहीं है। तुम भी फर्क नहीं कर सकते जब तक पीछे लौट कर न देखो। क्या कर सकते हो? कि तुम ऐसे ही खड़े रहो और तुम तय करो कि दुश्मन ने मारी कि दोस्त ने, कैसे फर्क करोगे? क्रोध उठेगा। लौटकर देखोगे दोस्त है, तो बात बदल गई। क्या हो गया? स्वीकार हो गया। मित्र है, प्रेम में मारी है। दुश्मन है, अस्वीकार हो गया। क्रोध उबलने लगा। चोट तो वही की वही है।

तुमने देखा, मित्र एक-दूसरे को गाली देते हैं, कोई नाराज नहीं होता। सच तो यह है, मित्रता तब तक मित्रता ही नहीं होती जब तक गाली का लेन-देन न होने लगे। तब तक कोई मित्रता है? किसी से पूछो, कैसी मित्रता है? अगर वह कहे गाली का लेन-देन है, तब फिर समझो कि पक्की है। होना भी चाहिए ठीक यही। क्योंकि पक्की

मित्रता का अर्थ ही यह है कि जिन बातों से साधारणतः शत्रुता हो जाती थी, उनसे भी अब शत्रुता नहीं होती। गाली भी दे देता है तो भी अपना है। कोई अड़चन नहीं है। स्वीकार है। सच तो यह है, मित्र गाली देता है, उसमें भी रस आता है कि मित्र ने गाली दी। ध्यान रखता है। भूल नहीं गया। अभी भी मैत्री कायम है। वही गाली, वे ही शब्द, किसी और ओंठ से आते हैं तो बस अड़चन हो जाती है।

जहां तुम स्वीकार कर लेते हो, वहां फूल खिल जाते हैं। जहां अस्वीकार कर देते हो, वहीं कांटा चुभ जाता है। मैं तुमसे कहता हूं, परम स्वीकार, आत्यंतिक स्वीकार। तुम छोड़ो यह बकवास बदलने की कि यह हो, यह हो, यह न हो। तुम हो कौन? तुम कह दो परमात्मा कोः ञ्जअब जो तेरी मर्जी हो वैसा हो!ञ्ज तुम बदल-बदल कर बदल कहां पाए? एक और यह मजा है...।

एक बूढ़े सज्जन मेरे पास आए, वे कहने लगे कि मुझे क्रोध बड़ा होता है।

मैंने कहा, उम्र कितनी है?

'अठहत्तर साल!'

'कितने दिन से क्रोध से लड़ रहे हो?'

उन्होंने कहा, 'पूरे जीवन से लड़ रहा हूं।'

मैंने कहा, 'अब तो समझो। अठहत्तर साल लड़ने के बाद भी क्रोध नहीं गया है, इसका मतलब क्या है? इसका मतलब है कि लड़ने से कुछ भी नहीं जाता। तुम अब मरते दम तो स्वीकार कर लो, समर्पण कर दो। इससे साफ जाहिर है कि परमात्मा चाहता है तुममें क्रोध हो और तुम चाहते हो न हो। तो तुम हारोगे, परमात्मा जीत रहा है। अठहत्तर साल हो गए हारते-हारते। अब कब तक इरादा है?'

मैंने कहा, 'तुम मेरी मानो। इसे स्वीकार कर लो। लड़ कर तुमने अठहत्तर साल देख लिया, मेरी मान कर एक साल देख लो।' कुछ बात चोट पड़ गई। बात कुछ लगी। गणित साफ-साफ लगाः अठहत्तर साल! खुद भी सोचा। शायद इस तरह कभी सोचा न होगा पहले कभी।

आदमी सोचता ही कहां है! चलता जाता है, भागता जाता है, करता जाता है। वही-वही करता रहता है जो बार-बार किया है। कुछ परिणाम नहीं होता, फिर भी करता रहता है। निचोड़ता रहता है रेत को कि तेल निकल आएगा।

'अठहत्तर साल हो गए', मैंने कहा, 'छोड़ो भी, यह रेत है। इससे तेल निकलता ही नहीं। नहीं तो तुम जीत जाते, मजबूत आदमी हो! कितनी दफा अदालत में तुम पर मुकदमे चल चुके हैं?'

वे कहते हैं, कई दफे चल चुके हैं इस क्रोध की वजह से। झगड़ा-झांसा मेरी जिंदगी में ही रहा। जहां-जहां जो करूं, झगड़ा-झांसा। हर बात में उपद्रव। घर में भी

नहीं बनती। बेटों से भी नहीं बनती। भाई से भी नहीं बनती। बाप से भी नहीं बनी कभी। बाप चले भी गए, झगड़े में ही गए। जब बाप मरे तो बोलचाल बंद था। पत्नी ऐसे ही मर गई रो-रो कर। मगर कुछ है कि बात जाती नहीं।

मैंने कहा, 'तुमने अपनी पूरी चेष्टा भी कर ली है। एक साल अब तुम मेरी मान लो। स्वीकार कर लो।'

साल भर बाद वे मेरे पास आए तो उनको पहचानना मुश्किल था। उनके चेहरे पर ऐसा प्रसाद था...वे कहने लगे, अपूर्व हुई घटना। स्वीकार मैंने कर लिया और सबको मैंने कह दिया कि मैं क्रोधी आदमी हूं और मैंने अब अन्यथा होने का भाव भी त्याग दिया। मैं वहां से कसम लेकर आ गया हूं कि एक साल तो अब मैं जो हूं सो हूं। अपने बेटों को कह दिया, अपने भाइयों को कह दिया कि अब मुझे स्वीकार कर लो जैसा हूं; मैंने भी स्वीकार कर लिया। और कुछ ऐसा हुआ कि साल तो बीत गया, क्रोध की खबर नहीं आ रही है।

क्या हो गया? तुम जब स्वीकार कर लेते हो, तनाव चला गया। जब तुमने ही मान लिया कि मैं क्रोधी हूं तो तुमने समर्पण कर दिया। अन्यथा हम घूमते रहते हैं एक ही वर्तुल में, जैसे कोल्हू का बैल चलता है; फिर वही, फिर वही, कहीं पहुंचना नहीं होता।

दिशाएं बंद हैं
आकाश उड़ता-फड़फड़ाता है
वहीं फिर लौट आता है।
आंधियां कल जो इधर से जा रही थीं
जा नहीं पायीं
हांफती है बंद बोझिल कुहासे-सी
एक परछाईं
दिशाएं बंद हैं
दीवार को उस पार से कोई हिलाता है
थका फिर लौट आता है
धूप जलता हुआ सागर द्वीप छांहों के
सरक जाते पिघल कर
मछलियां जैसे मरे पल-छिन
उतर आ रोज जाते हैं सतह पर
जाल कंधों पर धरे
दिन सुबह आता है
हर शाम खाली लौट जाता है

दिशाएं बंद हैं
आकाश उड़ता-फड़फड़ाता है
वहीं फिर लौट आता है

तुम्हारी पूरी जिंदगी एक वर्तुल में घूमता हुआ चाक है। इसलिए हिंदुओं ने जीवन को जीवन-चक्र कहा।

देखते हैं, भारत के ध्वज पर जो चक्र बना है, वह बौद्धों का चक्र है। बौद्धों ने जीवन को एक गाड़ी का चक्का माना; घूमता रहता है उसी कील पर, वहीं का वहीं। एक आरा ऊपर आता, फिर नीचे चला जाता; फिर थोड़ी देर बाद वही आरा ऊपर आ जाता है।

तुम जरा चौबीस घंटे अपने जीवन का विश्लेषण करो। तुम पाओगे : क्रोध आता, पश्चात्ताप आता, फिर क्रोध आ जाता। प्रेम होता, घृणा होती, फिर प्रेम हो जाता। मित्रता बनती, शत्रुता आती, फिर मित्रता। ऐसे ही चलते रहते, आरे घूमते रहते, जीवन का चाक घूमता रहता है। चाक का अर्थ है : जीवन में पुनरुक्ति हो रही है।

कब जागोगे इस पुनरुक्ति से? कुछ तो करो! एक काम करो : अब तक बदलना चाहा, अब स्वीकार करो! स्वीकार होते ही एक नया आयाम खुलता है। यह तुमने कभी किया ही नहीं था। यह बिलकुल नई घटना तुम करोगे। और मैं नहीं कह रहा हूं कि लाचारी...। मैं कह रहा हूं, धन्यभाव से! प्रभु ने जो दिया है उसका प्रयोजन होगा। क्रोध भी दिया है तो प्रयोजन होगा। तुम्हारे महात्मा तो समझाते रहे कि क्रोध न हो, लेकिन परमात्मा नहीं समझता है। फिर बच्चा आता है, फिर क्रोध के साथ आता है। अब कितनी सदियों से महात्मा समझाते रहे! न तुम समझे न परमात्मा समझा। कोई समझते ही नहीं महात्माओं की। महात्मा मर कर सब स्वर्ग पहुंच गए होंगे। वहां भी परमात्मा की खोपड़ी खाते होंगे कि अब तो बंद कर दोक्रोध रखो ही मत आदमी में।

लेकिन तुम जरा सोचो, एक बच्चा अगर पैदा हो बिना क्रोध के, जी सकेगा? उसमें बल ही न होगा। उसमें रीढ़ न होगी। वह बिना रीढ़ का होगा। तुम एक धप्प लगा दोगे उसको, वह वैसे ही का वैसा मिट्टी का लौंदा जैसा पड़ा रहेगा। जी सकेगा? उठ सकेगा? चल सकेगा? गोबर के गणेश जी होंगे। किसी काम के न सिद्ध होंगे।

तुमने कभी खयाल किया, जिस बच्चे में जितनी क्रोध की क्षमता होती है उतना ही प्राणवान होता है, उतना ही बलशाली होता है। और दुनिया में जो महानतम घटनाएं घटी हैं व्यक्तित्व की, वे सभी बड़ी ऊर्जा वाले लोग थे।

तुमने महावीर की क्षमा देखी? महावीर के क्रोध की हमें कोई कथा नहीं बताई गई। लेकिन मैं तुमसे यह कहता हूं कि अगर इतनी महाक्षमा पैदा हुई तो पैदा होगी

कहां से? महाक्रोध रहा होगा। जैन डरते हैं, उसकी कोई बात करते नहीं। लेकिन यह मैं मान नहीं सकता कि महाक्षमा महाक्रोध के बिना हो कैसे सकती है। अगर इतना बड़ा ब्रह्मचर्य पैदा हुआ है तो महान कामवासना रही होगी, नहीं तो होगा कहां से? नपुंसक को कभी तुमने ब्रह्मचारी होते देखा? और नपुंसक के ब्रह्मचर्य का क्या अर्थ होगा? सार भी क्या होगा?

तुम यह जरा देखो! जैनों के चौबीस तीर्थंकर ही क्षत्रिय हैं और बुद्ध भी क्षत्रिय हैं! और सभी ने अहिंसा का उपदेश दिया है, यह जरा सोचने जैसी बात है, क्षत्रिय घरों में पैदा हुए, तलवारों के साए में जीवन बना, वही शिक्षण था उनका। मार-काट उनकी व्यवस्था थी। खून ही उनका खेल था। और फिर सब एकदम अहिंसक हो गए!

कभी तुमने सुना कि कोई ब्राह्मण अहिंसक हुआ हो? अभी तक तो नहीं सुना। ब्राह्मण में जो बड़ा से बड़ा ब्राह्मण हुआ है, परशुराम, वह बड़े से बड़ा हिंसक था। उसने सारी दुनिया से, कहते हैं, क्षत्रियों को अट्ठारह दफा नष्ट कर दिया। गजब का आदमी रहा होगा! ब्राह्मण के घर में पैदा हुआ। क्षत्रियों में से तो अहिंसा का सूत्र आया। और परशुराम फरसा लिए आए। कुछ सोचने जैसा है।

कुछ सोचने जैसा है। जहां क्रोध है, हिंसा है, वहीं से अहिंसा पैदा होती है। अहिंसा कायर की नहीं है। कायर की हो भी नहीं सकती। अहिंसा तो उसकी है जिसके पास प्रज्ज्वलित अग्नि है।

परमात्मा क्रोध देता है, क्योंकि यह तुम्हारी ऊर्जा हैह्नकच्ची ऊर्जा है। इसी ऊर्जा को निखारते-निखारते, इसी उर्जा को स्वीकार करके, इस ऊर्जा को समझकर, बूझ कर, जाग कर तुम एक दिन पाओगे कि यही ऊर्जा क्षमा बन गई।

क्रोध करुणा बन जाता हैह्नस्वीकार की कीमिया चाहिए। और कामवासना ब्रह्मचर्य बन जाती हैह्नस्वीकार की कीमिया चाहिए। कामवासना से लड़ कर कोई कभी ब्रह्मचर्य को उपलब्ध नहीं होता। कामवासना को समझ कर, कामवासना को परिपूर्ण भाव से बोधपूर्वक जी कर कोई ब्रह्मचर्य को उपलब्ध होता है।

बस एक ही चीज तुम्हारी साथी हैह्नऔर वह है स्वीकार-भाव में जो सूझ पैदा होती है, जो समझ पैदा होती है। लड़ने वाले के पास समझ होती नहीं। क्रोध से लड़ोगे, उसी लड़ने में समझ गंवा दोगे। काम से लड़ोगे, उसी लड़ने में समझ खो दोगे। लड़ने में कहां समझ? समझ के लिए तो बड़ा स्वीकार-भाव चाहिए। स्वीकार की शांति में समझ का दीया जलने लगता है।

सूझ का साथी मौम दीप मेरा!
कितना बेबस है यह, जीवन का रस है यह
क्षण-क्षण पल-पल बल-बल छू रहा सवेरा

अपना अस्तित्व भूल सूरज को टेरा
मौम दीप मेरा!
कितना बेबस दीखा, इसने मिटना सीखा
रक्त-रक्त बिंदु-बिंदु झर रहा प्रकाश सिंधु
कोटि-कोटि बना व्याप्त छोटा-सा घेरा
मौम दीप मेरा!
जी से लग जेब बैठ, तंबल पर जमा पैठ
जब चाहूं जाग उठे, जब चाहूं सो जावे
पीड़ा में साथ रहे, लीला में खो जावे
मौम दीप मेरा!
सूझ का साथी मौम दीप मेरा!

छोटा सा दीया हैह्नमोमबत्ती जैसा। लेकिन इसी से सूरज को पुकारा जाता है। इसी ने सूरज को टेरा। इस छोटी सी मोमबत्ती की ज्योति में जो जल रहा प्रकाश, वह सूरज का ही है। तुम स्वीकार करो।

परमात्मा ने इस सारे अस्तित्व को स्वीकार किया है, अन्यथा यह हो ही न। यह परमात्मा ने सारा खेल अंगीकार किया है, अन्यथा यह हो ही न। इसलिए तो हम इसे लीला कहते हैं। परमात्मा अपनी लीला में कैसा तल्लीन है! कहीं कोई अस्वीकार नहीं है। तुम कितने ही बुरे होओ, फिर भी तुम परमात्मा को अंगीकार हो। तुम कितने ही बुरे, कितने ही पापी, कितने ही दूर चले गए होओ, फिर भी परमात्मा को अंगीकार हो।

जीसस कहते थे : जैसे कोई गड़रिया सांझ अपने भेड़ों को लेकर लौटता है, अचानक गिनती करता है और पाता है कि एक भेड़ कहीं खो गई, तो निन्यानबे भेड़ों को असहाय जंगल में अंधेरे में छोड़कर उस एक भेड़ को खोजने निकल जाता है। लेकर लालटेन, घाटियों में आवाजें देता है और जब वह भेड़ मिल जाती है तो क्या करता है, पता है? जीसस कहते हैं : उस भेड़ को कंधे पर रखकर लौटता है।

परमात्मा, जो दूर से दूर चला गया है, उसको भी कंधे पर रखे हुए है। भटके को तो और प्यार से रखे हुए है। जैसे परमात्मा ने सबको अंगीकार किया है, ऐसे तुम भी अंगीकार कर लो। तो तुम्हारे भीतर का दीया जलेगा और तुम्हारे भीतर की छोटी सी ज्योति सूरज को पुकारेगी। तुम सूरज जैसे हो जाओगे। छोटे से घेरे में सही, लेकिन विराट उतरेगा! तुम्हारे आंगन में आकाश उतरेगा!

तीसरा प्रश्न : रोज सुनता हूं, आंसुओं में स्नान होता है, हृदय धड़कता हैह्नचाहे आप भक्ति पर बोलें चाहे ध्यान पर। जब गहराई में ले जाते हैं तो गंगा-यमुना स्नान हो जाता है। आपको साकार और निराकार रूप में देख कर आनंद से भर जाता हूं, धन्य हो जाता हूं। प्रेम और ध्यान तब दो नहीं रह जाते। दोनों से उस एक की ही झलक आती है। अनुगृहीत हूं। कोटि-कोटि प्रणाम!

प्रेम और ध्यान यात्रा की तरह दो हैं, मंजिल की तरह एक। जब भी ध्यान घटेगा, प्रेम अपने आप घट जाएगा। और जब भी प्रेम घटेगा, ध्यान अपने आप घट जाएगा। तो जो चलने वाला है अभी, वह चाहे प्रेम चुन ले चाहे ध्यान चुन ले, लेकिन जब पहुंचेगा तो दूसरा भी उसे मिल जाएगा। यह तो असंभव है कि कोई ध्यानी हो और प्रेमी न हो। ध्यान का परिणाम प्रेम होगा। जब तुम परिपूर्ण शांत हो जाओगे तो बचेगा क्या तुम्हारे पास सिवाय प्रेम की धारा के? प्रेम बहेगा।

इसलिए जीसस ने कहा है, प्रेम परमात्मा है। अगर तुम प्रेमी हो तो अंततः ध्यान के अतिरिक्त बचेगा क्या? क्योंकि प्रेमी तो खो जाता है, प्रेमी तो डूब जाता है, अहंकार तो गल जाता है। जहां अहंकार गल गया और तुम डूब गए, वहां जो बच रहता है, वही तो ध्यान है, वही तो समाधि है।

दुनिया में दो तरह के धर्म हैंह्नएक ध्यान के धर्म और एक प्रेम के धर्म। ध्यान के धर्मह्नजैसे बौद्ध, जैन। प्रेम के धर्मह्नजैसे इस्लाम, हिंदू, ईसाई, सिक्ख। मगर अंतिम परिणाम पर कहीं से भी तुम गए...जैसे पहाड़ पर बहुत से रास्ते होते हैं, कहीं से भी तुम चलो, शिखर पर सब मिल जाते हैं; पूरब से चढ़ो कि पश्चिम से। चढ़ते वक्त बड़ा अलग-अलग मालूम पड़ता है; कोई पूरब से चढ़ रहा है, कोई पश्चिम से चढ़ रहा है। अलग-अलग दृश्यावली, अलग-अलग घाटियां, अलग-अलग पत्थर-पहाड़ मिलते हैं, सब अलग मालूम होता है। पहुंच कर, जब शिखर पर पहुंचते हो, आत्यंतिक शिखर पर, तो एक पर ही पहुंच जाते हो। मार्ग हैं अनेक; जहां पहुंचते हो, वह एक ही है।

शुभ हुआ कि ऐसा लगता है कि प्रेम और ध्यान एक ही बात है। एक ही हैं।

और अगर मुझे प्रेम से और ध्यान से सुना तो करने को कुछ बच नहीं जाता। सुनने में ही हो सकता है। सुनने में न हो पाए तो करने को बचता है। अगर ठीक-ठीक सुन लिया, अगर सत्य की उदघोषणा को ठीक-ठीक सुन लिया तो उतनी उदघोषणा काफी है। कहो, क्या करने को बचता है अगर ठीक से सुन लिया? तो सुनने में ही घटना हो जाती है। क्योंकि कुछ पाना थोड़े ही है; जो पाना है वह तो मिला ही हुआ है। सिर्फ याद दिलानी है।

इसलिए संत कहते हैं, नामस्मरण! बस उसका नाम याद आ जाए, बात खत्म हो गई। खोया तो कभी है नहीं। अपने घर में ही बैठे हैं, बस खयाल बैठ गया है कि कहीं और चले गए। याद आ जाए कि अपने घर में ही बैठे हैंह्नबात हो गई। जैसे सपना देख रहा है कोई आदमी, अपने घर में सोया और सपना देख रहा है कि टोकियो पहुंच गया, कि टिंबकटू पहुंच गया। आंख खुलती है, पाता अपने घर में है; न टिंबकटू है न टोकियो है। तुम कहीं गए नहीं हो; वहीं हो।

तो अगर किसी की उदघोषणा, जो जाग गया हो...। ऐसी ही दशा है, मैं तुम्हें सोया देखता अपने पास और देखता तुम करवट बदल रहे और तुम्हारी आंखें झपक रही हैं। लगता है सपना देख रहे हो, कुछ बुदबुदाते भी होह्नतो मैं तुमसे कहता हूं, जागो! अगर तुम ठीक से मेरी सुन लो और जाग जाओ तो फिर करने को और क्या बचता है! बात खत्म हो गई।

जो सुनने में समर्थ नहीं हैं, वे पूछते हैं : 'हम क्या करें? कुछ विधि बताएं। कुछ उपाय बताएं।' मगर जो सो रहा है, उसको तुम विधि भी बता दो तो क्या करेगा? वह टिम्बकटू में है, तुम उसको कहो कि घर लौट आओ तो वह कहता है : 'किस ट्रेन से लौटें?' अब और एक झंझट है। वह घर में ही है। 'हवाई जहाज पकड़ें कि ट्रेन से आएं कि जहाज पकड़ें?' अब इसको क्या कहा जाए? ट्रेन पकड़ ले? उसमें और खतरा है कि ट्रेन में बैठ कर न मालूम और कहां जाएगा! वैसे ही टिम्बकटू पहुंच गया है बिना ट्रेन के। अब यह टिम्बकटू से ट्रेन में सवार हो जाए तो यह कहीं और चला। यह घर तो नहीं लौट सकता।

ट्रेन की जरूरत ही नहीं है घर लौटने के लिए। विधि की जरूरत नहीं है, उपाय की जरूरत नहीं हैह्नबोध मात्र काफी है। अबोध में चले गए हो, बोध में लौट आओगे। सो गए, चले गए; जाग गए, लौट आए।

मौन यामिनी मुखरित मेरी
मधुर तुम्हारी पग पायल सी
इस पायल की लय में मेरी
श्वासों ने निज लय पहचानी
इस पायल की ध्वनि में मेरे
प्राणों ने अपनी ध्वनि जानी
ताल दे रहा रोम-रोम है
तन का उसकी रुनक-झुनक पर
इस अधीर मंजीर मुखर से

आज बांध लो मेरी वाणी
मौन यामिनी मुखरित मेरी
मधुर तुम्हारी पग पायल से

जो मैं तुमसे कह रहा हूं, उसमें कुछ सिद्धांत नहीं है; बस एक संगीत है। संगीत है कि तुम जाग जाओ। एक तो संगीत होता है जो सुलाता है। लोरी गाती है मां तो बच्चा सो जाता है। फिर एक और संगीत है जो जगाता है। घड़ी का अलार्म बजता है और नींद टूट जाती है।

मैं तुमसे जो कह रहा हूं, उसमें कुछ सिद्धांत नहीं है। उसमें केवल एक संगीत है, एक स्वर हैह्नजो तुम सुन पाओ तो तुम जागने लगो। उसी स्वर की धारा को पकड़ कर तुम वहां पहुंच जाओगे जहां से तुम कभी हटे नहीं हो। तुम वही हो जाओगे जो तुम हो, जो तुम्हें होना चाहिए। तुम अपने स्वभाव को पहचान लोगेह्नउसी संगीत की झलक में! और तब निश्चित ही तुम पाओगे कि सुन कर ही गंगा-यमुना में स्नान हो गया।

निश्चित ही, यह जो मैं तुमसे कह रहा हूं, तुम्हारे द्वार पर गंगा-यमुना को ले आया हूं। तुम किनारे मत खड़े रहो, डुबकी ले लो! बहुत हैं ऐसे अभागेह्नतुममें भी बहुत हैं, जिनके सामने भी गंगा आ जाएगी तो भी वे प्यासे ही खड़े रहेंगे। इतना भी न हो सकेगा उनसे कि झुककर अंजुली भर लें; कंठ जो प्यासे हैं, उन्हें तृप्त कर लें। किनारे पर ही खड़े रह जाएंगे। अगर जरा तुम झुको...तुम जरा झुको, तो हर जगह तुम प्रभु को पाओ।

तेरे रूप की धूप उजागर पनघट पनघट
छलके रस की गागर पनघट पनघट
तेरी आशाएं बसती हैं बस्ती बस्ती
तेरी मस्ती सागर सागर पनघट पनघट

तुम जरा झुको, तो तुम मदमस्त हो जाओ। तुम जरा अपनी गागर को खोलो तो सागर उतर आए।

मैं तुमसे जो कह रहा हूं, वह कोई सिद्धांत नहीं, कोई दर्शनशास्त्र नहीं। मैं तुम्हें हिंदू, मुसलमान, ईसाई, सिक्ख, जैन नहीं बनाना चाहता। मैं तुम्हें सिर्फ जगाना चाहता हूंह्नउसमें, जो तुम हो। मैं तुम्हें कुछ भी नहीं बनाना चाहता। मैं तुम्हें वही दे देना चाहता हूं जो तुम्हारा ही है और तुम्हें विस्मरण हो गया है। मैं तुम्हें वही दे देना चाहता हूं जो तुम्हारे भीतर ही पड़ा है। सिर्फ याद दिला देने की बात है। और अगर तुम मेरे स्वर में थोड़े बंध जाओ तो रास रच जाए!

तो जो भी बंध जाता है स्वर में थोड़ी देर को, वह जरूर गंगा-यमुना में पहुंच जाएगा। आंसुओं की धार लग जाएगी! एक नृत्य शुरू होता है, जो बाहर से किसी को

दिखाई न पड़ेगा; जो उसका ही भीतरी आंतरिक अनुभव होगा। तुम चाहोगे भी किसी और को समझाना तो समझा न पाओगे। समझाने की कोशिश भी मत करना; क्योंकि उसमें खतरा है कि दूसरा ही तुम्हें समझा देगा कि 'तुम पागल हो गए हो। कहीं ऐसा हुआ है? सुनकर कहीं सत्य मिला है?' मैं तुमसे कहता हूं, सुनकर ही मिल जाता है; क्योंकि खोया तो है ही नहीं। खोया होता तो सुनकर भी नहीं मिल सकता था। खोया होता तो खोजना पड़ता।

कोई मुझसे आकर कहता है, ईश्वर को खोजना है। मैं कहता हूं, तू खोज, तुझे कभी मिलेगा नहीं। क्योंकि खोया कब, पहले यह तो पूछ! खोया हो तो खोजा जा सकता है। खोया ही न हो तो कैसे खोजेगा?

तो तुम्हें अगर मस्ती आने लगे और तुम्हारे भीतर कोई द्वार खुलने लगे, कोई झरोखा और तुम्हारे भीतर एक शराब ढलने लगे तो तुम किसी को कहना मत, गुपचुप पी जाना! कोई इसे समझेगा नहीं। दूसरे हंसेंगे। कहेंगे: 'सम्मोहित हो गए हो, कि पागल हो गए, कि खोया तुमने अपनी बुद्धि से हाथ अब। किस चक्कर में पड़ गए हो?' किसी से कहना मत, चुपचाप पी लेना। क्योंकि जो दूसरों का अनुभव नहीं है, वह दूसरे समझ न पाएंगे।

फगुनाए क्षण में अनगाई गजल उगी
बौराए मन में गीतों की फसल उगी
खुलते भिनसारे बनजारे सपन हुए
नयनों की भाषा अनयारे नयन हुए
श्याम साथ राधा दोपहरी सांझ हुई
अब न रही बाधा, हुई हुई छुई मुई
बौराए मन में गीतों की फसल उगी।

जब तुम करीब-करीब मस्ती में पागल होते हो तभी गीतों की फसल उगती है।

फगुनाए क्षण में अनगाई गजल उगी

जो तुमने अभी तक गाई नहीं, वैसी गजल प्रतीक्षा कर रही है। जो गीत तुमने अभी गुनगुनाया नहीं, वह तुम्हारे बीज में पड़ा है, फूटना चाहता है, तड़प रहा है। उसे मौका दो। अगर मेरे साथ, मेरे संग बैठ तुम थोड़ा नाच लो, गुनगुना लो, तुम थोड़े डोल लो...।

श्याम साथ राधा दोपहरी सांझ हुई
अब न रही बाधा, हुई हुई छुई मुई।

किसी क्षण जब तुम मेरे साथ डोल उठते हो, जिन दूर की ऊंचाइयों पर मैं तुम्हें उड़ा ले चलना चाहता हूं, कभी तुम क्षण भर को भी पंख मार लेते हो, उसी क्षण आंसू

बहते हैं। उसी क्षण तुम्हारे भीतर कोई मधुर स्वाद फैलने लगता है। तुम्हारे कंठ में कोई तृप्ति आने लगती है। कहो इसे प्रेम का क्षण, ध्यान का क्षण-एक ही बात को कहने के दो ढंग हैं।

चौथा प्रश्न : मुझे जैसा मौका मिलता है वैसा ही ध्यान या कीर्तन या कर्म करके रस ले लेता हूं। इनमें कम या ज्यादा रस का फर्क भी नहीं कर पाता। हरेक परिस्थिति से मन सध जाता है। और इस कारण अपने लिए कोई एक मार्ग नहीं चुन पाता हूं। कृपया मार्गदर्शन करें।

अब मार्ग की जरूरत नहीं है। अगर तुम हर स्थिति में मन के सधने का मजा लेने लगे हो, अब मार्ग की जरूरत नहीं। औषधि उनके लिए है जो बीमार हों। अगर स्वास्थ्य आने लगा तो अब औषधि की बात ही मत करो। अब तो भूल कर औषधि के पास मत जाना। क्योंकि औषधि, बीमार हो तो लाभ करती है; और अगर स्वस्थ हो तो औषधि नुकसान करती है। औषधि जहर है।

तुम पूछते हो, 'अब तो हर कहीं कीर्तन में, ध्यान में या कर्म करके रस ले लेता हूं!'

बस तो बात हो गई। जहां रस आने लगा वहां परमात्मा की ध्वनि आने लगी।

रसो वै सः। उस प्रभु का रूप-रंग रस का है। उस प्रभु का नाम रस है। सुंदरतम नाम रस है। रस ही उसे कहो। जहां रस मिल जाए वहां प्रभु मौजूद है। रस मिले तो समझना कि पास ही कहीं मौजूद है। द्वार-दरवाजे खोल कर स्वागत को तैयार हो जाना : आ गया है! रस उसके पैरों की भनक है, उसके पायल की झनक है। रस उसकी मौजूदगी की खबर है। तो अगर काम में, ध्यान में, प्रार्थना, कीर्तन, भजन में, संगीत में, नाच में, सबमें रस आने लगा तो बात हो गई। अब तुम्हें कोई जरूरत मार्ग चुनने की नहीं है। ऐसे ही चले चलो।

'हरेक परिस्थिति में मन सध जाता है।'

तो अब इसको समस्या मत बनाओ। यह तो समस्या का समाधान होने लगा। ऐसा ही होना चाहिए। ऐसा ही तो होना चाहिए।

अब तुम पूछते हो : ज्ञइस कारण अपने लिए कोई एक मार्ग नहीं चुन पाता।ड्ढ

अब तुम्हें कोई जरूरत नहीं है। रस तुम्हारा मार्ग है। अब सब तरफ से रस को चुनते चलो।

कैसी है पहचान तुम्हारी
राह भूलने पर मिलते हो!

कैसी है पहचान तुम्हारी
राह भूलने पर मिलते हो!
पथरा चलीं पुतलियां, मैंने
विविध धुनों में कितना गाया!
दाएं बाएं ऊपर नीचे
दूर-पास तुमको कब पाया!
धन्य कुसुम पाषाणों पर ही
तुम खिलते हो तो खिलते हो
कैसी है पहचान तुम्हारी
राह भूलने पर मिलते हो!

रस तुम्हारी राह है। और रस का अर्थ होता है: डूबना। रस का अर्थ होता है: भूलना। रस का अर्थ होता है: ऐसे लवलीन हो जाना, ऐसे तल्लीन हो जाना कि मिट ही जाओ।

रस यानी शराबी का मार्ग। और जिसने रस को जान लिया उसके लिए सारा जगत मधुशाला हो जाता है। और तब तुम एक दिन पाओगे कि परमात्मा ही साकी बन कर ढाल रहा है; वही तुम्हें पिला रहा है। वही है पिलाने वाला। वही है पीने वाला। उसी की है प्याली, उसी के रस से भरी है। उसी का रस है सुराही में। वही ढाल रहा है। सब कुछ उसी का है।

रस तुम्हारा मार्ग है। अब और मार्ग खोजने की कोई जरूरत नहीं। बस इतना ही स्मरण रखना: जहां भूल जाओगे वहीं उससे मिलन होने लगेगा।

रच सकते हैं अच्युत ही महा रास
बंधी हुई है उनके ही स्थिर से गोपिकाओं की च्युति
गूंजता है रागिनियों के वैविध्य में उनका ही ओंकार
व्यक्त है उनकी ही लीला में अव्यक्त ऋतंभरा।

यह जो सारा रसमुग्ध संसार हैह्नयह जो कहीं रस हरा होकर वृक्षों में बह रहा, कहीं चांद-तारों में ज्योति बन कर झर रहा; यह जो रस से भरा संसार हैह्नकहीं मोर नाच रहा, कहीं बादल घुमड़ आए; यह जो रस से भरा संसार हैह्नपानी के झरनों में, पत्थरों-चट्टानों में या आंखों मेंह्नएक ही सब तरफ से सब रूपों में प्रकट हो रहा है! यह जो रास चल रहा है, यह जो लीला है, यह जो खेल है, इसमें तुम तल्लीन होना सीख गए, इसमें डुबकी लगाने लगे, इसमें ऐसे मंत्रमुग्ध होने लगे कि तुम बचे ही नहीं पीछे, मंत्रमुग्धता ही रही, तल्लीनता ही रही, तुम न रहे; नाच तो बचा, नाचने वाला न बचाह्नतो रस उपलब्ध होगा। गीत तो बचा, गाने वाला न बचा...!

यहां मैं बोल रहा हूं; अगर बोलने वाला भी पीछे है तो इस बोलने में कुछ बहुत सार नहीं है। यहां तुम सुन रहे हो; अगर सुनने वाला भी मौजूद है तो सुनने में कुछ रस नहीं। इधर बोलने वाला नहीं है, उधर सुनने वाला न हो्तब दोनों की एक गांठ बन जाती है; दोनों बंध जाते हैं, भांवर पड़ जाती है! न बोलने वाला बोलने वाला है, न सुनने वाला सुनने वाला है। जब न गुरु गुरु होता न शिष्य शिष्य होता, जब दोनों एक-दूसरे में ऐसे लीन हो जाते हैं कि पता नहीं चलता कि कौन कौन है; जब सीमाएं एक-दूसरे के ऊपर छा जातीं, सीमाएं टूट जातीं, बिखर जातीं्वहीं, वहीं रस है। रस तुम्हारा मार्ग है!

पांचवां प्रश्न : भगवान बुद्ध को किसी ने गाली दी तो उन्होंने कहा, मैं यह भेंट नहीं लेता, इसे वापस ले जाओ। रमण महर्षि हठी-विवादी के पीछे लाठी लेकर भागे। और आप पर जब किसी ने जूता फेंका तो आपने उसे एक हाथ में लेकर उसके जोड़े जूते की मांग की। आत्मोपलब्ध पुरुषों के व्यवहार में यह जो भिन्नता दिखती है, क्या उस पर कुछ प्रकाश डालने की अनुकंपा करेंगे?

भिन्नता दिखती ही है, है नहीं। भिन्नता दिखती ही है, क्योंकि परिस्थितियां भिन्न-भिन्न हैं। बुद्ध को जिसने गाली दी, वही आदमी मुझ पर जूता नहीं फेंका। मैं तो ठीक वहीं हूं। रमण को जिस आदमी ने अपमानित किया, वही आदमी मेरे ऊपर जूता नहीं फेंका।

तो जो फर्क पड़ रहा है, वह बुद्धों में नहीं पड़ रहा है। जो फर्क पड़ रहा है वह जूता फेंकने वाले, गाली देने वाले, अपमानित करने वाले से पड़ रहा है। इस भेद को ठीक से समझना।

अगर मुझ पर जूता फेंकने वाला भी वही आदमी होता जिसने बुद्ध को गाली दी थी तो मैं भी उससे कहता कि मैं यह भेंट नहीं लेता। जिसने रमण का अपमान किया था, अगर वही आदमी होता तो मैं भी उसके पीछे लाठी लेकर दौड़ता।

जाग्रत चैतन्य का तो इतना ही अर्थ है कि जैसी परिस्थिति हो उस परिस्थिति में बिना पूर्व-नियोजन के, बिना पूर्व-आयोजन के जो घटे उसे घटने देना। बुद्धपुरुष तो दर्पण की भांति होते हैं।

मैंने सुना, मुल्ला नसरुद्दीन को राह के किनारे एक दर्पण पड़ा हुआ मिल गया। उसने उसमें अपना चेहरा देखा : 'चमत्कार हुआ कि बिलकुल पिता जी जैसे लगते हैं। मगर पिता जी ने फोटो कब उतरवाई? यह भी हद हो गई! हमको पता ही न चला कि पिता जी ने फोटो कब उतरवा ली! और पिता जी तो मर भी चुके। तो उसने कहा,

अच्छा हुआ मिल गई पड़ी हुई। चलो घर ले चलें, सम्हाल कर रख लें।' उसने जाकर छिपा कर ऊपर रख दिया।

अब पत्नियों से कोई दुनिया में चीज छिपा तो सकता ही नहीं। ऐसी दबी आंख पत्नी देखती रही कि कुछ लाया है छिपा कर। कुछ छिपा रहा हैह्नरुपये-पैसे हैं या क्या मामला है कि कोई हीरा-जवाहरात लग गया! जब सब सो गए दोपहर में तो वह ऊपर गई। खोज-खाज कर उसने दर्पण निकाला। देखा। 'अरे', उसने कहा, 'तो इस रांड के पीछे पड़ा है?' वह समझी कि किसी औरत की फोटू ले आया है।

दर्पण तो दर्पण है। तुम्हारी ही तस्वीर उसमें दिखाई पड़ती है। बुद्धत्व यानी दर्पण। तो बुद्ध जो करते हैं या उनसे जो होता है, ठीक से सोचना, वे करते नहीं, सिर्फ तुम्हारी तस्वीर झलकती है। इसलिए अलग-अलग मालूम होता है। अलग-अलग कुछ भी नहीं है; अलग-अलग हो नहीं सकता। लेकिन परिस्थिति अलग है। क्योंकि एक पात्र बदल गया। असली पात्र तो बदल गया। बुद्ध तो दर्पण मात्र हैं। कृत्य तो उस आदमी का है जो गाली दिया; जो जूता फेंका; जिसने अपमान किया। करने वाला तो वह है। ये बुद्ध तो न करने वाले हैं। तो इनसे तो जो प्रतिबिंब बनता है, वह बनता है। जो बन जाता है, बन जाता है।

अगर तुम इस तरह देखोगे तो तुम चकित हो जाओगे। तब तुम्हें एक बात और भी समझ में आ जाएगी, प्रसंगवशात उसे भी समझ लो।

कृष्ण ने कुछ कहा, अष्टावक्र कुछ कह रहे हैं, बुद्ध ने कुछ कहा, क्राइस्ट ने कुछ कहाह्नइसमें भी इन्होंने भिन्न-भिन्न बातें नहीं कही हैं। यह भिन्न-भिन्न शिष्यों के कारण ऐसा मालूम पड़ता है। अगर अर्जुन उपलब्ध होता अष्टावक्र को तो गीता ही पैदा होती; कुछ और पैदा नहीं हो सकता था। और अगर कृष्ण को जनक मिलता तो यह अष्टावक्र की महागीता पैदा होती, कुछ और पैदा नहीं हो सकता था। अगर जीसस भारत में बोलते, हिंदुओं से बोलते, तो बुद्ध जैसे बोलते; लेकिन यहूदियों से बोल रहे थे तो फर्क पड़ गया। दर्पण बदला। दर्पण बदलाह्नअपने कारण नहीं। दर्पण बदलाह्नजो उसके सामने पड़ा, उसके कारण। दर्पण के भीतर तो कोई चित्र है नहीं। कोई न हो तो दर्पण खाली हो जाए।

इसलिए अगर बुद्ध और जीसस, नानक और कबीर और मुहम्मद और जरथुस्त्र का मिलना हो जाए तो ऐसा ही होगा, वहां कुछ भी न होगा।

जैसे दर्पण के सामने दर्पण रख दो, क्या होगा? कुछ न बनेगा। दर्पण में दर्पण झलकता रहेगा। ये सब बैठे रहेंगे चुपचाप। ये एक-दूसरे में अपने को ही पाएंगे। यहां कुछ भेद ही न होगा। भेद पैदा होता हैह्नशिष्य के कारण, सुनने वाले के कारण। क्योंकि असली वही है। बुद्ध तो खो गए। वे तो परम शून्य हो गए हैं।

आखिरी प्रश्नह्नपूछा है स्वामी आनंद भारती, हिम्मत भाई जोशी ने। प्रश्न तो है भी नहीं, इतना ही लिखा है: हम्मा के प्रणाम!

मगर कुछ कहने का मन उनका हुआ होगा। कई बार ऐसा होता है, कुछ कहने का मन होता है और कहने को भी कुछ नहीं होता। कुछ गाने का मन होता है, गीत कुछ बनता भी नहीं। कुछ धुंधला-धुंधला होता है, साफ पकड़ में नहीं आता, शब्द में बंधता नहीं। सच तो यह है कि जब भी कुछ महत्वपूर्ण होता है तो शब्द में बंधना मुश्किल हो जाता है। तो उस क्षण आदमी क्या करे? कभी रोता है; आंख से आंसू गिरा देता है। वह भी कुछ कह रहा है। कभी हंसता; हंसी से कुछ कह रहा है। कभी चुप रह जाता, अवाक रह जाता; चुप्पी से कुछ कह रहा है। कभी अपने प्रणाम ही निवेदित कर देता, और क्या करे?

हजारों-हजारों सालों से बुद्धपुरुषों के चरणों में लोगों ने सिर रखे हैंह्नकिसी और कारण से नहीं। कुछ करने को सूझता नहीं। कुछ और क्या करें?

पश्चिम में पैरों पर सिर रखने की कोई परंपरा नहीं है। क्योंकि बहुत बुद्धपुरुष नहीं हुए। यह तो बुद्धपुरुषों के कारण पैदा हुई परंपरा। क्योंकि सब खाली मालूम पड़ता है, क्या कहें? धन्यवाद भी देते हैं तो धन्यवाद शब्द थोथा मालूम पड़ता है। तब एक ही उपाय है कि पूरा सिर चरणों पर रख दें।

तुमने कभी खयाल किया, क्रोध आ जाता है तो तुम जूता उतार कर किसी के सिर पर मार देते हो। क्या कर रहे हो तुम? तुम यह कह रहे हो कि हम अपने पैर तुम्हारे सिर पर रखते हैंह्नप्रतीकात्मक रूप से। सिर पर पैर रखना बड़ा कठिन काम हैह्नउछलना-कूदना पड़े, हाथ-पैर टूट जाएंह्नतो संकेत के रूप में जूता रख देते हैं सिर पर; कि लो, तुम्हारा सिर और हमारा जूता!ह्नजब क्रोध होता है। और जब कोई बहुत गहन श्रद्धा पैदा हो तब तुम क्या करोगे? तब तुम किसी के चरणों पर अपना सिर रख देते हो कि अब हम और क्या करें। अब कुछ कहने को नहीं।

हिम्मत भाई वर्षों से मेरे साथ जुड़े हैंह्नबहुत ढंग से जुड़े हैं। कभी दोस्ती में, कभी दुश्मनी में; कभी श्रद्धा, कभी अश्रद्धा; कभी मेरे पक्ष में, कभी विपक्ष मेंह्नसब रंग में जुड़े हैं! बुरी तरह जुड़े हैं! कच्चा काम नहीं है। सब रंगों से जुड़े हैं। अब तो धीरे-धीरे सब रंग भी चले गए। अब सिर्फ जोड़ रह गया है।

क्या मेरा है जो आज तुम्हें दे डालूं!

मिट्टी की अंजलि में मैंने जोड़ा स्नेह तुम्हारा
बाती की छाती दे तुमने मेरा भाग्य संवारा
करूं आरती तो भी दिखते हैं वरदान तुम्हारे

अपने प्राणों के दीप कहां जो बालूं!

क्या मेरा है जो आज तुम्हें दे डालूं!

छंदों में जो लय लहराती वह पदचाप तुम्हारी

पायल की रुन-झुन पर मेरा राग मुखर बलिहारी

शब्दों में जो भाव मचलते उन पर क्या वश मेरा

अपने को ही बहलाना है तो गा लूं!

क्या मेरा है जो आज तुम्हें दे डालूं!

सब तरह से वे मेरे करीब आए हैं। और इसी तरह कोई करीब आता हैह्नसब ऋतुओं से गुजर कर करीब आता है।

गुरु और शिष्य का संबंध एक रंग का नहीं है, सतरंगा है। एक रंग का हो तो बेस्वाद हो जाए। जिसके साथ श्रद्धा जोड़ी है उस पर कई बार अश्रद्धा भी आती हैह्नस्वाभाविक है। जिसके साथ लगाव बांधा है उस पर कभी नाराजगी भी होती हैह्नस्वाभाविक है। जिसको सब दे डालना चाहा है, कभी ऐसा लगता है धोखा तो नहीं हो गया, भूल तो नहीं हो गई, चूक तो नहीं हो गई। कभी चिंता भी उठती है, संदेह भी उठता है। यह बिलकुल स्वाभाविक है। ऐसे ही धूप-छांव में मन पकता है।

हिम्मत भाई पके और उनका फल गिर गया। अब धूप-छांव का खेल नहीं रहा है। अब वे परम विश्रांति में मेरे पास बैठ गए हैं। इसी भाव को प्रकट करने के लिए उनके मन में यह बात उठी होगी कि लिख कर भेज दें : हम्मा के प्रणाम! मुझे पता है। लिख कर न भी भेजो तो भी पता है। बहुत हैं जो कभी लिख कर कुछ नहीं भेजते, उनका भी पता है। यह घटना कुछ ऐसी है, जब घट जाती है तो पता चल ही जाता है। यह घटना इतनी बड़ी है। जब तुम वस्तुतः झुक जाते हो तो तुम्हारी तरंग-तरंग कहने लगती है, तुम्हारा उठना-बैठना, तुम्हारी आंख का पलक का झपना, तुम्हारे हृदय की धड़कन-धड़कन कहने लगती है कि घटना घट गई, मिलन हो गया है!

हरि ॐ तत्सत्!

* * *

ओशो—एक परिचय

सत्य की व्यक्तिगत खोज से लेकर ज्वलंत सामाजिक व राजनैतिक प्रश्नों पर ओशो की दृष्टि उनको हर श्रेणी से अलग अपनी कोटि आप बना देती है। वे आंतरिक रूपांतरण के विज्ञान में क्रांतिकारी देशना के पर्याय हैं और ध्यान की ऐसी विधियों के प्रस्तोता हैं जो आज के गतिशील जीवन को ध्यान में रख कर बनाई गई हैं।

अनूठे ओशो सक्रिय ध्यान इस तरह बनाए गए हैं कि शरीर और मन में इकट्ठे तनावों का रेचन हो सके, जिससे सहज स्थिरता आए व ध्यान की विचार रहित दशा का अनुभव हो।

ओशो की देशना एक नये मनुष्य के जन्म के लिए है, जिसे उन्होंने 'ज़ोरबा दि बुद्धा' कहा है—जिसके पैर जमीन पर हों, मगर जिसके हाथ सितारों को छू सकें। ओशो के हर आयाम में एक धारा की तरह बहता हुआ वह जीवन-दर्शन है जो पूर्व की समयातीत प्रज्ञा और पश्चिम के विज्ञान और तकनीक की उच्चतम संभावनाओं को समाहित करता है। ओशो के दर्शन को यदि समझा जाए और अपने जीवन में उतारा जाए तो मनुष्य-जाति में एक क्रांति की संभावना है।

ओशो की पुस्तकें लिखी हुई नहीं हैं बल्कि पैंतीस साल से भी अधिक समय तक उनके द्वारा दिए गए तात्कालिक प्रवचनों की रिकार्डिंग से अभिलिखित हैं।

लंदन के 'संडे टाइम्स' ने ओशो को 'बीसवीं सदी के एक हजार निर्माताओं' में से एक बताया है और भारत के 'संडे मिड-डे' ने उन्हें गांधी, नेहरू और बुद्ध के साथ उन दस लोगों में रखा है, जिन्होंने भारत का भाग्य बदल दिया।

ओशो इंटरनेशनल मेडिटेशन रिजॉर्ट

ओशो मेडिटेशन रिजॉर्ट का निर्माण इसलिए किया गया ताकि लोग जीने की नई कला का सीधा अनुभव ले सकें—अधिक होशपूर्वक होकर, हास्य और आराम के साथ। यह भारत के मुंबई शहर से सौ मील दक्षिण पूर्व में पूना के कोरेगांव पार्क में वृक्षों से परिपूर्ण चालीस एकड़ आवासीय क्षेत्र में स्थित है। रिजॉर्ट सौ से अधिक देशों से हर साल आने वाले हजारों लोगों के लिए अलग-अलग तरह के कार्यक्रम प्रस्तुत करता है। नवनिर्मित ओशो गेस्ट हाउस परिसर में लोगों के लिए आवास की सुविधा उपलब्ध है।

मेडिटेशन रिजॉर्ट में मल्टीवर्सिटी कार्यक्रम प्रसिद्ध झेन उद्यान, ओशो तीर्थ से सटे पिरामिड परिसर में संचालित होते हैं। ये कार्यक्रम व्यक्तिगत रूपांतरण के लिए व लोगों को जीने की एक नई कला सिखाने के उद्देश्य से तैयार किए गए हैं—एक जाग्रत अवस्था जिसे वे दैनिक जीवन में उतार सकते हैं। आत्म-खोज सत्र, सैशन, कोर्स और अन्य ध्यान प्रक्रियाएं पूरे साल चलती हैं। शरीर को स्वस्थ रखने के लिए एक खूबसूरत व्यवस्था का प्रावधान है जिसमें झेन प्रक्रिया के साथ खेल और मनोरंजन का अनुभव लिया जा सकता है।

मुख्य ध्यान सभागार में सुबह छह बजे से रात ग्यारह बजे तक प्रतिदिन सक्रिय व अक्रिय ध्यान विधियां होती हैं, जिसमें रोज संध्या-सभा ध्यान भी शामिल है। रात को रिजॉर्ट का बहुसांस्कृतिक जीवन खिल उठता है-मित्रों के संग खुले आकाश के नीचे भोजन-स्थल और अक्सर संगीत व नृत्य के साथ। रिजॉर्ट की साफ व शुद्ध पीने

के पानी की अपनी व्यवस्था है और यहां परोसे गए भोजन में रिजॉर्ट के अपने फार्म हाउस में उगाई गई सब्जियों का प्रयोग होता है।

मेडिटेशन रिजॉर्ट का ऑन लाइन टूर, साथ ही यात्रा और कार्यक्रमों की जानकारी www.osho.com से प्राप्त की जा सकती है। यह अलग-अलग भाषाओं में विस्तार में दी गई वेबसाइट है, जिसमें हैं—ऑन लाइन ओशो टाइम्स पत्रिका, ऑडियो व वीडियो वेबकास्टिंग, ऑडियो बुक क्लब, ओशो प्रवचनों के संपूर्ण अंग्रेजी व हिंदी अभिलेख और ओशो के वीडियो, ऑडियो व पुस्तकों की संपूर्ण सूची। साथ ही हैं ओशो द्वारा विकसित किए गए सक्रिय ध्यानों की जानकारी जो ज्यादातर वीडियो प्रदर्शन के साथ हैं।

मेडिटेशन रिजॉर्ट में सहभागी होने व अधिक विस्तृत जानकारी के लिए संपर्क करें:

ओशो इंटरनेशनल मेडिटेशन रिजॉर्ट

17 कोरेगांव पार्क, पुणे-411001, महाराष्ट्र

फोन: 020-56019999 फैक्स: 020-56019990

e-mail - resortinfo@osho.net

Website - www.osho.com

समाधि के सप्त द्वार (ब्लावट्स्की)
साधना-सूत्र (मेबिल कॉलिन्स)
ध्यान-सूत्र
जीवन ही है प्रभु
रोम-रोम रस पीजिए

राष्ट्रीय और सामाजिक समस्याएं

देख कबीरा रोया
स्वर्ण पाखी था जो कभी और
अब है भिखारी जगत का
शिक्षा में क्रांति
नये समाज की खोज
नये भारत की खोज
नारी और क्रांति
शिक्षा और धर्म
भारत का भविष्य

विविध

अमृत-कण
मैं कहता आंखन देखी
एक एक कदम
जीवन क्रांति के सूत्र
जीवन रहस्य
करुणा और क्रांति
विज्ञान, धर्म और कला
शून्य के पार
प्रभु मंदिर के द्वार पर
तमसो मा ज्योतिर्गमय
प्रेम है द्वार प्रभु का
अंतर की खोज
अमृत की दिशा
अमृत वर्षा
अमृत द्वार
चित चकमक लागे नाहिं
एक नया द्वार
प्रेम गंगा
समुंद समाना बूंद में
सत्य की प्यास
शून्य समाधि
व्यस्त जीवन में ईश्वर की खोज
अज्ञात की ओर
धर्म और आनंद
जीवन-दर्शन
जीवन की खोज
क्या ईश्वर मर गया है
नये मनुष्य का धर्म
धर्म की यात्रा
स्वयं की सत्ता
सुख और शांति
अनंत की पुकार

ओशो के ऑडियो-वीडियो, प्रवचन एवं साहित्य के संबंध में समस्त जानकारी हेतु संपर्क सूत्रः

साधना फाउंडेशन

17, कोरेगांव पार्क, पुणे-411001
फोन : 020-6136655, फैक्स : 020-6139955
E-mail: distrib@osho.net, Website: www.osho.com

डायमंड पॉकेट बुक्स में
ओशो का हिंदी साहित्य

गीता का मनोविज्ञान
युद्ध और शांति *(भाग-1)*
न जन्म न मृत्यु *(भाग-2)*
कर्मयोग *(भाग-3)*
सनातन सत्य *(भाग-4)*
अंतर अग्नि *(भाग-5)*
जल में कमल *(भाग-6)*
अष्टावक्र महागीता
मुक्ति की आकांक्षा
दुख का मूल
जो है सो है
सहजता में तृप्ति
न संसार न मुक्ति
समर्पित स्वतंत्रता
सुख स्वभाव
सन्नाटे की साधना
अनुमान नहीं, अनुभव
डिमाई संस्करण
जनसंख्या विस्फोट
संभोग से समाधि की ओर
(सम्पूर्ण संस्करण)
मैं मृत्यु सिखाता हूं
एक ओंकार सतनाम
ओशो ध्यान योग
ध्यान क्या है
भारत एक सनातन यात्रा
कृष्ण वाणी
साक्षी कृष्ण और रासलीला
कृष्ण : जिज्ञासा, खोज, उपलब्धि
कृष्ण साधना रहित सिद्धि
कृष्ण और हंसता हुआ धर्म
कृष्ण गुरु भी सखा भी
शिव वाणी
शिव साधना
शिव दर्शन
कबीर वाणी
होनी होय सो होय
भगति-भजन हरिनाम
बूझे बिरला कोई
निरगुन का बिसराम
गुरु गोविन्द दोऊ खड़े
लिखा लिखी की है नहीं
मन लागो यार फकीरी में

बोले शेख फरीद
क्या मेरा क्या तेरा
हीरा पायो गांठ गठियाओ
तेरा साईं तुझ में
नहीं जोग नहीं जाप
रैदास वाणी
सत भाषै रैदास
ऐसी भक्ति करे रैदासा
मीरा वाणी
मीरा के प्रभु गिरधर नागर
राम नाम रस पीजे
मेरे तो गिरधर गोपाल
गोरख वाणी
हंसे खेलें न करे मन भंग
जीवन संगीत
दरिया वाणी
दरिया झूठ सो झूठ हैं
जित देखूं तित तू
बाबा मलूकदास की वाणी
राम दुवारे जो मरे
जगजीवन साहब की वाणी
नाम सुमिर मन बावरे
अरी, मैं तो नाम के रंग छकी
संत सुंदरदास की वाणी
ज्योति से ज्योति जले
समाधि के नृत्य गीत
भीखा वाणी
गुरु परताप साध की संगति
संत पलटूदास की वाणी
अजहूं चेत गंवार
दादू वाणी
दादू सहजै देखिए
राम नाम निज औषधि
महावीर वाणी
धर्म का परम विज्ञान
आत्मशुद्धि का सूत्र
संकल्प साधना
सत्य और साहस
धनी धरमदास की वाणी
जस पनिहार धरे सिर गागर
का सोवे दिन रैन
संत रज्जब की वाणी
सन्तो मगन भया मन मेरा
समाधि की सुराही
संत गुलाल की वाणी
झरत दसहूं दिस मोती
मन मधुकर खेलत वसंत
प्रश्नोत्तर
सुमिरन मेरा हरि करे
उड़ियो पंख पसार
मैं धार्मिकता सिखाता हूं, धर्म नहीं
चल हंसा उस देश
कहा कहूँ उस देश की
बहुतेरे हैं घाट
पत्र संकलन
पाथेय
शांडिल्य सूत्र
अथातो भक्ति जिज्ञासा
भक्ति विराट से मैत्री
भक्ति परम क्रान्ति
भक्ति ध्यान की मधुशाला
पंच महाव्रत
ज्यों की त्यों धरि दीन्हीं चदरिया
साधना पथ
शून्यता है महामुक्ति
प्रेम है द्वार सत्य का
भारत एक अनूठी संपदा
एक मात्र उपाय जागो
नव संन्यास क्या
ध्यान की कला

ध्यान और प्रेम
मुक्त गगन के पंछी
सत्य की पहली किरण
दुख के पार
मौलिक क्रान्ति
जीवन अमृत
मौन संगीत

उपनिषद्

आत्मपूजा उपनिषद्-भाग-1
आत्मपूजा उपनिषद्-भाग-2
प्रेम-रंग, रस ओढ़ चदरिया
अवसर बीता जाए
सद्गुरु समर्पण
क्रान्ति सूत्र
प्रभु की पगडंडिया

क्राउन संस्करण

संभोग से समाधि की ओर-1
संभोग से समाधि की ओर-2
संभोग से समाधि की ओर-3
संभोग से समाधि की ओर-4
मिट्टी के दीये (बोध कथा)
कुंडलिनी यात्रा
कुंडलिनी और तंत्र
कुंडलिनी जागरण और शक्तिपात
कुंडलिनी और सात शरीर
गीता : विज्ञान, कला, अध्यात्म
गीता : समस्त योगों का सार
गीता : मनोविज्ञान का परम शास्त्र
गीता : कृष्ण योग विज्ञान
सम्बोधि के क्षण
राम खुमारी
अभिनव धर्म
करुणा और क्रान्ति
मुक्ति बोध

साधना सूत्र

साधना सूत्र : आत्मा का कमल
साधना सूत्र : हेरत हेरत हे सखी
साधना सूत्र : हृदय संगीत

योग सूत्र

योग सूत्र : एक वैज्ञानिक दृष्टि
योग सूत्र : आन्तरिक अनुशासन
योग सूत्र : सतगुरु को समर्पण
योग सूत्र : प्रज्ञा और समाधि
योग सूत्र : नींद, स्वप्न और बोध
योग सूत्र : अहंकार और समर्पण
योग सूत्र : बुद्धों का मनोविज्ञान
योग सूत्र : समाधि के दो रूप

सहज योग

सहज योग : साक्षी और प्रेम
सहज योग : ध्यान और प्रेम
सहज योग : प्रार्थना और आनंद
सहज योग : महाक्रान्ति
सहज योग : अभी और यहीं

नारद भक्ति सूत्र

भक्ति : विराट का अनुभव
भक्ति : निराकार से एकाकार
भक्ति : जीवन रूपांतरण की कला
भक्ति : शून्य की झील में प्रेम का कमल
अमृत की दिशा
सम्भावनाओं की आहट
शून्य का दर्शन
प्रार्थना के बीज
नये समाज की खोज
शून्य समाधि
सहैजे रहिबा
एक एक कदम
शिक्षा और विद्रोह
शिक्षा में क्रांति

शिक्षा और जागरण
शिक्षा : नये प्रयोग
ध्यान : एक शून्य गगन
भीतर का दीया
उपनिषद शून्य संवाद
परम प्रेम रूपा भक्ति
साधना के आयाम
भारत के जलते प्रश्न
स्वर्णिम भारत
धर्म और राजनीति
अस्वीकृति में उठा हाथ
नयी क्रान्ति की रूपरेखा
विचार क्रान्ति
गांधी पर पुनर्विचार
हरि ओऽम् तत्सत्
ओऽम् शांतिः शांतिः शांतिः
ओऽम् मणि पद्म हूं
एक महान चुनौतीः मनुष्य का स्वर्णिम भविष्य
ध्यान दर्शन

झुक आई बदरिया सावन की
पिया मिलन की आस
मेरा मुझमें कुछ नहीं
लाली मेरे लाल की
जीवित क्रांति
जीवन मन्दिर
सहज जीवन के स्वर
सहज जीवन के सूत्र
इक साधे सब सधे
क्रांति सूत्र-साक्षी भाव
सतगुरु मिलें त ऊबरे
हसिबा, खेलिबा, धरिबा, ध्यानम्
गहरे पानी पैठ
मैं कहता आंखन देखी
ध्यान सूत्र : अन्तिम यात्रा
ध्यान सूत्र : एक अपूर्व अभियान
चेति सकै तो चेति
दिया बले अगम का
नये भारत की खोज

डायमंड पॉकेट बुक्स (प्रा.) लि.

X-30, ओखला इंडस्ट्रियल एरिया, फेज-2, नई दिल्ली-20, फोनः 011-41611861
फैक्सः 011-41611866, E-mail : sales@diamondpublication.com,
Website : www.diamondpublication.com

डायमंड बुक्स

में प्रकाशित प्रसिद्ध उपन्यासकार

आचार्य चतुरसेन

द्वारा लिखित प्रसिद्ध उपन्यास